CONFÉRENCES DE L'ODÉON

LES ÉPOQUES
DU
THÉATRE FRANÇAIS
(1636-1850)

PAR

FERDINAND BRUNETIÈRE
DE L'ACADÉMIE FRANÇAISE

NOUVELLE ÉDITION, REVUE ET CORRIGÉE

PARIS
LIBRAIRIE HACHETTE ET Cie
79, BOULEVARD SAINT-GERMAIN, 79

1896

8·Yf
960

CONFÉRENCES DE L'ODÉON

LES ÉPOQUES
DU
THÉATRE FRANÇAIS
(1636-1850)

OUVRAGES DU MÊME AUTEUR

PUBLIÉS DANS LA BIBLIOTHÈQUE VARIÉE
PAR LA LIBRAIRIE HACHETTE ET Cie

Études critiques sur l'histoire de la littérature française.
5 volumes
Ouvrage couronné par l'Académie française.

Première série : La littérature française du moyen âge. — Pascal. — Mme de Sévigné. — Molière. — Racine. — Montesquieu. — Voltaire. — La littérature française sous le premier empire ; 3e édit. 1 volume.

Deuxième série : Les précieuses. — Bossuet et Fénelon. — Massillon. — Marivaux. — La direction de la librairie sous Malesherbes. — Galiani. — Diderot. — Le théâtre de la Révolution ; 4e édit. 1 vol.

Troisième série : Descartes. — Pascal. — Le Sage. — Marivaux. — Prévost. — Voltaire et Rousseau. — Classiques et romantiques ; 3e édit. 1 vol.

Quatrième série : Alexandre Hardy. — Le roman français au xviie siècle. — Pascal. — Jansénistes et Cartésiens. — La philosophie de Molière. — Montesquieu. — Voltaire. — Rousseau. — Les romans de Mme de Staël ; 2e édit. 1 vol.

Cinquième série : La réforme de Malherbe et l'évolution des genres. — La philosophie de Bossuet. — La critique de Bayle. — La formation de l'idée de progrès. — Le caractère essentiel de la littérature française. 1 vol.

L'évolution des genres dans l'histoire de la littérature, t. 1 : Introduction. L'évolution de la critique depuis la Renaissance jusqu'à nos jours. 2e édit. 1 vol.

L'évolution de la poésie lyrique en France au XIXe siècle ; 2e édit. 2 vol.

Prix de chaque volume, broché : **3 fr. 50**

LIBRAIRIE CALMANN LÉVY

LE ROMAN NATURALISTE ; 4e édition. 1 vol.
HISTOIRE ET LITTÉRATURE ; 2e édition (Trois séries). 3 vol.
QUESTIONS DE CRITIQUE. 1 vol.
NOUVELLES QUESTIONS DE CRITIQUE. 1 vol.
ESSAIS SUR LA LITTÉRATURE CONTEMPORAINE. 1 vol.
NOUVEAUX ESSAIS. 1 vol.

Prix de chaque volume : **3 fr. 50.**

Coulommiers. — Imp. PAUL BRODARD. — 75-95.

CONFÉRENCES DE L'ODÉON

LES ÉPOQUES
DU
THÉATRE FRANÇAIS
(1636-1850)

PAR

FERDINAND BRUNETIÈRE
DE L'ACADÉMIE FRANÇAISE

NOUVELLE ÉDITION, REVUE ET CORRIGÉE

PARIS
LIBRAIRIE HACHETTE ET Cie
79, BOULEVARD SAINT-GERMAIN, 79

1896

Droits de traduction et de reproduction réservés.

A

M. PAUL POREL

DIRECTEUR DU THÉATRE NATIONAL DE L'ODÉON

*comme un témoignage de vive reconnaissance et de sincère amitié,
je dédie le recueil de ces quinze conférences.*

FERDINAND BRUNETIÈRE.

Mai 1892.

LES ÉPOQUES
DU
THÉATRE FRANÇAIS

PREMIÈRE CONFÉRENCE

LE CID

Objet et programme de ces *Conférences*. — I. *Le Cid*. — De quelques questions que soulève la tragédie de Corneille, et que la vraie nouveauté n'en consiste ni dans le choix du sujet, ni dans la disposition de l'intrigue, ni dans la nature du style. — La *Sophonisbe* de Mairet et la *Mariamne* de Tristan. — II. Mais le drame, que les contemporains faisaient sortir du concours des éléments extérieurs, Corneille l'a mis le premier dans l'âme de ses personnages. — C'est aussi lui qui le premier a fait de ses personnages les artisans de leur propre fortune au lieu d'en faire les jouets ou les victimes. — Digression à ce sujet : *Gil Blas* et *Figaro*. — Enfin c'est Corneille qui a formulé le premier dans *le Cid* la vraie notion de la tragédie. — III. De quelques défauts du *Cid*, dont le principal consiste en ce que le genre tragique n'y apparait pas encore assez dégagé de l'épique et du lyrique.

Mesdames et Messieurs,

Il me semble bien qu'en abordant aujourd'hui la longue série de ces quinze Conférences, si mon premier devoir est de vous remercier de votre bienveillant empressement, le second serait de m'excuser, — et de me justifier, autant que je le pourrai, — de l'audace et de la témérité de mon entreprise. Pour le premier, je me flatte que vous ne douterez pas du sentiment de reconnaissance avec lequel je m'en acquitte, et rarement, permettez-moi de le dire, — à vous voir aujourd'hui si nombreux, — j'en aurai rempli de plus facile ou de plus agréable. Mais pour le second, c'est autre chose, et s'il faut parler franchement, je me sens dans un grand embarras....

Ce qui est téméraire, en effet, c'est d'avoir formé le projet de vous apporter ici, dans cette même salle, sur cette même scène de l'Odéon, quinze fois de suite et trois mois durant, — non pas, heureusement, les mêmes chefs-d'œuvre, ni, je l'espère, les mêmes idées non plus, — mais enfin, comment dirai-je? le même conférencier, et nécessairement le même visage, le même son de voix, les mêmes intonations, les mêmes gestes, les mêmes tics, les mêmes manies peut-être. D'un autre côté, ce qui me paraît peut-être encore plus audacieux, dans ce que je vais tenter, c'est d'avoir osé ramasser, pour ainsi dire, en quinze conférences, pas une de plus ni de moins, deux cent cinquante ou bientôt trois cents ans d'histoire, et de l'histoire du théâtre français : — l'une des plus chargées qu'il y ait, des plus complexes, des plus riches en anecdotes, et des plus fécondes en chefs-d'œuvre! Si bien que je me trouve dans cette situation singulière, qu'à vrai dire ma témérité n'a d'excuse que dans mon audace, mais mon audace n'a de justification à son tour que dans le sentiment que j'ai de ma témérité; et, puisque, pour me les faire pardonner toutes deux, je suis ainsi, dès le début, obligé de jouer sur les mots, vous voyez assez, si je voulais insister, dans quel galimatias je me précipiterais, — indubitablement.

Pardonnez-moi donc de passer outre aux préliminaires, et, aujourd'hui surtout, que j'ai beaucoup de choses à vous dire, — plus que je n'en aurai d'ordinaire, — permettez-moi d'entrer immédiatement en matière. Non seulement, en effet, je voudrais vous parler du *Cid* et de Corneille, mais, avant que d'en venir au *Cid*, il faut bien que je vous dise quelques mots de l'intention première, du plan général de ces conférences, et de l'esprit aussi dans lequel je les traiterai. Si brièvement que je sois résolu de le faire, je crains fort d'être encore assez long, et je vous en fais mes excuses par avance.

Il n'est question, vous le savez, tout autour de nous, depuis dix ou douze ans, que de « réforme du théâtre ». On ne veut plus de « conventions », ce qui semble assez naturel d'abord, mais ce qui l'est peut-être moins, nous le verrons, quand on y songe. On ne veut plus de « règles », ce qui est déjà plus grave. On ne veut plus, enfin, de « lois », ce qui pourrait devenir tout à fait dangereux. En d'autres termes, on demande que le théâtre, comme le roman contemporain, ne soit plus désormais qu'une imitation de la vie, telle quelle, dans « la simplicité de sa nullité crasse », dans la « réalité de sa platitude nauséeuse », — ces expressions ne sont pas de moi! — imitation ou reproduction sans logique et sans art, sans art apparent tout au moins, et, comme la vie même, décousue, fragmentaire et incohérente. Ou encore, — et s'il est malheureusement vrai que la veine dramatique s'est beaucoup appauvrie depuis quelques années, — on semble croire et on dit que sa régénération ne sortira pas d'ailleurs que de la proscription et de l'anéantissement des principes qui l'avaient, qui passaient au contraire jusqu'ici pour l'avoir aidée ou favorisée.

Que faut-il penser de ces théories? Messieurs, je n'en sais rien encore, mais j'espère bien qu'à la fin de ces conférences nous en saurons, vous et moi, quelque chose; — et en voilà, par là même, l'intention nettement définie. A travers l'histoire du théâtre français, depuis Corneille jusqu'à Scribe, depuis *le Cid* jusqu'au *Verre d'eau*, je me propose de rechercher avec vous s'il n'y aurait pas des lois, deux ou trois lois, pas davantage, il ne nous en faut pas plus, dont l'observation se retrouverait également dans des œuvres d'ailleurs aussi dissemblables entre elles que l'*Andromaque* de Racine et l'*Antony* de Dumas; des lois, dont la violation ou l'oubli gâterait, en ne le laissant subsister que pour la lecture, ce que nous prenons de plaisir à voir jouer des œuvres aussi « distinguées » que le *Turcaret* de Le Sage ou *le Menteur* même de Corneille; des lois, enfin, qui seraient aussi nécessairement contenues, ou impliquées, pour mieux dire, dans la définition de l'œuvre dramatique, dans sa notion, que les lois de la physiologie générale sont enveloppées, données, et posées dans le fait seul de l'existence de tout être vivant. Je crois, pour ma part, que le théâtre a ses lois; et ces lois, si peut-être vous pensez avec moi que deux cent cinquante ans d'histoire sont une assez ample matière d'observation, assez riche en faits de toute sorte, je vais essayer, non pas du tout de les déduire *a priori* d'aucun principe philosophique, ou d'aucune idée préconçue de l'art du théâtre, mais de les induire de l'expérience et de l'histoire.

Cette intention suffisait à me dicter mon programme; et, comme elle explique le choix des pièces que j'y ai inscrites, elle vous rend compte aussi des lacunes que vous y avez remarquées.

Il y en avait d'abord d'inévitables, et même d'obligatoires. C'est ainsi que, ni du théâtre de M. Henri Becque ou de celui de M. Édouard Pailleron, ni de celui de M. Victorien Sardou, ni de celui de M. Alexandre Dumas, il ne me convenait ici de rien dire. Si j'en avais dit trop de bien, j'aurais été, je vous aurais paru suspect de complaisance ou de flatterie. Mais si je n'en avais pas dit assez, vraiment, j'aurais alors abusé de la situation quasi fortifiée que j'occupe sur cette scène, séparé d'eux par cette rampe, et abrité contre leurs représailles par leur absence peut-être et, en tout cas, par leur savoir-vivre et par leur courtoisie.

Les mêmes scrupules n'étaient pas pour m'empêcher de parler du théâtre de Picard ou de celui d'Alexandre Duval, des tragédies de Marmontel, des comédies de Dancourt ou de Scarron. C'est donc aussi pour une autre raison que je n'ai pas cru devoir m'y arrêter; et, ici, comme dit Molière, pour me mieux faire entendre,

Je m'en vais vous bailler une comparaison.

On estime, et, grâce à la statistique, on est même certain qu'il ne se publie pas en France, bon an mal an, moins de deux cent cinquante à trois cents romans. C'est beaucoup! La Librairie Nouvelle en regorge, et vous l'avez peut-être vu tout à l'heure, les galeries de l'Odéon en sont elles-mêmes inondées. Notez que je ne m'en plains pas! De même qu'en effet pour qu'un seul grain de blé germe, lève en herbe, et mûrisse, il faut que la main du semeur en jette à poignées dans le sillon, de même, pour que, de loin en loin, un chef-d'œuvre apparaisse dans l'histoire de l'art, il faut que ce chef-d'œuvre ait été précédé de nombreux, de laborieux, de pénibles essais, parmi lesquels nous ne devons pas trop nous étonner d'en rencontrer de bizarres ou de ridicules. Demandez encore aux savants, de combien d'expériences manquées dans le secret de leurs laboratoires, une grande découverte est habituellement faite? Mais, d'un autre côté, expériences manquées, chefs-d'œuvre avortés en naissant, si quelques curieux les connaissent, — et si d'ailleurs les historiens de la littérature ou de la science ne doivent jamais négliger de s'en enquérir scrupuleusement, — l'humanité les ignore; et elle a bien raison! Connaissez-vous les romans de Mlle de la Force ou ceux de Mme de Villedieu? Connaissez-vous même les noms de ces deux dames? Et si vous les connaissez, croyez-vous, je ne dis pas en être plus savants, mais plus avancés seulement? Non, sans doute. Je vais cependant plus loin encore. Il ne manque pas, dans nos bibliothèques, d'œuvres distinguées, d'œuvres délicates, d'œuvres charmantes qui nous surprennent, quand par hasard nous les ouvrons, celles-ci par ce que l'on y respire encore de fraîcheur ou de grâce, et d'autres par d'autres mérites : l'*Ourika* de Mme de Duras, par exemple, ou, si vous le voulez, la *Valérie* de Mme de Krüdener. Pourquoi donc les ignorons-nous, sans scrupules ni remords? C'est que, pour distinguées qu'elles soient, elles pourraient manquer, sans qu'il y parût, à l'histoire du roman; c'est que, tout ce qu'elle est, cette histoire le serait encore sans elles, l'est donc indépendamment d'elles; et c'est enfin qu'elles peuvent bien faire nombre dans la bibliographie ou dans les annales du genre, mais elles ne font pas lacune dans son histoire, — quand on oublie de les y mentionner.

Il en est de même de plus d'une tragédie, de plus d'une comédie qui continuent pourtant toujours de figurer au répertoire. *La Partie de chasse d'Henry IV* a jadis amusé nos pères, et vous-mêmes, Mesdames et Messieurs, quand on la jouera prochainement pour vous, je ne doute pas qu'elle vous amuse encore. D'autres pièces, plus prétentieuses, *le Siège de Calais*[1], de du Belloy, *l'Inès de Castro*, de Lamotte-Houdard, les « deux grands succès de larmes du xviii° siècle », ont violemment ému d'admiration ou de pitié les contemporains de Voltaire et de Rousseau. Que dis-je? Il n'y a pas jusqu'aux élucubrations du vieux Crébillon, sa *Sémiramis* et son *Atrée*, qui n'aient eu l'honneur en leur temps de faire entrer le grave président de Montesquieu lui-même, — c'est lui qui nous l'avoue et ce sont ses propres termes, — dans « les transports des Bacchantes! » Autant les ans en ont-ils emporté! Après un peu de vie, que leur ont prêté le talent de leurs interprètes ou la bonne volonté de leurs contemporains, *Sémiramis* et *Atrée*, *le Siège de Calais* et *Inès de Castro* sont retombés au néant! Nous donc, Messieurs, pourquoi les exhumerions-nous de l'oubli où elles dorment leur sommeil? Pourquoi ne leur ferions-nous pas au moins l'aumône de notre silence? Mais pourquoi surtout nous évertuerions-nous à leur trouver une signification, une valeur, une portée qu'elles n'eurent jamais? Je me suis appliqué à ne comprendre dans notre programme aucune œuvre qui ne marquât une date dans l'histoire du théâtre français, et ainsi, faute de temps, si je ne peux pas vous en retracer l'histoire, du moins vous en aurai-je indiqué les principales *époques*...

1. C'est dans *le Siège de Calais*, acte I, sc. vi, que se trouve la mémorable périphrase :

> Le plus vil aliment, rebut de la misère,
> Mais aux derniers abois ressource horrible et chère,
> De la fidélité respectable soutien,
> Manque à l'or prodigué du riche citoyen.

Ces quatre vers semblent vouloir dire que, « même au poids de l'or, on ne peut plus se procurer de côtelettes ou de filet de chien ». *Le Siège de Calais* est de 1765.

Restent, il est vrai, quelques pièces, antérieures à Corneille, — et de Corneille lui-même avant son *Cid*, — où je conviens qu'il pouvait être curieux d'aller chercher les origines du théâtre français. Mais à quoi bon? Ces vieilles pièces, auxquelles on est trop indulgent de nos jours, nous avons cru devoir vous épargner l'ennui de les entendre, comme aux excellents acteurs de l'Odéon la fatigue de les apprendre. Les voyez-vous récitant devant vous les vers prosaïques et raboteux, emphatiques aussi, du vieil Alexandre Hardy : *Elmire, ou l'heureuse bigamie, Scédase, ou l'hospitalité violée?* Non, Messieurs, nous n'avons pas voulu vous tendre ce piège; nous n'avons pas voulu, sous prétexte d'archaïsme, vous endormir dans vos fauteuils, et nous, pendant ce temps, disserter avec satisfaction sur ce que les prédécesseurs de Corneille auraient pu mettre dans leurs pièces, mais en réalité n'y ont point mis! Aussi bien, le peu de bon qu'il pouvait y avoir chez eux, allez-vous voir que Corneille, — grand emprunteur, je le dis en passant, comme tous les grands inventeurs, — a bien su le reprendre... Le reste n'est que de l'érudition, et nous ne sommes pas ici pour faire de l'érudition.

Ajouterai-je une autre et fort bonne raison? C'est que, dans la seconde moitié du XVIe siècle, de 1550 à 1610 environ, il y a eu des auteurs dramatiques; je pourrais même en citer dont les noms ne sont pas indignes d'être retenus; il n'y a pas eu d'acteurs de profession, ni de théâtre régulier, ni, par conséquent, de public [1]. Or, on ne saurait trop le répéter, l'œuvre de théâtre ne commence d'exister comme telle qu'aux chandelles,

---

[1]. Consultez sur ce point le livre de M. Eugène Rigal sur *Alexandre Hardy*, Paris, 1891, Hachette; et aussi son *Esquisse d'une histoire des théâtres de Paris, de 1548 à 1635*, Paris, 1887, Dupret.

par la vertu de la collaboration et de la complicité du public, sans lesquelles j'ose dire qu'elle n'a jamais été ni ne peut être que de la rhétorique. Si donc, par scrupule d'érudition, nous avions eu le courage de monter quelques-unes de ces pièces, — la *Bradamante* de Robert Garnier, par exemple, ou l'*Écossaise* d'Antoine de Monchrestien, — nous fussions allés contre notre dessein même; et c'est pourquoi nous ne l'avons pas fait.

Vous connaissez, Mesdames et Messieurs, l'intention première et le plan général de ces conférences. Je n'ai plus qu'à vous dire quelques mots de l'esprit dans lequel je les traiterai.

Ces lois du théâtre, dont je vous parlais tout à l'heure, que nous ne connaissons pas encore, mais que nous supposons, il n'est pas probable qu'elles aient rien d'immuable, — ou plutôt, si! elles ont quelque chose d'immuable, sans quoi ce ne seraient pas des lois, — mais je veux dire qu'elles n'ont rien de rigide, qu'elles ne sont pas de fer ni d'airain; qu'au contraire elles sont souples, elles sont ployables, elles sont élastiques ou plastiques; et comme telles, à travers le temps, elles *évoluent*, conjointement avec les genres dont elles sont l'expression. Cette *évolution* ou ce mouvement des lois du théâtre à travers le temps, c'est ce que j'essayerai, c'est ce que je m'attacherai surtout à suivre dans ces conférences. Que s'est-il passé, par exemple, entre Corneille et Racine? ou entre Racine et Voltaire? quel changement des mœurs, ou du goût public, ou de l'idéal du drame et de la tragédie? Mais de quel poids encore le désir de faire autrement que Racine a-t-il pesé sur la conception dramatique de Voltaire? de quel poids l'ambition de faire autrement que Voltaire sur la conception dramatique d'Hugo? Quels et qui furent enfin Hugo, Voltaire, Racine, Corneille? Et par eux, grâce à eux, quels éléments nouveaux se sont ajoutés et comme incorporés à la définition même de l'œuvre de théâtre? C'est ce que je tâcherai de vous dire, du mieux que je le pourrai, comme je le pourrai; — et, en raison de la difficulté du sujet, trop heureux, je le déclare humblement, si je n'y échoue qu'à moitié!

Mais quand j'y échouerais encore plus qu'à moitié, ce que je crois que j'aurais pourtant fait, ce serait d'avoir animé d'une vie propre, indépendante et réelle, une histoire qu'en vérité la plupart de nos historiens n'ont traitée jusqu'ici que comme quelque chose d'inorganique et de mort. Je vous aurais fait comme toucher du doigt les transformations d'un genre littéraire à travers les âges, les moments de son évolution, analogue, sinon tout à fait semblable à celle d'un organisme vivant. Je vous aurais fait enfin et surtout pressentir les avantages d'une méthode dont il se peut bien que je n'aie pas moi-même encore le maniement, mais qu'il me suffirait, après cela, qu'un plus habile ou un plus heureux appliquât quelque jour mieux que moi.

I

J'arrive maintenant au *Cid;* et, si je me suis bien expliqué, vous allez voir tout de suite l'un des avantages de cette méthode, qui est, si je ne me trompe, en les élargissant, de préciser à la fois et de simplifier les problèmes de l'histoire littéraire.

En effet, quelque intéressantes ou curieuses que soient tant de questions, si diverses et si nombreuses, que soulève *le Cid* : — la question de savoir ce qu'il y a de commun entre le Rodrigue de la légende et celui de l'histoire, le chef de bandes et le brigand fieffé, le *condottiere* sanguinaire que nous ont fait connaître les chroniques arabes [1]; — la question de savoir comment Corneille a traité son original espagnol, ce qu'il en a littéralement traduit, ce qu'il y a corrigé, ce qu'il en a retranché, ce qu'il y a ajouté [2]; — la question encore de *la Querelle du Cid*, je veux dire celle de savoir les vraies raisons de la vivacité, de l'acrimonie même avec laquelle les rivaux ou les ennemis de Corneille, y compris le grand cardinal, ont attaqué son chef-d'œuvre [3]; — toutes ces questions, et bien d'autres encore, disparaissent pour nous, ou, si vous l'aimez mieux, se réduisent à une seule qui les résume, qui les enveloppe, qui les domine toutes, et cette question la voici : en 1636 ou en 1637, sous le règne de Louis XIII et de Richelieu,

---

1. Voir sur ce point : *Recherches sur l'histoire et la littérature de l'Espagne pendant le moyen âge*, par R. Dozy. Leyde, 1860; et Sainte-Beuve, *Nouveaux Lundis*, t. VII.

2. Consultez ici, — sans parler du travail de M. Viguier, au tome III du *Corneille* de la collection des *Grands Écrivains*, — une excellente édition des *Mocedades del Cid*, récemment donnée par M. Ernest Mérimée. Toulouse, 1890, Privat. — Parmi les traductions du *Romancero du Cid*, nous signalerons plus particulièrement celle de M. Antony Rénal, Paris, 1842, Baudry.

3. Comme il ne faudrait pas moins de deux ou trois pages pour énumérer seulement les pièces relatives à *la Querelle du Cid*, nous nous contenterons de renvoyer le lecteur à la *Bibliographie cornélienne* de M. Émile Picot, p. 467-488. Paris, 1876, Fontaine. — On y joindra l'ouvrage de M. Chardon : *la Vie de Rotrou mieux connue et la Querelle du Cid*. Paris, 1884, Champion.

Quant aux prétendues « raisons d'État » que Richelieu pourrait avoir eues de s'acharner lui-même contre la pièce de Corneille, elles tombent toutes devant cette simple observation qu'il n'en a point interdit les représentations ni seulement fait mettre l'auteur à la Bastille, — ce qui lui eût été cependant si facile! Quand on coupait la tête à un Montmorency pour avoir contrevenu aux édits sur le duel, est-il probable qu'on se fût abstenu d'interdire une pièce qu'on eût cru qui prêchait le duel? Voir l'article CORNEILLE de la *Grande Encyclopédie*.

au lendemain des *Sosies* de Rotrou, par exemple, ou de la *Didon* de Scudéri, qu'est-ce que les contemporains ont vu dans *le Cid*[1], ou cru voir de neuf, d'original, et qu'ils n'eussent encore vu nulle part?

Car, d'admettre un seul instant que Corneille ait tout inventé, tout créé dans son *Cid*, vous savez, Messieurs, quelle erreur ce serait! N'a-t-on pas même fait remarquer, et on a eu raison, que la pièce de Guillen de Castro était belle, avec je ne sais quoi de plus espagnol, — naturellement, — de plus chevaleresque encore, de plus empanaché, de plus romantique, de plus conforme peut-être à notre goût contemporain que celle de Corneille? D'un autre côté, Corneille n'était pas le premier qui se fût avisé de chercher des motifs d'inspiration dans la littérature espagnole, ou plutôt, depuis qu'il existait un hôtel de Rambouillet, depuis que le trône de France était occupé par une princesse espagnole, tout, en France et surtout à Paris, était à l'espagnole : les mœurs, le costume, le ton de la conversation et celui de la galanterie. Vous n'avez aussi bien, pour vous en assurer, qu'à lire les *Lettres* de Balzac ou celles de Voiture, qu'à parcourir le répertoire de Hardy, de Mairet, de Rotrou, de Scudéri.

On y apprend également que beaucoup de préten-

---

1. Je donne ici, d'après les frères Parfaict, la liste des pièces qui ont été jouées en 1636 sur les théâtres de Paris : — *Iphis et Iante*, de Benserade; *Clorinde*, de Rotrou; *le Torrismond du Tasse*, de d'Alibray; *le Railleur*, de Maréchal; *Aspasie*, de Desmarets; *l'Illusion comique*, de Corneille; *Athénaïs*, de Mairet; *Mariamne*, de Tristan; *la Mort de César*, de Scudéri; *Amélie*, de Rotrou; *Bradamante*, de La Calprenède; *Didon*, de Scudéri; *les Sosies*, de Rotrou; *la Mort d'Achille*, de Benserade; *l'Amant libéral*, de Scudéri; *les Deux pucelles*, de Rotrou; *Céline*, de Beys; *le Cid*, qui pourrait bien d'ailleurs n'avoir été représenté que dans les premiers jours seulement de 1637. Voir à ce sujet la *Correspondance* de Chapelain.

dues innovations, dont les historiens de la littérature ne continuent pas moins de faire honneur à Corneille, ne lui appartiennent pas en propre, ne sont à lui que comme à ses contemporains. C'est ainsi que la manière dont il a traité dans son dialogue les idées générales, les lieux communs de la morale ou de la politique. les cas de conscience encore, faisant un caractère éminent de son style, on s'imagine assez volontiers qu'il en a le premier porté l'expression sur la scène. Mais de nombreux exemples nous prouveraient qu'il n'en est rien. Voici deux confidents qui discutent entre eux s'ils exécuteront un meurtre que leur prince vient de leur commander :

SYLLAR

En dédisant son Roi, quelque juste apparence
Que puisse prendre un peuple, il commet une offense.
Comme les Dieux au ciel, sur la terre les Rois
Établissent aussi des souveraines lois :
A la grandeur des Dieux leur grandeur se figure
Comme au vouloir des Dieux leur vouloir se mesure.

DEUXIS

Il faut leur obéir, si leur commandement
Imite ceux des Dieux, qui font tout justement.

SYLLAR

Enquérir leur secret tient trop du téméraire,
C'est aux Rois à le dire, et à nous à le faire.
S'ils ont mal commandé, l'homicide commis
Tombera sur leur tête, et nous sera remis [1].

Voilà, Messieurs, des vers dont l'allure est déjà toute cornélienne. Ils sont pourtant de 1617. — Corneille avait onze ans alors, — et je les emprunte à cette tragi-comédie de *Pyrame et Thisbé*, du poète Théophile,

1. Comparez Corneille.
Et l'on doit ce respect au pouvoir absolu
De n'examiner rien quand un roi l'a voulu.

laquelle a succombé, comme vous le savez, sous une citation maligne de Boileau [1].

En voici d'autres, qui sont de 1628, huit ans avant *le Cid*, douze ans avant *Horace*. C'est Massinissa, le roi numide, qui se tue sur le cadavre de sa Sophonisbe, — dans la tragédie de Mairet — et il s'exprime ainsi :

> Cependant, en mourant, ô peuple ambitieux
> J'appellerai sur toi la colère des Cieux!
> Puisses-tu rencontrer, soit en paix, soit en guerre,
> Toute chose contraire, et sur mer et sur terre!
> Que le Tage et le Pô, contre toi rebellés
> Te reprennent les biens que tu leur as volés!
> Que Mars, faisant de Rome une seconde Troie,
> Donne aux Carthaginois tes richesses en proie;
> Et que dans peu de temps le dernier des Romains
> En finisse sa rage avec ses propres mains!

Vous avez reconnu le modèle, ou le premier crayon des imprécations de Camille... Et voulez-vous voir celui du songe de Pauline, dans *Polyeucte*? Vous le trouverez dans cette *Mariamne* de Tristan, dont la légende conte qu'en 1636 le succès a balancé celui même du *Cid*. C'est Hérode qui parle :

> Mes pas m'ont amené sur le bord d'un étang.
> . . . .
> Et dessus ce rivage, environné d'effroi
> Le jeune Aristobule a paru devant moi!
> . . . .

---

1. Ah! voici le poignard qui du sang de son maître
    S'est souillé lâchement! *Il en rougit, le traître!*

Cf. les vers du *Cid* même.

RODRIGUE

Après, ne me réponds qu'avecque cette épée.

CHIMÈNE

Quoi! du sang de mon père encor toute trempée!

RODRIGUE

.....Plonge-la dans le mien,
Et fais-lui perdre ainsi la teinture du tien.

Il n'avait point ici la tiare à la tête
Comme aux jours solennels de notre grande fête.
. . . .
Ses propos dès l'abord ont été des injures
. . . .
A la fin j'ai levé le bras pour le frapper;
Mais pensant de la main repousser cet outrage
Je n'ai trouvé que l'air au lieu de son visage.
Voilà quel est mon songe!

Même coupe, vous le voyez, et presque mêmes mots; et combien d'autres exemples ne pourrais-je pas citer, si je ne craignais de vous en fatiguer[1]!

Mais, puisque la nouveauté du *Cid* n'est ainsi ni dans le choix ni dans la nature du sujet, ni dans la disposition de l'intrigue, ni dans la facture du vers, — et bien moins encore, assurément, dans l'observation des « règles », — où dirons-nous donc qu'elle soit? A la question posée en ces termes on peut, je crois, répondre d'un seul mot. La nouveauté du *Cid* consiste essentiellement en ceci que, de *romanesque*, ou, si je puis ainsi parler, d'*aventurière* qu'elle avait été jusqu'alors, Corneille y a rendu la tragédie vraiment *tragique* pour la première fois. Comment cela? De trois manières, ou par trois moyens, qu'il nous faut essayer maintenant de préciser.

---

1. Tel est encore le début de *la Mort de Crispe* :

> Doux et cruels tyrans de mon âme insensée
> Qui mettez tant de trouble en ma triste pensée,
> Chères impressions qui causez ma douleur,
> Inimitables traits d'esprit et de valeur...

Cf. le début de *Cinna* :

> Impatients désirs d'une illustre vengeance
> A qui la mort d'un père a donné la naissance...

Il semblerait d'ailleurs que l'auteur même de *Phèdre* et d'*Athalie* n'ait dédaigné de lire ni *Mariamne*, ni *la Mort de Crispe*.

II

Et d'abord, si vous avez jamais la curiosité, la patience, le courage, au prix de quelque ennui, d'examiner d'un peu près, à temps perdu, les tragi-comédies d'Alexandre Hardy, celles de Rotrou ou de Scudéri, vous discernerez aisément que, parmi quelques différences, elles ont toutes ensemble ce trait de commun, que, comme dans le roman, l'action y vient toujours du dehors. Dans toutes ces pièces, disposées au gré du caprice ou de la fantaisie du poète, — fantaisie généralement assez déraisonnable, caprice assez irrégulier, — ce sont les événements extérieurs qui déterminent les caractères des personnages; les événements extérieurs qui causent les péripéties successives de l'action; les événements extérieurs qui font le dénouement. Aussi, ne puis-je m'empêcher d'observer en passant qu'il n'est pas étonnant qu'elles nous paraissent vides, puisqu'au fait on n'a rien mis *dedans*; — et je suis fâché seulement que ce soit là ce que l'on en a quelquefois appelé le caractère romantique. Mais, au contraire, ce qu'il y a de nouveau dans *le Cid*, c'est que, pour la première fois, — et comme qui dirait par un « renversement du pour au contre », — les causes de l'action et l'action même y sont transportées du dehors au dedans; et le drame, par conséquent, s'y déroule dans l'intérieur ou dans l'âme des personnages. Tout ce que sont les personnages de Corneille, ils le sont par eux-mêmes, indépendamment des événements, ou au besoin contre les événements mêmes. En dépit de la mort du comte, Rodrigue aime toujours Chimène, et Chimène, en demandant la tête de Rodrigue, ne continue pas moins de l'aimer. Pareillement, ce sont les résolutions intérieures des personnages qui font s'engager, varier, et avancer l'action. Pas d'action si Rodrigue, penchant plutôt du côté de son amour, et croyant « devoir à sa maîtresse aussi bien qu'à son père », ne tuait pas le comte; pas d'action non plus si Chimène, obéissant aux intérêts de ce même amour, laissait à la puissance publique le soin de venger son père. De telle sorte qu'à vrai dire, si l'on retrouve dans *le Cid* quelque trace de cette action du dehors qui était avant lui comme la loi de la tragi-comédie, ce n'est que dans le dénouement, et la manière encore un peu artificielle dont il est procuré.

Ai-je besoin, Mesdames et Messieurs, de vous montrer ici les conséquences presque infinies de cette transformation ou, pour mieux dire, de cette transposition de l'action? Grâce à elle, en effet, la curiosité se détache de ce que la représentation avait jusqu'alors de plus extérieur et comme de dispersé, pour se ramasser toute comme en un point moral. Ce qui n'était qu'un plaisir des yeux ou de l'oreille en devient un de l'imagination, ou déjà de l'esprit. Et l'émotion même enfin s'accroît de tout ce que la connaissance du secret de l'âme des personnages ajoute nécessairement à la sympathie que leur situation nous inspire... Tel est le premier moyen dont Corneille a usé pour éliminer de la tragédie ce qu'elle contenait de trop *romanesque* encore, et, en lui donnant conscience de sa propre nature, pour la mettre dans la voie de son véritable progrès.

En voici un second : c'est que, presque pour la première fois, dans *le Cid*, les personnages, au lieu d'être les « produits » de leurs propres actions, en deviennent vraiment les maîtres, les vrais ouvriers de leur fortune au lieu de n'en être que les esclaves ou les jouets. Exprimons-le, — et tâchons de sentir toute l'importance de la transformation, — en disant que Corneille, par la substitution du volontaire au hasard, a dégagé, du milieu des imitations ou des contrefaçons d'elle-même qui en déguisaient la véritable formule, une des lois essentielles du théâtre; — et permettez-moi d'insister sur ce point.

Il ne saurait s'agir ici, vous le pensez bien, Messieurs, de discuter sur le libre arbitre; et, si nous ne sommes pas assemblés pour faire de l'érudition, encore moins le sommes-nous pour faire de la métaphysique. Cependant, il faut bien que j'essaye de vous montrer là, dans l'idée même que l'on se fait de la liberté, la différence capitale du *romanesque* et du *dramatique*. Tandis donc que les héros de roman, formés, pour ainsi dire, et comme façonnés par les circonstances extérieures, soumis à la pression du « milieu » ou du « moment », obéissent toujours à quelque fatalité, dont même il leur arrive parfois de n'être que le symbole, et sont *agis*, selon un barbarisme énergique, bien plutôt qu'ils n'agissent; au contraire dans le drame, bien loin d'accepter la loi des circonstances, ce sont les personnages qui la leur font, jusqu'à en mourir, s'il le faut, plutôt que de ne pas la leur faire, et qui les subordonnent ainsi aux exigences de leur volonté. Quand cela finit mal pour eux, dans la mort et dans le sang, c'est le drame; quand cela finit mieux, par le mariage, par exemple, c'est la comédie; quand cela finit moins bien, — mais au dépens de leur amour-propre ou de leur vanité plutôt que de leur bonheur ou de leur vie, — c'est le vaudeville. Mais, drame ou comédie, c'est toujours et partout la condition, la formule, et la loi de l'action dramatique.

Dans une de ses tragédies les moins connues, et d'ailleurs les plus justement oubliées, — c'est son *Œdipe*, — Corneille a fait en beaux vers l'apologie de cette liberté qui est l'âme de son théâtre. C'est Thésée qui parle :

Quoi, la nécessité des vertus et des vices
D'un astre impérieux doit suivre les caprices;
Et Delphes, malgré nous, conduit nos actions
Au plus bizarre effet de ses prédictions!
L'âme est donc toute esclave : une loi souveraine
Vers le mal ou le bien incessamment l'entraîne,
Et nous ne recevons ni crainte ni désir
De cette volonté qui n'a rien à choisir!...
De toute la vertu sur la terre épandue
Tout le prix à vos Dieux, toute la gloire est due!
Ils agissent en nous quand nous pensons agir,
Alors qu'on délibère on ne fait qu'obéir!...
D'un tel aveuglement daignez me dispenser.

Voilà, en même temps que la pensée de Corneille, le secret de sa force dramatique; et voici peut-être, dans une autre citation, le secret de la faiblesse d'Hugo :

. . . . Tu me crois, peut-être,
Un homme comme sont tous les autres; un être
Intelligent, qui court droit au but qu'il rêva.
Détrompe-toi. *Je suis une force qui va;*
Agent aveugle et sourd de mystères funèbres,
Une âme de malheur faite avec des ténèbres.
Où vais-je? Je ne sais. Mais je me sens poussé
D'un souffle impétueux, d'un destin insensé.
Je descends, je descends, et jamais ne m'arrête [1].

Ne vous semble-t-il pas voir, dans ce contraste seul, une explication presque suffisante de ce qu'il y a toujours de *dramatique*, en dépit de ses défauts, dans l'œuvre de Corneille, et de ce qu'au contraire, dans celle d'Hugo, quoi qu'il fasse, il y a toujours de plus lyrique, — ainsi dans *Hernani*, — ou de plus épique à proprement parler, — comme dans les *Burgraves*, — que de véritablement *dramatique?*

[1]. Ce très curieux passage d'*Hernani* a été relevé pour la première fois, je crois, dans une très intéressante étude de Victor de Laprade sur *le Grand Corneille*.

Mais transportons-nous sur un autre terrain.

Il existe dans notre littérature deux œuvres, un roman et une comédie, l'une et l'autre beaucoup plus qu'estimables, et que l'on peut considérer, — avec un peu de complaisance, — comme étant à peu près du même temps. Toutes les deux ont l'Espagne, — une Espagne de convention et d'opéra-comique, mais la même Espagne, — pour théâtre ou pour cadre; toutes les deux sont des satires sociales; toutes les deux nous racontent les aventures d'un même héros, je veux dire d'un laquais de bonne maison : vous avez reconnu le *Gil Blas* de Le Sage et *le Figaro* de Beaumarchais.

Lisez-les d'un peu près, Messieurs. Les ressemblances y sont nombreuses : la différence en est profonde. Et en quoi consiste-t-elle? Essentiellement en ceci, qu'il n'arrive à Gil Blas aucune aventure, heureuse ou malheureuse, dont il soit proprement l'artisan, rien qu'il ait prévu, ni délibéré, ni voulu; tandis qu'au contraire il n'arrive rien à Figaro qui ne soit finalement le fruit ou la récompense de son activité, de sa ruse, et de son habileté. Toute l'intelligence de Gil Blas ne s'emploie qu'à profiter de ce que l'occasion lui procure, jamais à la faire naître; mais celle de Figaro ne « s'évertue », selon son mot, qu'à enlever à la fortune tout ce que le calcul peut lui enlever. Et ce n'est, si vous le voulez, qu'une différence de procédés, en un certain sens, mais, en un autre sens, vous verrez qu'elle atteint le fond même des choses, parce qu'elle résulte effectivement d'une différence de conception du monde et de la vie. Et sans nous embarrasser ici de l'approfondir davantage, constatons seulement que c'est en raison d'elle que *Gil Blas* demeure l'un des chefs-d'œuvre du roman de mœurs, comme *Figaro*, d'autre part, l'un des chefs-d'œuvre de la comédie d'intrigue. Nous reviendrons prochainement sur ce point [1].

Tel est donc le second moyen dont Corneille a usé dans son *Cid* pour renouveler le théâtre de son temps. Ce que l'on imputait au hasard de la rencontre, il en a reporté l'honneur aux résolutions volontaires de son Rodrigue et de sa Chimène. Il a donc fait ainsi de Chimène et de Rodrigue ce que l'on appelle des personnes morales, c'est-à-dire qui agissent en toute occasion dans la plénitude entière du sentiment de leur responsabilité. Ne doutez pas, Messieurs, qu'au XVII° siècle, qui peut-être est celui de tous où l'on a cru le plus fermement mais surtout le plus consciemment au pouvoir de la volonté, cette heureuse *invention* de Corneille n'ait été pour une grande part dans le succès du *Cid*, et que

---

[1]. On m'a fait observer plus d'une fois à ce propos que, dans la comédie de Beaumarchais, presque toutes les intentions de Figaro tournaient contre lui-même; et en effet, ce n'est pas lui, si l'on le veut, c'est Suzanne et la comtesse qui procurent le dénouement de l'intrigue. Mais ce n'est pas là le point, et si je ne me suis pas assez clairement expliqué, j'y reviens donc. Il n'importe aucunement que la volonté réussisse à ses fins ou que ses calculs la déçoivent, et comme on le verra plus loin, à l'occasion de *Rodogune*, il est même de l'essence de l'action tragique que l'effort du héros échoue dans le sang ou contre la fatalité. Pas plus que le Figaro de Beaumarchais, la Cléopâtre de Corneille ne triomphe des obstacles que le hasard ou la fortune oppose à ses desseins. Mais toute la question est de savoir si pour en triompher, elle a fait tout ce que la volonté pouvait faire, et, comme Cléopâtre, c'est ce qu'a fait Figaro. Là, encore une fois, est ce qui le distingue du Gil Blas de Lesage, et l'agent dramatique, si je puis ainsi dire, du personnage romanesque. L'un s'abandonne au cours des événements et l'autre essaie de les dominer. Le premier s'y soumet, s'y conforme ou s'y adapte. *Non mihi res, sed me rebus subjungere conor*; le second y résiste, ou les brave et essaie de se les subordonner. Si c'est bien ce que fait Figaro, l'exemple a donc la signification que nous avons cru pouvoir lui donner, et nous la maintenons.

les contemporains n'en aient rien tant applaudi que les fières paroles de Rodrigue :

> Car enfin n'attends pas de mon affection
> Un lâche repentir d'une bonne action !
> ..... J'ai vengé mon honneur et mon père,
> Je le ferais encore si j'avais à le faire.

Mais ce n'est pas tout, et pour achever d'y déterminer le caractère de la vraie tragédie, Corneille, dans le *Cid*, a usé d'un autre moyen encore, en montrant, pour ainsi dire, à ses imitateurs, quel genre de sujets et quelle nature de conflits étaient le plus convenables à l'exercice de la volonté.

Qu'est-ce, en effet, Mesdames et Messieurs, qui est *tragique*, vraiment tragique dans la vie? Est-ce de mourir? Je ne le crois pas. Pour être le terme habituel de la tragédie, la mort, en soi, n'en est pas pour cela plus tragique; et le nombre de cadavres qui jonchent la scène au cinquième acte n'importe que de peu de chose à la beauté d'un drame. Est-il beaucoup plus « tragique » de perdre ce qui fait le prix, ou l'agrément, ou la dignité de la vie? la place que l'on occupait? la fortune que l'on avait péniblement amassée? la femme que l'on aimait? Cela dépend; et, par exemple, il ne me semble pas que la fin du *Misanthrope* soit proprement tragique : elle est triste, elle est douloureuse, elle n'est pas tragique. Le dénouement de l'*École des femmes* ne l'est pas davantage. Mais, direz-vous peut-être, ce qui empêche ici l'émotion tragique, c'est que, ce que perdent Arnolphe et Alceste, Arnolphe surtout, ils le perdent par leur faute, pour en avoir maladroitement choisi les moyens les plus contraires à leurs intentions. Oui, sans doute; mais inversement, les cas ne manquent point où, perdant sa fortune ou sa vie par sa faute, la catastrophe n'en est pas moins tragique [1]. Vous me dispenserez là-dessus de vous montrer que ce qui fait le caractère tragique des événements, ce n'est pas non plus la qualité des personnages, quoique d'ailleurs, nous le verrons, elle y contribue pour une part assez considérable. Mais ce qui me semble vraiment tragique, premièrement et profondément tragique, c'est d'être comme enfermé dans une impasse dont on ne peut absolument sortir que par un effort exceptionnel de volonté, comme Rodrigue et comme Chimène, comme Andromaque et comme Phèdre. Et, lorsque cet effort exige de nous le sacrifice de quelque chose qui nous est plus cher que la vie — devoir, honneur, amour — c'est alors que la tragédie, en atteignant l'excès du pathétique, touche en même temps le fond de sa définition.

C'est là, Messieurs, ce que Corneille a si bien vu dans le sujet du *Cid*, ce que son génie a si bien dégagé de la pièce de Guillen de Castro; c'est ce que les contemporains y ont tant applaudi. Honneur et passion, amour et devoir, c'est du conflit de ces sentiments, également forts, sinon également légitimes, que l'émotion sort; nous aimons en Chimène, et surtout en Rodrigue, leur obstination, leur opiniâtreté généreuse à les vouloir concilier; et ce que nous admirons le plus en eux, dans cette situation extraordinaire, c'est l'héroïsme de volonté qui les élève au-dessus d'eux-mêmes. Pas de tragédie sans lutte; pas d'intérêt dans la lutte

---

1. Je lis à ce propos, dans un recueil d'*Extraits de la Chanson de Roland*, récemment publié par M. Gaston Paris : « Le refus de Roland d'appeler Charles à son secours en sonnant son cor est la vraie cause, dans notre poème, du désastre de Roncevaux... *Par là ce désastre prend un caractère vraiment tragique*, puisqu'il provient en grande partie de la faute du héros, de sa *desmesure*, comme on disait en ancien français, d'un mot qui rend parfaitement l'idée de l'ὕβρις homérique. »

si ceux qui la livrent ne se croient pas libres; et pas de noblesse ou de grandeur, — ni pour nous, spectateurs, de véritable émotion, — s'il n'y va de quelque chose d'autre et de plus que la vie [1].

III

Est-ce à dire, en terminant, que le *Cid* soit une chose parfaite? Je ne le crois pas, et s'il n'est pas douteux qu'il doive éternellement demeurer l'un des chefs-d'œuvre de la scène française, le mot de La Bruyère n'a cependant pas perdu toute vérité : que l'une des meilleures critiques que l'on ait faites est celle du *Cid*. Mais, par la même raison que nous avons pu, que nous avons dû nous interdire de toucher tant de questions relatives au *Cid*, nous n'avons pas ici à insister sur ses défauts, ou du moins nous n'en devons retenir que ceux qui, pour avoir fait école, ou pour obscurcir encore un peu dans le *Cid* la notion de la vraie tragédie, intéressent par là l'histoire du théâtre français. J'en vois deux de cette nature; et il me paraît que le *Cid* est, d'une part, trop épique, et, de l'autre, trop lyrique encore.

Trop épique, je veux dire par là que des événements

1. Je ne veux pas, en les écrivant, refaire ici ces *Conférences*, mais si je crois pourtant devoir quelquefois les modifier, on ne me défendra pas de le faire en note. Il manque donc ici un développement, — que je ne sais comment j'ai pu omettre, — sur le caractère d'*humanité* qui est l'un des caractères essentiels du *Cid* français, et qui le distingue si profondément de son original espagnol. La littérature espagnole a, en général, quelque chose de dur; et c'est ce qui explique assez bien que ni le *Cid* de Guillen de Castro, ni les romans picaresques n'aient fait, dans la littérature européenne, la fortune du *Cid* ou du *Gil Blas* français. Voyez d'ailleurs sur ce point la récente édition que j'ai donnée des *Chefs-d'œuvre de Corneille*. Paris, 1895. Hetzel.

étrangers, et plutôt parallèles que connexes à l'action, y tiennent trop de place, comme la bataille de Rodrigue contre les Maures, dont le récit, à mon sens, fait hors-d'œuvre dans la pièce. D'un autre côté, les personnages y sont, les uns trop effacés, comme le roi, comme l'infante, comme don Sanche, les autres trop d'une pièce, comme don Diègue, comme Chimène, comme Rodrigue [1]. La psychologie en est trop courte et trop sommaire. N'y parlent-ils pas peut-être aussi avec un peu d'emphase?

> Paraissez, Navarrois, Maures et Castillans,
> Et tout ce que l'Espagne a nourri de vaillants!

Mais surtout Corneille est trop lyrique dans *le Cid*, et j'entends que ses personnages y font trop de couplets; que peut-être s'occupent-ils trop d'eux-mêmes; et qu'enfin, ce qui est plus grave, le poète intervient encore trop souvent de sa personne dans son œuvre.

Vous remarquerez, Mesdames et Messieurs, qu'aucune autre mauvaise habitude n'avait, jusqu'à Corneille lui-même, retardé davantage les progrès de la tragédie. Au XVIe siècle, et dans les premières années du XVIIe encore, on ne pouvait guère songer à vivre de sa plume; on écrivait donc à peu près uniquement pour la gloire, et avant tout on voulait se faire une réputation de bel esprit. Tel Voiture, tel Balzac, tels encore les poètes leurs contemporains. On ne se souciait pas des exigences de son sujet, et le grand point n'était que de se

---

1. C'est ce que Sainte-Beuve voulait dire quand il trouvait le fond du sujet « plus biographique encore que dramatique »; et c'est une observation que M. Ernest Mérimée, dans son *Introduction* aux *Mocedades del Cid*, s'est heureusement appropriée en disant que, « sans le *Romancero*, Castro n'aurait point fait le *Cid*, mais qu'en revanche le *Romancero* est la cause de la plupart des fautes du *Cid* ».

faire valoir. Je vous ai cité tout à l'heure quelques vers assez bien venus de *Pyrame et Thisbé*; en voici d'autres, Mesdames, qui ne le sont pas moins bien, quoique d'un goût différent. C'est Pyrame qui chante à sa Thisbé ce couplet amoureux :

> Ah! laisse à mon amour un peu de jalousie
> Non pas pour les mortels, car je peux m'assurer
> Que tu n'aimes que moi.

> **THISBÉ**
> Tu peux bien le jurer.

> **PYRAME**
> Mais je me sens jaloux de tout ce qui te touche,
> De l'air qui si souvent entre et sort par ta bouche.
> . . . .
> Les fleurs que sous tes pas tous les chemins produisent
> Dans l'honneur qu'elles ont de te plaire, me nuisent.
> Si je pouvais complaire à mon jaloux dessein
> J'empêcherais tes yeux de regarder ton sein.
> Ton ombre suit ton corps de trop près, ce me semble,
> Car nous deux seulement devons aller ensemble.
> Bref, un si rare objet m'est si doux et si cher
> Que ta main seulement me nuit de te toucher.

Vous saisissez le procédé. Encore, ce Théophile, — qui fut décidément un vrai poète, — est-il délicieux ici de mauvais goût! Mais, prenons-y garde, à vouloir ainsi faire montre de soi-même, le grotesque est tout proche, et pour y choir ensemble, nous n'avons qu'à rouvrir la *Mariamne* de Tristan, dont je vous parlais tout à l'heure. Hérode vient de faire exécuter sa femme, et elle n'est pas plutôt expirée que, selon l'ordinaire des meurtriers d'amour, il regrette amèrement de l'avoir envoyée au supplice :

> Quoi! dans si peu de temps aurait-on abattu
> Le temple le plus beau qu'eut jamais la vertu!
> Aurait-on renfermé dans les moindres espaces
> La retraite d'amour et le séjour des grâces?

Les astres de ses yeux seraient-ils éclipsés?
Et les lis de son teint seraient-ils effacés?
Aurait-on dissipé ce recueil de miracles?
Aurait-on fait cesser mes célestes oracles?
Aurait-on de la sorte enlevé tout mon bien?
Et ce qui fut mon tout ne serait-il plus rien?

Messieurs, si le vice de ce petit morceau, sans rien dire du ridicule de quelques expressions. — qu'en bonne critique on peut toujours considérer comme un simple accident, — si ce vice consiste en ce que le poète, rencontrant par hasard un thème qui l'inspire, ou qu'il croit propre à faire briller sa virtuosité, s'y arrête avec un excès de complaisance, et en oublie le lieu, la situation, le caractère de ses personnages, le goût ou les convenances, n'y a-t-il pas encore quelque chose de cela dans *le Cid*, comme dans *Horace*, comme dans *Cinna*, comme dans *Pompée*? C'est une question que j'indique plutôt que je ne la décide encore.

Pour aujourd'hui, en effet, quelques taches légères que l'on puisse noter dans *le Cid*, il nous suffit d'y avoir vu la tragédie pour la première fois en France prendre conscience de sa vraie nature. Que si elle y conserve quelque chose de trop voisin de ses premières origines, du lyrisme ou de l'épopée, nous y reviendrons prochainement pour voir comment, par quels moyens elle devait achever de s'en débarrasser. Mais ce que nous verrons mieux et plus prochainement encore, c'est qu'elle ne saurait désormais s'écarter tout à fait de ce qu'elle est déjà dans *le Cid*, non seulement sans dommage, mais sans un réel danger pour son existence même.

5 novembre 1891.

DEUXIÈME CONFÉRENCE

LE MENTEUR

I. *Le Menteur* a-t-il dans l'histoire de la comédie la même importance que *le Cid* dans l'histoire de la tragédie? — Nécessité de remonter, pour traiter la question, aux premières comédies de Corneille lui-même : *Mélite, la Veuve, la Galerie du Palais*. — Qualités et défauts de ces premières pièces. — II. Que le premier mérite du *Menteur* est d'être une comédie gaie. — Est-il quelque chose aussi de plus caractérisé : comédie de caractère? ou comédie de mœurs? ou comédie d'intrigue? — Que le second mérite du *Menteur* est d'être une comédie littéraire. — Le style du *Menteur*, et, à ce propos, de la qualité du style de Corneille. — III. Que peut-on dire que Corneille ait appris ou montré à Molière? — Comment il manque deux choses au *Menteur* pour être une date essentielle dans l'histoire du théâtre français.

Mesdames et Messieurs,

Par une de ces fictions familières, — et peut-être même nécessaires au théâtre, — nous franchissons en huit jours un intervalle de six ou huit ans, et, du *Cid* passant au *Menteur*, nous sautons, si j'ose m'exprimer ainsi, par-dessus *Horace*, *Cinna*, *Polyeucte* et *la Mort de Pompée*. Cette précipitation n'a-t-elle pas quelque chose de sacrilège, de barbare à tout le moins, n'est-elle pas un manquement à la justice et au goût autant ou plus qu'à la chronologie? Je le crains, en vérité : je m'en accuse; je m'en excuse; et si je le pouvais, je ne demanderais pas mieux que de vous parler à loisir, sinon peut-être de *Cinna*, mais assurément d'*Horace* et de *Polyeucte*.

Horace, en effet, quel thème! ou plutôt, — comme on dit dans la langue un peu bizarre et un peu tourmentée d'aujourd'hui, mais expressive pourtant, — quelle « envolée » vers les hauteurs! Remise des blessures de la guerre civile, victorieuse de l'Espagne, la France en ce temps-là, vers 1640, prenait une conscience vraiment nouvelle, plus profonde et plus claire à la fois, de la solidarité de toutes ses parties, de son unité, de sa personnalité politique; et, de cette conscience, est-ce que je me tromperais en essayant de retrouver la révélation dans *Horace*? Quelle unique occasion de commenter à ce propos une belle page d'Henri Heine, — qu'il a écrite un peu pour célébrer Racine aux dépens de Corneille, je le sais, mais qui n'est pas moins vraie, qui l'est même plus au fond de Corneille que de Racine, — et de montrer ce que doivent aux accents patriotiques de ce bourgeois de Rouen les morts sans nom, mais non pas sans gloire, qui gisent dans les plaines de Hohenlinden et de Marengo, d'Austerlitz et de Wagram, de Montmirail et de Waterloo! Ou, si j'osais enfin toucher à des temps plus voisins de nous, combien ne sont-elles pas toujours vivantes et toujours actuelles, du fond de son passé, les leçons de courage et de vertu civique enveloppées dans les vers du vieux poète[1]!

---

1. Je dois avouer qu'aujourd'hui (1896) je ne parlerais plus d'*Horace* avec le même enthousiasme. C'est qu'en y regardant de plus près, — en éditeur et non plus seulement en commentateur ou en critique, — j'ai cru m'apercevoir que, sous son apparence héroïque ou romaine, *Horace* n'était qu'une tragédie romanesque, plus voisine du *Cid* que de *Cinna* même; et comme d'autre part on ne saurait nier qu'elle contienne infiniment

Mais *Polyeucte* à son tour, — l'un des chefs-d'œuvre à la fois de l'esprit et du génie de Corneille, — si Corneille m'animait de son enthousiasme, et qu'il me soulevât, qu'il me portât, pour ainsi dire, sur les ailes de son sujet, s'il m'aidait à trouver des mots dignes de lui, quel thème, plus ample encore et plus beau que celui d'*Horace!* Car, où jamais a-t-on mis à la scène un plus grand sujet, qui nous fît mieux entendre combien il y a dans la vie de choses de plus de prix que la vie! Héroïsme, christianisme, jansénisme, mysticisme, fondus ensemble par le génie de Corneille, comme il serait intéressant de les démêler un à un dans *Polyeucte!* Et que ne pourrais-je pas dire de la note purement humaine, si pathétique et si tendre, que mêle, en quelque sorte, à ce duo de martyrs, l'aimable, l'élégante, la noble galanterie de Sévère?

Mais si j'étais libre jeudi dernier, je ne le suis plus! Je suis le prisonnier de mon programme; et puisqu'au surplus il n'y a rien dans *Polyeucte*, — ou peu de chose à notre point de vue, — qui ne fût en germe, ou en puissance au moins, dans *le Cid*, rien non plus dans *Horace* que nous ne devions prochainement retrouver dans *Rodogune*, quoique sous une forme un peu différente, je suis pressé, je me sens pressé, après vous avoir montré les commencements de la tragédie dans *le Cid*, de vous montrer aujourd'hui les origines de notre comédie dans *le Menteur*.

moins d'humanité que *le Cid*, je l'admire donc aussi beaucoup moins. Au contraire la même obligation de relire *Polyeucte*, vers par vers, et comme de mot à mot, m'en a mieux fait comprendre non seulement toute la beauté, mais l'importance aussi dans l'histoire du théâtre de Corneille, ou même du théâtre français. Voyez mon édition des *Chefs-d'œuvre de Corneille* Paris, 1895, Hetzel.

I

Est-il donc vrai, Messieurs, comme on le dit encore tous les jours, que, si *le Cid* est la première tragédie vraiment digne de ce nom qui ait illustré la scène française, *le Menteur* en soit, lui, la première comédie? Est-il vrai qu'en même temps que le « maître de Racine », — ou plutôt de Quinault et de Crébillon, du doucereux Quinault et du noir Crébillon, — Corneille soit aussi le « maître de Molière »? Est-il vrai que, ce que *le Menteur* n'est pas encore lui-même, il en ait du moins suggéré l'idée, et montré de loin le modèle aux imitateurs de Corneille? Oui et non.... Mais, pour répondre utilement à ces questions, il nous faut faire un léger détour, ou plutôt un retour en arrière, remonter de quelques années au delà du *Cid* même, et tâcher de nous rendre compte, avant tout, du rapport du *Menteur* avec les comédies de la première jeunesse de Corneille.

Vous savez qu'en effet Corneille avait commencé par des comédies : *Mélite, la Veuve, la Galerie du Palais,* etc., dont je n'oserais sans doute conseiller à aucun directeur de faire jouer même la meilleure, mais dont je ne me permets pas moins de vous recommander la lecture. S'il en fallait croire Corneille lui-même, ces comédies n'auraient eu « de modèle avant lui, dans aucune langue »; — et, selon son habitude, il exagère, mais ce qui est certain, c'est qu'elles brillent déjà de mérites rares et originaux.

Elles sont décentes, en dépit d'une certaine liberté de langage, dont aussi bien vous retrouverez des traces jusque dans *le Menteur* même[1]; elles sont honnêtes;

---

1. Voir, à cet égard, le *Commentaire* de Voltaire.

et c'était quelque chose, c'était beaucoup alors! Car, vous dirai-je de quoi l'on s'amusait, aux environs de 1630, dans le roman et au théâtre? Non, je n'oserais point ici vous donner une idée de l'équivoque obscène qui fait le fond des *Galanteries du duc d'Ossone*, l'une des meilleures pièces, ou l'un des grands succès du Besançonnois Mairet. Mais pour vous indiquer la nature des plaisanteries dont on se conjouissait, il me suffira de vous citer ces trois vers d'un laquais poltron, dans *l'Esprit follet*, du sieur d'Ouville :

O ciel, fais-moi ce bien que mes craintes soient fausses,
J'ai, d'appréhension, lâché tout dans mes chausses!
Mais quoi, sans les laver, les laisserai-je ainsi....

Ah! Messieurs, certes, nos pères n'étaient pas difficiles, qui là-dessus s'éclataient de rire! Il est vrai, Mesdames, qu'heureusement pour nous, nos grand'mères l'étaient quelque peu davantage; et vous pouvez vous imaginer, en entendant ces grossièretés, la figure, ou plutôt la grimace de dégoût, que faisaient celles que l'on appelait en ce temps-là l'incomparable Arthénice, et sa fille, Julie d'Angennes, un peu plus prude encore qu'elle, la même qui fut depuis la sévère et complaisante à la fois duchesse de Montausier. En comparaison de celles de d'Ouville ou de Mairet, les comédies de Corneille n'avaient rien, ou presque rien, qui pût choquer ces nobles oreilles, et quand on y jouait de l'éventail c'était... pour se donner de l'air, et non plus, comme auparavant, pour dissimuler le rouge d'une pudeur justement offensée.

D'autre part, — également éloignées qu'elles étaient de l'extravagance espagnole et de la bouffonnerie classique italienne, non moins éloignées de l'ancienne liberté gauloise, — on ne peut pas dire que *Mélite* ou *la*

3

Veuve fussent proprement des comédies « réalistes », mais enfin c'étaient, à peine romancées, des imitations de la vie moyenne ou bourgeoise d'alors. Pas ou peu de « valets bouffons », ni de « capitans », ni de « docteurs », — c'est Corneille, dans son *Examen de Mélite*, qui n'oublie pas de nous le faire observer lui-même : — mais le ton, mais les « riens » de la conversation du jour; et, pour héros, à peine embellis, les personnages que l'on coudoyait dans les rues de Paris ou de Rouen. Vous savez d'ailleurs que le point de départ, ou plutôt que le fond de *Mélite* était fait d'une aventure de la jeunesse du poète[1]; et n'est-ce pas comme si nous disions qu'au lieu de la caricature, c'était déjà, timidement et gauchement, la peinture des mœurs contemporaines qui s'insinuait par là dans la notion de la comédie?

Mais de quel style surtout, Mesdames et Messieurs, ces premières pièces étaient écrites; — si naïf dans son air d'archaïsme, si charmant dans son hésitation, si amusant, si élégant déjà dans sa préciosité, si gracieux en son contour, avec — dans *l'Illusion comique* par exemple — ce que l'on demandait encore alors de verve copieuse ou d'énormité même dans la drôlerie! Il faut que je vous en donne ici quelques échantillons, que j'ai choisis exprès de genres assez différents. Écoutez ce couplet de l'amoureux Tircis, réuni enfin à sa Mélite :

> Maintenant que le sort, attendri par nos plaintes,
> Comble notre espérance et dissipe nos craintes,
> Que nos contentements ne sont plus traversés
> Que par le souvenir de nos malheurs passés!
> Ouvrons toute notre âme à ces douces tendresses
> Qu'inspirent aux amants les pleines allégresses,
> Et d'un commun accord chérissons nos ennuis
> Dont nous voyons sortir de si précieux fruits.

1. Voir là-dessus F. Bouquet : *les Points obscurs de la vie de Corneille*. Paris, 1889, Hachette.

Adorables regards, fidèles interprètes,
Par qui nous expliquions nos passions secrètes,
Doux truchements du cœur qui déjà tant de fois
M'avez si bien appris ce que n'osait la voix ;
Nous n'avons plus besoin de votre confidence ;
L'amour en liberté peut dire ce qu'il pense,
Et dédaigne un secours qu'en sa naissante ardeur
Lui faisaient mendier la crainte et la pudeur.
Beaux yeux, à mon amour, pardonnez ce blasphème,
La bouche est impuissante où l'amour est extrême ;
Quand l'espoir est permis elle a droit de parler,
Mais vous allez plus loin qu'elle ne peut aller.
Ne vous lassez donc point d'en usurper l'usage,
Et, quoi qu'elle m'ait dit, dites-moi davantage [1].

Oui, je sais, — et je vais le redire tout à l'heure, — je sais que cela ne va pas très profondément, et ce n'est, si vous le voulez, que le langage ou le jargon habituel de la galanterie du temps ; mais, déjà, quelle élégance, et quelle grâce, et quelle facilité de tour ! Ainsi parlait-on sans doute à l'hôtel de Rambouillet, et c'était de semblables propos que Louis XIII échangeait avec Mme de Hautefort, celle qui fut depuis la maréchale de Schomberg et l'une des premières protectrices de Bossuet. Voici, de *la Veuve*, un autre passage, d'un tout autre genre, spirituel et agréablement malicieux, où la désinvolture du vers s'associe à l'expression de ce que la vie mondaine a de plus futile et de plus léger. C'est une

---

1. *Mélite*, acte V, sc. IV. Je n'ignore pas que ces vers ont été retouchés ; et la version que j'en donne là n'est même que de 1657, mais si la propriété de l'expression n'était pas tout à fait la même ni le goût aussi pur dans le texte de 1633 — c'est la date de la première édition de *Mélite* — la grâce du tour et celle de l'accent s'y trouvaient déjà tout entières. J'aurais d'ailleurs aussi bien cité, si je ne l'avais déjà fait dans une *Étude sur Corneille*, le monologue de Philandre, acte III, sc. I.

Souvenirs importuns d'une amante laissée
Qui venez malgré moi remettre en ma pensée. etc.

jeune fille, qui cause avec sa mère d'un « prétendu » qu'on leur a présenté dans un bal :

DORIS

... Ah! Dieu, que c'est un cajoleur étrange,
Ce fut paisiblement, de vrai, qu'il m'entretint :
. . . .
Il me mena danser deux fois sans me rien dire.

CHRYSANTE

Mais, ensuite?

DORIS

              La suite est digne qu'on l'admire.
Mon baladin muet se retranche en un coin
Pour faire mieux jouer la prunelle de loin.
Après m'avoir de là longtemps considérée,
Après m'avoir des yeux mille fois mesurée,
Il m'aborde en tremblant, avec ce compliment :
« Vous m'attirez à vous, ainsi que fait l'aimant. »
Il pensait m'avoir dit le meilleur mot du monde.
Entendant ce haut style, aussitôt je seconde,
Et réponds brusquement, sans beaucoup m'émouvoir :
« Vous êtes donc de fer, à ce que je puis voir? »
Ce grand mot étouffa tout ce qu'il voulait dire,
Et, pour toute réponse, il se mit à sourire.
Depuis, il s'avisa de me serrer les doigts,
Et, retrouvant un peu l'usage de la voix,
Il prit un de mes gants : « La mode en est nouvelle,
Me dit-il, et jamais je n'en vis de si belle ;
Vous portez sur la gorge un mouchoir fort carré ;
Votre éventail me plaît d'être ainsi bigarré ;
L'amour, je vous assure, est une belle chose,
Vraiment, vous aimez fort cette couleur de rose?
La ville est en hiver tout autre que les champs ;
Les charges à présent n'ont que trop de marchands,
On n'en peut approcher.. ».

Je ne dis pas que ces vers soient ce qui s'appelle bons, — ou du moins j'en connais de meilleurs, — mais ils sont caractéristiques, et peut-être qu'après tout, ces détails de la vie commune, dont l'expression a été de tout temps l'écueil de la comédie en vers, n'ont jamais été plus heureusement rendus [1].

Mais voulez-vous enfin, dans *l'Illusion comique*, un modèle de cette grosse verve, de ce style emphatique et bouffon qui fera lui tout seul, dans quelques années, la réputation de Scarron? C'est Matamore qui parle, le seul Matamore que Corneille ait mis en scène, et comme qui dirait son César de Bazan :

Quand je veux, j'épouvante, et quand je veux je charme.
Et, selon qu'il me plaît, je remplis tour à tour
Les hommes de terreur et les femmes d'amour.
Du temps que ma beauté m'était inséparable,
Leurs persécutions me rendaient misérable,
Je ne pouvais sortir sans les faire pâmer,
Mille mouraient par jour à force de m'aimer.
J'avais des rendez-vous de toutes les princesses,
Les reines à l'envi mendiaient mes caresses :
Celle d'Éthiopie et celle du Japon,
Dans leurs soupirs d'amour ne mêlaient que mon nom.
. . . .
Ces pratiques nuisaient à mes desseins de guerre
Et pouvaient m'empêcher de conquérir la terre.
D'ailleurs j'en devins las, et pour les arrêter,
J'envoyai le Destin dire à son Jupiter
Qu'il trouvât un moyen qui fît cesser les flammes
Et l'importunité dont m'accablaient les dames;
Qu'autrement ma colère irait dedans les cieux
Le dégrader soudain de l'empire des dieux.
. . . .
Ce que je demandais fut prêt en un moment,
Et depuis, je suis beau quand je veux, seulement.

---

[1]. Comparez, pour sentir le prix de ce genre de mérite, Émile Augier, dans *la Jeunesse* ou dans *Gabrielle* :

. . . . . On dirait, à vous entendre tous,
Que les départements sont des pays de loups.
Je vous jure, monsieur, que ce sont des contrées
Habitables à l'homme, et point hyperborées.
Les naturels n'ont pas de cerveau plus transi
Et l'esprit ne s'y perd ni plus ni moins qu'ici.

Malheureusement, Messieurs, quels que soient les mérites de ces comédies, il faut bien avouer qu'elles ont deux graves défauts. Le premier, c'est que l'observation, cette observation des mœurs mondaines, qu'il semble que Corneille s'y soit proposée comme objet, est bien légère, bien superficielle encore, et, pour parler familièrement, tout entière à fleur de peau. La satire n'enfonce pas, et le trait, lancé d'une main négligente, ne pénètre jamais bien avant. Ébauches ou esquisses, il n'y a rien là, je ne dis pas d'achevé, je dis d'assez *poussé* seulement. Mais ce que je trouve plus grave et beaucoup plus fâcheux, c'est que le comique de toutes ces pièces n'est pas franc; l'espèce n'en est pas loyale, si je puis ainsi dire; et trop souvent, ou presque à tout coup, je ne sais quels accents tragiques, ou du moins élégiaques, s'y mêlent inopportunément aux futilités de la conversation mondaine et aux traits de la satire. Disons le mot qu'il faut dire : ce sont toujours là des « tragi-comédies »; genre hybride, genre confus, genre indéterminé, dont vous savez sans doute combien on a donné de définitions différentes, également contestables, et que je me garderai bien d'essayer de rectifier. J'en dirai seulement qu'il était l'enfance de l'art, et le témoignage d'une inexpérience égale à manier le comique et le tragique [1].

---

1. J'ai essayé, dans une étude sur *Alexandre Hardy*, — *Études Critiques*, IV⁰ série, — de montrer comment, sous le nom de tragi-comédie, les espèces théâtrales ont lutté, trente ans durant, à qui triompherait enfin dans le « combat pour l'existence »; et que là même est la raison de la difficulté qu'on trouve à choisir parmi les définitions que l'on en a données. La tragi-comédie n'est pas un « genre » mais la confusion de tous les genres ensemble; quelque chose d'hybride, comme je le disais et d'indéterminé, « je ne sais quoi d'informe et qui n'a pas de nom » ou qui n'en devrait pas avoir; une espèce de transition, qui a cessé d'exister du jour où la tragédie d'une part et

C'est ce que confirmerait, Messieurs, l'examen du théâtre d'Alexandre Hardy, de celui de Rotrou, de celui de Scudéri. Si l'on mêlait, si l'on confondait, si l'on brouillait alors ensemble le plaisant et l'effroyable, l'horrible et le bouffon, les larmes et le rire, en vérité, ce n'était point comme nous l'avons cru depuis lors, ou comme nous avons affecté de le croire, non, ce n'était point par application d'aucune doctrine d'art ou d'aucune conception raisonnée de la vie! Je ne crois même pas que ce fût pour contenter tout le monde à la fois, donner, dans la même pièce, à ceux-ci de quoi rire, à ceux-là de quoi pleurer, et, les uns et les autres, les attirer indistinctement au Marais ou à l'hôtel de Bourgogne. Mais c'est tout simplement que l'on n'était pas maître encore des moyens de son art. On ne savait pas s'adresser, pour y frapper, à la source des larmes, ni toucher à celle du rire, pour l'en faire jaillir. On tâtonnait. Et on n'ignorait pas tout à fait l'art d'épouvanter les enfants et les femmes, non plus que celui de provoquer le gros rire, mais on était incapable d'*émouvoir* ou d'*égayer*, — au vrai sens des deux mots, — ceux que Molière allait bientôt appeler les *honnêtes gens* [1].

la comédie de l'autre ont réussi à s'en dégager. Le théâtre de Rotrou sous ce rapport ne serait pas moins intéressant à étudier que celui d'Alexandre Hardy.

1. Aussi, parce que l'on rencontre, dans les comédies de la jeunesse de Corneille, quelques vers éloquents, emphatiques ou déclamatoires, qui s'élèvent d'un ou deux tons au-dessus de celui de la comédie, n'est-ce pas du tout une raison de se représenter Corneille, comme on le fait volontiers, à l'étroit dans le genre comique; s'en échappant à la moindre occasion que ses sujets lui présentent; tendant inconsciemment au tragique; et ne s'attardant aux bagatelles de *la Veuve* ou de *la Galerie du Palais* que pour n'avoir pas encore trouvé sa véritable voie. On ne réfléchit pas en effet, là-dessus, qu'autant il y a de promesses de sa tragédie future dans ses premières comédies, autant montrerait-on de ressouvenirs de sa comédie jusque dans ses

Si cependant, Messieurs, je me suis bien expliqué l'autre jour en vous parlant du *Cid*, vous voyez apparaître ici la conséquence. En déterminant le vrai caractère de la tragédie, le *Cid* avait dégagé de la tragi-comédie les deux espèces qui s'y trouvaient confusément mêlées; il les avait séparées ou isolées l'une de l'autre; et du même coup aussi, par exclusion, il avait déterminé le caractère de la vraie comédie. Permettez-moi d'user, pour m'expliquer, d'une comparaison un peu pédante, mais assez expressive. Si vous considérez un corps formé, comme l'eau, par exemple, de la combinaison de deux autres, n'est-il pas vrai que tout hasard ou toute opération qui dégagera l'un des éléments de la combinaison, mettra l'autre en liberté; l'isolera donc, aussi lui, puisqu'ils ne sont que deux; et tôt ou tard lui facilitera, du fait même de son isolement, les moyens de manifester ses caractères ou ses propriétés? Ainsi du *Cid*. Le succès du *Cid*, suivi de celui d'*Horace*, de *Cinna*, de *Polyeucte*, ayant eu pour effet d'apprendre à Corneille où il fallait frapper pour nous tirer des larmes, eut pour conséquence de lui faire en même temps connaître où était la source du rire; et comme il était Corneille, — un incomparable virtuose, à qui presque tous les sujets étaient bons, qui avait ce que l'on appelait l'*outil universel*, — *le Menteur* nous est venu de là.

dernières œuvres : *Nicomède, Don Sanche d'Aragon, Pulchérie*, ou même, dans ses chefs-d'œuvre tragiques : telles parties du rôle de Félix dans *Polyeucte*, et le rôle entier de l'infante dans *le Cid*.

Voyez encore pour ces traces de comique dans l'œuvre entière de Corneille, le *Commentaire* de Voltaire.

II

Tel en est en effet le premier mérite, le mérite vraiment original et nouveau, analogue ou, pour mieux dire, réciproque de celui du *Cid* : le *Cid* était une tragédie... tragique, et le *Menteur* est une comédie gaie.

On a beaucoup discuté, à ce propos, la question de savoir si le *Menteur* était une comédie d'intrigue, ou une comédie de mœurs, ou une comédie de caractères ; et je m'empresse de dire que ce n'est pas moi qui trouverai la question oiseuse ou la discussion inutile, — ni vous non plus, Messieurs, si vous voulez y songer un instant. Tout le monde convient, n'est-ce pas, qu'entre *la Cagnotte* ou *Célimare le Bien-aimé*, de Labiche, et l'*Hamlet* ou l'*Othello* de Shakespeare, il y a quelque différence. Ce sont également des œuvres de théâtre. Ce sont également des chefs-d'œuvre, on le dit, et j'y consens. Mais il y a pourtant une différence, une différence de fond, une différence de nature ou d'espèce, et non pas seulement de degré. Nous ne confondons pas aussi le chat avec le tigre, ni le chien avec le loup, encore moins le chat avec le chien. Pour découvrir et pour noter des différences du même genre, — quoique plus délicates, comme étant moins apparentes, plus profondément cachées, — entre le *Légataire universel* et *Tartufe*, entre *Zaïre* et le *Bajazet* de Racine, qu'y faudra-t-il donc, Messieurs ? Tout simplement des moyens d'analyse plus délicats eux-mêmes, des instruments de critique plus sensibles et plus précis, un goût plus exercé, je veux dire plus d'expérience : ajoutons-y de surcroît une curiosité plus éveillée, plus aiguë, plus exigeante. Mais la question, vous le voyez, pour être plus difficile à résoudre, n'en demeure pas moins légitime. Du *Menteur* de Corneille, comme d'une comédie quelconque, on peut toujours se demander ce qu'elle est, et il faut même qu'on se le demande. C'est ce que nous ne ferons pourtant pas aujourd'hui et je me contenterai, sans autre discussion, de vous faire observer que *le Menteur*, à proprement parler, n'est encore ni comédie d'intrigue, ni comédie de mœurs, ni comédie de caractère.

Il n'est pas une comédie d'intrigue, si l'intrigue en est assez faible, dépourvue d'ailleurs de tout intérêt propre, et livrée comme au hasard par l'indifférence de l'auteur. Car, demandez-le vous tout à l'heure, à qui importe-t-il que Dorante épouse Clarice ou Lucrèce? Pas même à lui, je pense; et, naturellement, bien moins encore à nous. L'intérêt de la pièce n'est pas là. Personne de nous ne se soucie de ce que deviendra l'aventure. Mais, de plus, l'intérêt n'étant pas davantage dans cette espèce d'agréable anxiété qu'excite et que renouvelle, d'acte en acte, de scène en scène, l'ingéniosité d'un habile homme aux prises avec un problème curieux, des embarras duquel nous attendons de voir comment il sortira, *le Menteur* n'est pas une comédie d'intrigue. *Le Menteur* n'est pas non plus une comédie de mœurs, quoique d'ailleurs il soit bien de son temps et qu'il en porte nécessairement la marque. Point de satire générale ici, ni de satire particulière non plus, qui mette en scène un « état » ou une « condition »; point de *Ganaches* ni de *Faux Bonshommes*, point d'*Effrontés* ni de *Vieux Garçons*. Si cependant c'est en cela que consiste à vrai dire la comédie de mœurs, dans la satire plus ou moins âpre des ridicules d'un âge, d'une profession, ou d'un travers général d'esprit, *le Menteur* n'est pas une comédie de mœurs. Et, enfin, *le Menteur* n'est pas une comédie de caractère, si ce n'est pas, proprement, un « caractère », mais seulement un « défaut » ou un « vice » que d'être menteur, et de l'être surtout comme Dorante, « pour rien, pour le plaisir », comme qui dirait gratuitement, par complaisance pour la fécondité de sa propre imagination, sans motif et sans but. Vous remarquerez, en outre, que le vice de ce jeune gentilhomme ne lui est pas intime; qu'il n'empêche pas de briller en lui toutes les qualités de sa race et de son éducation : bravoure, loyauté même, générosité de cœur, élégance, noblesse; qu'à peine enfin effleure-t-il, mais il n'entame pas, il ne corrompt pas son intégrité morale. Et c'est pourquoi si nous entendons par caractère quelque chose de plus profond et de plus général à la fois, le Menteur n'est donc pas une comédie de caractère.

Mais ce qu'il est éminemment, si je puis ainsi parler, Messieurs, c'est ce que je vous disais à l'instant même : une comédie gaie : j'entends une comédie où le rire n'est pas contrarié par les larmes; une comédie pendant les cinq actes de laquelle aucune émotion plus sentimentale ne se mêle au plaisir que nous causent les amusantes hâbleries de Dorante ou les facéties de Cliton, son valet; où nous ne tremblons, où nous ne sommes inquiets pour personne; et, enfin, où pas un instant nous ne prenons seulement homme ni femme au sérieux. Je ne nie pas, d'ailleurs, que cette continuité de gaieté légère y soit en un sens un défaut. Le parti pris est trop évident. La distinction est trop tranchée. Le Menteur est trop comique, à sa manière; et, manquant par là de réalité, c'est un peu par là, c'est même surtout par là, — vous en jugerez dans un moment, — qu'il me paraît manquer de force et de profondeur. Mais, enfin, à sa date, ce défaut même était un mérite, en son genre. Puisqu'il s'agissait de séparer ou de distinguer les espèces, la tragédie d'une part, la comédie de l'autre, c'est pour cela qu'à sa manière *le Menteur*, comme *le Cid*, quoique avec moins de netteté, marque une époque dans l'histoire du théâtre français. Il est comique, ce que n'étaient point les comédies de Rotrou, et ce qu'il fallait que fût la comédie avant que de pouvoir devenir autre chose.

Voici maintenant un autre mérite : *le Menteur* est, en même temps aussi, notre première comédie littéraire; et ici, Messieurs, puisque l'occasion s'en offre, posons un principe, dont nous verrons plus tard sortir plus d'une conséquence.

Il n'est pas du tout nécessaire qu'une pièce de théâtre soit littéraire pour être, comme on dit, « du théâtre ». Le théâtre est un art qui peut à la rigueur uniquement vivre de son propre fonds, en ne s'aidant que de ses moyens et de ses ressources à lui. Comme la peinture et comme la musique, il peut, s'il le veut, se passer d'idées. Et de nombreux exemples vous prouveraient qu'encore plus aisément il peut même se passer de style. N'est-ce pas aussi bien ce que l'on entend quand on nous parle d'un style de théâtre, dont il semble, en vérité, que l'incorrection serait le premier privilège? Je ne voudrais pas aller jusque-là! Si ces quatre vers de *Tartufe* sont assez mal écrits :

> Qu'est-ce *que* cette instance a dû vous faire entendre?
> Que l'intérêt *qu'*en vous on s'avise de prendre,
> Et l'ennui *qu'*on aurait *que* ce nœud *qu'*on résout
> Vint partager du moins un cœur *que* l'on veut tout.

je ne voudrais pas jurer que Molière ait fait « exprès » de les écrire aussi mal, et qu'il ait bien fait de le faire, pour mieux exprimer l'embarras d'Elmire [1] :

---

[1]. C'est Sainte-Beuve, je crois, qui s'est avisé le premier, quelque part, dans son *Port-Royal*, de soutenir ce paradoxe. M. Dumas, depuis, l'a développé, avec éclat, dans la *Préface* de

Qu'est-ce... que cette instance... a dû vous faire entendre?
Que... l'intérêt qu'... en vous on s'avise de prendre,
Et l'ennui... qu'on aurait... que ce nœud... qu'on résout...
Vint partager du moins un cœur... que l'on veut tout.

Mais enfin il y a quelque vérité de contenue dans ce paradoxe, et l'histoire est là pour nous prouver que le théâtre s'est passé plus d'une fois d'avoir aucune valeur proprement littéraire [1].

Parmi plusieurs moyens qu'il y a de lui en donner une, je ne crois pas, Messieurs, que le style soit le seul, ni toujours le plus efficace, — ou du moins j'en connais d'autres, — mais, sans examiner cette grosse question, il suffit que ce soit celui qui a si bien réussi à Corneille dans *le Menteur*. Vous voyez pourquoi j'ai tant insisté sur le style de ses premières comédies. Appliquées à un sujet mieux choisi, mieux défini surtout que ceux de

---

son *Père prodigue*, à laquelle, d'ailleurs, selon l'engagement que j'avais pris, je me suis gardé de faire allusion seulement en prononçant la présente conférence, mais que l'on ne trouvera pas étonnant que je le rappelle en note.

1. On voudra bien remarquer ici qu'il en est de même de plusieurs autres genres, et peut-être de tous, à l'exception de la poésie : poésie épique ou poésie lyrique. Une *épopée* ou une *ode* qui ne sont point littéraires n'existent pas :

*Mediocribus esse poetis
Non Di, non homines, non concessere columnæ.*

C'est qu'elles n'ont à vrai dire d'autre objet que la réalisation de la beauté. Mais les autres genres en ont un autre, et si les auteurs dramatiques ne s'offensent point d'être comparés aux prédicateurs, je dirai, pour me faire bien entendre, qu'une comédie peut se passer d'être littéraire, comme on voit qu'un sermon s'en passe. Il peut bien l'être, comme une comédie, et alors il n'en vaut que mieux, mais il ne l'est point de soi, nécessairement, par définition ou par destination. C'est pourquoi nous n'avons retenu, dans l'histoire de la littérature, que trois ou quatre noms de prédicateurs; et cependant, depuis trois cents ans, combien, dans les églises de Paris ou de France, a-t-on prononcé de *Carêmes* et d'*Avents*?

Mélite ou de *l'Illusion comique*, forgées et reforgées sur l'enclume du tragique, trempées et assouplies par leur exercice même, ce sont en effet ces qualités de style que vous allez retrouver dans son *Menteur*. Elles y ont seulement quelque chose de plus franc, de moins mêlé de préciosité, de plus naturel, de moins cherché, de plus « trouvé », de plus net, si vous le voulez, et de plus définitif. A cet égard, sans faire tort à personne, — ni à Racine, ni à Molière, ni à Regnard, — je ne crois pas qu'il y ait au théâtre rien de supérieur à quelques narrations du *Menteur*. J'aimerais à vous le montrer, Messieurs, si je ne craignais d'anticiper sur votre plaisir. Mais tout à l'heure, attachez-vous, je vous le demande, à suivre le dessin de ce style, et admirez-en l'aisance dans la précision, la facilité spirituelle, l'élégance et la solidité. Pas ou presque pas une épithète à la rime, mais des verbes ou des substantifs; pas un mot inutile; pas un surtout qui paraisse exigé par la mesure du vers; mais la simplicité, la rapidité, la limpidité de la prose, de la belle prose, — comme on eût dit au xviiie siècle, — avec, en plus, ce quelque chose d'ailé, de léger, de vainqueur, qui est le propre du poète....

C'est qu'aussi bien Corneille opérait ici dans le sens de son génie, étant de ces écrivains dont la fécondité d'invention verbale est peut-être le don caractéristique entre tous. Il y a des écrivains qui peinent à chercher leurs mots, qui sont en quelque sorte obligés, pour traduire à peu près leur pensée, d'avoir là, sous la main, toute une bibliothèque ou un arsenal de *dictionnaires* : dictionnaire de l'usage, dictionnaire des synonymes, dictionnaire des étymologies, que sais-je encore? Mais il y en a d'autres à qui les mots viennent d'eux-mêmes, presque sans qu'ils y pensent, abondamment, trop abondamment, plus qu'en foule; à qui vous croiriez, en vérité, qu'une manière de dire en suggérât vingt autres aussitôt; qui ne trouvent, d'ailleurs, le courage d'en sacrifier ou d'en rejeter aucune; et nous, — toujours Gaulois en cela, toujours amis du bien dire, — nous leur pardonnons l'excès de leur rhétorique, en raison de son ampleur même, de l'abondance de son « débit », et surtout de sa diversité. Tel Ronsard au xvi° siècle, tel Hugo de nos jours, et tel, Messieurs, Corneille en son temps. Le danger pour eux, c'est de noyer leurs idées sous les mots; et Corneille, vous le savez, n'est pas, ne sera pas toujours exempt de ce reproche. Mais lorsque, par bonheur, cette fécondité s'exerce et se déploie dans un sujet qui la supporte, il faut bien convenir qu'auprès d'eux tous les autres alors, — qui peuvent avoir d'autres qualités, — nous paraissent essoufflés, courts d'haleine, et poussifs.

III

Nous pouvons maintenant, Messieurs, répondre aux questions que nous nous posions tout à l'heure.

Et, d'abord, dirons-nous du *Menteur*, qu'il soit, dans l'histoire du théâtre français, l'origine ou le premier modèle d'une transformation, d'une révolution de la comédie analogue ou comparable à celle dont *le Cid*, six ou huit ans auparavant, avait donné le signal? Évidemment non. Par cela même, par cela seul qu'il n'était proprement ni une comédie d'intrigue, ni une comédie de mœurs, ni une comédie de caractère, *le Menteur* n'offrait rien d'assez défini, d'assez facile à en reproduire, d'assez aisément saisissable à l'imitation des successeurs ou des rivaux de Corneille. En effet, vous le savez sans doute, on n'imite pas d'un grand écrivain, — ni d'aucun maître en aucun art, — ce qu'ils ont, pour ainsi parler, d'absolument personnel, mais seulement les parties de leur œuvre qui, parce qu'elles se laissent plus ou moins aisément définir, deviennent ainsi comme des lois ou des règles du genre dans lequel ils se sont exercés. Après *le Misanthrope*, après *l'Avare*, on saura ce que c'est qu'un « caractère » et on connaîtra les moyens les plus généraux de le mettre en valeur. On saura ce que c'est qu'une « intrigue » après *le Légataire universel* ou après *le Mariage de Figaro*. On ne le savait pas, on ne pouvait pas le savoir après *le Menteur*, et Corneille l'ignorait lui-même.

Aussi, malgré tant de qualités, ne voyons-nous pas que son *Menteur*, en son temps, ait obtenu un succès comparable à celui du *Cid*. Quelques vers en sont bien devenus proverbes en naissant, mais dix autres comédies, dans le même temps, n'ont pas moins heureusement réussi; et jusqu'à ce que Molière parût, avec son *École des femmes*, il y avait une comédie que l'on appelait couramment du nom d' « inimitable », mais ce n'était point du tout *le Menteur*, c'étaient *les Visionnaires*, de Desmarets de Saint-Sorlin. Observez encore que, pour Corneille en personne, il ne semble pas que sa pièce ait été le trait de lumière, l'indication neuve et féconde qu'avait été *le Cid*; et, que, lorsqu'il aura donné *la Suite du Menteur*, devant écrire cependant plus de vingt ans ou vingt-cinq ans encore, on ne le verra plus revenir à la comédie [1]. Et enfin, Messieurs, si Corneille s'est en quelque sorte abandonné comme poète comique, il ne semble pas qu'aucun de ses imitateurs l'ait suivi

---

1. J'entends et il faut entendre la comédie proprement dite; car *Don Sanche d'Aragon*, ni comédie et *Pulchérie* « comédies héroïques » ne laisseront pas de s'éloigner assez de la notion de la tragédie.

ou remplacé dans la voie que l'on veut que *le Menteur* ait ouverte, — ni Thomas, son petit frère, ni Quinault, son plus brillant disciple, ni Scarron, le maître du burlesque. On est retourné, les uns aux intrigues plus ou moins compliquées de la comédie espagnole; les autres à l'imitation des bouffonneries italiennes; mais aucun, jusqu'à Molière, n'a semblé se douter que *le Menteur* contînt quelque chose qui le distinguât de tout ce qui l'avait précédé...

Est-ce que toutefois je veux dire par là que Corneille soit « le maître de Molière »? C'est, vous vous le rappelez, notre seconde question; et vous connaissez la légende. « Oui, mon cher Despréaux — disait Molière à Boileau — je dois beaucoup au *Menteur*. Sans *le Menteur*, j'aurais fait sans doute quelques pièces d'intrigues, *l'Étourdi*, *le Dépit amoureux*, mais peut-être n'aurais-je pas fait *le Misanthrope*. » Vous savez sans doute aussi que l'anecdote est parfaitement apocryphe [1]. Mais si la forme en est fausse, le fond n'en serait-il pas vrai? C'est encore, pour ma part, ce que je ne crois pas. Pour moi, Molière ne doit à Corneille que ce qu'un écrivain, si grand qu'il soit, et quoi qu'il fasse, doit toujours à ceux qui l'ont précédé dans l'histoire de son genre; ce que nous avons vu que Corneille lui-même devait à quelques-uns de ses prédécesseurs ou de ses contemporains; et, à cet égard, nous n'avons pas à craindre d'exagérer leur dette : ils sont hommes à la payer, sans en être pour cela moins riches de leur fonds!

Il nous serait même facile, si nous le voulions, de montrer, — et nous le pouvons toujours par anticipa-

---

1. C'est François de Neufchâteau le premier qui l'a mise en circulation, quelque cent ans donc après la mort de Molière. Il prétendait l'avoir tirée du *Bolæana* où, depuis lui, personne n'a pu la retrouver.

tion, — qu'autant qu'à l'auteur du *Menteur*, Molière est redevable à celui des *Visionnaires*, que nous nommions tout à l'heure. Que direz-vous, en effet, de ce petit morceau? C'est un père qui parle et qui discute la qualité des gendres qui s'offrent à son choix :

> Moi, je suis d'une humeur que tout peut contenter.
> Pas un d'eux à mon gré ne se doit rejeter :
> S'il est vieux, il rendra sa famille opulente ;
> S'il est jeune, ma fille en sera plus contente ;
> S'il est beau, je dis lors : beauté n'a point de prix ;
> S'il a de la laideur, la nuit tous chats sont gris :
> S'il est gai, qu'il pourra réjouir ma jeunesse ;
> Et s'il est sérieux, qu'il a de la sagesse ;
> S'il est courtois, sans doute il vient d'un noble sang ;
> S'il est présomptueux, il sait tenir son rang ;
> S'il est entreprenant, c'est qu'il a du courage ;
> S'il se tient à couvert, il redoute l'orage...
> . . . .
> Enfin, quelque parti qui s'ose présenter,
> Toujours je trouve en lui de quoi me contenter.

Est-ce que vous ne croirez pas, Messieurs, que, dans un couplet célèbre du *Misanthrope*, Molière, autant que des vers bien connus de Lucrèce, se soit ressouvenu de ceux de Desmarets, dont, sans doute, il avait lui-même au cours de ses pérégrinations en province, joué plus d'une fois *les Visionnaires* [1]? C'est des mêmes *Visionnaires* encore qu'il a tiré la Bélise des *Femmes savantes*, et, tandis qu'il y était, quelques traits aussi de son Vadius et de son Trissotin. Jugez-en plutôt :

---

[1]. J'ajoutais ici que, dans tout *le Menteur*, on ne trouverait pas une scène dont Molière se fût plus manifestement inspiré. L'affirmation en ces termes avait quelque chose de trop absolu, et j'avais l'air d'oublier la scène de Dorante et de son père (acte V, sc. III) :

> Êtes-vous gentilhomme? etc.

sur le dessin de laquelle Molière a calqué la scène correspondante de *Don Juan*.

FILIDAN
Ah! qu'elle est rigoureuse à son amant fidèle!

AMIDOR
Ah! que pour les savants la saison est cruelle!

FILIDAN
Beauté, si tu pouvais savoir tous mes travaux!

AMIDOR
Siècle, si tu pouvais savoir ce que je vaux!

FILIDAN
J'aurais en ton amour une place authentique.

AMIDOR
J'aurais une statue en la place publique [1].

HESPÉRIE
J'ai pitié de les voir en cette égalité
L'un se plaindre du temps, l'autre de ma beauté.

SESTIANE, sœur d'Hespérie.
Non, c'est un dialogue, Amidor l'étudie
Pour en faire une scène en quelque comédie.

HESPÉRIE
Ah! ne le croyez pas, l'un et l'autre, en effet,
Ont du temps et de moi l'esprit mal satisfait.
. . . .
   A Filidan.
Doncques, vous vous plaignez d'une ingrate maîtresse.

FILIDAN
S'il est quelque pitié naissante en votre cœur
Qui vous fasse enquérir quel trait fut mon vainqueur!
Sachez qu'il vint d'un œil que j'adore en mon cœur.

HESPÉRIE
Voyez qu'il est adroit à me conter sa flamme...

Je ne veux pas inutilement prolonger les citations, et je vous renvoie, non pas même à la comédie des *Vision-*

---

2. Cf. *Femmes savantes* :
    Si le siècle rendait justice aux beaux esprits....
    On verrait le public vous dresser des statues ...

naires, mais à la liste seulement des personnages où Hespérie est ainsi désignée : « Hespérie, qui croit que chacun l'aime ».

Vous le voyez donc, la dette de Molière envers Corneille n'est pas plus considérable qu'envers Desmarets ou tout autre des contemporains de Corneille. Et cela ne saurait faire à coup sûr que *le Menteur* ne soit une date importante et caractéristique dans l'histoire du théâtre français. Je veux dire seulement, je répète que *le Menteur* est loin d'avoir l'importance du *Cid*, et, — toute question de personne mise à part, — on peut, je pense, en donner deux ou trois bonnes raisons.

Pour que la comédie pût égaler, sinon la dignité, mais au moins la fortune littéraire et la popularité de la tragédie, il fallait donc, en premier lieu, que le goût général du temps se fût quelque peu détourné du romanesque et porté vers l'étude ou l'observation de la réalité. Or, Messieurs, c'est ce qui ne pouvait sans doute se faire avant que la Fronde et ses suites eussent rabattu quelque chose des fumées héroïques dont on se payait encore aux environs de 1645. C'est ce qui ne pouvait se faire davantage avant que les différentes classes de la société française, rapprochées les unes des autres par les circonstances, se fussent mêlées plus intimement, et qu'en achevant de se mieux connaître, elles fussent devenues les unes pour les autres je ne sais quoi de moins vague et de moins général. Au temps de Corneille encore, un grand seigneur, pour un bourgeois, n'était qu'un grand seigneur; mais, pour un grand seigneur, un bourgeois n'était qu'une « espèce », autant dire l'expression, uniformément identique, en quelque sujet que ce fût, des qualités ou des défauts qui caractérisaient « le bourgeois ». On avait quelque idée du genre; on n'en avait pas de l'individu. On commençait à connaître l'*homme*; on ne savait pas encore les hommes; — et qu'il n'en est pas un qui ressemble à un autre.

Il fallait, en second lieu, que la comédie se fût achevée de débarrasser des influences étrangères qui pesaient toujours sur elle, et qu'abandonnant enfin l'imitation de l'Espagne ou de l'Italie, elle se fût rendue, je ne veux pas dire Parisienne, — elle n'y aura bientôt que trop de tendances, — mais Française et nationale. Car, en un certain sens, et pour bien des raisons, dont les unes se tireraient de sa définition ou de son objet même, et les autres de ce qu'elle doit toujours exprimer d'idéal, la tragédie n'a pas besoin d'être « nationale », ou, si vous l'aimez mieux, elle a des moyens à elle de l'être assez jusque dans les sujets romains, grecs, et bibliques. Mais comment la vraie comédie se passerait-elle de l'être, elle qui doit exprimer, sous peine de n'être pas, ce que les ridicules ou les vices d'un peuple ont de plus particulier, de plus intime? Je dirais de plus *ethnique*, si je n'avais peur que le mot ne parût un peu prétentieux. Oui, la vraie comédie d'un grand peuple doit avoir quelque chose de presque inintelligible à tous ceux qui n'en ont pas, comme l'on dit, sucé le goût avec le lait. Il fallait être Grec pour goûter Aristophane; il faut être Anglais pour goûter les comédies de Shakespeare.... Mais au temps de Corneille, et du moment que l'on ne voulait plus de ces gauloiseries qui avaient presque seules défrayé la gaieté de nos pères, les ridicules français ni les mœurs mêmes n'avaient rien encore d'assez caractérisé.

Enfin, Messieurs, il fallait que l'observation morale ou psychologique eût fait, elle aussi, de certains progrès qu'elle était précisément à la veille de faire entre 1640 et 1650, mais qu'elle n'avait pas encore faits. Sous le même habit de cour ou de ville, comme il fallait que l'on apprît à discerner l'être humain, individuel et particulier, il fallait qu'on apprît à démêler les nuances d'un même caractère, ses alternatives en un même sujet, et l'art de ramener à un même principe l'illogisme apparent de ses contradictions. Il fallait, en un mot, que nos moralistes eussent passé par là, ces observateurs ingénieux ou profonds de la nature humaine dont l'auteur des *Sermons*, et celui des *Maximes*, et celui des *Pensées*, ne sont que les plus éminents... Molière pourra venir alors, et la comédie française, maîtresse enfin d'elle-même, de sa forme et de son fond, produire librement ses chefs-d'œuvre.

12 novembre 1891.

TROISIÈME CONFÉRENCE

RODOGUNE

I. — Importance de *Rodogune* dans l'histoire de la tragédie française et dans l'œuvre de Corneille. — C'est dans *Rodogune* que la critique étrangère a le plus vivement attaqué le système dramatique français. — Les défauts de Corneille ne paraissent nulle part plus étroitement mêlés à ses qualités. — Enfin, comme étant la plus *mélodramatique* des tragédies de Corneille, Rodogune en est l'une des plus contemporaines et des plus *romantiques*. — II. Grandes qualités de Rodogune. — L'intérêt de l'intrigue et l'habileté de la disposition dramatique. — L'union des intérêts particuliers et de la peinture d'histoire. — L'emploi de l'histoire dans la tragédie de Corneille. — L'histoire lui sert à *authentiquer* les situations les plus extraordinaires. — Elle est par excellence le théâtre des passions. — Elle est enfin le domaine de l'exercice de la volonté. — III. Comment l'abus de l'histoire corrompt déjà dans *Rodogune* la notion de la tragédie. — Une citation de Beaumarchais. — Comment l'intérêt général diminue à mesure que Corneille s'inspire plus exclusivement de l'histoire. — Comment et en même temps l'invraisemblance augmente. — S'il est vrai que le triomphe du devoir sur la passion soit l'âme du théâtre de Corneille. — Du style de *Rodogune*. — Que déjà par sa *Rodogune* Corneille s'engage dans une direction fâcheuse.

I

Mesdames et Messieurs,

Je voudrais bien que chacune de ces conférences vous apparût dans son indépendance et dans son unité, c'est-à-dire comme n'ayant besoin, pour être parfaitement entendue, ni d'avoir été précédée ni d'être suivie d'aucune autre. Mais, d'un autre côté, puisque j'essaye, puisque je vous ai promis d'essayer d'établir un visible enchaînement entre elles toutes, puisque vous avez admis que là même serait, ou pourrait être le véritable intérêt de notre commune tentative, il doit m'être permis, de loin en loin, de vous le rappeler, et vous trouverez sans doute naturel que, de temps en temps, je tâche à vous faire toucher du doigt ce que cet enchaînement a de plus sensible, de plus extérieur et presque de plus matériel. Si donc j'ai pu vous montrer, en vous parlant du *Cid*, comment, en 1636, par un effet du génie de Corneille, l'idée ou la notion de la tragédie, confondue jusqu'alors avec tant de contrefaçons d'elle-même, et toujours embarrassée dans ses langes, s'en était dégagée tout à coup pour devenir presque aussitôt « grande fille »; et si vous avez bien vu, quand je vous ai parlé du *Menteur*, comment la comédie, s'en mêlant à son tour, avait achevé, par son premier succès, d'opérer pour deux siècles et demi la séparation des deux genres, destinés désormais l'un à nous faire rire, et l'autre à nous faire pleurer; il faut que je tâche de vous faire voir maintenant ce qu'il est advenu de la tragédie livrée à elle-même, et comment elle a profité de son émancipation pour se perfectionner; — ou déjà peut-être pour se corrompre. Car vous n'ignorez pas que l'équilibre des choses de ce monde est éminemment instable; que tous les progrès se payent, qu'ils se payent même quelquefois chèrement; qu'il n'y a guère de qualités, après cela, qui n'aient quelque défaut, ou pour revers, ou pour rançon, ou pour condition même; et nous allons, je crois, en trouver une preuve dans l'examen de la *Rodogune* de Corneille.

Mais pourquoi *Rodogune?* me demanderez-vous peut-être, — et au fait on me l'a déjà demandé, — pourquoi *Rodogune* plutôt qu'*Héraclius*, que *Nicomède*, que *Don Sanche d'Aragon?* Messieurs, pour beaucoup de raisons, si nombreuses, et si diverses, que ne pouvant ici vous les énumérer toutes, je vous serai reconnaissant de vous contenter des principales.

En voici la première : c'est que Corneille lui-même a toujours et publiquement professé pour sa *Rodogune* une prédilection toute particulière et, comme qui dirait, une tendresse de cœur pour cette enfant de sa maturité :

On m'a, — nous dit-il dans son *Examen de Rodogune*, — on m'a souvent fait une question à la Cour, quel était celui de mes poèmes que j'estimais le plus, et j'ai trouvé tous ceux qui me l'ont faite si prévenus en faveur de *Cinna* ou du *Cid*, que je n'ai jamais osé déclarer *toute la tendresse que j'ai toujours eue pour celui-ci...* Je veux bien laisser chacun en liberté de ses sentiments, mais certainement on peut dire que mes autres pièces ont peu d'avantages qui ne se rencontrent en celle-ci : elle a tout ensemble la beauté du sujet, la nouveauté des fictions, la force des vers, la facilité de l'expression, la solidité du raisonnement, la chaleur des passions, les tendresses de l'amour et de l'amitié; et cet heureux assemblage est ménagé de sorte qu'elle s'élève d'acte en acte. *Le second passe le premier, le troisième est au-dessus du second et le dernier l'emporte sur tous les autres.*

Voilà ce qu'on appelle au moins ne pas se méconnaître! Et sans doute il n'est pas inutile d'ajouter que ce témoignage étant de 1660, — c'est-à-dire de quinze ou seize ans postérieur à *Rodogune*, — Corneille ici ne parle point dans la joie toute récente encore d'un glorieux enfantement, mais avec le sang-froid, le désintéressement relatif et l'autorité d'un vrai juge de lui-même...

Nombre de contemporains ont partagé son avis, à la

ville surtout ; et, sans nous embarrasser de tant de citations caractéristiques, c'est ce que suffisent à prouver quelques chiffres. Nous voyons en effet, Messieurs, que, de 1680 à 1715, dans le temps de la plus grande faveur de Racine, *le Cid*, il est vrai, n'a pas été représenté moins de 129 fois, tandis que *Rodogune*, elle, ne l'était pas plus de 133 ; mais, dans le même intervalle de temps, on ne donnait que 123 représentations d'*Horace*, — 10 de moins que de *Rodogune*, — et 95 de *Polyeucte*[1].

Aussi n'est-il pas étonnant qu'à la fin du xviiie siècle, lorsque Lessing, dans sa *Dramaturgie de Hambourg*, se proposa d'affranchir l'Allemagne du tribut que ses théâtres payaient toujours à notre répertoire, il ait attaqué la *Rodogune* de Corneille avec plus de violence et plus d'acharnement qu'aucun autre de ses chefs-d'œuvre. Pardonnez-moi de ne pas vous en remettre les preuves tout au long sous les yeux. Si je le faisais, je ne saurais en effet m'empêcher, pour répondre à Lessing, de hasarder à mon tour une incursion sur ses terres, de vous parler de *Nathan Le Sage* ou d'*Emilia Galotti*... et Dieu sait ce que j'en dirais peut-être[2] ! Ce n'en est ni le moment ni le lieu ; et si j'ai tenu à vous rappeler en termes généraux comment cet homme d'esprit avait parlé de la *Rodogune* de Corneille, c'est uniquement pour vous donner par là quelque idée de ce qu'elle

---

1. A une autre époque, où l'on ne saurait dire que le souvenir encore tout récent de Corneille pesât, comme alors, sur le choix des comédiens ni sur le goût du public, de 1800 à 1830, nous trouvons encore 277 représentations du *Cid*, — qui se détache décidément pour se porter lui tout seul en avant de l'œuvre entière de Corneille, — 193 d'*Horace*, 85 de *Rodogune*, et 37 seulement de *Polyeucte*. Cela fait un peu plus de deux représentations de *Rodogune* pour une seule de *Polyeucte*.
2. Lessing n'a rien compris à la tragédie française, non plus qu'à la fable de la Fontaine, mais en revanche il a beaucoup admiré Diderot.

avait toujours de popularité, non seulement en France, mais ailleurs, et jusqu'en 1765.

Voici cependant une autre raison : c'est que, — pour emprunter l'expression bien connue de Boileau, — *Rodogune* a vraiment marqué le midi de l'inspiration ou de la poésie de Corneille; et s'il la préférait lui-même à toutes ses autres tragédies, c'est qu'il s'y retrouvait en quelque sorte plus complet et plus ressemblant. Et, en vérité, il n'avait pas tort! Oui, pour la complication ou l'obscurité de l'intrigue, pour l'exagération des caractères, pour la nature de l'éloquence et la force du style, c'était bien lui, sa *Rodogune*; c'était lui tout entier, avec toutes ses qualités, vous l'allez voir, sauf peut-être cette flamme de jeunesse et de passion que je crains qu'il ne prisât pas assez haut dans son *Cid*; et c'étaient bien aussi tous ses défauts, sans en excepter ceux dont il était presque plus fier que de ses qualités. Les grands artistes, vous ne l'ignorez pas, Messieurs, savent toujours leur mérite; mais, en quoi ce mérite consiste, c'est quelquefois ce qu'ils savent moins bien...

Enfin, dernière raison, qui devait fixer notre choix sur cette même *Rodogune* : de toutes les tragédies de Corneille, elle est l'une des plus voisines de nous, la plus contemporaine, « la plus romantique », si nous voyons le romantisme où il est, non pas dans la disposition de l'action ou dans l'abus de la couleur locale, du décor et du costume, mais plutôt dans l'exagération des caractères, dans la violence des passions, dans l'énormité des catastrophes, et là enfin où l'a surtout mis l'auteur d'*Angelo*, de *Marie Tudor*, de *Lucrèce Borgia*. Je pourrais, je devrais peut-être même insister à ce propos, et vous montrer dans *Rodogune* une analogie de construction remarquable avec *Ruy Blas*. Comme *Ruy Blas*, *Rodogune* est une pièce machinée ou « truquée » par le fond, si je puis ainsi dire. Dans *Rodogune* comme dans *Ruy Blas*, si « le dernier acte l'emporte sur les autres », c'est qu'il les commande ou même c'est qu'il les engendre. Comme Hugo dans *Ruy Blas*, c'est par la beauté de la catastrophe et par l'horreur du dénouement que Corneille a été séduit dans *Rodogune*. Enfin, dans *Rodogune* comme dans *Ruy Blas*, on peut dire que quatre actes et demi n'ont d'autre objet que de préparer ou d'amener la dernière scène du cinquième. Et aussi, pour être justes envers Corneille et envers Hugo, ne devons-nous les chicaner ni sur le choix de leurs moyens, ni sur le détail de leur intrigue, mais il nous faut nous demander uniquement si le dénouement de *Ruy Blas* et la catastrophe de *Rodogune* contiennent en soi l'un et l'autre assez d'émotion dramatique et de « vérité humaine », pour justifier l'artifice des moyens qui les ont procurés [1].

J'en ai dit sans doute assez, Messieurs, pour vous rendre compte du choix que j'ai fait de *Rodogune*, et je

[1]. Je n'ai pas voulu me servir ici du mot de *procédés*, mais comme il n'est pas impossible que ces observations le suggèrent au lecteur, je ne puis m'empêcher de protester contre l'acception fausse qu'on lui donne et l'emploi dangereux qu'on en fait. « Celui qui prétendrait faire des vers sans chevilles, a dit un humoriste, ressemblerait à un homme qui voudrait faire tenir deux planches sans colle ni sans clous »; et je suis de son avis. Un « procédé » n'est pas condamnable comme tel; et dans l'art, de même que dans la vie, il y a de « bons procédés ». Il faut des procédés. Mais ce qui est tout à fait abusif et d'une critique inconsciemment déloyale, c'est de crier au « procédé » toutes les fois que l'on voit, ou que l'on croit voir, les raisons qu'un poète ou un artiste a eues de préférer un moyen à un autre et de ne pas s'en cacher. Appelons donc « procédé » l'application maladroite, et en quelque sorte écolière, de moyens connus à des effets également connus, ce qui est la définition même de l'absence d'originalité dans l'art. Mais ne tombons pas dans cet excès de n'admirer que ce que nous ne comprenons pas, et ayons quelquefois cette vanité de croire qu'une intention que nous saisissons, dont nous pouvons rendre compte, n'en est pas moins pour cela une intention d'art.

viens à la pièce, dont je crois devoir, contre notre habitude, vous rappeler en deux mots le sujet assez compliqué.

Deux hommes, deux princes, deux frères, Antiochus et Séleucus, sont entre deux femmes, dont ils veulent tous deux épouser l'une, Rodogune, princesse des Parthes, et dont l'autre, Cléopâtre, reine de Syrie, est leur mère. Elle est aussi la meurtrière de leur père. Nés à quelques moments de distance l'un de l'autre, et, depuis leur première enfance, élevés en Égypte, il est convenu, quand l'action s'ouvre, que la main de Rodogune et le trône de Syrie appartiendront à l'aîné des deux, que Cléopâtre est seule encore à connaître. Mais cette mère barbare, qui ne descend du trône qu'à regret, s'imagine de déclarer que celui-là sera l'aîné pour elle qui la débarrassera de Rodogune, en l'assassinant ; Rodogune, de son côté, fait de l'assassinat de Cléopâtre une condition de son consentement au mariage qu'on sollicite d'elle ;... et voilà le sujet de *Rodogune*! l'un des plus dramatiques assurément qu'il y ait, si toutefois l'atrocité des situations est la mesure de la beauté d'un drame.

Comment Corneille l'a-t-il traité?

Il l'a traité d'une manière nouvelle, qui est à la fois un progrès et un recul sur *Polyeucte* et sur *le Cid*, et c'est ce que je vais m'efforcer de vous faire bien voir.

II

Le progrès, vous le trouverez d'abord dans la construction même du drame, plus ingénieuse, plus habile, plus savante, plus une et mieux liée, plus fortement, en toutes ses parties, qu'aucune des tragédies antérieures de Corneille. Selon la curieuse et spirituelle expression de Le Sage [1], le drame est ici vraiment « purgé d'épique ». Plus d'épisodes qui rompent ou qui ralensent la rapidité logique de l'action; plus de « duels » ni de « batailles ». Pas de comparses non plus : d' « infante » comme dans *le Cid*, ou de Sabine, comme dans *Horace*, ou de Sévère [2], comme dans *Polyeucte*. Tout sort ici de la donnée première, tout s'y rapporte et tout y est d'abord contenu. Quatre personnages : Cléopâtre et Rodogune, Antiochus et Séleucus; les deux ou trois « domestiques » ou confidents nécessaires, et l'action

---

1. *Gil Blas*, X, ch. v. « O divin Lope de Vega, rare et sublime génie... et vous, moëlleux Calderon, dont la douceur élégante et purgée d'épique est inimitable !... » Calderon veut dire ici Racine, et Lope de Vega est mis pour Corneille.

2. Je ne voudrais pourtant pas que l'on m'accusât là-dessus de méconnaître ce que l'invention du personnage de Sévère, dans *Polyeucte*, a d'extrêmement ingénieux ni ce qu'elle ajoute non seulement d'intérêt au drame, mais de grandeur encore au sacrifice, et par conséquent au personnage lui-même de Polyeucte. Ou plutôt, c'est justement ce que je voulais dire, quand, dans une précédente conférence, je parlais de *Polyeucte* comme de l'un des chefs-d'œuvre à la fois du génie et de « l'esprit » de Corneille. Il n'en est pas moins vrai que si le « christianisme », ainsi qu'on le croyait au XVIIe siècle, est le véritable objet de *Polyeucte*; si ce que Corneille s'est proposé d'y peindre c'est l'ardeur ou la soif du martyre; si l'idée de son drame est enfin la victoire de l'esprit de Dieu sur les affections du monde, il eût pu la traduire par d'autres moyens, tirés eux-mêmes du fond du sujet au lieu de l'être du dehors. C'est en ce sens que je trouve encore de l'épisodique, pour ainsi parler, dans le personnage de Sévère. Le « moyen » qu'il est sent encore la tragicomédie; et ne pourrait-on pas dire que l'on s'en aperçoit en plusieurs endroits du rôle ?

> Oh ! trop aimable objet, qui m'avez trop charmé,
> Est-ce là comme on aime et m'avez-vous aimé !

Ou encore :

> Pour moi, si mes destins, un peu plus tôt propices
> *Eussent de votre hymen honoré mes services*,
> *Je n'aurais adoré que l'éclat de vos yeux,*
> *J'en aurais fait mes rois, j'en aurais fait mes Dieux*, etc.

résultant du seul jeu de leurs sentiments réciproques. On peut dire qu'à cet égard la *Rodogune* de Corneille annonce ou fait déjà pressentir la tragédie de Racine, — son *Andromaque* ou son *Bajazet*, — ces chefs-d'œuvre « faits avec rien », chargés de si peu de matière, et dont l'élégante simplicité de lignes n'a d'égale, comme nous le verrons, que la richesse, la profondeur, la complexité d'observation morale.

Elle l'annonce encore d'une autre manière et en cet autre sens, que, pour la première fois, les intérêts d'amour nous apparaissent dans *Rodogune* comme étroitement unis au destin même des empires. C'est ce qui n'avait lieu ni dans *Polyeucte* ni dans *le Cid*. Nous nous intéressions à l'amour de Rodrigue et de Chimène, et notre sympathie pour Pauline le disputait à notre admiration pour son « chrétien de mari »; mais, après tout, quoi qu'il en pût advenir, nous savions bien qu'il n'y allait ni du sort des Espagnes, ni de celui de l'empire romain. Leur histoire était encore une histoire privée; leur passion, en un certain sens, n'intéressait qu'eux-mêmes; la fortune de tout un grand peuple ne dépendait pas de la leur. Mais, au contraire, Messieurs, songez à *Bérénice* et songez à *Bajazet*. N'est-il pas vrai que le destin de l'empire ottoman y dépend de savoir si Bajazet acceptera l'amour de la sultane? que l'avenir même de Rome est engagé dans les résolutions que va prendre Titus à l'égard de sa Bérénice? Quoi qu'ils décident l'un et l'autre, les effets de leur décision vont s'étendre comme en une succession d'ondulations bien au delà d'eux-mêmes et de leur bonheur ou de leur malheur privés. Nous le savons; nous le sentons; et que c'est là même une partie de la grandeur du spectacle! Corneille, qui devait plus tard affecter de dédaigner, comme indignes de la tragédie, les passions de l'amour, en a cependant bien vu l'importance dans sa *Rodogune*. C'est pourquoi l'intérêt en a quelque chose aussi de plus général que son *Polyeucte* ou son *Cid*; et, à cet égard encore, il y a réellement progrès, si toute œuvre d'art approche d'autant plus de la perfection de son genre qu'elle réussit à envelopper dans son plan, si je puis ainsi dire, de plus grands intérêts, plus vastes, plus durables et plus généraux.

Enfin, ce que n'étaient non plus ni *le Cid*, ni *Polyeucte* même : des tragédies de caractère, appuyées sur l'observation morale, et riches d'enseignements sur le cœur humain, c'est ce que *Rodogune* est encore, et c'était encore un progrès. L'effort de Corneille est visible, et quelquefois un peu gauche, mais aussi quelquefois singulièrement heureux, pour peindre des nuances diverses de l'amour dans les caractères différents d'Antiochus et de Séleucus. Ils parlent bien un peu le même langage, mais ils ne disent pas les mêmes choses; l'un est plus vif et plus bouillant, l'autre plus timide et plus mélancolique; dans ces deux rôles élégants, il ne dépend que des acteurs de mettre, s'ils le veulent, ce que Corneille s'est contenté seulement d'indiquer. Je ne dis rien du rôle de Rodogune, qui a quelque chose d'assez énigmatique. Mais assurément, vous l'allez voir, Messieurs, celui de Cléopâtre est l'une des plus belles peintures, des plus énergiques surtout, que l'on ait jamais tracées de l'ambition politique, de l'audace dans le crime, et de la volonté dans la passion.

D'où viennent donc ces progrès? Pour une partie, de l'expérience acquise par Corneille dans le maniement des moyens de son art. *Rodogune* est sa quinzième pièce, et nous n'en avons que douze en tout de Racine. Pour une autre partie, de la soumission de Corneille aux règles contre lesquelles il avait plutôt résisté ou regimbé jusqu'alors. Je vous ferai remarquer, en effet, que, quoi que l'on pense de ces règles fameuses, — dont je ne vous ai rien dit encore, dont le moment n'est pas venu de parler plus à fond, — nous voyons que, de nos jours mêmes, quand nos auteurs dramatiques veulent obtenir des effets plus saisissants, de ces effets qui ne nous laissent, comme l'on dit, le loisir ni de réfléchir ni de respirer, ils commencent par enfermer leurs trois ou leurs cinq actes dans un même décor, et par resserrer leur action dans les vingt-quatre heures. Ajoutez aussi, Messieurs, si vous le voulez, que, par une suite nécessaire du mouvement naturel des choses, les genres une fois séparés, la distinction ne pouvait manquer de s'aggraver d'elle-même entre la tragédie et la comédie ; elle devenait tous les jours plus profonde. Vous ne trouverez plus trace dans *Rodogune* de ce mélange de tons qui choquait Voltaire dans *Polyeucte*. L'allure est ici constamment tragique. Mais la vraie raison, la bonne, celle qui pourrait toute seule nous tenir lieu de toutes les autres, c'est ailleurs que je la reconnais, dans la pénétration singulière avec laquelle Corneille a vu ce que l'histoire offrait à la tragédie de ressources uniques.

On a écrit, vous le savez, tout un petit livre sur *Corneille historien*, — livre savant, livre ingénieux, livre contestable d'ailleurs en beaucoup de ses parties, — pour démontrer que Corneille avait eu plus qu'aucun de ses contemporains ce que nous appelons aujourd'hui « le sens du passé », celui de la différence des temps et de la diversité des époques. Je le veux bien ; je n'en sais rien ; je ne le crois pas [1] ; mais ce n'est pas cela que je

1. Non seulement je ne le crois pas, mais je crois même tout le contraire. S'il faut bien que *le Cid* soit espagnol, puisqu'enfin c'est à un Espagnol que Corneille en a emprunté le sujet, l'in-

veux dire. Je ne parle pas davantage ici de ce prestige que l'histoire exerce de tout temps, — par cela seul qu'elle est l'histoire, et que l'histoire c'est le passé, — sur l'imagination des hommes en général et des poètes en particulier. Presque tous les grands poètes ont eu les regards tournés vers le passé. Ce prestige du passé, cette séduction du souvenir, ce charme subtil de l'histoire, j'essayerai de vous montrer à quel point Racine l'a subi. Mais, dans l'histoire, c'est autre chose, si je ne me trompe, que Corneille a vu, d'autres ressources, d'un autre genre, et qu'il ne me paraît pas que l'on ait jusqu'ici suffisamment définies.

Et d'abord, à ses yeux, l'histoire a cela pour elle d'authentiquer l'extraordinaire, si je puis ainsi parler, de prêter ou plutôt de donner à l'invraisemblable le cachet de la vérité. Par exemple, vous ne voulez pas croire qu'un jour deux villes, Albe et Rome, aient remis le soin de vider en champ clos leur querelle à trois frères chacune, liés entre eux six d'une ancienne amitié? Et, en effet, dit Corneille, ce n'est pas une aventure ordi-

---

trigue et les personnages, je ne vois rien de très romain dans *Horace*, qu'un parti pris d'héroïsme féroce, à la Balzac, dont il n'y a pas de trace dans Tite Live; et je ne vois rien non plus dans *Cinna* qui diffère comme couleur de ce que l'on trouve dans *Horace*. Dirai-je à quoi Cinna me fait surtout songer? C'est à Cinq-Mars, au Cinq-Mars d'Alfred de Vigny, ou plutôt encore au Cinq-Mars de l'histoire. Pareillement, avec un peu plus de raideur, d'allure et de « vertu, » c'est à la duchesse de Chevreuse que l'Émilie de Corneille me paraît surtout ressembler, ou à celle que l'on voudra de tant de belles dames que le grand Cardinal a si souvent rencontrées sur sa route. Et d'autre part nous savons assez que les Maxime n'ont pas manqué à la cour de Louis XIII. Il y a ainsi, dans la tragédie de Corneille, en général, toute une part *d'actualité*, comme nous dirions, que l'on n'y a pas assez remarquée et qui est précisément le contraire de tout ce que l'on appelle du nom de couleur historique ou locale.

naire ; mais quoi ! lisez Tite-Live !... Ou bien encore : la vertu de Polyeucte vous paraît surhumaine ! Après quinze ou vingt jours de mariage, vous vous étonnez, vous admirez, non seulement qu'un époux abandonne sa femme pour courir au martyre, mais encore, selon son expression, froidement, et sans verser une larme ou pousser un soupir, qu'il la « résigne » à un rival, à un ancien fiancé ! Peut-être même, à ce propos, vous souvient-il que l'ancienne Église interdisait à ses fidèles de provoquer bruyamment la persécution ? Je n'ai pourtant rien inventé, dit Corneille, et, si vous ne m'en croyez pas, consultez Surius et Siméon Métaphraste !... Mais maintenant, c'est ma Cléopâtre, meurtrière tour à tour d'un mari, d'un premier fils, et d'un second, qui vous paraît sortir de la nature et de l'humanité dont même vous vous demandez si vous n'imputerez pas les crimes à la noirceur de mon imagination ?

Allez, petit grimaud, barbouilleur de papier ;

allez, retournez à l'école ; lisez Appian Alexandrin, en son livre des *Guerres de Syrie* « sur la fin » ; lisez Josèphe, en ses *Antiquités judaïques* « au livre 13 » ; lisez Justin, « qui commence cette histoire au trente-sixième livre, et, l'ayant quittée, la reprend sur la fin du trente-huitième et l'achève au trente-neuvième ».

Voilà des autorités, je pense, nous dit le poète, heureux de notre embarras ; et vous, Messieurs, si vous voulez sentir toute la force de son argument, songez de combien de pièces toute la critique que nous faisons se réduit à demander, d'un air incrédule et moqueur, où, en quel temps, dans quel monde, en quel pays se sont passés les événements ou rencontrés les caractères que l'on nous développe à la scène ? L'emploi de l'histoire sauve Corneille de cette objection, et, appuyé sur les

Paul Diacre ou les Erycius Puteanus [1], il peut désormais se livrer en sécurité à son goût de l'invraisemblable et de l'extraordinaire. Il s'est convaincu que son imagination échauffée ne saurait rien inventer de si difficile à croire que l'histoire de la Grèce ou de Rome, celle du Bas-Empire, celle des Lombards ou des Huns au besoin, n'offre à notre étonnement, quelque chose de plus incroyable encore, et pourtant d'*arrivé*. Il nous en a convaincus nous-mêmes; et, pour nous faire accepter les horreurs tragiques de sa *Rodogune* ou la mystérieuse complication de son *Héraclius*, nous n'exigeons même plus qu'il nous produise ni témoins ni garants : nous l'en croyons sur sa parole.

Autre ressource, non moins féconde : l'histoire, vous le savez, n'est pleine, elle ne l'était surtout au temps de Corneille, que de personnes souveraines, que de princesses ou d'impératrices, que de satrapes et de généraux d'armée, que de consuls, que de rois, que d'empereurs; et vous savez aussi, Messieurs, ce que ces grands de la terre tiennent de place dans notre tragédie. Croyez-vous cependant que si Corneille en a rempli son répertoire, ce soit naïve admiration des grandeurs humaines, effet et conséquence en lui de la superstition monarchique, éblouissement d'un « bourgeois de Rouen » devant la majesté d'un Louis XIV ou le pouvoir d'un Richelieu? Peut-être! mais c'est aussi qu'à vrai dire, n'y ayant pas de « terrain », si je puis ainsi parler, ou de milieu plus favorable au développement des passions que l'âme des grands de ce monde, il n'y a donc pas non plus d'âmes plus tragiques. Où les passions jetteraient-elles en effet de plus nombreuses, de plus vivaces, de plus tenaces racines? où grandiraient-elles plus vite? où s'épanoui-

---

1. Lisez : Henri Dupuy.

raient-elles plus librement, plus largement, plus monstrueusement? Et la raison n'en est-elle pas bien simple? Empereurs ou rois, « qui n'ont plus rien à désirer du côté de la fortune, n'y trouvent rien aussi qui gêne leurs plaisirs », et nés, et destinés à mourir dans leur pourpre, rien ne traverse, ni ne partage, ni ne rompt leurs passions... si ce n'est les obstacles qu'elles se créent à elles-mêmes en courant à leur satisfaction [1]. Ils n'ont pas davantage à se soucier de l'opinion, et encore bien moins de la justice des hommes, puisqu'en fait ils en sont eux-mêmes la source et la sanction. Et ne peuvent-ils pas enfin, quand et comme il leur plaît, couvrir du prétexte ou du masque de l'intérêt public ce que leurs caprices ont de plus inique et de plus immoral? C'est pourquoi, dans la plupart des hommes, tandis qu'on ne peut guère étudier que la physiologie des passions, au contraire, dans les personnes souveraines, c'est proprement la pathologie qui s'en offre à nous d'elle-même. Là vraiment, dans le cœur d'une Hermione, d'une Phèdre ou d'une Roxane, — là surtout, — l'amour exerce ses fureurs, et va pour ainsi dire d'une course ininterrompue jusqu'au bout de ses ravages. Là encore, dans l'âme d'une Cléopâtre, d'un Mithridate ou d'une Agrippine, — et là seulement peut-être, — l'ambition se déchaîne en toute liberté. Et là toujours, je ne puis pas dire dans le cœur, mais dans les entrailles d'un Néron, d'un Commode ou d'un Caligula, le goût du sang et de la volupté mêlés s'exaspèrent jusqu'au crime et jusqu'à la folie. De telle sorte, Messieurs, que l'histoire est ainsi

---

[1]. J'emprunte ces expressions à Massillon, — dans son sermon sur *les Tentations des grands*, — auquel je renvoie le lecteur, si peut-être il était curieux de voir la chaire, pour une fois, venir au secours du théâtre, et un prêtre justifier, par des raisons psychologiques, le choix que nos grands tragiques ont fait de leurs personnages ordinaires.

non seulement le vrai théâtre des passions, le seul même où souvent le poète et l'artiste les puissent observer, mais elles y sont aussi plus violentes qu'ailleurs, presque toujours extrêmes, comme y étant débarrassées de toutes contraintes, et ne rencontrant d'obstacles sérieux que dans la volonté même de ceux qui les laissent se développer en eux. C'est ce que Corneille a encore admirablement vu; — et qu'il y avait ainsi comme une convenance interne entre la nature de l'histoire et sa propre conception dramatique.

Les passions, en effet, ne suppriment pas la volonté, quoi qu'on en dise; elles la détournent seulement de son véritable objet; et si, comme je le disais, l'histoire est le théâtre des passions, elle est en même temps ce que j'appellerai « le lieu des volontés ». Vous le savez, Messieurs, et vous aussi, Mesdames, ce n'est pas la sensibilité qui gouverne le monde. Vertu de femme ou de dilettante, elle est trop délicate, trop facile à émouvoir ou plutôt à surprendre, et par suite à tromper; elle répugne à trop de besognes; elle paralyse enfin l'action plus souvent qu'elle ne l'aide. Ce n'est pas non plus l'intelligence. Dirai-je qu'elle habite trop haut? dans une sphère trop éloignée de la vie présente? ou peut-être qu'elle discerne avec trop de lucidité le fort et le faible des choses, le pour et le contre, et que, par exemple, jusque dans l'application des principes de la justice elle trouve toujours je ne sais quoi d'injuste qui se mêle encore? *Summum jus, summa injuria!* Elle a d'ailleurs de quoi se satisfaire en elle-même, et je ne me rappelle pas qu'aucun Platon, aucun Descartes, aucun Spinosa ait rêvé d'échanger les joies pures de la spéculation contre les voluptés, si grandes, à ce qu'il paraît, de l'action, mais toujours si troubles et si courtes! Mais la volonté, voilà la maîtresse du monde! Ceux qui veulent, ceux qui savent vouloir, ceux mêmes, comme on l'a dit, qui ne veulent rien, mais « qui le veulent bien », voilà ceux qui nous mènent! Nous rongeons le frein qu'ils nous imposent, mais nous le subissons, et nous nous retournons un jour contre eux, nous nous révoltons, nous les renversons, mais nous les avons suivis et nous ne remontons pas le courant qu'ils nous ont creusé. Au contraire, trop d'intelligence en a gêné plusieurs, et leur sensibilité, quand ils en ont eu, les a perdus. Et voilà pourquoi, si l'histoire n'est que le spectacle du conflit des volontés entre elles, ou du combat de la volonté contre la force des choses, voilà pourquoi l'histoire est devenue naturellement l'inspiratrice d'un théâtre fondé tout entier, comme celui de Corneille, sur la croyance au pouvoir de la volonté.

Je ne crains pas, Messieurs, d'avoir exagéré l'originalité de ces vues de l'auteur de *Rodogune* sur l'emploi de l'histoire dans le drame, et je me reprocherais plutôt de ne pas l'avoir assez développée. Elles vous expliquent, en effet, — et nous y reviendrons sans doute, — le caractère de grandeur de notre tragédie classique : elles en font l'une aussi des impérissables beautés. Sans cet emploi de l'histoire, vous sentez bien que ni *Cinna*, ni *Rodogune* ou *Héraclius* ne seraient tout ce qu'ils sont, et *Bérénice*, *Britannicus*, *Mithridate*, *Athalie* même ne le seraient pas davantage. Pourquoi faut-il, seulement, que le progrès ne s'acquière pas à titre gratuit, mais s'achète? que Corneille, étant à sa manière de ces esprits extrêmes, ait abondé sans mesure dans son sens? et que les mêmes raisons qui nous ont rendu compte de ce qu'il y avait dans *Rodogune* de plus que dans *Polyeucte* soient ainsi celles qui nous expliquent ce qu'on y trouve de moins que dans *le Cid*? C'est ce que je vous disais tout à l'heure, et c'est ce qu'il me reste à vous montrer maintenant.

III

Il ne me semble donc pas, Mesdames et Messieurs, qu'à mesure qu'il débattait dans son drame des intérêts historiques plus définis et plus particuliers, Corneille se soit douté qu'il risquait par là même et en même temps de moins nous intéresser. Vous rappelez-vous, à ce propos, une page curieuse et significative de Beaumarchais dans cet *Essai sur le genre dramatique sérieux* qui sert de préface à son *Eugénie*?

Que me font à moi, paisible sujet d'un État monarchique du xviii° siècle, les révolutions d'Athènes et de Rome? Quel véritable intérêt puis-je prendre à la mort d'un tyran du Péloponnèse? au sacrifice d'une jeune princesse en Aulide? Il n'y a dans tout cela rien à voir pour moi, aucune moralité qui me convienne. Car qu'est-ce que la moralité? C'est le résultat fructueux et l'application personnelle des réflexions qu'un événement nous arrache. Qu'est-ce que l'intérêt? C'est le sentiment involontaire par lequel nous adaptons cet événement, sentiment qui nous met en la place de celui qui souffre, au milieu de sa situation. Une comparaison prise au hasard dans la nature achèvera de rendre mon idée sensible à tout le monde. Pourquoi la relation du tremblement de terre qui engloutit Lima et ses habitants à trois mille lieues de moi me trouble-t-elle, lorsque celle du meurtre juridique de Charles Iᵉʳ, commis à Londres, ne fait que m'indigner? C'est que le volcan ouvert au Pérou pouvait faire son explosion à Paris, m'ensevelir sous ses ruines, et peut-être me menace encore, au lieu que je ne puis jamais rien appréhender d'absolument semblable au malheur inouï du roi d'Angleterre. Ce sentiment est dans le cœur de tous les hommes; il sert de base à ce principe certain de l'art qu'il n'y a ni moralité ni intérêt dramatique au théâtre, sans un secret rapport du sujet dramatique à nous.

La citation est un peu longue, mais elle bien instructive. Ce n'est pas d'ailleurs le moment encore de relever ce qu'il y a de paradoxal dans la boutade de Beaumarchais, laquelle n'est pas une boutade, au surplus, mais tout un système dont le moindre tort, — je puis bien en faire en passant la remarque, — est d'expulser de l'art la notion même de l'art, pour n'y laisser subsister que celle de l'imitation de la réalité. Beaumarchais ne conçoit évidemment pas que le poëte se puisse proposer « la réalisation de la beauté » pour but; et ne serait-ce pas pour cela qu'il a fait de si mauvais drames, son *Eugénie*, ses *Deux Amis*, sa *Mère coupable*? Mais il n'y a pas moins quelque vérité dans son paradoxe. Il a raison, lorsqu'il dit qu'il n'y a « ni moralité ni intérêt dramatique au théâtre, sans un secret rapport du sujet dramatique à nous ». Et si j'insiste, Messieurs, c'est que nous voyons poindre ici l'une encore de ces lois du théâtre, — que nous sommes convenus de supposer, en attendant que l'expérience et la critique les aient solidement établies.

En raison même de l'abus de l'histoire, c'est en effet « ce secret rapport, » et par conséquent cet intérêt dont parle Beaumarchais qui commencent à faire défaut dans la *Rodogune* de Corneille. Ils ne manquaient pas, remarquez-le bien, dans *Horace* ni dans *Cinna*, ou plutôt ils en faisaient l'âme! Car à qui de nous est-il indifférent de savoir jusqu'où s'étendent les devoirs du patriotisme, et si l'État peut exiger de nous quelque chose de plus, un autre et plus grand sacrifice, que celui de notre fortune et de notre vie? C'est la question que Corneille agitait dans *Horace*. Pareillement dans *Cinna*, quelque intérêt que nous prenions aux angoisses d'Auguste, ce qui défend, ce qui soutient l'une des moins dramatiques assurément des tragédies de Corneille, c'est qu'il y va de savoir où commence le droit à l'insurrection; si nous avons celui de donner des bornes à une tyrannie qui n'en veut reconnaître aucune; et si tous les moyens sont légitimes, permis, ou excusables pour les lui imposer? Mais au contraire, dans *Rodogune*; si je ne l'oserais pas encore, je suis cependant déjà tenté de m'écrier avec Beaumarchais : « Et que m'importe à moi le trône de Syrie? que m'importe si c'est Rodogune qui triomphera de Cléopâtre ou Cléopâtre de Rodogune? Que m'importe même de savoir si c'est Séleucus ou Antiochus qui sera l'heureux époux de la princesse des Parthes? » L'intérêt décroît précisément ici de tout ce que Corneille a voulu mettre d'étroite conformité entre le développement de son drame et la réalité d'une histoire qui nous est aussi étrangère que l'est celle des Syriens et des Parthes.

En même temps que l'intérêt, — et pour la même raison, parce que Corneille ne se borne pas à user de l'histoire, parce qu'il en abuse, — la vraisemblance tend à diminuer. N'a-t-il pas écrit quelque part que « le sujet d'une belle tragédie doit n'être pas vraisemblable »! Et il voulait dire par là qu'une belle tragédie doit avoir pour fondement quelque-une de ces actions « illustres ou extraordinaires » à la vérité desquelles nous ne croirions pas, si l'histoire n'était là qui nous l'atteste et nous la garantit? C'est ce qu'il aimait dans sa *Rodogune*; c'est ce qu'il louera dans son *Héraclius*. L'histoire ainsi, Messieurs, lui devient un répertoire de situations invraisemblables, lesquelles même ne vont pas tarder à l'attirer d'autant plus vivement qu'il aura des raisons de les croire moins connues : *Théodore, Pertharite, Nicomède, Attila, Pulchérie*. Mais nécessairement, à mesure qu'il s'enfoncera dans l'histoire des Lombards ou des Huns, guidé, vous le voyez, par des motifs qui n'ont rien de commun avec ceux qu'on lui prête quand on loue son « sens historique », à mesure aussi s'éloignera-t-il de la nature et de la vérité. L'exception est dans la nature, mais elle n'est pas « la nature », et déjà dans *Rodogune*, en nous peignant sa Cléopâtre, peut-être Corneille l'a-t-il oublié.

C'est un peu comme si nous disions qu'en devenant une galerie de « monstres », sa tragédie, la tragédie de l'auteur du *Cid* et de *Polyeucte*, va devenir, à sa manière, une école d'immoralité... Je ne sais, là-dessus, qui a prétendu le premier que Corneille était dans l'histoire du théâtre le poète de la victoire du devoir sur la passion. Mais j'ose bien dire en réponse qu'il n'y a rien de moins vrai. Dans *le Cid* même, est-ce que ce n'est pas la passion qui triomphe? Est-ce qu'en vérité Rodrigue ou Chimène essayent, je dis un seul instant, de l'étouffer dans leur cœur? Est-ce que l'Académie n'avait pas raison, dans ses *Sentiments sur le Cid*, de trouver cette fille bien peu fidèle au souvenir de son père? Et nous-mêmes, Messieurs, si ce n'était justement le prestige de l'histoire ou de la légende, quelle idée nous ferions-nous, que penserions-nous d'une jeune fille qui accepterait la main du meurtrier de son père? Je ne parle pas d'Horace, du jeune et brutal Horace, qui ne lutte un moment contre aucune passion, que je sache, et qui tue sa sœur Camille avec une férocité qui ne relève pas tant qu'elle déshonore son patriotisme. Mais Polyeucte, qu'en dirons-nous? et qui soutiendra que son « devoir » fût d'abandonner Pauline, contre la foi jurée, contre le commandement de l'Église, pour s'offrir à un martyre qu'au contraire son vrai « devoir », à tous égards, était précisément d'éviter? Mettons, Messieurs, que sa passion soit noble, qu'elle passe l'ordinaire de l'humaine nature, qu'il faille même des Polyeucte pour nous élever au-dessus du culte des intérêts matériels, pour nous faire sentir combien il y a de choses qui valent mieux que la vie. Mais ne changeons pas le sens des mots, ni surtout n'embrouillons les vrais noms des choses, et convenons franchement que si jamais héros de théâtre a suivi les mouvements de sa passion à l'encontre des injonctions de son devoir, c'est le mari de Pauline. Je ne connais que bien peu de tragédies de Corneille où le devoir triomphe de la passion, — si même j'en connais une, dont le titre, en ce cas, m'échapperait, — mais j'en connais beaucoup où je crains qu'il n'ait outré, sous prétexte d'histoire, la vérité de l'histoire d'abord, et celle même de la passion.

Avouons-le donc une fois, et achevons de le comprendre : ce n'est proprement ni le devoir ni la passion qu'il s'est plu à nous représenter, c'est la volonté, quel qu'en fût d'ailleurs l'objet; et ce n'est ni la pitié, ni la terreur même qu'il s'est proposé d'exciter ou de remuer en nous, c'est l'admiration. Heureux, s'il n'eût pas oublié que, pour être voisine de l'étonnement ou de la surprise, l'admiration n'est pas cependant la même chose; et que la volonté, pour être toujours une force, n'est pas d'elle-même ni toujours une vertu! Là est l'erreur de sa *Rodogune*, habilement palliée par la peinture de l'amour et de l'amitié des deux frères; là sera le vice de son *Pertharite* ou de son *Attila*. De ne reculer devant aucun crime pour perdre une rivale ou pour conquérir un trône, il n'y verra qu'une preuve de résolution ou de volonté, de « grandeur d'âme » au besoin, comme il l'a dit lui-même de sa Cléopâtre. Et comme une volonté ferme est peut-être ce qu'il y a de plus rare parmi nous, — qui, sous le nom de notre volonté, ne suivons guère en général que l'impulsion de nos instincts ou l'opinion de la foule, — il y trouvera justement ce qu'il lui faut pour exciter l'admiration...

Je ne veux pas dire par là, Messieurs, que sa *Rodogune* ne demeure une œuvre singulièrement forte, et toute pleine encore de quelques-unes de ses plus rares qualités. Je n'en louerai pas le style, et même, quoique les commentateurs en aient pu dire pour le défendre, je crains bien que vous n'y retrouviez pas tout à l'heure cette aisance et cette facilité que je vous signalais l'autre jour dans *le Menteur*. J'ai relu *Rodogune* deux ou trois fois cette semaine, et il m'a décidément paru qu'avec *Héraclius* elle était l'une des pièces les moins bien écrites de Corneille [1]. Ce qu'elle a surtout pour elle, c'est la manière dont l'intérêt y est soutenu, suspendu, renouvelé d'acte en acte. C'est aussi cette gradation des effets dont Corneille, dans son *Examen* a eu

---

[1]. Je crois devoir ici donner quelques exemples, et justifier Voltaire, dont il est devenu trop banal de redire que, dans le *Commentaire* qu'il a donné de Corneille, il ne l'a pas compris.

> Le peuple épouvanté, *qui déjà dans son âme*
> *Ne* suivait qu'à regret les ordres d'une femme.
> Voulut forcer la reine à choisir un époux.
> Que pouvait-elle faire *et* seule *et* contre tous ?
> Croyant *son* mari mort, elle épousa *son* frère.

J'ai souligné les chevilles et l'incorrection.

> Il est des nœuds secrets, il est des sympathies.
> Dont par le doux rapport les âmes assorties
> S'attachent l'une à l'autre et se laissent piquer
> Par un je ne sais quoi qu'on ne peut expliquer.

C'est du galimatias pur; et il importe assez peu qu'au temps de Corneille les « nœuds secrets », les « doux rapports », et le « je ne sais quoi » fussent de la langue du jargon galant : on n'est pas Corneille pour écrire comme Scudéri.

Le verbiage abonde également dans *Rodogune* :

> Là, nous n'avons rien su que de la renommée
> Qui, par un bruit confus diversement semée,
> N'a porté jusqu'à nous ces grands renversements
> Que sous l'obscurité de cent déguisements.

Et les vers prosaïques aussi :

> Sur les noires couleurs d'un si triste tableau,
> *Il faut passer l'éponge ou tirer le rideau.*

On en trouvera ailleurs autant d'exemples que l'on voudra dans le *Commentaire* de Voltaire; — et Voltaire n'a pas tout relevé.

raison de se louer lui-même. Un art dans lequel il a excellé, c'est celui d'épuiser ce qu'une situation dramatique donnée peut contenir d'intérêt, d'émotion ou d'horreur, et quand on croirait qu'il a tout dit, de trouver le moyen d'y ajouter encore. A cet égard, je ne serais pas éloigné de croire que *Rodogune* est peut-être le chef-d'œuvre de Corneille; son *Héraclius* même, plus obscur, plus difficile à suivre, n'est pas mieux intrigué; et puisque la tradition raconte qu'il n'avait pas mis moins d'une année tout entière à disposer son sujet, il faut avouer que, sous ce rapport, le succès n'a pas trompé sa patience.

Mais ce que je veux dire, et ce sera ma conclusion, c'est que les beautés mêmes de *Rodogune* n'empêchent pas qu'il fût dès lors orienté dans une direction fausse, et que, parti d'une idée juste, mais portée ou poussée tout de suite à l'extrême, il n'eût dès lors détourné la tragédie de son véritable objet, tel qu'il le lui avait, comme vous l'avez vu, si nettement assigné dans le *Cid*. Chose singulière! l'histoire, qui lui avait d'abord servi dans *Horace*, dans *Cinna*, dans *Pompée*, pour expulser le romanesque de la tragédie, allait maintenant lui servir à l'y réintroduire lui-même, dans son *Don Sanche*, dans son *Pertharite*, dans son *Othon* plus tard. Encouragé par le mauvais goût de son temps, — qui était effroyable, aux environs de 1645, et dont ni les pointes de sa *Rodogune* ni la déclamation de son *Héraclius* ne sauraient vous donner une idée, — il allait retourner aux errements de sa jeunesse, peindre vraiment

. . . . Caton galant et Brutus dameret;

non seulement Brutus et Caton, mais Attila, le roi des Huns; entraîner à sa suite, pendant plus de vingt ans, toute une école d'imitateurs hors de la nature et de l'observation; et vérifier enfin lui-même, en sa propre personne, ce que l'on a dit de tant de grands artistes, que leur longue carrière se divise en trois périodes, pendant la première desquelles ils se cherchent; dans la seconde, ils se trouvent; et dans la troisième, — ils se perdent.

19 novembre 1891.

QUATRIÈME CONFÉRENCE

L'ÉCOLE DES FEMMES

Quelques mots sur le vrai sens de la doctrine de l'évolution. — I. Depuis le *Menteur* jusqu'à *l'École des femmes*. — La comédie d'intrigue et Thomas Corneille. — La comédie burlesque et Scarron : *Jodelet duelliste* et *Dom Japhet d'Arménie*. — La comédie galante et Quinault. — II. Les commencements de Molière. — Les années d'apprentissage. — Son dégoût pour les scarronades. — Son dédain de la tragédie. — Molière et Louis XIV. — A quel point de vue l'on ne se placera pas pour parler de *l'École des femmes*. — III. De *l'École des femmes* comme « comédie nationale » ou purement française. — De *l'École des femmes* comme « comédie bourgeoise ». — De *l'École des femmes* comme « comédie de caractères ». — De *l'École des femmes* comme « comédie naturaliste », et à ce propos courte digression sur la littérature antérieure. — De *l'École des femmes* comme « comédie à thèse ». — Importance de la révolution opérée au théâtre par *l'École des femmes*.

Mesdames et Messieurs,

L'un des reproches que l'on adresse le plus communément, — et en vérité le plus injustement, — à la méthode ou à la doctrine dont nous essayons de faire ensemble quelques applications à l'histoire du théâtre, c'est, qu'en mettant au cœur même des genres littéraires le principe actif de leur développement, de leur transformation ou de leur décadence, elle retrancherait.

elle supprimerait ainsi de l'histoire de la littérature les bonheurs du hasard, la liberté de l'artiste, et les droits du génie. J'ose croire, pour ma part, exactement le contraire. Car d'abord, nous ne nions pas la liberté de l'artiste, puisque, à vrai dire, nous ne nous en occupons seulement pas; hypothèse ou réalité, nous n'en avons pas besoin; et, qu'elle existe ou non, nos conclusions sont ou seraient absolument les mêmes[1]. Nous ne nions pas non plus le hasard : nous tâchons de l'expliquer. Et bien loin enfin de nier les droits du génie, c'est au génie, quand ce n'est pas au simple talent, que nous rapportons l'origine, sinon de toutes les transformations, du moins de toutes les grandes révolutions de l'art. En d'autres termes : nous disons que les choses de la littérature, comme celles de la vie, vont leur train, leur train régulier, — leur train réglementaire, — un train dont le « graphique » est facile à tracer, aussi longtemps que rien n'en entrave la marche ou le cours; mais, si le génie s'en mêle, ni ce cours ou cette marche n'en sont interrompus pour cela, ils en sont seulement, selon les cas, ou déviés, ou accélérés. La déviation, j'ai tâché de vous en montrer, l'autre jour, un assez remarquable exemple, en vous parlant de Corneille et de sa *Rodogune*; aujourd'hui, Messieurs, c'est un exemple de

1. Je veux dire par là, — et je me suis efforcé de le prouver ailleurs, notamment dans mes conférences sur *l'Évolution de la Poésie lyrique*, — que l'hypothèse de la liberté n'est pas du tout indispensable à la formation de l'idée d'*individualité*. Rien n'est plus facile, dans l'histoire de la littérature ou de l'art, que de concevoir l'artiste comme original, et différent de tous ceux qui l'ont précédé ou suivi dans son genre, sans avoir d'ailleurs aucun besoin de le supposer « libre ». Et ne pourrait-on pas dire, dans le sens que l'on donne ordinairement au mot de liberté, que si Corneille ou Molière avaient été « libres » de ne pas être eux-mêmes, ils ne seraient ni Molière ni Corneille? Cette question a l'air d'une pure naïveté. Mais je m'assure que le lecteur verra bien qu'elle n'en est pas une, s'il se donne la peine d'y songer.

l'accélération que je vais tâcher de définir, en vous parlant de l'*École des femmes*, de Molière, et du pas de géant qu'ils ont fait faire, l'un aidant l'autre, à l'évolution de la comédie française.

I

Il s'en fallait, vous l'avez vu, que, de 1630 à 1660, ou environ, le théâtre comique eût accompli des progrès comparables à ceux de la tragédie. Le *Menteur* n'avait pas fait école, même pour son auteur; et, tandis que les *Horace*, les *Polyeucte*, les *Rodogune*, les *Héraclius* illustraient la scène tragique, la scène comique, elle, continuait d'être en proie aux Boisrobert, aux d'Ouville, aux Corneille de l'Isle, — c'est Thomas que je veux dire, le petit frère d'un grand aîné, — aux Scarron et aux Quinault. Venus eux-mêmes plus tard, en d'autres temps, ou formés à d'autres habitudes, par d'autres circonstances, en eussent-ils bien pu valoir de plus heureux, peut-être, et quarante ou cinquante ans plus tard, s'appeler Regnard ou Le Sage?... Car, ils ne manquaient pas d'esprit, ni de verve, ni de métier, déjà! mais c'étaient avant tout des *faiseurs*, qui ne manquaient de rien tant que de probité professionnelle, du respect de leur art, et dont l'unique souci, quand il ne se réduisait pas à la préoccupation du gain, n'était que de plaire au public, en le flattant tour à tour dans ce que ses goûts avaient de plus bas ou de plus extravagant.

Si le public demandait donc des intrigues à l'espagnole, — romanesques, compliquées « mais ensemble amoureuses », — Thomas était là, dont l'imagination facile en était pleine, ou, à défaut de l'imagination, la mémoire : *les Engagements du Hasard*, qu'il empruntait à

Calderon; *Don Bertrand de Cigarral*, qu'il imitait de Francisco de Rojas ; *le Charme de la voix*, qu'il traduisait de Moreto... et des enlèvements, des déguisements, des quiproquos et des reconnaissances, des méprises et des surprises, tous les moyens enfin, les pires moyens du roman d'aventures, du vaudeville et du mélodrame... Joignez à cela qu'il écrivait d'un style étonnamment lâche et prolixe, où transparaissaient, comme dans un miroir, tous les défauts du grand frère, sans aucune de ses qualités. Et le public applaudissait... et Thomas recommençait.... Tragédies, tragi-comédies, comédies, opéras, nous n'avons pas de lui moins de quarante-deux pièces ; — plus, deux volumes de *Remarques sur la langue française*, pour faire suite à Vaugelas ; — plus, un *Dictionnaire des arts*, en deux volumes in-folio ; — plus, un *Dictionnaire géographique*, en trois volumes in-folio.... Vous voyez, Messieurs, que je ne vous trompais pas l'autre jour, en vous parlant de la facilité comme d'un don de famille chez les Corneille.

Pour se délasser alors de tant d'intrigues, — dont l'ingéniosité n'égalait pas toujours l'enchevêtrement, — si le public demandait de grosses plaisanteries, et voire des bouffonneries, extravagantes elles aussi, hardies ou cyniques, c'était ici, vous le savez, le département ou le fief de celui qu'on appelait ce fiacre de Scarron. Et, en effet, personne en son temps n'a manié comme lui le *burlesque*; et, sans parler de ses autres œuvres de son *Typhon* ou de son *Virgile travesti*, vous connaissez au moins, pour en avoir entendu citer souvent les titres, son *Jodelet duelliste*, 1646 ; son *Héritier ridicule*, 1650 ; son *Dom Japhet d'Arménie*, 1652. De vous en donner une plus ample idée, c'est ce qui passerait mes forces, et peut-être aussi, Messieurs, votre patience ; mais je mettrai sous vos yeux deux passages que j'emprunte, l'un à *Jodelet duelliste* et l'autre à *Dom Japhet*. Dans le premier, c'est un don Juan de bas étage qui veut bien confier à son valet quelques-uns des moyens dont il use pour conquérir les cœurs, et il s'exprime ainsi :

> Il faut premièrement que ta bassesse sache
> Que lorsqu'on me refuse, ou bien lorsqu'on se fâche
> J'ai le don de pleurer autant que je le veux,
> Ce qui profite plus qu'arracher des cheveux,
> Et principalement quand on aime une sotte,
> Qui croit facilement un homme qui sanglote.
> A la belle, je dis que ses plus grands appas
> Sont ceux qui sont cachés et que l'œil ne voit pas...
> Que son esprit me plaît bien plus que son visage.
> A la laide je tiens presque même langage...
> Enfin, également de toutes je me joue,
> Ce qu'elles ont de moins, c'est ce dont je les loue...
> Aux petites, je dis que leur corps est adroit;
> Aux grandes, que leur corps, quoique en voûte, est bien
> A celle que je vois d'une taille bizarre,   [droit;
> Qu'ainsi le ciel l'a faite, afin d'être plus rare;
> Aux minces, qu'une reine a moins de gravité;
> Aux grosses, qu'elles ont beaucoup d'agilité.

Si vous avez vu, Messieurs, dans quelques vers que je vous ai cités des *Visionnaires* de Desmarets, comme un premier crayon du couplet d'Éliante, en voici, je crois, le second, l'indication déjà plus précise et « plus poussée ». Et peut-être, en ce cas, puisque l'occasion s'offre d'en dire deux mots, me demanderez-vous ce que je fais de la traduction de Lucrèce que l'on continue d'attribuer à Molière ? C'est bien simple ; je la supprime ; — et du domaine de la réalité, je prends sur moi de la rejeter dans celui de la légende [1].

---

[1]. La tradition ne s'appuie que sur une autre tradition qui n'est guère plus assurée qu'elle-même : je veux parler de ce que l'on conte encore partout des rapports de Molière et de Gassendi. Quelque mal, en effet, que l'on se soit donné jusqu'ici pour en établir la réalité, on n'a pas pu prouver seulement que Molière

Mais voici maintenant quelques vers de *Dom Japhet d'Arménie*, qui vous offriront un tout autre genre d'intérêt. Dom Japhet est un bouffon de cour, vieilli au service de l'empereur Charles-Quint, et retiré maintenant des affaires ; il s'adresse au bailli du village d'Orgas, où il a décidé qu'il viendrait manger ses « cinq mille écus de rente » :

> . . . . . Bailli, votre fortune est grande
> Puisque vous m'avez plu.
>
> LE BAILLI
> Le bon Dieu vous le rende.
>
> DOM JAPHET
> Peut-être ignorez-vous encore qui je suis :
> Je veux vous l'expliquer autant que je le puis,
> Car la chose n'est pas fort aisée à comprendre.
> Du bon père Noé j'ai l'honneur de descendre,
> Noé... qui, sur les eaux, fit flotter sa maison,
> Quand tout le genre humain but plus que de raison.
> Vous voyez qu'il n'est rien de plus net que ma race,
> Et qu'un cristal auprès paraîtrait plein de crasse ;...
> C'est de son second fils que je suis dérivé ;
> Son sang, de père en fils, jusqu'à moi conservé,
> Me rend en ce bas monde à moi seul comparable....

J'arrête ici la citation. Vous aurez remarqué, je pense, l'allure tout à fait « romantique » des vers, et le calibre de la plaisanterie, si je puis ainsi dire, que je ne saurais comparer qu'à celui des bouffonneries de César de Bazan dans *Ruy Blas*. Scarron, Saint-Amand, Théophile sont des « romantiques » à leur manière, et

---

ait jamais vu de ses yeux Gassendi, bien loin d'en avoir pu recevoir des leçons de philosophie ! Et pour la traduction de Lucrèce, qu'un Molière même ne saurait improviser, qui est une œuvre de longue haleine et de studieux loisir, où, en quel temps de sa vie, dans quel intervalle de ses occupations multiples et de sa production hâtive, voudrait-on qu'il l'eût faite ?

si la digression ne risquait de nous entraîner un peu loin, rien ne serait plus facile que d'en multiplier les preuves [1].

Enfin, si l'on voulait, — et bien qu'il semble que l'on en dût être saturé par la tragi-comédie, — si l'on voulait, jusque dans la comédie, du tendre et du langoureux, du galant et du précieux, des soupirs et des flammes, des madrigaux et des pointes, des amants transis, de belles inhumaines, dont le teint de « roses et de lys »

> Portât en même temps, avec trop de rigueur
> Des neiges à la vue, et des flammes au cœur,

tout l'attirail enfin et tout le jargon du *Grand Cyrus* et de la *Clélie*, Quinault était là, Philippe Quinault, l'élève préféré de Corneille, Quinault, le futur inventeur de la « tragédie lyrique », que nous avons depuis lors appelée le livret d'opéra... Je lui dois d'ajouter que les siens sont très supérieurs, pour le style, à ceux d'Eugène Scribe ou de M. de Jouy.

Que d'ailleurs tous ces fournisseurs eussent des qualités parmi tous leurs défauts, je n'ai garde de le nier! Thomas Corneille avait de l'abondance, il avait de l'adresse et de l'invention. N'ai-je pas lu quelque part que Destouches en faisait le plus grand cas? Il est vrai

---

[1]. Il ne me convenait pas de parler de *Tragaldabas* sur la scène de l'Odéon, mais je puis bien dire ici que le drame fameux de M. Vacquerie mériterait d'être signé de Scarron, si ce n'étaient deux points : le premier, qu'en dépit de beaucoup de libertés, *Tragaldabas* n'offense pas constamment la plus simple pudeur, ce que font trop souvent les comédies de Scarron ; — Cf. *Dom Japhet*, acte IV, sc. VI, ou l'*Héritier ridicule*, acte V, sc. V ; — et le second, qu'il faudrait peut-être examiner jusqu'à quel point Scarron, quand il bouffonne, parodie les grands sentiments à la Corneille. Voyez, à cet égard : *Scarron et le genre burlesque*, par M. Paul Morillot. Paris, 1888. Lecène et Oudin.

que c'était Destouches. Scarron, de son côté, pouvait manquer de goût, de mesure, de décence; il avait de la verve, de l'éclat, de la drôlerie, le sens du comique, encore qu'il le fît sortir plutôt de la rencontre ou du choc des mots que du fond des choses. Et Quinault avait de l'esprit, de la grâce; il avait surtout quelque chose de cette poésie pénétrante qu'insinue souvent dans le madrigal la vivacité même du désir de plaire. Mais le procédé qu'ils employaient tous, de parti pris et de propos délibéré, tantôt dans le sens du romanesque et du faux idéal, tantôt dans le sens du burlesque et de la caricature, c'était de s'écarter à plaisir de la nature et de la vérité. Chaque jour même, grâce à l'esprit du temps, on peut dire qu'ils s'en écartaient davantage.... C'est, Messieurs, sur ces entrefaites, qu'arrivant du fond de la province, où depuis douze ou quinze ans alors il promenait d'auberge en auberge ses comédiens nomades, Molière commença de paraître, devant Monsieur, frère du roi, sur un théâtre qu'on avait dressé dans la salle des Gardes du vieux Louvre, le 24 octobre 1658.

II

Il approchait de la quarantaine, étant né, comme vous savez, en 1622 ou 1621, et, pour ne rien dire encore de son génie, il avait sur ses rivaux, — sur tous ces beaux esprits qu'il allait bientôt voir se soulever et s'ameuter en foule contre lui, — une triple supériorité : celle de l'expérience acquise en son métier d'acteur; celle d'une connaissance personnelle de la province, avec ses originaux tranchés, ses « ridicules » de campagne ou de petite ville; et celle enfin, puisque c'en est bien une, des déboires, des humiliations, des souffrances qu'il avait endurés.

Je n'insiste pas sur la première, — quoique ce fût bien quelque chose que de connaître les planches, d'être soi-même acteur et directeur de troupe [1]. C'était un autre et plus grand avantage que d'avoir parcouru la province, presque toute la France, d'un bout à l'autre bout, — Nantes, Angoulême, Bordeaux, Agen, Limoges, Toulouse, Lyon, Nîmes, Béziers, Montpellier, Narbonne, Rouen, — dans un siècle où l'on ne voyageait guère ; et que d'avoir vu, de ses yeux vu, que d'avoir pratiqué peut-être la comtesse d'Escarbagnas et M. de Pourceaugnac, l'espèce falote des Sotenville et celle des Dandin [2]. Mais ce qui était bien plus encore, c'était de connaître la vie pour en avoir fait l'épreuve, et, Messieurs, dans quelles conditions !

Car on a pu poétiser le « comédien de campagne » et en

1. J'ai souvent pensé à cet égard que, si les Moliéristes avaient essayé de reconstituer le répertoire de la troupe de Molière, cette simple collection de titres de pièces n'aurait pu manquer de jeter beaucoup de lumière sur quelques points toujours obscurs de la comédie, sinon de la vie du poète. Et pour n'en citer qu'un exemple, à joindre à ceux que j'ai déjà tirés des *Visionnaires* et de *Jodelet duelliste*, je ne me rappelle plus exactement de quelle scène de *Tartufe* ou de *l'Avare* j'ai trouvé comme un premier crayon dans la *Bradamante* de Robert Garnier, mais je l'y ai trouvé. On sait encore ce que l'*Avare* doit aux *Esprits* de Pierre Larrivey.

2. J'aurais pu, j'aurais dû même insister sur ce point. Si de nos jours encore, effectivement, rien n'a donné plus de variété peut-être aux romans de Balzac, plus de profondeur à *Madame Bovary*, plus d'intérêt à quelques *Nouvelles* de Guy de Maupassant, que la connaissance qu'on y sent des mœurs provinciales, combien ne croira-t-on pas qu'en quinze ans de temps, au xviie siècle, pendant le remuement des guerres de la Fronde, Molière a dû puiser en province d'observations et de renseignements de toute sorte ? La plupart de ses successeurs, depuis Regnard jusqu'à Beaumarchais, seront trop « Parisiens » ; ils ne feront que traverser en poste les provinces ; et emportant leur Paris avec eux comme Regnard, jusqu'en Alger, ou jusqu'au bout du monde, ils ne reconnaîtront dans l'univers entier que ce qui leur rappellera Paris.

s'inspirant du roman de Scarron, on a pu nous le montrer courant d'aventure en aventure, bohème heureux de sa misère, n'y voyant que le prix dont il paie son indépendance, jouant aujourd'hui les rois dans une grange, et les valets, demain, dans un château.... La réalité est plus triste; elle l'était surtout alors; elle l'a été particulièrement pour Molière. Rappelez-vous plutôt ses débuts, sa rupture avec les siens, sa fuite de la maison paternelle, son *Illustre Théâtre*, la faillite, l'expatriation ou l'exil en province, pour le Parisien qu'il était, comme Boileau, bourgeois, fils de bourgeois, orgueilleux de sa grande ville. Songez aux humiliations de toute sorte : la requête aux magistrats, la curiosité plutôt hostile des habitants, les sifflets, les pommes cuites, les couchers à l'auberge, le voyage en roulotte tout le long des grandes routes, la concurrence du bateleur ou du montreur d'ours, la familiarité, la promiscuité de la valetaille, que sais-je encore? Voilà ce que la vie de « comédien de campagne » a été pour Molière, — nous en avons des preuves, — voilà les souvenirs qu'il rapportait du fond de la province; et, comme formées de tout cela, voilà, Messieurs, l'origine de cette tristesse et de cette amertume sans lesquelles, assurément, ni sa plaisanterie n'aurait eu cette force, ni sa satire cette âpreté, ni sa comédie, enfin, cette profondeur et cette portée qui la distinguent non seulement de tout ce qui l'avait elle-même précédée, mais encore, — je crois que nous pouvons le dire sans en être démenti par personne, — de tout ce qui devait aussi la suivre [1].

1. On a prodigieusement écrit sur les *Années d'apprentissage et de voyage* de Molière, et quelques « points » de ses pérégrinations à travers la province ne sont pas encore parfaitement éclaircis. En attendant qu'ils le soient, trois ouvrages parus dans ces dernières années résument tous les travaux antérieurs, et

Cependant, de retour à Paris, et placé sous la protection de Monsieur, frère du roi, rassuré sur l'avenir, il regarde, il observe, il songe. Les basses plaisanteries, dans la manière de Scarron et des « turlupins », l'écœurent et le dégoûtent. N'est-ce pas lui-même, Messieurs, qui vous le disait tout à l'heure [1] ?

Élise. — Mais à propos d'extravagants, ne voulez-vous pas me défaire de votre marquis incommode ? Pensez-vous toujours me le laisser sur les bras et que je puisse durer à ses turlupinades perpétuelles ?
Uranie. — Ce langage est à la mode.
Élise. — Tant pis pour ceux... qui se tuent tout le jour à parler ce jargon obscur. La belle chose de faire entrer aux conversations du Louvre *de vieilles équivoques ramassées parmi les boues des Halles et de la place Maubert*. La jolie façon de plaisanter, et qu'un homme montre d'esprit lorsqu'il vient vous dire : « Madame, vous êtes dans la place Royale, et tout le monde vous voit de trois lieues de Paris, car chacun vous voit de bon œil », à cause que Boneuil est un village à trois lieues d'ici ! *Cela n'est-il pas bien galant et bien spirituel ?*

Si les scarronnades l'écœurent, il ne donne pas non plus dans les grands sentiments, comme en ayant sans doute lui-même assez éprouvé la fragilité. C'est le vrai sens du couplet de Dorante ; et par delà ses imitateurs, c'est Corneille même, — nous le savons et tout le monde

---

dispenseront d'y recourir tous ceux qui ne font pas publiquement profession de moliérisme. Ce sont :
1° La *Biographie et Bibliographie* formant le tome I de l'édition des *Œuvres de Molière*, donnée chez l'éditeur Garnier par M. Louis Moland. Paris, 1885 ;
2° *La comédie de Molière, l'auteur et le milieu*, par M. Gustave Larroumet. Paris, 1887. Hachette ;
3° La *Biographie* de Molière formant le tome X de l'édition de ses *Œuvres* dans la collection des *Grands écrivains de la France*, par M. Paul Mesnard. Paris, 1890. Hachette.
1. *La Critique de l'École des femmes* a été jouée ce jour-là avant *l'École des femmes*.

l'entendait bien ainsi en 1662, — c'est Corneille, c'est l'auteur de *Rodogune* et de *Pompée*, de *Polyeucte* et d'*Horace*, à qui Molière s'en prend ouvertement :

> Car enfin, je trouve qu'il est bien plus aisé de se guinder sur de grands sentiments, de braver en vers la Fortune, accuser les Destins, et dire des injures aux Dieux que d'entrer comme il faut dans le ridicule des hommes.... Lorsque vous peignez des héros, vous faites ce que vous voulez. Ce sont des portraits à plaisir, où vous ne cherchez point de ressemblance, et vous n'avez qu'à suivre les traits d'une imagination qui se donne l'essor.

Telle n'est pas sa manière de comprendre son art! Il veut peindre, lui, d'après nature, et que dans ses portraits « on reconnaisse les gens de son siècle »; et, de la considération de son art, c'est ainsi qu'insensiblement il passe à l'observation de la société qui l'entoure. Les prudes le font rire, d'un rire amer, un peu cynique parfois, « à la vieille française », philosophique aussi pourtant, le rire de Montaigne plutôt que de Rabelais. Mais les précieuses l'exaspèrent, avec leur ton languissant, leurs manières affectées,

> Leurs mines et leurs cris aux ombres d'indécence
> Que d'un mot ambigu peut avoir l'innocence,

avec leur façon de farder et de déguiser en tout et partout la nature. Et les marquis aussi l'irritent; il sent gronder en lui comme une vague et sourde colère contre toute cette noblesse de cour, et, trente ans avant La Bruyère, il dirait déjà volontiers : « Faut-il opter? Je suis peuple.... »

Mais il n'a pas eu besoin d'opter, Messieurs, ou, si vous l'aimez mieux, un autre a opté pour lui : c'est ce jeune prince, qui va prendre en main, demain, à la surprise de tous, et de sa mère la première, le gouvernement de son royaume; c'est Louis XIV en personne, galant et même rieur alors, mais qui sait et qui peut ce qu'il veut; Louis XIV, bientôt entouré de ces Colbert, de ces Louvois, de toutes ces « espèces » dont la faveur, pendant cinquante ans, va faire écumer de rage ou blêmir de colère les âpres Saint-Simons et les « aimables », les « souriants » Fénelons [1]. Sous la protection d'un tel maître, Molière peut marcher désormais. Qu'importent les rivaux, les ennemis, les envieux? il lui suffira de ménager le roi. N'a-t-on pas pu prétendre qu'ils avaient *collaboré* tous les deux [2]? Et Molière débute, — avec quel tapage, vous le savez, — par *les Précieuses ridicules*; il continue par *Sganarelle*; il donne *l'École des maris*; et, après la lui avoir fait payer du divertissement des *Fâcheux*, on lui accorde enfin la liberté de jouer son *École des femmes*, le 14 décembre 1662.

Encore aujourd'hui même, vous le savez, Messieurs, beaucoup de bons juges préfèrent *l'École des femmes* aux autres chefs-d'œuvre de Molière, à son *Misanthrope* et à son *Tartufe*. S'ils ont tort ou raison, c'est ce que je n'examine point: nous serions entraînés dans un examen trop minutieux des œuvres. Mais on peut bien leur accorder,

---

1. Je ne pense pas qu'il soit besoin ici de rappeler les déclamations de Saint-Simon contre les ministres roturiers de Louis XIV; mais, comme Fénelon est moins connu sous cet aspect d'aristocrate intransigeant, je renvoie le lecteur à ce que l'on appelle *les Tables de Chaulnes*, qui sont le programme politique de l'archevêque de Cambrai, s'il avait pu, comme il l'a longtemps espéré, gouverner sous le duc de Bourgogne. En voici deux ou trois articles : « Maison du roi remplie des seuls nobles choisis.... Anoblissements défendus.... Mésalliances défendues aux deux sexes.... Ordre du Saint-Esprit.... Ordre de Saint-Michel... ni l'un ni l'autre pour les militaires sans naissance proportionnée... Le chancelier, chef du Tiers-État, devrait avoir un moindre rang, comme autrefois.... etc., etc. »

2. Voyez Bazin : *Notes historiques sur la vie de Molière*; Cf. L. Lacour : *le Tartufe par ordre de Louis XIV*.

je crois, que *l'École des femmes* a quelque chose de plus aisé, de plus libre, de plus vif peut-être, la naïveté d'Agnès, le sourire d'Horace; et je ne sais quelle fleur de jeunesse ou quel éclat nouveau qui brille en elle, comme dans *le Cid* de Corneille, comme dans l'*Andromaque* de Racine. Molière aura d'autres qualités, plus tard; il ne retrouvera plus cette allégresse qui suffirait toute seule à dater son premier chef-d'œuvre. Est-ce qu'il croyait avoir touché le port? et qu'avec ses années d'apprentissage la lutte était aussi finie? ou si c'est qu'il venait alors d'épouser son Armande, et que tout lui riait dans ce mariage dont il devait bientôt payer si cher les courtes joies?

A un autre point de vue, tout différent, — *l'École des femmes* est une pièce singulièrement significative, où l'on n'a pas besoin d'un œil très pénétrant pour discerner les linéaments de la philosophie de Molière, je veux dire de sa conception de la vie [1].

Mais, ce qu'elle est encore, et, si vous le voulez bien, ce qu'elle sera uniquement pour nous, c'est, Mesdames et Messieurs, la première pièce, d'ailleurs vraiment comique, où nous puissions saisir à leur première origine, comme on fait la fleur dans la graine, la promesse des transformations que le génie de Molière va opérer dans son art.

III

Je vous parlais tout à l'heure de Thomas Corneille et des *Engagements du hasard* : le sujet de la pièce était

---

[1]. J'ai essayé de démêler et de définir cette « philosophie » dans une étude sur *la Philosophie de Molière*. Voyez *Études critiques*, ive série. Paris, 1891. Hachette.

emprunté de Calderon ; la scène s'en passait à Madrid ; et les personnages s'en appelaient Elvire, Alonso, don Fadrique. Encore qu'il eût par devers lui l'exemple applaudi de son grand frère, — du *Menteur* et de la *Suite du Menteur*, — Thomas ne s'était pas donné la peine seulement de « dénationaliser » son emprunt. Pareillement Scarron, dans son *Jodelet duelliste* : Francisco de Rojas en a fourni le sujet ; Tolède est le lieu de la scène ; et les personnages y sont comme illustrés de ces noms dont la sonorité, de notre temps encore, remplira d'aise l'oreille de Victor Hugo : don Diègue Giron, don Pedro d'Avila, Gaspard de Padilla. Je ne dis rien de Pascal Zapata, ni de Roc Zurducaci. Et, si je ne puis vous dire enfin de quel autre original sont empruntées *les Rivales*, de Quinault, la scène, je ne sais encore pourquoi, s'en passe à son tour à Lisbonne [1]... Au contraire, *l'École des femmes* est vraiment une comédie *nationale*. Elle l'est, Messieurs, par le lieu de la scène d'abord ; et après avoir vingt ans parcouru l'étranger, nous rentrons enfin, en France, et à Paris. Elle l'est par les détails de l'action, qui ne gardent plus rien d'au delà les monts, qui sont même en leur genre tout à fait « parisiens » et de 1660.

[1]. Voilà pour l'Espagne, mais voici pour l'Italie :

> Qui pourrait aujourd'hui, sans un juste mépris
> Voir l'Italie en France et Rome dans Paris ?
> Je sais...
> Mais enfin je ne puis, sans horreur et sans peine,
> Voir le Tibre à grands flots se mêler dans la Seine
> Et traîner à Paris ses Momes, ses farceurs,
> Sa langue, ses poisons, ses crimes et ses mœurs. etc.

Ces vers sont de Boileau, qu'autant que possible il ne faut pas séparer de Molière. Ils faisaient partie de la première *Satire*, ils en ont fait partie jusqu'en 1668 ; puis, dans les éditions suivantes, Boileau les a remplacés par les vers actuels 129 à 150. Est-il défendu de supposer qu'après avoir gagné la cause de la littérature nationale, il lui aura semblé superflu de rappeler qu'il avait fallu la plaider ?

Elle l'est par le choix des personnages, — auxquels nous allons revenir, — et elle l'est enfin et surtout par la qualité de la plaisanterie, qui ne se sent décidément plus de l'extravagance espagnole ou du cynisme italien [1], mais qui est française, qui est gauloise, dont j'oserai même dire qu'elle l'est quelquefois trop. Aussi pourra-t-on bien désormais emprunter des sujets à l'Espagne ou à l'Italie, — et Molière lui-même, et Regnard après lui, ne s'en feront pas faute, — mais on les transposera toujours; on n'en gardera que le corps, pour ainsi parler, comme dans *Don Juan*, que l'on habillera d'ailleurs à la française. Ou bien, inversement — comme Le Sage en son *Gil Blas*, comme Beaumarchais en son *Barbier* — ce seront, sous des noms espagnols, des vices ou des ridicules essentiellement français que l'on satirisera. En fait, la comédie française n'en a pas moins conquis son entière indépendance, et, si je puis ainsi dire, la France, depuis longtemps assez riche pour payer sa gloire, ne manquera pas non plus, à l'avenir, pour défrayer sa propre comédie, de ridicules ou de vices à elle.... Vous remarquerez que c'est ici le commencement de la *comédie de mœurs*.

Car voici quelque chose de plus : *l'École des femmes*, en même temps qu'elle est une comédie nationale, est une comédie populaire, ou, pour mieux dire, *bourgeoise*. Dans presque toutes les comédies antérieures, — à l'exception de celles de Corneille, — le bourgeois ne paraissait guère que pour y être moqué ou berné, tandis qu'au contraire marquis et belles dames n'y étaient touchés, quand ils l'étaient, qu'avec d'infinies précautions, effleurés seu-

---

1. Je ne sais à cette occasion comment il se fait que l'on ait généralement pris en France la littérature italienne en général pour une littérature « idéaliste; » et il faut qu'en en parlant de la sorte on n'ait guère songé qu'aux *Pastorales* du Tasse et de Guarini. Mais il n'y en a pas de plus « naturaliste » au fond; et je ne le dis pas pour lui en faire un reproche.

lement, à peine égratignés. On en donnerait plus d'une bonne raison, dont la meilleure est sans doute celle-ci, que nos gens de lettres, étant pour la plupart aux gages de quelque grand seigneur, et faisant partie, comme l'on disait, de son domestique, ne pouvaient pas railler publiquement leurs patrons. Mais, dans *l'École des femmes*, on ne s'appelle plus don Diègue Giron ou don Pedro d'Avila, mais Chrysalde, mais Arnolphe, mais Agnès, noms bourgeois, s'il en fut; et on s'y moque en premier lieu de ceux qui veulent se « désembourgeoiser » :

> Je sais un paysan qu'on appelait Gros Pierre
> Qui n'ayant pour tout bien qu'un seul quartier de terre,
> Y fit tout à l'entour faire un fossé bourbeux
> Et de monsieur de l'Isle en prit le nom pompeux.

Bourgeoise donc l'intrigue, et bourgeois sont aussi les détails de l'action, comme il convient entre marchands ou bons rentiers de l'hôtel de ville; bourgeois, le discours de Chrysalde, au premier acte, et très bourgeois, ou trop bourgeois. Bourgeois encore, s'il en fut, les préjugés d'Arnolphe. Et bourgeois également, si je puis ainsi dire, le petit chat d'Agnès, et le ruban, et les chemises de nuit... Tout cela nous rend, exprime, ressuscite pour nous une façon de vivre très différente, si je ne me trompe, de celle dont *le Menteur* même nous donnait l'idée, plus voisine de la réalité, plus terre à terre, plus enfoncée dans la matière. Car, jusqu'aux personnages d'Alain et de Georgette, avec leur bêtise originelle mêlée d'astuce paysanne, ne pensez-vous pas bien que les Dorante ou les Clarice de Corneille les eussent renvoyés aux champs? Ce ne sont plus ici des valets de comédie, des Mascarille ni des Cliton, mais le vrai courtaud de boutique, et la fille encore « nice » que le coche a débarquée d'hier. Ajoutez, Messieurs, que si les bourgeois sont moqués ici dans la personne d'Arnolphe, outre que d'autre part ils triomphent en celle de Chrysalde, c'est entre eux qu'ils sont moqués, et par eux, non plus raillés par le marquis, — comme le sera M. Dimanche dans *Don Juan*, ou M. Jourdain dans *le Bourgeois gentilhomme*, — et qu'autant que moqués, ou même avant que de l'être, ils sont étudiés.

Rappelez-vous à cet égard un mot de Dorante dans *la Critique* :

DORANTE. — Pour ce qui est des « enfants par l'oreille », ils ne sont plaisants que par réflexion à Arnolphe, et l'auteur n'a pas mis cela pour être de soi un bon mot, *mais seulement pour une chose qui caractérise l'homme et qui peint son extravagance*.

Et plus loin :

Quant à l'argent qu'il donne librement... il n'est pas incompatible *qu'une personne soit ridicule en de certaines choses et honnête homme en d'autres...*

Ici, Messieurs, c'est la *comédie de caractères* qui tend à se dégager de la comédie de mœurs, ou qui s'y ajoute, — car elles ne sont pas non plus *incompatibles*, — en attendant qu'elle se la subordonne.

Me direz-vous à ce propos que les caractères n'ont pas encore, dans *l'École des femmes*, tout ce que Molière lui-même leur donnera plus tard de relief et de profondeur? Et ils n'y sont pas non plus encore assez individuels, je vous l'accorde, ils y demeurent trop *typiques*. Horace, avec sa perruque blonde et son étourderie communicative et bruyante, c'est *le* jeune homme. Agnès est *la* jeune fille, — telle du moins que la conçoit Molière, qui ne maniera jamais cet âge, ni peut-être ce sexe, avec beaucoup de délicatesse. Et c'est enfin *le* barbon qu'Arnolphe, le barbon amoureux plutôt que M. de la Souche. Si d'ailleurs l'intérêt de *l'École des femmes* n'est plus uniquement dans les situations, ou dans la situation, — puisqu'il n'y en a qu'une, — cependant il y est toujours pour une part encore assez grande. La représentation du caractère n'est pas ici l'objet principal, mais plutôt accessoire de la pièce. Et ne pourrait-on pas dire aussi qu'Arnolphe, quel que soit son caractère, par quelques traits qu'on le définisse, n'en est pas un lui-même au même titre, dans le même sens, ni de la même portée que Tartufe ou qu'Harpagon? Mais, après cela, si dans *l'École des femmes* la peinture ou la représentation des caractères n'est pas ce qu'elle sera bientôt, on l'y trouve pourtant, il est impossible de l'y méconnaître; et ceci, je le répète, même par rapport au *Menteur*, est nouveau.

J'essayerai prochainement, Messieurs, quand nous arriverons à *Tartufe*, de vous montrer comment cette comédie nouvelle était le terme, en quelque sorte logique et nécessaire, de la conception réaliste ou naturaliste que Molière se faisait de l'art et de la vie. Mais pour aujourd'hui, sans insister sur cette conception, je me contenterai de joindre ce trait seulement aux autres : *nationale* et *bourgeoise*, la comédie, dans *l'École des femmes*, nous apparaît comme *réaliste* ou *naturaliste*... Vous savez peut-être qu'au XVIIe siècle on prenait déjà ce mot dans un sens extrêmement voisin de celui où nous l'employons de nos jours...

Toute la littérature antérieure à Molière et, en particulier, celle qui l'avait immédiatement précédé, la littérature de Balzac et celle même de Corneille, avait quelque chose d'éminemment aristocratique, fondée qu'elle était, comme sur un trépied, sur l'imitation de l'étranger, Espagne ou Italie; sur celle des mœurs du beau monde; et sur l'intention, jusque dans le burlesque, d'égayer les grands seigneurs aux dépens du reste de la société, Boisrobert n'était guère que le complaisant ou le bouffon du grand cardinal. Scarron ne se nommait-il pas « le malade » en titre de la reine Anne d'Autriche, auprès de laquelle on pourrait dire qu'il jouait ainsi lui-même le personnage de son dom Japhet? Et Louis XIV enfant n'exigeait-il pas que l'on représentât devant lui, jusqu'à deux fois dans la même journée, *Jodelet duelliste*, ou *Jodelet, le maître valet*, — je ne sais trop lequel des deux? C'était plaisir de prince que d'y voir s'opposer la bravoure du maître à la couardise du valet... Mais je vais plus loin, et quelque étrange que le mot puisse paraître en songeant à Scarron, je dis que cette littérature était idéaliste, en ce sens que, burlesque ou précieuse, dans la tragédie ou dans la comédie, pour divertir ou pour émouvoir, son principe ou, si vous l'aimez mieux, son moyen était en tout de commencer par déformer une réalité dont elle n'était pas tant l'expression que l'exagération ou la caricature. Peu de pieds-plats sont comparables aux Jodelet de Scarron, mais combien savez-vous de héros qui soient eux-mêmes de la taille de ceux de Corneille, de son Rodrigue, de son Horace, de son Polyeucte? Et ce que la vie contenait en soi, — la vie réelle, la vôtre, la mienne, celle du bourgeois que nous sommes, — ce qu'elle contenait de poétique ou de ridicule, bien loin de savoir l'en dégager, on ne savait pas seulement l'y voir, et d'ailleurs on ne s'en souciait pas.

Molière l'y vit, et *l'École des femmes* l'en dégagea. Réaliste ou naturaliste, en tant que bourgeoise et que nationale, *l'École des femmes* l'est de surcroît encore, en elle-même et dans son fond, par la nature de l'intrigue, par le mélange particulier de qualités ou de défauts, de vices ou de vertus, qui caractérisent le personnage d'Arnolphe ou celui d'Agnès. On rit d'Arnolphe et on le plaint; on est avec Agnès, et cependant je me défierais d'elle. Et cela même, Messieurs, c'est la vie, c'est la réalité, ce sont les hommes, dont il n'y en a guère qui soient tout à fait bons ni tout à fait méchants; qui aient ni toujours tort ni constamment raison; qui ne soient « honnêtes gens » en quelque partie d'eux-mêmes, et moins honnêtes en quelque autre, ridicules ou parfois odieux.

Est-ce tout? Non, pas encore; et, en même temps que *comédie de mœurs* et *comédie de caractères*, il faut que j'insiste sur un dernier point : la comédie de *l'École des femmes* est notre première *comédie à thèse*.

Rien de plus naturel ou de plus inévitable. Du moment, en effet, que l'art se mêle à la vie pour la décrire, — au lieu de s'en séparer pour l'interpréter, pour l'embellir ou pour la satiriser, — il ne saurait s'empêcher longtemps de la juger et, par conséquent, de prétendre à la diriger. Si l'on conçoit le roman ou le drame comme un moyen d'information ou d'enquête sociale, et l'observation même, ou plutôt ses résultats, comme autant de documents, observation, roman et drame, ils deviennent bientôt eux-mêmes un élément de la question sociale, ou quelque chose encore de plus : une invitation à l'examiner, et comme qui dirait une solution qu'on en propose ou qu'on en indique. Les *Précieuses ridicules* sont une opinion sur l'éducation des femmes, et *l'École des maris* aussi, et pareillement *l'École des femmes* [1]. C'est ce qui distingue encore la comédie de

---

1. C'est une observation que l'on peut également vérifier de nos jours sur ou dans les romans de Balzac, dans ceux de Dickens et de George Eliot, dans ceux enfin de Tolstoï et de Dostoievsky. Ceux de M. Zola ne serviraient pas d'un moins bon exemple, et il n'y a pas besoin de les rappeler tous : il suffira que l'on veuille bien mesurer le chemin parcouru, de l'*Assommoir* à *Germinal*, par l'auteur des *Rougon-Macquart*.

Molière de celle de Corneille, du *Menteur* et de *la Galerie du Palais*. Elle prouve, et elle veut prouver quelque chose. Ce qu'elle loue, elle le conseille; et ce qu'elle raille ou ce qu'elle attaque, elle en détourne. Même c'est ce qui en fait la variété de ton. Nous n'y rions pas tout le temps; nous n'y sommes pas proprement émus; mais nous y songeons, nous y réfléchissons, nous y pensons. Et nous ne dirons pas pour cela que Molière fût un « penseur » lui-même, mais il était un « moraliste », — ce que Regnard, par exemple, ou Dancourt, ne seront à aucun degré; — mais il avait son opinion à lui, persistante et tranchante, aisée à connaître, sur toutes les questions qu'il souleva; et c'est en ce sens qu'il faut dire de *l'École des femmes* qu'elle est une *comédie à thèse*.

Or, Messieurs, c'est par là, qu'entre 1660 et 1670, une grande transformation commence de s'opérer, non seulement au théâtre, mais dans la littérature entière, dont l'effet sera de l'opposer bientôt par tous ses caractères à ce qu'elle était jusqu'alors. Depuis Ronsard jusqu'à Corneille, le poète s'était comme enfermé dans son art, dédaigneux du vulgaire, séparé de la foule, ne fréquentant qu'en haut, pour ainsi dire, ou qu'avec ses pareils, et ne vivant pas, si vous voulez, tout à fait en dehors, mais comme en marge de la société. La comédie de Scarron, la tragédie de Corneille, très différentes en ceci de la tragédie ou de la comédie du xvie siècle, étaient assurément beaucoup plus qu'un exercice de cabinet. Mais cependant elles n'étaient toujours, — je ne dis pas pour le public, je dis pour le poète même, — qu'un divertissement. On s'amusait soi même de ses propres inventions, sans y attacher autrement d'importance, et l'amour-propre ou la vanité d'auteur y étaient seuls en jeu. Ce sera désormais autre chose. Molière a pris au sérieux la vieille devise de la comédie : *castigat ridendo mores*[1]. Il sait, il a éprouvé, dès sa première bataille, qu'il avait une arme entre les mains, et que son roi lui permettrait de s'en servir, quand encore il ne l'y encouragerait pas. Et pourquoi, Messieurs, hésiterions-nous à le dire, en d'autres termes, plus modernes ou plus actuels? Il sait que les mots expriment des idées, et que celui-là ne serait qu'un mandarin de lettres ou, moins encore, un baladin, qui faisant son état d'étudier et de représenter les mœurs de son temps, et d'en ridiculiser les défauts, et d'en attaquer les vices, ne se proposerait pas, en les attaquant, de les vaincre, en les ridiculisant, de les détruire, et, en les étudiant, d'en chercher le remède.

Vous le voyez, Messieurs, d'étrangère devenue nationale, d'aristocratique bourgeoise, de romanesque naturaliste, et, pour ainsi parler, d'une épée de parade une arme de combat, si la comédie, dans *l'École des femmes*, aussi gaie que celle de Corneille ou de Scarron, plus décente que la dernière, aussi littéraire que la première, y est en outre et en même temps comédie de mœurs, comédie de caractères, comédie à thèse, il serait difficile de trouver dans l'histoire d'un art, de concevoir ou d'imaginer, une transformation plus profonde, accomplie presque d'un seul coup, par le génie d'un seul homme. Et ceci nous ramènera, si vous le voulez bien, au début de cette conférence, et à cette question de méthode ou de doctrine que j'y décidais en quelques mots.

Car en quoi et comment l'intervention ou l'apparition de Molière ont-elles interrompu l'évolution du genre? Mais, au contraire, elles l'ont aidée, si tout cela était

1. On m'a fait observer, dans le temps, que cette « vieille » devise était assez moderne, et je ne puis pas dire que je m'empresse de le noter, mais je le note pourtant.

contenu ou impliqué dans la notion même de la comédie ; si Molière, en y ajoutant son génie, n'y a rien ajouté que de conforme à sa définition ; s'il l'a conduite même, nous le verrons encore à propos de *Tartufe*, jusqu'au point où l'on n'y pouvait rien ajouter de plus sans qu'elle changeât de nature, et de nom par conséquent, avec la nature de notre plaisir. Mais supposez qu'il y eût ajouté, comme je le crois, et vous aussi, Messieurs, quelque chose de plus, qui n'ait pas développé seulement, qui ait modifié la définition du genre ; alors encore, ou alors surtout, nous aurions le droit de parler d'évolution. Comment, en effet, la science nous apprend-elle qu'une variété se forme et qu'une espèce commence à se métamorphoser? On nous l'a dit sans doute assez, mais je ne craindrai pas de le redire une fois de plus, c'est justement quand il apparaît dans une famille, sous l'action des circonstances, un être plus fort, plus vigoureux, plus beau que les autres, mieux doué, plus capable de vivre et, pour vivre, de combattre victorieusement le combat de la vie. Qui de nous, qui de vous, Mesdames et Messieurs, en parcourant de mémoire la longue lignée de nos comiques, refusera de reconnaître en Molière ce privilégié de la nature?

26 novembre 1891.

CINQUIÈME CONFÉRENCE

ANDROMAQUE

Complexité du génie de Racine. — Le théâtre et la cour en 1667; et à ce propos, de l'*Attila* de Corneille. — Comment Racine conçoit l'emploi de l'histoire dans la tragédie. — Sa docilité à se plier aux règles et aux exigences de la politesse de son temps. — II. La révolution dramatique. — Peinture de la passion. — Simplicité de l'intrigue. — Vraisemblance des sujets. — Comment Racine a entendu l'invention; et, à ce propos, de la nature de l'invention dans les arts. — III. Le sujet d'Andromaque et comment Racine l'humanise. — Apparition de la psychologie. — Beauté logique et psychologique de l'intrigue d'*Andromaque*. — Poésie d'*Andromaque*. — La couleur grecque. — La peinture des mœurs du XVII° siècle dans *Andromaque*. — La « modernité » d'*Andromaque*. — En quoi consiste le progrès accompli par Racine.

I

Mesdames et Messieurs,

Essayons aujourd'hui de nous représenter un homme et un moment presque également uniques, si j'ose ainsi parler, dans l'histoire de la littérature et de la société française. Le moment, c'est celui de la première représentation d'*Andromaque*, au mois de novembre 1667; et l'homme, c'est Racine.

Il était alors âgé de près de vingt-neuf ans. Bien né, d'une bonne famille bourgeoise; bien élevé, dans cette austère et sainte maison de Port-Royal, dont il était l'enfant prodigue après en avoir été jadis l'enfant gâté; bien fait de sa personne, agréable à voir, ayant quelque chose en lui du charme simple et de l'élégante noblesse de sa poésie; chrétien au fond du cœur; païen par tous ses sens : je doute s'il y a jamais eu de génie plus ouvert à toutes les influences, plus capable, selon l'énergique expression d'un autre poète, de se les convertir « en sang et en nourriture », plus semblable à son temps, et cependant plus original. Je ne sache pas qu'il ait été très curieux de science, de mathématiques ou de physique, non plus que de politique, et, si je crois devoir en faire en passant la remarque, c'est qu'en vérité on le lui a reproché. Mais dans les limites, et comme qui dirait dans la circonférence de son art, comprenant tout et les beautés de tout, également touché de la mélancolie de Virgile et des polissonneries, — qu'on dit exquises, — d'Aristophane; également sensible aux mièvreries angoureuses de l'*Astrée*[1] et aux beautés fortes de la *Rodogune* de Corneille; capable, tour à tour ou presque en même temps, d'écrire sa *Bérénice*, la plus délicieuse, l'une des plus touchantes, mais surtout la plus noble élégie qu'il y ait dans la langue française, et quelques-unes des plus mordantes épigrammes dont s'égayent nos *Anthologies*; enfin, les yeux et la mémoire emplis du luxe, de l'éclat, de la splendeur dont brillait la cour la plus polie qui fût alors au monde; observateur atten-

---

1. Ce n'est pas au moins qu'il manque de « beautés fortes » dans ce roman célèbre, et si on le connaissait mieux on saurait qu'il n'y a presque pas une espèce des passions de l'amour qui n'y ait été peinte, et surtout analysée, avec autant de vigueur que de dextérité.

tif, pénétrant et profond, jamais homme peut-être n'a reçu ni rendu davantage, épurant au foyer de son imagination tout ce qu'il empruntait, y transformant comme en or tout ce qu'il s'appropriait, et, du tribut de tout le monde, composant les œuvres à la fois les plus savantes et les plus claires, les plus inimitables et les plus *inventées* qu'il y ait, je pense, dans aucun art... Même les défauts n'en n'ont rien qui déplaise, ou plutôt on les aime; et ne pourrait-on pas dire qu'en s'ajoutant à la perfection de son *Andromaque* ou de son *Iphigénie*, pour les rendre ainsi plus humaines, ils les animent; — et leur donnent un degré de plus de ressemblance avec la vie?...

Voilà l'homme et voici le moment.

Au printemps de la même année 1667, le grand Corneille, qu'on appelait déjà le vieux Corneille, venait de faire jouer cet *Attila* dont il ne demeure guère aujourd'hui qu'un titre; — et le souvenir d'une assez plate épigramme de Boileau. La pièce commençait par ces vers :

> Ils ne sont pas venus, nos deux rois? qu'on leur die
> Qu'ils se font trop attendre, et qu'Attila s'ennuie...

Je ne sais pourquoi l'emphase affectée de ce début me rappelle toujours la simplicité non moins voulue de celui de *Ruy Blas!*

Ruy Blas, fermez la porte, ouvrez cette fenêtre...

Un peu plus loin, beaucoup plus loin, au troisième acte, Attila changeait de note; il devenait galant; et l'on entendait ce Hun, ce Kalmouck, cet homme jaune, pousser de ces soupirs d'amour :

> O beauté, qui te fais adorer en tous lieux,
> Cruel poison de l'âme et doux charme des yeux.

Que devient, quand tu veux, l'autorité suprême,
Si tu prends, malgré moi, l'empire de moi-même,
Et si cette fierté, qui fait partout la loi,
Ne peut me garantir de la prendre de toi...

Puis à ces madrigaux, succédaient des rugissements de fureur :

HONORINE
Tu pourrais être lâche et cruel jusque-là !

ATTILA
Encore plus, s'il le faut, mais toujours Attila !
Toujours l'heureux objet de la haine publique,
Fidèle au grand dépôt du pouvoir tyrannique !...

L'*Attila* de Corneille n'en eut pas moins une vingtaine de représentations, ce qui était alors beaucoup plus qu'un demi-succès. Mais déjà, presque de toutes parts, un art nouveau s'annonçait, plus approprié à des temps et à des goûts nouveaux.

Les *Provinciales* avaient paru depuis tantôt dix ans, et on préparait à Port-Royal la première édition des *Pensées* de Pascal. Molière venait de donner coup sur coup son *École des femmes*, son *Don Juan*, son *Misanthrope*; et on attendait impatiemment son *Tartufe*. La Rochefoucauld venait de publier son livre des *Maximes*, où l'égoïsme des passions était si cruellement mis à nu, d'une main si légère; et Boileau ses premières *Satires*, où Quinault, et son *Astrate*, et le mauvais romanesque étaient si bien drapés. A la raideur,

A la grande raideur des vertus des vieux âges
Qui heurtait trop le siècle et ses communs usages;

aux modes surannées du temps de Louis XIII, ou de la Régence même, à l'ample pourpoint, aux étroits hauts-de-chausses des vieux Sgnanarelles [1], commençait

---

1. Voyez l'*École des maris*.

de succéder un costume plus galant, les « blonds cheveux », les « grands collets », les « petits pourpoints », les « canons de dentelle », la « petite oie » du marquis de Mascarille... et des « vertus moins diablesses ». Une génération nouvelle, la génération des Henriette, celle des La Vallière et des Montespan, avait comme chassé de la cour les héroïnes de la Fronde : Montbazon, Chevreuse ou Longueville. On n'admirait plus que de loin, à distance presque respectueuse, les Camille et les Émilie, les Pauline même ou les Chimène, et on les trouvait toujours grandes, mais elles semblaient trop viriles aux Vardes et aux Guiches. Enfin, au signal donné par Louis XIV, les conditions commençaient à se mêler davantage; l'homme de lettres s'émancipait de la protection des financiers ou des grands seigneurs pour passer sous celle du prince; et pour être « du monde », quand on était Boileau, quand on était Racine, il allait suffire bientôt de le vouloir. Entre ces deux tendances, Racine, Messieurs, tel que je viens d'essayer de vous le peindre, pouvait-il un instant hésiter? et l'intérêt même de sa réputation, ses amis, ses goûts, sa jeunesse, son génie, tout enfin ne devait-il pas le pousser du côté de la nouveauté?

Mais allait-il pour cela, novateur imprudent et fougueux, à la cartésienne, faire table rase en quelque manière de tout ce qui l'avait précédé? n'en rien retenir? en tout proscrire et en tout condamner? Oh! que non pas, Messieurs! Il était trop habile! Il avait trop de tact! Il était trop poète aussi! Mais, avec une promptitude et une sûreté de goût qui sont déjà de l'inspiration, tout ce qui pouvait servir à l'enrichissement, ou au perfectionnement de son art, il allait d'une main le saisir, s'en emparer, pour se l'assimiler, et, de l'autre main, si je puis ainsi dire, distinguer, écarter, éliminer, — mais non pas malheureusement anéantir, — tout ce qu'il croirait capable d'en altérer la noblesse et la pureté.

C'est ainsi que l'heureux emploi que Corneille avait fait de l'histoire dans le drame, vous ne voudriez pas que Racine l'eût méconnu! C'est pour cela qu'il est trop poète ou trop artiste, et qu'il a trop subi, qu'il connaît trop le charme ou le prestige du passé! Qui a su mieux que lui le mystérieux pouvoir du seul éloignement de la distance et du temps, et comment les années qui coulent et les siècles qui passent, sans altérer les caractères des choses, en adoucissent les aspérités, en fondent les couleurs, en harmonisent les contours? Il sait aussi la magie des mots, de ces beaux mots, chers aux poètes, qui évoquent après eux tout un long cortège d'images imprécises et flottantes. Et il sait encore que le temps, lui tout seul, a comme emporté dans sa fuite insensible la mémoire des vices de Cléopâtre ou des crimes d'Octave, pour ne conserver et ne faire passer jusqu'à nous, sous le nom de la première, que le symbole de la volupté même, ou avec le nom du second l'impérissable souvenir de l'univers conquis, pacifié, unifié, civilisé par les armes romaines. Que dirai-je de plus? Messieurs, en deux mots comme en cent, que personne n'a su comme lui qu'en poésie comme en peinture, l'histoire ou le passé, d'un seul mot, c'est le *style*,

> Ces flambeaux, ce bûcher, cette nuit enflammée,
> Ces aigles, ces faisceaux, ce peuple, cette armée,
> Cette foule de rois, ces consuls, ce sénat,
> Cette pourpre, et cet or...

et tout ce que l'imagination, sans trahir la vérité, mais au contraire pour la fixer et pour l'éterniser, ajoute d'elle-même aux choses « qu'on n'a pas vues deux fois... »

S'il n'a garde, Messieurs, de rejeter l'emploi de l'histoire, il n'est pas homme à dédaigner non plus les conseils des théoriciens : de Corneille même en ses *Examens*; de son ami Boileau; voire d'un La Mesnardière ou d'un abbé d'Aubignac [1]. Car, d'abord, il est jeune, et il a sa fortune à faire. Il ne croit pas d'ailleurs être le premier qui se soit avisé de raisonner ou de réfléchir sur son art. Et puis, s'ils ne les comprennent pas toujours très bien, ce sont pourtant les Grecs, c'est Aristote, c'est aussi Sophocle et Euripide, que d'Aubignac ou La Mesnardière se piquent de suivre; et Racine estime qu'en suivant les Grecs on ne saurait jamais se tromper tout à fait. Aussi, point de révolte en lui contre les règles, ni d'indignation contre le joug des trois unités, par exemple. On demande que l'action soit une, peu chargée de matière, rapide et limpide en son cours : elle le sera donc! et qu'elle se renferme dans les vingt-quatre heures : on l'y renfermera! et qu'elle se réduise ou qu'elle se limite à un décor unique : elle s'y limitera! C'est qu'après tout, Messieurs, quand on les considère de sang-froid, ces fameuses règles, et du dehors, en critique impartial, — je veux dire comme quelqu'un qui n'aura jamais lui-même à les observer ni à les violer, — où tendent-elles, à quelle fin, et croirez-vous que Chapelain ou Richelieu, La Mesnardière ou d'Aubignac, ainsi qu'on a dit encore, ne les aient inventées que pour...

---

1. *La Poétique,* de Jules de La Mesnardière. Paris, 1640, chez Antoine de Sommaville.
C'est à ce livre peu connu, et au surplus tout à fait digne de ne l'être pas davantage, que Corneille a songé presque aussi souvent qu'à celui de d'Aubignac, en écrivant, vers 1660, les *Examens* de ses pièces. Quant à la *Pratique du théâtre*, dont la première édition est de 1657, quoiqu'il soit passé en usage de la ridiculiser, et qu'aussi bien elle le mérite à quelques égards, il faut pourtant dire que Racine n'a pas laissé d'en faire industrieusement son profit.

ennuyer Corneille ¹? Non, sans doute, mais en resserrant le drame, en l'obligeant à concentrer et à presser son allure, en limitant l'intervention des causes extérieures, et en rendant l'action plus « psychologique », elles réduisent le drame à la vraisemblance et, par conséquent, elles l'adressent à son véritable objet. C'est ce que Racine a très bien vu : qu'il ne s'agissait, pour s'accommoder de l'unité du jour ou de l'unité de lieu, que de trouver des sujets qui n'en fussent point eux-mêmes gênés, et qui pour cela, Messieurs, de moins en moins romanesques, fussent conséquemment, — pour les raisons que vous avez vues, — de plus en plus tragiques ².

A plus forte raison, s'il reçoit la loi des théoriciens du drame, l'acceptera-t-il encore plus volontiers des usages de son temps, et ne craindra-t-il pas de mettre dans la bouche de ses héroïnes quelques traits du langage des

---

1. J'ai plusieurs fois touché cette question des Unités, — par exemple, en traitant ailleurs de l'*Évolution des genres*, — et si je n'y ai pas insisté davantage ici, c'est que la discussion exigerait tout un appareil de distinctions, de citations, et de restrictions, pour n'aboutir finalement qu'à un trop mince résultat. Je me bornerai donc à rappeler trois points :

1° La question des trois unités s'est posée d'elle-même en Italie, en Espagne, et en Angleterre, avant de se poser en France, et, c'est ainsi, pour le dire en passant, que le vers proverbial de Boileau :

Enfant au premier acte, et barbon au dernier,

n'est qu'une réminiscence de Cervantes, en son *Don Quichotte*.

2° Corneille, en vrai Normand, dans ses *Discours* et dans ses *Examens*, a donné le change sur l'état de la question, en feignant de ne pas entendre qu'il y allait bien moins de savoir si l'action se renfermerait en vingt-quatre heures et en un lieu, que d'examiner jusqu'où s'étendait la loi de la *vraisemblance* au théâtre.

3° Boileau, dans son *Art poétique*, n'a fait, comme Aristote autrefois dans sa *Poétique*, qu'analyser et définir, sous le nom des trois unités, la cause ou l'une des causes du plaisir *plus grand* qu'il avait trouvé aux tragédies de Racine par rapport à celles de Corneille.

2. Voyez les conférences sur *le Cid* et *Rodogune*.

précieuses, ou de faire parler quelquefois son Pyrrhus, son Xipharès ou son Hippolyte comme des « courtisans français ». Car pourquoi refuser aux belles dames de son temps le plaisir délicat de se retrouver, de se reconnaître, et comme de se mirer, dans son Andromaque, dans son Atalide, ou dans son Aricie? C'est qu'aussi bien il n'ignore pas qu'en dépit de ce gaulois de Molière, et de ce vieux garçon de Boileau, les précieuses, Mesdames et Messieurs, n'ont pas toujours eu tort. Nous leur devons d'excellentes leçons de langage, de goût, de savoir-vivre, et presque de morale. Qui niera que Madelon, la Madelon des *Précieuses*, ait raison quand elle dit que, dans les conversations d'amour, même les plus honnêtes, « on ne débute pas d'abord par le mariage »? Et si la conversation est moins honnête, alors, n'est-ce pas alors que, pour se faire entendre, on a besoin de toutes les ressources du madrigal, et de la métaphore, et de la périphrase? Telle était du moins, cent ans encore après Racine, l'opinion d'un savant grammairien, qui, dans son *Traité des tropes*, énumérant les principaux usages de la métaphore, nous apprend qu'elle sert : « *sixièmement*, à traduire ou à déguiser ce que la pudeur et la politesse nous interdisent de nommer par son nom. » Le langage le plus cynique n'est pas toujours le plus naturel, quoi qu'on en ait pu dire; et la nature elle-même n'est pas toujours d'accord avec les exigences de la vie sociale.

Élégance et politesse, conformité judicieuse aux règles, emploi de l'histoire dans le drame, Racine, vous le voyez, ne néglige rien de ce que réclament de lui les mœurs de son temps, les prétentions des théoriciens, ou le respect qu'il doit aux exemples de ses devanciers; — et ceci, disons-le, c'est ce que l'on appelle du nom même de conscience ou de probité littéraire; — mais voici, Messieurs, ce qu'il y ajoute, et qu'autant qu'à lui-même il emprunte à l'atmosphère des idées de son temps.

II

A la galanterie fade, froide, et surtout fausse dont vous avez sans doute, jusque dans *Rodogune*, remarqué plus d'un trait, il substitue, — pour la première fois sur la scène ou même dans la littérature française, — le langage de la passion; et ses hommes, mais ses femmes surtout sont des êtres de chair et de sang, qui vivent, qui aiment de toute leur personne, avec leurs sens et non plus seulement en discours, qui aiment avec fureur, avec lâcheté, s'il le faut, avec haine même, qui aiment enfin comme on aime, et non plus seulement comme on cause. Grande nouveauté! si c'est, comme nous l'allons voir, la tragédie qui change véritablement de nature; un sang plus jeune, plus vif qui s'insinue, pour ainsi parler, dans ses veines; et l'art même qui, d'une abstraction sublime ou d'une fresque d'histoire, devient ainsi la peinture de la vie et de la réalité.

Par une conséquence de la même transformation, l'intrigue devient plus simple. Vous rappelez-vous peut-être, à ce propos, un mot de Corneille dans l'*Examen* de son *Héraclius*? C'est une pièce, dit-il, qu'il faut voir plusieurs fois « pour en remporter une intelligence entière ». Erreur bizarre! Erreur dangereuse! Non, il ne faut pas faire d'un plaisir une fatigue, et une œuvre de théâtre n'est jamais assez claire. — Soyons donc simples pour être clairs, et, pour être simples, soyons vrais ! Plus de ces situations dont le commun spectateur est d'abord tenté de nier la vraisemblance! Loin de nous ces sentiments qui ne sont pas de la famille des nôtres !

Et loin enfin ces dénouements qui nous étonnent, sans doute, et qui nous surprennent, mais dont, au sortir du théâtre, il nous faut aller vérifier l'authenticité dans le latin barbare des Jornandès ou des Ammien Marcellin! — Aussi ne suffit-il plus à Racine qu'un événement soit *historique*, mais il lui faut encore qu'il soit humain, et qu'ainsi la tragédie ne dégénère jamais en une leçon de politique ou d'histoire. Pauvre vieux Corneille! qui croyait nous intéresser à ses Pertharites et à ses Rodelindes, à ses Ildiones et à ses Attilas, à l'histoire des Lombards et à celle des Huns, et qui lui-même, sur la foi de quelques flatteurs, se piquait de connaître à fond l'art de la politique et celui de la guerre! En vérité, c'est bien de cela que nous avons à faire au théâtre! Mais l'image ou la peinture de nos passions, celle de la piété conjugale, comme dans *Andromaque*; de l'amour maternel, comme dans la même *Andromaque* encore, et comme dans *Iphigénie*; de l'ingratitude filiale, comme dans *Britannicus* et comme dans *Mithridate*; l'image et la peinture surtout de l'amour, voilà désormais ce qui « ravira » les spectateurs assemblés! voilà ce qu'on ne demandera désormais à l'histoire que de décorer du prestige de ses souvenirs! et voilà Messieurs, le théâtre de Racine!

Voulez-vous vous en rendre mieux compte, et le voir, pour ainsi parler, avec une évidence entière? Vous savez sans doute que, dans le théâtre entier de Corneille, si l'on excepte son *Cid* et son *Menteur*, il n'est guère de pièce qui ne soit, comme sujet, de son invention : *Horace, Cinna, Polyeucte, Pompée, Rodogune, Héraclius, Don Sanche d'Aragon, Nicomède, Pertharite, Othon, Pulchérie*. Mais, Racine, au contraire! et vous diriez en vérité, qu'à l'exception de son *Bajazet* et de son *Athalie*, il ait mis une coquetterie singulière à ne pas traiter un seul sujet que l'on n'eût avant lui déjà porté sur la scène française. C'est ainsi qu'il a tiré son *Andromaque* du *Pertharite* de Corneille, sans rien dire de deux *Hector* et d'un *Pyrrhus* qui l'avaient précédée. De même, avant le sien, on avait joué deux *Mithridate* à l'hôtel de Bourgogne : l'un de La Calprenède, et l'autre de Scudéri. Vous trouverez encore, avant la sienne, — et comme la sienne inspirée de celle d'Euripide, — une *Iphigénie* dans les œuvres de Rotrou. Pareillement, nous connaissons une *Phèdre* de Robert Garnier; nous en avons une autre d'un certain La Pinelière; il en existe une troisième de ce Gilbert qui prétendit concourir avec Corneille dans le sujet de *Rodogune*. Et quand enfin en 1688, pour les demoiselles de Saint-Cyr, Mme de Maintenon lui demandera quelque sujet de pièce, plus moral, ou d'une vivacité d'émotion moins communicative et moins contagieuse qu'*Andromaque*, lequel Racine ira-t-il choisir, parmi tant d'autres que lui offrait la Bible ? Vous le savez, ce sera celui d'*Esther*, qui cependant n'aura pas été mis moins de cinq fois à la scène avant lui, dont trois fois sous le nom d'*Esther* même, et deux fois sous celui d'*Aman*.

Vous le voyez, Messieurs, c'est bien un parti pris, facile à expliquer d'ailleurs, — et qu'aussi bien nous expliquerons à l'occasion de *Rhadamiste* ou de *Zaïre*; — mais, en attendant, voilà qui nous étonne, et on se sent tenté d'appliquer à Racine un mot barbare, mais expressif, dont le savant Charles Blanc, qui n'aimait pas Raphaël, ne manquait pas à saluer ce grand peintre, pour l'en accabler sans doute, aussi souvent que l'occasion se présentait d'en parler : il l'appelait un *profiteur*. Il entendait par là, je pense, que Raphaël n'ayant inventé ni le dessin, ni la perspective, ni le clair-obscur, ni non plus la peinture à l'huile, ni les madones avec l'enfant, ni les belles filles de la Toscane ou de l'Ombrie qui lui servaient de modèles, il le trouvait bien osé, pour ne pas dire un peu indélicat, d'avoir fait servir toutes les ressources de son art à surpasser ceux mêmes de ses prédécesseurs qui les avaient inventées une à une.

Car, doit-on hériter de ceux qu'on assassine?

Et, en vérité, capable qu'il était de fondre ensemble l'hiératique mysticité des *Vierges* du Pérugin avec l'élégance insexuée des lignes florentines, et avec la plénitude ou l'opulence des formes romaines, Raphaël, plus consciencieux, n'eût-il pas dû s'abstenir de brouiller en lui les écoles et, avec les écoles, les idées aussi de l'auteur de l'*Histoire des peintres* et de la *Grammaire des arts du dessin?*

En quoi le savant professeur n'oubliait que trois points : le premier, que nous ne sommes pas les maîtres du temps de notre naissance, que nous venons au monde où, comme, et quand nous pouvons; le second, qu'en un certain sens nous sommes tous des profiteurs, et qu'il est bon, ou qu'il faut même que nous le soyons, si nous ne voulons pas qu'avec la solidarité des générations entre elles, ce soit la civilisation même qui périsse ou qui s'interrompe; et le troisième enfin, qu'en art comme ailleurs, ce sont les vrais profiteurs qui sont rares, ce ne sont pas les inventeurs. Il pleut des inventeurs, si je puis ainsi dire! j'en connais par douzaines, et vous aussi, Messieurs! Mais ceux qui sont rares, ce sont ceux qui rendent les inventions des autres pratiques et viables, en les dégageant de ce qui s'y mêle presque toujours d'erreur ou parfois de folie; ce sont ceux qui les corrigent ou qui les rectifient au moyen des inventions opposées ou contraires; ce sont ceux enfin qui *réalisent* ce que l'inventeur s'est borné d'ordinaire à entrevoir, à ébaucher, — ou à rêver.

C'est qu'il y faut du goût d'abord, et Racine en est un éloquent exemple. Supposons en effet, pour un moment, qu'il y eût des qualités de premier ordre cachées et comme enfouies dans la *Phèdre* de Gilbert ou dans l'*Iphigénie* de Rotrou. Racine les y a donc aperçues, avec le moyen de les en tirer, pour les mettre en valeur! Et ne me dites pas qu'il n'y avait rien de plus facile; que les beautés d'une œuvre s'aperçoivent et se sentent d'abord; qu'un autre les eût vues comme lui!... Non, Mesdames, non, Messieurs; et la preuve c'est que ni Le Clerc, l'auteur d'une autre *Iphigénie*, ni Pradon, l'auteur d'une autre *Phèdre*, n'ont vu dans la *Phèdre* de Gilbert ou dans l'*Iphigénie* de Rotrou ce que Racine y a su démêler. Que dis-je? Corneille lui-même a-t-il vu que le sujet d'*Andromaque*, l'un des plus beaux qu'on ait mis à la scène, était enveloppé dans son propre *Pertharite*? Pas plus que Scarron n'avait reconnu dans sa *Précaution inutile* le sujet de l'*École des femmes*.

C'est que la véritable invention est quelque chose de plus subtil, de moins matériel que l'on n'a l'air de le croire, et qu'en plus de la sûreté de goût dont je parlais, elle demande une profondeur, mais surtout une étendue et une variété de réflexion dont les soi-disant inventeurs sont généralement incapables. Et elle demande enfin, — ce qui leur manque aussi communément à tous, une capacité de réalisation, si je puis ainsi dire, une souplesse ou une virtuosité d'exécution qui n'est pas, Messieurs, la moindre partie du génie, si peut-être elle n'en est la base. « Un cri du cœur »! a dit quelqu'un, mais nous en poussons tous, des « cris du cœur »! — et j'aime à croire qu'il disait vrai; — seulement, le difficile, et le rare, et l'art par conséquent, c'est de lui donner, à ce « cri du cœur », une inoubliable voix, et de l'éterniser. Racine l'a fait, dans cette même *Andro-*

maque, dont il nous reste maintenant à voir les qualités originales et uniques sortir, en quelque façon, et se composer du mélange de tous ces éléments, renouvelés et transfigurés par son génie de poète.

III

Le drame est humain, d'abord, largement et profondément humain, quand ce ne serait que pour l'art avec lequel Racine y a comme effacé tout ce que le génie déclamatoire de Corneille avait mis d'horreur en lumière dans son *Pertharite*. Ce que les personnages de Corneille ont de moins naturel en effet, de plus excessif, et de véritablement inhumain, c'est l'insolente emphase avec laquelle, vous le savez, ils se glorifient eux-mêmes de leur atrocité. Ne l'avez-vous pas vu, n'en avez-vous pas vous-mêmes été choqués dans *Rodogune*?

> Apprends, ma confidente, apprends à me connaître...

ou encore :

> S'il était quelque voie, infâme ou légitime
> Que m'enseignât la gloire ou que m'ouvrit le crime...

et encore :

> Je sais bien que le sang qu'à vos mains je demande
> N'est pas le digne effet d'une valeur bien grande...

On ne se dit pas de ces sortes de choses à soi-même ; on ne les dit pas surtout aux autres. Car, notez bien en quoi consiste la différence : les personnages de Racine, son Pyrrhus, son Hermione, ou son Oreste ne sont pas moins prêts que ceux de Corneille à toutes les violences ou à tous les crimes, — puisque ceci, par hypothèse, est devenu de l'essence même de la tragédie, —

mais ils se déguisent à eux-mêmes, sous leurs artifices de style, ce que leurs actes ont de criminel et leurs sentiments de violent; mais ils ne veulent pas leurs crimes, ils ne les ont pas machinés de longue date; ils ne tirent point de les avoir conçus je ne sais quelle gloire scélérate. Hermione ne *veut* point la mort de Pyrrhus, ni Pyrrhus ne *veut* celle d'Astyanax : Hermione *veut* ramener Pyrrhus à elle, et Pyrrhus *veut* fléchir Andromaque. Ainsi, la fin qu'ils poursuivent leur donne à eux-mêmes le change sur la nature des moyens qu'ils emploient, et ils ne les nomment point par leur nom, ces moyens, parce qu'ils ne les connaissent qu'à peine sous leur véritable aspect.

C'est la *psychologie* de Racine qui succède à la *logique* de Corneille. Toutes ces images de sang, de mort, de supplice que les tyrans de Corneille présentaient à leurs victimes avec une ostentation mêlée de mauvais goût, sont ici voilées, atténuées, indiquées plutôt qu'exprimées :

Le fils me répondra des mépris de la mère;

ou encore :

Madame, en l'embrassant, songez à le sauver.

Mais comment en « répondra-t-il » et de quoi faut-il le « sauver »? Nous le savons, et Andromaque aussi, mais d'une manière qui laisse encore quelque place à l'espérance; et cela n'a l'air de rien; et, cependant, il n'en faut pas plus pour rabattre la tragédie du plan de l'histoire sur celui de l'humanité, si je puis user de cette expression; et cela suffit, pour achever de la transformer d'une succession d'événements en une succession « d'états d'âme ».

Considérez maintenant, de ce point de vue, l'intrigue

d'*Andromaque*. Nous n'avons plus ici besoin, pour faire avancer l'action, d'événements qui lui communiquent une impulsion du dehors, mais un mouvement tout intérieur s'y accélère, d'acte en acte, ou de scène en scène, sous la loi de sa nécessité propre. Tous *donnés* dès le premier acte, les sentiments ne se modifient qu'en se composant, en s'opposant, ou en se contrariant entre eux. Suspendue dès l'abord comme à une résolution d'Andromaque, la pièce entière, balancée par les résolutions correspondantes et alternatives de Pyrrhus et d'Hermione, fixée pour un instant par une décision d'Oreste, repart, en quelque sorte, et court à sa catastrophe sous l'effet d'une décision de Pyrrhus, qui motive à la fois une résolution d'Andromaque, une décision d'Hermione, et une action d'Oreste. Et il y a là, Messieurs, dans la construction même du drame, une simplicité de moyens, une justesse, une précision, qui n'ont jamais été surpassées, non pas même par Racine; il y a là une profondeur et une pénétration d'analyse psychologique incomparables; il y a là une clarté qui laisse loin derrière elle, si je ne me trompe, les complications laborieuses de Corneille. C'est bien un art nouveau, dont la *poussée* s'exerce en de tout autres points que l'art antérieur; et si jamais il y a eu progrès dans l'histoire d'un genre, progrès visible et progrès tangible, assurément c'est de Corneille à Racine, ou de *Rodogune* à *Andromaque*.

Enfin, grâce au choix du lieu de la scène, et grâce au génie moins épique de Racine, tout cela, Messieurs, s'enveloppe d'une poésie pénétrante et nouvelle, et le drame a quelque chose à la fois de moderne, de classique, et de grec qui est une volupté ou un enchantement pour l'imagination.

Avez-vous fait attention, Mesdames et Messieurs,

qu'il y avait comme un air de famille entre tous ceux de nos poètes ou de nos écrivains qui ont bien su le grec et qui l'ont beaucoup aimé : Ronsard, Racine, Fénelon, Chénier plus tard ?... Mais c'est peut-être Racine qui l'a le plus aimé, et c'est pourquoi nous retrouvons dans son *Andromaque* cette hardiesse ingénue de moyens, cette vérité d'observation, cette pureté de lignes, cet équilibre ou cette *eurythmie*, qui nous charment surtout dans la sculpture grecque. Je dis dans la sculpture : car, sur la tragédie grecque, je n'oserais émettre un avis, et si, pour ma part, je préfère de beaucoup Racine à Euripide ou à Sophocle même, c'est tout bas, et sans avoir ici le courage ou la témérité de vous le dire [1].

Ce n'est pas seulement dans la forme, c'est également dans le fond que je retrouve cette couleur grecque ; et, à ce propos, l'occasion serait belle, si je ne craignais d'être un peu long, de rechercher ce que c'est, dans l'*Attila* de Corneille, ou dans sa *Rodogune*, que cette *couleur locale* qu'on y a tant vantée, qu'il y vantait lui-même aux dépens de Racine [2]. Mais si les mots, si les

---

[1]. Je serai plus hardi sur le papier ; et, sans décider tout à fait la question, je dirai que les hellénistes, en général, me paraissent raisonner sur ce point comme s'il n'était rien intervenu dans le monde depuis Sophocle jusqu'à Racine. Passe donc pour l'architecture et même pour la sculpture ! Encore qu'il y eût à dire, les Grecs avaient tout ce qu'il faut pour y exceller, et, de plus que nous, l'avantage de l'éducation de l'œil par le nu ; mais pour la peinture, l'insigne laideur de quelques vases grecs nous permet de croire qu'il n'y a point de Zeuxis ou d'Apelles qui ne le cédât à un Corrège ou à un Léonard ; et en littérature, il serait bien extraordinaire que deux mille ans se fussent écoulés sans rien apporter à un Racine que n'eussent possédé comme lui un Euripide ou un Sophocle.

[2]. On connaît le mot de Corneille au sujet du *Bajazet* de Racine, qu'il ne trouvait pas assez *turc*. Mais, à ce propos, c'est Segrais qui rapporte le mot, et qui sait s'il n'est pas de lui ? L'attribution que Mme de Sévigné, dans une lettre célèbre, semble en faire à Corneille n'y serait pas un obstacle. Segrais

noms d'Andromaque et d'Hermione, de Pyrrhus et d'Oreste, ont, eux seuls, ce pouvoir que nous disions. d'évoquer tout un long cortège de souvenirs dont le temps les a rendus comme inséparables [1]. je ne crois pas qu'il se soit nulle part plus poétiquement manifesté que dans l'*Andromaque* de Racine, à moins que ce ne soit dans son *Iphigénie* ou dans sa *Phèdre*.

> Songe, songe, Céphise, à cette nuit cruelle,
> Qui fut pour tout un peuple une nuit éternelle !
> Figure-toi Pyrrhus, les yeux étincelants,
> Entrant à la lueur de nos palais brûlants,
> Sur tous mes frères morts se faisant un passage
> Et de sang tout couvert échauffant le carnage....
> Songe aux cris des vainqueurs, songe aux cris des mourants,
> Dans la flamme étouffés, sous le fer expirants,
> Peins-toi dans ces horreurs Andromaque éperdue...

Non, en vérité, je ne sache pas de tableau qui donne en quelques traits une impression plus vive ou même

---

avait écrit quelques années auparavant, dans les *Divertissements de la princesse Aurélie*, sous le titre de *Floridon*, une nouvelle du romanesque le plus ridicule, inspirée, comme le *Bajazet* de Racine, de la réalité de l'histoire ; et se trouvant frustré, mais n'osant pas trop haut le dire, il aura jugé bon d'abriter son mécontentement sous l'autorité de Corneille.

1. C'est ce que voulait dire Boileau, dont pourtant on se moque, lorsqu'il écrivait les deux vers :

> O le plaisant projet d'un poète ignorant
> Qui de tant de héros va choisir Childebrand !

Ce n'était pas qu'il eût lui-même aucun grief contre Childebrand, mais c'est que le nom de Childebrand n'évoquait dans sa mémoire qu'un souvenir confus de temps barbares et grossiers. De même et pour les mêmes raisons, Voltaire, cent ans plus tard, s'étonnait, en ricanant, que Corneille eût un moment songé, paraît-il, à nommer du nom d'*Hildecone* la fiancée de son Attila. Sur quoi je m'étonne qu'un éditeur moderne se soit étonné de l'étonnement de Voltaire. Je le renvoie donc à Labiche, dont la moitié du comique est faite des noms qu'il donnait à ses personnages : Mistingue, Lenglumé, Vancouver, Nonancourt, Beauperthuis, Fadinard, Dardard, Krampach, etc., etc.

plus colorée, dont les détails soient plus précis, ni qui nous reporte plus rapidement aux temps barbares encore, et comme préhistoriques, où Racine a placé son action. Son *Andromaque* est bien grecque; elle l'est autant qu'on le puisse être; et je veux dire par là, non seulement autant qu'elle le pouvait être au xviie siècle, mais encore autant qu'elle le pourrait jusque de nos jours mêmes.

D'ailleurs, et en même temps qu'il donnait à son *Andromaque* cette couleur antique, Racine, je vous l'ai dit, ne manquait pas à lui donner aussi la couleur de son temps; et les mœurs ou la politesse de Versailles respirent encore aujourd'hui dans ses vers. C'est un caractère de son œuvre sur lequel on a trop souvent insisté pour que j'y revienne une fois de plus. Je me borne donc à dire qu'en le notant on l'exagère, et qu'assurément ni Louis XIV n'avait la cruauté de Pyrrhus, ni Mlle de La Vallière ou Mme de Montespan, nous pouvons en être bien sûrs, les façons de parler d'Andromaque. Vous verrez, je crois, d'autre part, lorsque nous en viendrons à *Phèdre*, que les mœurs de cour au xviie siècle différaient assez profondément de celles que Racine s'est plu à peindre dans ses tragédies. Mais, pour le moment, il nous suffit qu'il y ait quelque chose de vrai dans l'observation, et que cette représentation des mœurs de cour, en s'ajoutant pour sa part à la poésie naturelle de ces sujets antiques, leur donne pour nous une signification et un attrait de plus.

Enfin, Messieurs, *grecque* et *classique*, *Andromaque* n'en est pas moins *moderne* ou même *contemporaine*, et peut-être, comme je vous le disais au début de cette conférence, est-ce la première de nos tragédies, — j'entends la première en date, — où nous nous retrouvions tout entiers. Car on dit quelquefois que la « langue » de Corneille a vieilli, et, en vérité, je crains que l'on ne se trompe d'un mot. Est-ce que la langue des *Provinciales*, qui sont de 1656, a vieilli? Et, mieux encore que cela, est-ce que, dans l'œuvre de Corneille, la langue du *Cid* et du *Menteur* n'est pas plus jeune que celle de *Rodogune* ou d'*Héraclius*? Mais ce qui a vieilli, Messieurs, ce sont les sentiments qui sont, eux, les sentiments de 1645, expressément marqués de certains caractères, — que l'on pourrait énumérer, si c'en était le temps, — et sensiblement différents de ceux qui les avaient précédés, et de ceux qui devaient les suivre. Regardez-y donc d'un peu près, ou plutôt de très près : c'est à peine si la langue de Racine, en tant que langue, a moins vieilli que celle de Corneille :

> Ah! de quel souvenir viens-tu frapper mon âme!
> Quoi, Céphise, j'irai voir expirer *encor*
> Ce fils, ma seule joie, et l'image d'Hector;
> Ce fils, *que de sa flamme il me laissa pour gage*.
> Hélas! je m'en souviens, le jour que son courage
> Lui fit chercher Achille ou plutôt *le trépas*.
> Il demanda son fils, et le prit dans ses bras.
> « Chère épouse, dit-il, en essuyant mes larmes,
> J'ignore quel succès le sort garde à mes armes,
> Je te laisse mon fils pour *gage de ma foi*
> S'il me perd, je *prétends* qu'il me retrouve en toi.
> Si d'un *heureux hymen* la mémoire t'est chère,
> Montre au fils à quel point tu chérissais le père. »

« *Hymen* » et « *gage* », « *flamme* » et « *trépas* », ce sont sans doute là des expressions aussi surannées que celles de Corneille, puisque aussi bien ce sont les siennes. Un Parnassien ne craindrait pas de chicaner Racine sur ses rimes. Et, dans ces douze vers, un lexicographe s'aviserait peut-être que le vocabulaire du poète est assez restreint. Mais les sentiments sont si justes, l'accent en est si pénétrant, le contour ou le dessin psychologique on est si naturel, l'âme humaine enfin y est si bien aperçue et rendue en son fonds qu'un barbare seul pourrait songer au reste, et qu'aussi longtemps qu'il y aura des veuves séparées d'un mari par une brusque surprise de la mort, elles rediront dans leurs lamentations les vers immortels d'Andromaque. Elles les rediront moins beaux, et peut-être surtout moins simples, mais elles les rediront! Faites attention encore au rôle entier d'Hermione, et voyez si la psychologie de la jalousie n'y est pas épuisée....

Que si maintenant, Messieurs, nous essayons de mesurer le progrès accompli, nous pouvons, vous pourrez, après la représentation d'*Andromaque*, vous le résumer en peu de mots.

Premièrement, la loi promulguée, si je puis ainsi dire, par Corneille dans son *Cid*, et comme renforcée ou même exagérée déjà dans sa *Rodogune* — et depuis, dans son *Héraclius* ou dans son *Attila*, — Racine, dans son *Andromaque*, l'a dégagée de ce qu'elle avait encore de trop rigide ou de trop absolu. L'action dramatique est bien toujours pour lui, comme pour Corneille, une manifestation du pouvoir de la volonté, mais il ne lui paraît pas que cette volonté doive être nécessairement conçue comme une force aveugle et consciente à la fois; — aveugle, quant aux motifs qu'elle pourrait avoir de changer la direction de son effort, consciente, jusqu'au délire de l'orgueil, de l'inflexibilité de cet effort même; — ni surtout comme une force en tout temps analogue, identique, ou égale à soi-même. Quelle qu'en soit l'origine, il suffit à Racine que des *résolutions* ou des *décisions* humaines fassent le ressort agissant de ses drames, et, décisions ou résolutions, vous verrez dans *Phèdre* qu'il n'hésite pas, quand la vérité le demande, à les faire surgir du fond de l'inconscient en les rapportant, comme à leur cause, à la fatalité passionnelle. Mais ce qu'il hésite encore moins à peindre, ou plutôt ce qu'il aime à représenter, ce sont les fluctuations de la volonté même, ce sont surtout ses perplexités; et ainsi la loi du théâtre, au lieu de contrarier chez lui l'imitation de la vie, y concourt — et l'achève.

En second lieu, ce que le paradoxe de Beaumarchais, qui sera celui de Diderot, de Mercier, de quelques-uns aussi de nos romantiques, peut contenir de vérité, Racine, dans son *Andromaque*, l'a réalisé quelque cent ans à l'avance, en restreignant la part de l'histoire dans le drame pour, au contraire, y augmenter d'autant celle de la vérité générale. C'est ce que l'on exprime quelquefois en disant que, tandis que, dans *Rodogune*, les caractères sont subordonnés aux situations, inversement, dans *Andromaque*, les situations sont subordonnées aux caractères. User d'abord et, plus tard, abuser de l'histoire pour authentiquer des situations invraisemblables, des sentiments inhumains, et des dénouements extraordinaires, c'est ce que Corneille avait fait. Mais Racine, lui, parti de l'observation, et ne tâchant qu'à peindre des sentiments qui fussent de tous les temps et de tous les lieux, dans des situations ordinaires, pour ne pas dire quotidiennes, n'a cherché dans l'histoire que le moyen de les rendre tragiques ou uniques. Toutes les mères ont tremblé pour leur fils, mais une seule s'est trouvée dans la condition d'Andromaque; et il ne s'est rencontré qu'une Hermione, mais toutes les duchesses ou toutes les blanchisseuses ont ressenti comme elle les tortures de la jalousie....

Et il en est arrivé ceci : qu'en traitant la tragédie de cette manière toute nouvelle, Racine, de purement *oratoire* qu'elle était encore dans l'œuvre de Corneille, l'a rendue, Messieurs, proprement *poétique*. Si ce n'est pas celui de ses titres de gloire sur lequel on a le plus insisté, ce n'en est pas peut-être le moindre, et nous le verrons bien quand nous nous occuperons prochainement de sa *Phèdre*....

3 décembre 1891.

SIXIÈME CONFÉRENCE

TARTUFE

I. — Importance de *Tartufe* dans l'œuvre de Molière. — Ce qu'on en pourrait dire. — Le *Misanthrope* et *Don Juan*. — Objet de cette conférence. — L'exposition de *Tartufe*. — Son caractère naturaliste. — Molière et Balzac. — L'intrigue de *Tartufe*. — Les dénouements de Molière. — II. Hardiesse de *Tartufe*. — Un mot de Piron. — Les originaux de *Tartufe*. — L'intention de Molière. — III. *Tartufe* et la définition de la comédie de caractères. — Subordination de l'intrigue à la peinture des caractères. — Que les personnages y doivent être à la fois individuels et généraux. — Qu'ils doivent y être de « leur condition ». — Liaison nécessaire de la comédie de caractères avec la satire sociale. — Qu'il en résulte qu'une telle comédie tend au drame comme vers sa limite. — Que restait-il à faire après *Tartufe*?

I

Mesdames et Messieurs,

Personne de vous n'ignore quelle est l'importance de *Tartufe* dans l'histoire de la vie et de la pensée de Molière. Vous savez tous que, pour obtenir enfin la liberté de jouer son chef-d'œuvre, en vain le roi le protégeait, ou s'y employait même; la cabale était la plus forte; et il ne lui a pas fallu moins de cinq ou six ans de démarches, d'efforts, d'intrigues et d'ennuis. Vous savez également que, si sa « philosophie », si sa « pensée de derrière la tête » est quelque part, elle est là, dans cette comédie, sur le sens ou la portée de laquelle nous disputons encore comme si c'était hier qu'elle eût paru pour la première fois. Éditeurs et biographes, commentateurs ou critiques, feuilletonnistes, amis ou adversaires, je n'en connais pas un qui n'ait cru devoir s'expliquer sur *Tartufe*; c'est le pont aux ânes des Moliéristes; et, je puis bien le dire sans en être repris, si je l'ai moi-même une ou deux fois traversé.

Non sans doute, qu'il ne fût possible après cela d'ajouter quelque chose à tout ce que l'on a dit de *Tartufe*; et, par exemple, on pourrait faire observer que *le Misanthrope*, écrit comme au milieu même des contrariétés que l'on suscitait de toutes parts à l'auteur de *Tartufe*, s'en ressent; que la misanthropie d'Alceste, l'excès de son amertume, la disproportion de sa colère aux causes qu'il en donne ou que nous en voyons, s'expliquent en partie par la disposition d'esprit d'un homme qui n'a pas lui-même à se louer des puissances. Quand Alceste s'élève contre ces « honnêtes gens »,

>   ... aux méchants complaisants,
> Et qui n'ont pas pour eux ces haines vigoureuses
> Que doit donner le vice aux âmes vertueuses,

n'est-ce pas Molière en personne, là, qui s'irrite, qui murmure, et qui gronde? Et le portrait de ce « franc scélérat » contre lequel il faut qu'Alceste plaide :

> Au travers de son masque on voit à plein le traître,
> Partout il est connu pour tout ce qu'il peut être;
> Et ses roulements d'yeux et son ton radouci
> N'imposent qu'à des gens qui ne sont pas d'ici;

n'est-ce pas en vérité le portrait même de Tartufe, dont Molière, empêché de le démasquer publiquement, saisit les moindres occasions de ruiner le crédit? Et n'est-ce pas enfin ce que les commentateurs du *Misanthrope* ont trop et trop souvent oublié, comme s'il était possible que, l'affaire du *Tartufe* une fois engagée, Molière n'y songeât pas sans cesse; et que, dans tout ce qu'il écrivait, dans tout ce qu'il disait peut-être, il n'en transparût pas quelque chose! Rappelez-vous plutôt *Don Juan*, qui est à peu près du même temps!

Mais, à ce propos encore, n'y aurait-il pas lieu, Messieurs, de faire entre Tartufe et Don Juan une comparaison instructive? Qu'est-ce en effet que Don Juan, de sa personne? Un mélange, ou plutôt un composé de tous les vices : le « grand seigneur méchant homme », débiteur insolvable et de plus insolent, bretteur et meurtrier, séducteur cynique, époux plus qu'adultère, fils ingrat et dénaturé, libertin endurci, qui ne voit dans l'hypocrisie qu'une dernière ressource, et comme l'unique moyen de rendre à ses vices le crédit qu'ils n'ont plus [1]. Mais Tartufe, lui, c'est l'hypocrite en qui l'hypocrisie n'a rien détruit ni seulement altéré du vice de sa première nature, et sur la physionomie duquel, à mesure qu'on délie, un à un, les cordons de son masque, nous voyons reparaître, ou plutôt grimacer la gourmandise, la sensualité, la colère, la fourbe... que sais-je encore?

[1]. C'est, au surplus, tout ce que je trouve dans *Don Juan*, où, pour voir tout ce que l'on a vu, il faut commencer par oublier tout ce que le *Don Juan* de Byron, sans parler de celui de Mozart, le *Don Juan* de Musset, celui même du vieux Dumas, et celui de Mérimée, ont ajouté de traits dans les mémoires au personnage de Molière. On sait, d'autre part, que la pièce, quel qu'en soit le mérite, a été « bâclée », comme nous dirions, pour attirer au Palais-Royal, par le moyen d'une pièce à spectacle, autant de monde que deux autres *Don Juan* en avaient attiré, soit à l'hôtel de Bourgogne, soit chez les Italiens. Et faut-il ajouter que « la scène du pauvre », avec le mot célèbre : « Va, va, je te le donne pour l'amour de l'humanité », n'a jamais eu la portée, ni peut-être même le sens qu'on lui attribue?

et vous l'allez bien voir. De telle sorte que les deux figures sont à la fois identiques et inverses l'une de l'autre, s'éclairent par là même l'une l'autre, et achèvent enfin de s'expliquer l'une l'autre....

Mais, Messieurs, ce sont là des détails qui n'auraient rien de très neuf, dont je me garderai bien de vouloir exagérer l'intérêt, qui n'ont d'importance que pour les curieux ou pour les érudits ; et, ce que je voudrais aujourd'hui vous montrer en parlant de *Tartufe*, c'est quelque chose de plus général. Je voudrais vous montrer l'importance de *Tartufe*, non pas dans l'histoire de la vie, ni même de la pensée de Molière, mais, conformément à notre programme, dans l'histoire du théâtre français. Je voudrais vous y faire voir toutes les qualités de *l'École des femmes*, d'abord ; d'autres qualités ensuite ; et enfin, dans l'excès même de ces qualités, anciennes ou nouvelles, je ne sais quoi, non pas de funeste, mais déjà d'inquiétant pour l'avenir de la comédie. Vous remarquerez à cette occasion qu'étant terminée dès 1664 ou 1665, selon toute apparence, mais n'ayant été jouée qu'en 1669 seulement, *Tartufe* est de toutes les pièces de Molière celle que sans doute il a le plus retouchée, pour ne pas dire la seule qu'il ait pu remanier à loisir.

On a beaucoup loué, mais on ne louera sans doute jamais trop l'exposition de *Tartufe*, n'y ayant rien peut-être au théâtre ni de plus large, ni de plus simple, ni de plus habile. [1]

Attachez-y, Messieurs, votre attention tout à l'heure, et, dès les premières scènes, admirez comment tous les personnages y sont posés, ou, pour mieux dire peut-être, déshabillés en quatre vers : Elmire, la belle indif-

[1] On sait qu'elle excitait tout particulièrement l'admiration de Gœthe.

férente, et sans doute la femme du monde qui aime le moins son mari; — Marianne, une Agnès moins rusée, plus naïve, plus honnête, la plus moutonnière, je pense, des jeunes filles de Molière; — Damis, un « vrai jeune homme », bien autrement vivant que l'Horace de *l'École des femmes*, et qui ne parle que de casser des vitres ou de rompre des reins: — Mme Pernelle, la grand'mère confite en l'aigreur de sa dévotion, obstinée, radoteuse, acariâtre; — Cléante, l'honnête homme, le raisonneur; — et Dorine, la suivante maîtresse.... Observez également de quels traits ils sont peints, familiers et caractéristiques, de quel coup de brosse large et précis, en action, dans les occupations, et comme qui dirait dans le train de leur vie quotidienne : Madame, là-haut, dans son salon ou plutôt dans sa ruelle, recevant ses visites; — Orgon, vaquant à ses affaires; — Laurent même, le valet de Tartufe, roulant ses yeux ronds et farouches; — et enfin, à son tour, assis au haut bout de la table, et tandis qu'Orgon le couve des yeux « comme on ferait une maîtresse », qu'Elmire se plaint de sa migraine, que Marianne étudie les fleurs de son assiette, que Damis coule des regards furibonds vers Dorine, qui les sert, le « monstre lui-même », Tartufe, l'oreille rouge et le teint « bien fleuri », mangeant et buvant, lui tout seul « comme six »; et mangeant quoi? non plus, Messieurs, des plats imaginaires, des plats en idée, des symboles de plats, mais de bons plats, bien bourgeois, solides et substantiels, de bons potages, deux bonnes perdrix, et l'autre moitié du *gigot* de la veille, accommodée proprement en hachis....

Ces deux perdrix et cette moitié de *gigot* sont célèbres, Messieurs, vous le savez, et à bon droit célèbres, dans l'histoire de la littérature; et, en effet, c'était la première fois que de semblables détails osaient comme s'étaler dans une œuvre de cette importance et de cette envergure. Car, entendez bien ce que je veux dire : ni dans les œuvres d'un Saint-Amand, par exemple, ni dans telle comédie de Quinault, que je pourrais citer, ni dans *le Repas ridicule* de Boileau lui-même, ce genre de détails ne manque, non plus qu'avant eux dans le roman de Rabelais, que même on peut dire qu'ils remplissent. Mais ils n'y sont mis que pour exciter le rire, et non point du tout, comme ici, pour achever de peindre et de caractériser une situation ou un personnage. Aussi, plus de cent cinquante ans plus tard, en 1822, quand l'Académie française mettra l'éloge de Le Sage au concours, l'un des concurrents reprochera-t-il encore aux héros de *Gil Blas* qu'ils se complaisent « aux trivialités », et, en propres termes, « qu'il ne saurait, lui, citer une scène dramatique du roman qui ne soit interrompue par la description du repas des personnages... ».

Et il aura raison d'en faire la remarque. Oui bien, les romans de Le Sage, — très différents en ce point des romans de Prévost, par exemple, de *Manon Lescaut* ou de *l'Histoire d'une Grecque moderne*, — seront des romans où l'on mange. Mais s'en étonner ou s'en plaindre, c'est en méconnaître précisément un des traits essentiels; c'est reprocher à Balzac la place qu'il a donnée dans ses romans à la question d'argent, sur laquelle, vous le savez encore, il en a construit d'entiers, son *César Birotteau*, son *Ursule Mirouet*, son *Eugénie Grandet*; ou, mieux enfin, c'est reprocher aux peintres hollandais la vulgarité de ces accessoires familiers dont ils ont aimé à remplir leurs toiles. Car si ces accessoires ne sont pas la vie même, ils y contribuent; ils en forment l'accompagnement nécessaire; ils nous en rendent la sensation présente. Sans eux la comédie ou le roman, la peinture même, — je veux dire la peinture de genre, — ayant quelque chose de trop choisi, ont quelque chose de trop abstrait, et de plus irréel qu'idéal. Et c'est pourquoi je dis que, grâce à eux, la comédie bourgeoise, inaugurée, vous l'avez vu, par *l'École des femmes*, se précise et s'achève en *Tartufe*. Molière, devançant l'Asmodée ou *Diable Boiteux* de Le Sage, soulève pour nous les toits des maisons et, avec lui, derrière lui, pour la première fois au théâtre, nous pénétrons dans le logis, dans une famille, dans un intérieur du xvii⁰ siècle....

Nous y voilà, Messieurs, nous y sommes : Mme Pernelle est partie ; Orgon est revenu de la campagne ; on a fermé la porte ; nous connaissons les êtres du logis :

Qu'est-ce qu'on fait céans?...

Ne le savons-nous pas déjà! Toute une honnête famille y est comme en proie aux entreprises de Tartufe. Il possède les secrets du père, jusques et y compris ceux qu'un homme prudent ne confie qu'à lui-même ; il médite, il combine les moyens de chasser et de déshériter le fils de la maison ; il a promesse d'épouser la fille ; il cajole, et je pense qu'il croit déjà tenir la femme elle-même ; et chaque tentative que l'on fait pour le démasquer ou pour le déloger ne réussit qu'à l'ancrer davantage, plus profondément et plus solidement, dans l'affection d'Orgon. Aussi n'en sortirions-nous pas s'il n'avait heureusement un point faible : — c'est sa sensualité.

Son sein n'enferme pas un cœur qui soit de pierre.

Ou plutôt, — ne parlons pas de cœur, — ce gros homme a la chair tendre ; et il épousera bien Marianne. « pour se mortifier », mais ce fruit vert ne lui dit rien qui vaille ; et, en attendant. il s'accommoderait beaucoup plus volontiers de la beauté plus mûre et plus confortable d'Elmire [1].

Mais, Mesdames et Messieurs, qu'est-ce que je vous conte là? Est-ce une comédie? est-ce un drame? n'est-ce pas plutôt un roman, et un roman naturaliste? quelque chose d'analogue à ce que Balzac, de nos jours, appellera des « scènes de la vie privée »? quelque *Cousin Pons*? quelque *Cousine Bette*? Et, en vérité, ce pourrait l'être, si, le point faible de Tartufe une fois découvert; le procédé ne changeait brusquement, et si, conformément à la loi du théâtre, Molière ne confiait à ses personnages le soin de conduire eux-mêmes vers le dénouement, une action dont il a jusqu'alors gardé tous les fils en sa main. C'est à ce moment que paraît Tartufe, dont l'entrée, vous le savez, fait l'un des coups de théâtre les plus émouvants qu'il y ait. L'action s'engage alors entre lui, d'une part, toujours soutenu d'Orgon, et la maisonnée tout entière, d'autre part; — et, moi, je pourrais arrêter ici l'analyse de la pièce, si je ne voulais attirer votre attention sur deux points.

Le premier, c'est comme cette intrigue, plus naturelle que celle de *l'École des femmes*, — où, pour n'y relever qu'un détail, il est si invraisemblable qu'Arnolphe soit le perpétuel confident d'Horace, — est plus forte aussi, mieux soutenue, comme l'étant par des

---

[1]. C'est ce que n'a pas compris La Bruyère, quand, dans son *Onuphre*, il a voulu substituer la vérité de son hypocrite à ce qu'il croyait être l'exagération de celui de Molière. Non seulement, comme on l'a dit, le caractère qu'il trace manque évidemment du relief qu'exige l'optique du théâtre, ne ressort pas, est tout analytique; mais encore le personnage ou le portrait s'éloigne de la réalité, comme à chaque touche que le peintre y ajoute, n'étant point *humain* que Tartufe n'ait point de défaut à sa cuirasse, ou de trous dans sa haire, pour ainsi parler; qu'il ait une constante possession de lui-même; et qu'il soit *un* enfin, de l'unité logique et trop artificielle des héros de Corneille.

moyens plus simples, uniquement, entièrement tirés du fond du sujet; et surtout, — c'est le second point, — comme elle est mieux et plus naturellement dénouée.

A cette occasion, Messieurs, vous rappellerai-je ce que l'on a dit, — et non pas sans raison, il faut bien l'avouer, — que les dénouements étaient la partie faible de la comédie de Molière? Si d'ailleurs cela tient à la hâte avec laquelle il travaillait, ou peut-être, si cette faiblesse aurait elle-même son explication dans la nature propre des dénouemens de la comédie de caractères, ou encore, si quelque intention ironique, philosophique, symbolique s'y traduirait effectivement, c'est ce que je n'examine point [1]. Je dis seulement que, bien plus natu-

---

[1]. Quelques mots d'explication ne seront pourtant pas ici superflus. Lorsque l'on loue donc les dénouements de Molière de leur faiblesse même comme d'une conformité de plus avec la vie, c'est en vertu ou au nom de cette plaisanterie, — je ne trouve pas d'autre mot, — que, rien ne commençant, à vrai dire, rien aussi donc ne finit dans la vie; et j'avoue que sur ce point j'en ai cru jadis les mauvais plaisants. Mais il me semble aujourd'hui que la mort termine cependant quelque chose, quand ce ne serait que la vie même; et, dans l'ordinaire de la vie; non seulement les séparations ou la ruine *commencent* quelquefois le malheur ou la misère des gens, mais elles *terminent* assez communément leur fortune ou leurs affections.

C'est ici que de plus subtils sont alors intervenus, qui se sont avisés que Molière, contraint ou gêné par les préjugés de son temps, et n'osant exprimer sa pensée tout entière, avait voulu nous avertir au moins de n'en pas croire ses conclusions sur les sujets qu'il traitait. Aucun père ne viendra de Naples ni d'ailleurs pour sauver Agnès du lit d'Arnolphe; aucun roi n'empêchera le trop crédule Orgon d'être dépouillé par Tartufe; et personne enfin ne réconciliera Harpagon et son fils : voilà, dit-on, le sens caché des dénouements de Molière; il ne nous les donne lui-même que pour ce qu'ils sont, des « moyens de théâtre »; des concessions à l'opinion qui veut qu'une comédie se termine par un mariage; et nous, si nous ne sommes pas incapables de le comprendre, il nous en faut prendre le contre-pied pour avoir la vraie pensée du poète.

Le paradoxe est amusant, mais ce n'est qu'un paradoxe: et

rel ou bien plus vraisemblable que le dénouement de *l'École des femmes* ou que celui de *l'Avare*, postiches et surajoutés, le dénouement de *Tartufe* est calculé, délibéré, voulu ; qu'il fait partie constitutive de l'intention de la pièce, ou de la pièce elle-même ; et qu'on ne saurait conséquemment l'en distraire, ou le supposer tout autre, sans que *Tartufe* lui-même ne devînt une tout autre pièce. Il y a des vices, pour Molière, dont le rire du parterre ne saurait suffire à faire justice, ni leurs propres et naturelles conséquences, ni les lois mêmes, puisque enfin de son temps, pas plus que du nôtre, on ne pouvait, je crois, faire donation entière de son bien quand on avait deux enfants ; et, d'ailleurs, la donation était toujours révocable « pour cause d'ingratitude ». Mais si Tartufe y avait songé, le développement de son caractère demeurait incomplet ; il ne pouvait pas se retourner contre son bienfaiteur, ni prononcer le vers qui l'achève de peindre :

La maison est à moi, je le ferai connaître ;...

et le danger de l'hypocrisie n'apparaissait pas assez grave, assez menaçant aux yeux du spectateur. Ajouterai-je qu'il fallait que le roi lui-même intervînt pour nous faire sentir que la puissance publique, seule capable de démasquer certains vices, est seule capable aussi de les punir ou d'en empêcher le progrès ? Mais ceci, c'est une autre question, d'un autre ordre, et qui touche, si je ne me trompe, à ce qu'il y a de plus nouveau dans *Tartufe*....

il n'y aurait qu'à sourire de cette application de la cryptographie à l'histoire littéraire, si nous n'avions assez fait l'épreuve qu'en pareille matière le paradoxe, ayant toujours sur la vérité ce grand avantage d'être moins simple et moins banal, a donc toujours aussi plus de chances de faire fortune.

II

Pour des raisons que vous savez, Molière voulait intéresser Louis XIV en personne au succès de *Tartufe*, de façon que la cabale, s'il fallait que la pièce fût jouée, portât du moins jusqu'au pied du trône l'expression de sa colère. Il voulait rendre le prince complice de ses hardiesses. Et il voulait mettre enfin sous la sauvegarde et la protection du roi ce qu'il y avait dans sa pièce de plus audacieux encore que les attaques dont elle était pleine... disons, si vous le voulez, contre la fausse dévotion....

On raconte, que lorsque Piron débarqua du coche à Paris pour la première fois, il se rendit dès le jour même à la Comédie, où l'on jouait précisément *Tartufe*. Et, pendant toute la durée de la représentation, Piron applaudissait, Piron s'agitait, Piron trépignait d'aise, tant et si bien que ses voisins se hasardèrent à lui demander ce que signifiait, après plus d'un demi-siècle écoulé, ce débordement d'enthousiasme. « Ah! messieurs, leur répondit-il, c'est que si cet ouvrage sublime n'était pas fait, il ne se ferait jamais! » Piron, Messieurs, avait raison. Il avait raison, non seulement pour des motifs de l'espèce de ceux de Napoléon, quand celui-ci déclarait que, sous son règne, il n'aurait jamais laissé jouer *Tartufe* pour la première fois [1] — Piron était peu philosophe; il eût plutôt été dévot; et, en fait de libertés, il n'avait guère besoin que de celle de l'épigramme... et de l'ordure; — mais il avait raison encore

---

1. La scène que Napoléon déclarait insoutenable, je veux dire irreprésentable, c'était la scène du IVe acte entre Elmire et Tartufe. On ne croira pas qu'elle eût de quoi choquer Piron....

pour des motifs plus généraux, plus littéraires aussi ; et, de les dégager, je vais tâcher de vous montrer que c'est indiquer du même coup ce qui fait la grande originalité de *Tartufe*.

Pour la première fois en effet, — je ne dis pas depuis Plaute ou Térence, qui n'en auraient jamais conçu la pensée seulement, mais depuis Aristophane, — la *satire sociale* redevient, avec *Tartufe*, la matière, le support, et l'âme de la comédie. Molière lui-même, jusque-là, ne s'était attaqué proprement, dans ses *Précieuses*, dans son *École des maris*, dans son *École des femmes*, dans son *Misanthrope*, qu'à des défauts, à des travers, à des ridicules du caractère ou de l'esprit. A la vérité, dans son *Don Juan*, c'étaient déjà de vrais vices qu'il avait mis à la scène : la séduction, l'adultère, la débauche.... Mais il va plus loin dans *Tartufe*, et il s'y attaque à la fois à des personnes et à des idées.

Pour les personnes, je n'insiste pas, étant, après tout, peu curieux de savoir qui a « posé » pour *Tartufe*, si c'est le sieur de Pons, ou l'abbé Roquette, ou le sieur de Charpy de Sainte-Croix. Quoi qu'on en ait voulu dire, ce n'est pas d'être une copie de Ménage ou de l'abbé Cotin qui rend Vadius ou Trissotin intéressants pour nous ; et Alceste vaut ce qu'il vaut, sans avoir pour cela besoin de ressembler à M. de Montausier. Il convient cependant de noter qu'au regard même des contemporains, les comédies de Molière sont pleines de *personnalités*, de personnalités directes, et généralement offensantes. Ou, si vous l'aimez mieux, personne, que je sache, ne s'est plaint d'être *joué* dans les comédies de Corneille, dans *le Menteur* ou dans *la Veuve*, personne dans celles de Regnard, *le Légataire universel* ou *les Folies amoureuses*. Mais, au contraire, il n'est presque pas un des « ridicules » de Molière dont ses contemporains n'aient cru reconnaître l'original autour d'eux, ne se le soient montrés du doigt, dont nous ne parlions encore nous-mêmes comme on fait d'un portrait [1]. Qui sont encore les Araminte ou les Silvia de Marivaux? En vérité, nous l'ignorons. Mais croyez-vous que ce soit pour rien que la Cathos des *Précieuses* porte le nom de Mme de Rambouillet, ou Madelon celui de Mlle de Scudéri? Et ceci vient encore à l'appui de ce que nous avons dit du caractère naturaliste de la comédie de Molière.... Négligeons-le, cependant, et ne parlons aujourd'hui que de l'attaque aux idées.

Elle est incontestable, et remarquez bien, Messieurs, qu'en le disant, je ne touche pas au fond de la controverse; je vous ai promis de n'y pas toucher. Molière, dans son *Tartufe*, n'en a-t-il eu vraiment qu'à la fausse dévotion? ou ses traits visaient-ils à la religion même? Je n'en veux rien savoir aujourd'hui [2]. Mais ce que je dis, c'est que, ce qui était plus hardi que d'attaquer la religion, — puisque enfin combien d'autres ne l'avaient-ils pas fait avant lui? — c'était d'oser porter la question sur la scène, en quelque sens qu'on la dût résoudre, et, devant les spectateurs assemblés, c'était de décider en plaisantant des problèmes qui ne sauraient se traiter que dans le secret des consciences. Là était la hardiesse

---

1. On lit à ce propos, dans une lettre de Bayle à Minutoli, du 24 octobre 1674: « Molière avait la raillerie si forte que c'était comme un coup de foudre d'effet : quand un homme en avait été frappé, on n'osait plus s'approcher de lui, et on le fuyait : *tanquam de cœlo tactum et fulguritum hominem*. Il perdait en même temps une bonne partie de son esprit, comme on le croyait anciennement de ceux qui avaient été frappés de la foudre : ἐπιβρόντητοι. Tout cela est arrivé à l'abbé Cotin, car non seulement la comédie des *Femmes savantes* aliéna de lui ses amis, mais aussi lui troubla le jugement. »

On notera la date de la lettre : il n'y avait guère plus de dix-huit mois que Molière était mort....

2. J'ai traité la question dans cette étude *sur la Philosophie de Molière* à laquelle j'ai déjà renvoyé.

et la nouveauté de *Tartufe*, si grande, Messieurs, que depuis Molière, aucun auteur dramatique, vous le savez, n'a osé la même chose, et, qu'en y songeant, aujourd'hui même, je ne pense pas qu'aucun gouvernement permît de jouer ainsi publiquement ni l'hypocrisie de la religion, ni l'hypocrisie du patriotisme, ni l'hypocrisie de la charité ou de la philanthropie. Et pourquoi cela? Vous le savez aussi, et on l'a dit assez. Parce que, selon le mot de la Rochefoucauld, « l'hypocrisie est un hommage que le vice rend à la vertu »; parce que, quoique Molière en ait pu prétendre, on ne saurait toucher au « masque », sans quelque risque à peu près certain de blesser ou d'atteindre le visage; et parce qu'enfin, pour chacun de nous, pour vous, pour moi, dans l'intérêt même de la paix sociale, l'une des premières libertés qu'il y ait et la plus sacrée c'est celle de n'être pas « ridiculisés » pour nos croyances.

Il y en aurait là-dessus beaucoup à dire; mais, au point de vue de l'histoire du théâtre, — quoi que nous pensions par ailleurs de la hardiesse de Molière, — nous ne pouvons ici que nous en féliciter. En effet, la satire sociale, vous l'allez voir, a été l'intermédiaire par le moyen duquel la *comédie de caractères* s'est dégagée de la *comédie de mœurs*; — et ceci vaut la peine que nous nous y arrêtions.

III

Qu'est-ce donc que cette *comédie de caractères*, dont nous avons déjà parlé deux ou trois fois, mais que je n'oublie point, Messieurs, que je n'ai pas encore définie? En premier lieu, c'est une sorte de comédie où, comme dans la tragédie de Racine, les situations sont subordonnées aux caractères, dont elles n'ont pour objet que de mettre en relief ou en lumière les différents aspects : *le Misanthrope, l'Avare, Tartufe*. On ne forme pas d'abord un plan, comme il semble bien que faisait Corneille; on n'imagine pas une succession ou une complication d'incidents, quitte à chercher ensuite les personnages qui s'y débattront; on ne dispose point toutes les parties de la pièce par rapport à son dénouement. Mais on observe, on note, on trie et on choisit les traits les plus caractéristiques de l'avarice ou de l'hypocrisie; on les contrôle, on les assortit, on fait en eux, si je puis ainsi dire, la part de l'accident, et celle du principal; on en harmonise, on en fond ensemble les disparates; et alors, mais alors seulement, on cherche, — et on prend partout où l'on les trouve — dans la vie et dans les livres, dans les *Nouvelles* de Scarron et dans les *Comédies* de Plaute, ici, là et ailleurs, les situations les plus propres à les manifester.

Par exemple, si nous rendions le misanthrope amoureux, et si nous le rendions amoureux d'une coquette :

> La sincère Éliante a du penchant pour vous,
> La prude Arsinoé vous voit d'un œil fort doux;
> Cependant à leurs vœux votre âme se refuse,
> Tandis qu'en ses liens Célimène l'amuse,
> De qui l'humeur coquette et l'esprit médisant
> Semblent si fort donner....

dans les mœurs qui nourrissent la misanthropie d'Alceste? Pareillement, si nous faisions Harpagon amoureux d'une fille pauvre, d'une fille « sans dot »; et si, d'autre part, nous l'obligions, pour des raisons quelconques, — inutiles à donner, tant elles sont faciles à supposer, — si nous l'obligions à tenir un certain train de maison? Ou bien encore, si nous faisions lutter, dans l'âme de notre hypocrite, ses intérêts et sa sensualité, sa politique et ses appétits? N'est-il pas vrai qu'il naîtrait de là des contrastes qui feraient rire? ou penser, au besoin? qui instruiraient? qui jetteraient du jour, sans doute, sur la nature, et, comme on dirait aujourd'hui, sur la physiologie des passions? C'est, Messieurs, la première exigence de la comédie de caractères : l'intrigue n'y vaut pas pour elle-même, elle n'est vraiment qu'un moyen ; et l'objet, comme aussi bien celui de toute la littérature du xvii° siècle, en est proprement de nous faire avancer dans la connaissance de l'homme.

Vous voyez aussitôt que cela ne va pas sans une entière liberté de satire, une liberté qui s'étende à tout presque indistinctement, et dont aucune considération ne restreigne les droits ni n'émousse les traits. Car, supposez que je veuille peindre l'ambition, par exemple, ou la cupidité. Comment y réussirai-je, si vous me disputez le droit de mettre en scène les coulisses de la Bourse, ou les couloirs de la Chambre? Mais vous allez, je pense, le mieux voir encore, si vous songez à la seconde exigence de la comédie de caractères, qui est que les personnages en doivent avoir quelque chose de particulier ou d'individuel d'abord ; quelque chose aussi de plus général qu'eux-mêmes ; et quelque chose enfin de leur condition. Ces trois mots, si nous les entendons, achèveront pour nous la définition du genre.

Les personnages, dans la comédie de caractères, ne peuvent pas être *quelconques*, comme le Dorante de Corneille, par exemple, ou comme encore l'Horace de Molière lui-même, comme sa Marianne, comme son Élise, comme son Isabelle, et généralement, — à l'exception d'Agnès et d'Henriette, — comme toutes ses jeunes filles. Il faut qu'ils soient distincts, comme Alceste et comme Harpagon, comme Trissotin et comme M. Jourdain ;

qu'ils ne ressemblent qu'à eux-mêmes; que nous puissions en toute occasion les reconnaître, et, pour ainsi parler, mettre leur nom sur leur visage. Mais il faut en même temps qu'il y ait quelque chose en eux de permanent ou d'universel, qui soit de tous les temps et de tous les lieux. Sans cela nous n'aurions fait que nous jouer à la surface des choses, nous n'aurions saisi du ridicule que ce qu'il a de plus passager, — d'annuel ou d'éphémère. Le caractère nous échapperait; nous n'en aurions aperçu que des manifestations isolées ou accidentelles, qui le masquent souvent bien plutôt qu'elles ne le révèlent. Et, Messieurs, pour le dire en passant, c'est ce que les purs naturalistes ont trop souvent oublié : qu'aucun modèle actuel ou individuel n'est à lui seul toute son espèce; qu'aucun avare n'est toute l'avarice; et qu'au contraire si Tartufe est toute l'hypocrisie, justement c'est parce qu'il n'est ni M. de Pons, ni M. de Sainte-Croix, ni l'abbé Roquette, mais la créature du génie de Molière.

Non seulement il faut que les personnages soient individuels à la fois et généraux, mais il faut encore, et pour l'être, qu'ils soient de leur condition : je veux dire qu'il faut qu'il y ait dans leurs ridicules et leurs vices un rapport évident et un rapport constant avec leur fortune et leur condition. Un avare n'est avare qu'autant qu'il tient, comme l'a bien vu Molière, un certain état dans le monde, qu'autant qu'il est « à l'aise », comme nous disons, et qu'il jouit déjà de quelque superflu. Car, autrement, ce n'est qu'un pauvre homme, à qui le monde ne saurait reprocher de se restreindre ou de lésiner sur le présent pour ménager l'avenir; et, sous le nom d'économie, son avarice devient presque une vertu. Pareillement, celui-là seul est un ambitieux, qui tend de tout son effort vers la gloire ou vers le pouvoir, qui rêve de faire voler son nom dans les bouches des hommes, ou de posséder quelque fonction qui le constitue en autorité par-dessus ses semblables, — ne fût-ce qu'à titre de maire de son village ou de juge de paix. En aucun temps ou en aucune langue, on n'a taxé ni on ne taxera d'ambition celui qui n'aspire qu'à ce que les anciens appelaient *otium cum dignitate* : ce qui veut dire en français six mille livres de rente et le droit de ne rien faire. En anglais, cela veut dire le double. Et l'hypocrite de religion, comment enfin, Messieurs, voudriez-vous qu'il ne fût pas d'Église? Mais, vous-même, vous ne le reconnaîtriez pas sous le costume de don Juan, avec l'épée au côté et le chapeau à plumes sur la tête; vous donneriez d'autres noms à son hypocrisie; vous la qualifierez des noms de méchanceté, de dilettantisme ; — à moins encore qu'il ne vous plût d'excuser le cynisme de ses paroles sur la sincérité de ses convictions, et la licence de ses actes sur la force de ses instincts, ou de son tempérament.

Mais, apercevez-vous aussi la conséquence? De même que, pour pouvoir peindre l'hypocrite, il vous faut la liberté de mettre sur ses lèvres le langage de la dévotion ; — je ne dis pas de la fausse, je dis de la vraie dévotion, car, dans le cas contraire, où serait l'hypocrisie? — de même, dans la bouche de l'ambitieux, il vous faut le droit de mettre le langage de la politique. C'est ce qui n'est possible encore que dans un temps de libre satire sociale. Pas de liberté, pas de satire; pas de satire, pas de caractères, mais des ébauches de caractères seulement, des commencements de caractères, et rien de « creusé » ni de profond. De par sa nature même, la comédie de caractères est étroitement liée à la liberté de la satire sociale.

Ajoutons un dernier trait : liée à la liberté de la satire sociale, et, justement parce qu'elle y est liée, la profondeur de la peinture des caractères tend à diminuer insensiblement la part de la gaieté dans la comédie; et, en effet, Messieurs, *Tartufe* est un *drame*.

Vous savez, et je sais, qu'on a beaucoup épilogué là-dessus. Pour démontrer que *Tartufe* était une *comédie*, je sais que l'on a dépensé des trésors d'ingéniosité. Si quelqu'un y avait réussi, ce serait un écrivain trop oublié de nos jours, Népomucène Lemercier, dans son *Cours de littérature analytique*, où, — si vous en êtes curieux, et que vous passiez par-dessus ce que la forme en a d'un peu pédantesque, — vous trouverez une leçon sur *Tartufe* qui n'est pas éloignée d'être un chef-d'œuvre en son genre [1]. De mon côté, je ne nie point, vous l'entendez bien, qu'il y ait à rire et beaucoup à rire dans *Tartufe*. Non seulement les rôles d'Orgon et de Dorine, — quoiqu'ils le soient diversement, — sont comiques d'un bout à l'autre; mais, évidemment, Molière, comme s'il se sentait entraîné par la force de la situation, n'a rien négligé, si je puis ainsi dire, de ce qu'il pouvait faire pour maintenir le drame au diapason de la comédie : Mme Pernelle elle-même, Valère et Marianne, M. Loyal surtout, ne sont pas là pour autre chose. Mais quoi ! ce n'est pas ainsi, — par doit et avoir, par addition et par soustraction, — que l'on juge de la signification d'une pièce ou d'un livre, c'est par l'impression totale qu'on en reçoit; et pour ma part, plus j'y ai songé, plus il m'a semblé que l'impression de *Tartufe* était décidément d'un drame.

Il y en a plus d'une raison, dont la plus générale est sans doute celle-ci, que l'on n'approfondit pas les caractères, — celui du misanthrope, celui de l'avare, ou

---

[1]. Je recommande vivement ce livre aux jeunes gens; et si je le fais, c'est que je ne vois pas qu'on le consulte beaucoup.

celui de l'hypocrite, — sans se trouver tôt ou tard en face de quelque chose de *premier*, d'essentiel, et comme qui dirait d'une force de la nature. Or, les forces de la nature, de quelque nom qu'on les appelle, elles nous imposent, et nous n'en rions pas! Nous n'en rions du moins qu'en tremblant, et, tout en riant d'elles, nous continuons de les redouter. L'impression qu'elles nous laissent est quelquefois d'horreur ; elle est généralement de crainte ou au moins de défiance ; elle est rarement de ridicule, — et elle ne l'est jamais longtemps. Précisons les idées par deux ou trois noms propres : on ne rit pas longtemps, on ne se « moque » point d'Octave, de Cromwell ou de Robespierre. Ce qu'ils ont de « plaisant » ou de « comique » ne frappe point la vue, n'apparaît pas même à la réflexion, et au contraire, plus on les connaît, moins on les trouve « ridicules » et surtout « risibles ». N'en est-il pas ainsi de Tartufe? Si nous rions de ses déconvenues, il n'en reste pas moins un « fourbe renommé », dont nous avons au total plus de peur que d'envie de rire ; — et si l'on veut qu'il soit comique, il l'est sans doute, Messieurs, d'une façon qui n'appartient qu'à lui...

Qu'est-ce à dire, sinon que, dans son *Tartufe*, en portant à sa perfection, de tous les genres de comique, le plus rare et le plus fort, Molière a porté la comédie même jusqu'au point qu'elle ne pouvait plus dépasser sans cesser d'être elle-même? Ainsi, n'est-ce pas quand le fruit a touché son point de maturité qu'il est déjà tout près de se gâter? Et nous-mêmes, quand nous atteignons le midi de notre âge, n'est-ce pas déjà la vieillesse qui commence pour nous? Il n'y a rien que de mouvant ou d'instable : tout se transforme et rien ne demeure. C'est pourquoi la comédie française après *Tartufe*, — ou si vous l'aimez mieux, la comédie classique [1] — ayant en quelque sorte atteint tout ce que comportait sa notion, ne pouvait plus que descendre au-dessous d'elle-même? Et Molière lui-même n'en est-il pas une preuve? Car enfin, — et sans compter que je ne suis pas de ceux qui mettent le *Misanthrope* au même rang que *Tartufe*, — Molière lui-même a pu s'égaler, si l'on veut, dans *l'Avare*, dans *les Femmes savantes*, ou dans *le Malade imaginaire*, que les bouffonneries de la fin n'empêchent pas d'être une de ses comédies les plus fortes : il ne s'est point surpassé!

C'est ce que prouve bien mieux encore l'exemple de ses successeurs. Un seul d'entre eux, Destouches, essayera de faire des comédies de caractères, et ne réussira qu'à mettre des vers d'épître sur des situations romanesques. Les autres, plus prudents, réduiront leur ambition tout d'abord, comme Dancourt, comme Le Sage, à la comédie de mœurs, ou, comme Regnard, à la comédie d'intrigue; et ils y ajouteront sans doute chacun quelque chose de son fonds; et ils y mettront surtout quelque chose de leur temps, ils perfectionneront au besoin quelques parties de l'art laissées par le maître comme à l'état d'indication ou d'ébauche; mais, de peindre des caractères, c'est ce qu'ils n'auront garde de prétendre faire, et c'est à Marivaux, celui de tous nos auteurs comiques qui a le plus différé de Molière, qu'ils laisseront ce soin, comme à Beaumarchais l'audace et

---

1. J'introduis ici cette restriction nécessaire pour qu'on ne me dise pas demain : « Et le théâtre d'Augier, qu'en faites-vous? et celui de M. Dumas? et celui de M. Victorien Sardou? etc., etc. » J'ai déjà dit pour quelles raisons je ne répondrais point à cette question dans ces conférences, ni même dans les notes que je crois pouvoir y ajouter. Chaque chose vient en son temps; et c'est bien le moins que la critique ou l'histoire demeurent maîtresses de leurs conclusions jusqu'à ce qu'elles les aient formulées.

l'honneur de se hasarder à la satire sociale. J'essayerai, Messieurs, de vous dire comment ils s'y sont pris l'un et l'autre.

Croirons-nous donc avec Voltaire que les « caractères » s'épuisent? qu'il n'y en ait dans la nature humaine « qu'une douzaine tout au plus de vraiment comiques, marqués de grands traits [1] »? et que l'art en soit réduit, quand ces caractères sont une fois traités, à « imiter ou à s'égarer »? Non, pas précisément; et nous verrons prochainement le contraire. L'esprit humain a par bonheur plus de ressources et de fécondité.

Mais il me semblerait plutôt que la comédie de caractères, telle que j'ai tâché de vous la définir, — et telle que vous la reconnaîtrez, je l'espère, dans *Tartufe*, — tendait naturellement et d'elle-même au drame, à un certain genre de drame, à la tragédie bourgeoise, telle que la comprendront Diderot, Sedaine, Mercier, Beaumarchais, telle qu'ils s'efforceront de la réaliser, dans *le Père de famille* ou dans le *Philosophe sans le savoir*. Et puis, et surtout, Mesdames et Messieurs, c'est qu'après

---

1. On sait que la même idée se retrouve dans les vers de *la Métromanie* :

DAMIS
On m'ignore et je rampe encore à l'âge heureux
Où Corneille et Racine étaient déjà fameux.
. . . .
M. BALIVEAU
Mais les beautés de l'art ne sont pas infinies.
Du moins tu m'avoueras que ces rares génies,
Outre le don qui fut leur principal appui,
Moissonnaient à leur aise où l'on glane aujourd'hui.
DAMIS
Ils ont dit, il est vrai, presque tout ce qu'on pense,
Leurs écrits sont des vols qu'ils nous ont fait d'avance, etc.

Sur quoi nous ferons observer que, si Racine n'avait pas existé, Quinault, en se comparant à Corneille, aurait pu raisonner exactement de la même manière.

Molière, comme autrefois en Grèce après Aristophane, la liberté de la satire sociale allait promptement devenir incompatible avec des conditions et des exigences nouvelles, avec le développement de l'esprit de société, avec la perfection même de la politesse, du savoir-vivre mondain :

> Mieux qu'un sermon, l'aimable comédie
> Instruit les gens, les rapproche, les lie,
> Voilà pourquoi la discorde en tout temps
> Pour son séjour a choisi les couvents...

Ces vers sont encore de Voltaire ; et peut-être penserez-vous qu'ils expriment assez heureusement, je ne veux pas dire une loi, mais une obligation de courtoisie jusque dans la satire, et une obligation qui n'est pas tout à fait arbitraire, puisque, après tout, elle dérive de ce que le plaisir du théâtre se prend, pour ainsi dire, en commun. Tragique ou comique, il faut bien que le poète établisse un lien de solidarité passagère entre les spectateurs auxquels il s'adresse par centaines ; qu'il crée dans la salle où se joue sa pièce une atmosphère commune ; qu'il rapproche, qu'il unisse, qu'il confonde son auditoire, — quelque nombreux, divers, et hétérogène qu'il soit, — en un seul corps et en un même esprit. Mais la satire sociale, Messieurs, traitée par des mains moins habiles que celles de Molière, et traitée sérieusement, sera toujours plutôt un instrument de division qu'un moyen de concorde ; et le théâtre alors, en vérité, ne risquera-t-il pas d'y perdre une part de son agrément, de son effet utile, et de sa raison d'être ?

10 décembre 1891.

SEPTIÈME CONFÉRENCE

PHÈDRE

I. — Du style et de la poésie de *Phèdre*. — Leur valeur plastique. — Vivacité du coloris. — La constitution de l'atmosphère mythologique. — II. De la psychologie de *Phèdre*, et, à cette occasion, définition de la « psychologie » au théâtre et dans le roman. — III. La cabale de *Phèdre*. — Que les contemporains de Racine en général ont méconnu sa valeur, et pourquoi. — De la réalité de la tragédie de Racine, et comment Racine lui-même l'a mesurée. — L'affaire des poisons. — Émotion profonde et durable que Racine en a ressentie. — Sa retraite définitive. — Faut-il la regretter? — IV. Critique de *Phèdre*. — En quoi le sujet en est trop grec. — Influence de Quinault sur Racine. — Diminution de l'intérêt de l'intrigue. — Insignifiance des personnages du drame, Hippolyte, Aricie, Thésée; et qu'ils n'existent tous qu'en fonction de *Phèdre*. — V. Réapparition du « romanesque » et du « lyrisme » dans la tragédie. — Que l'on assiste dans *Phèdre* à la transformation de la tragédie en grand opéra. — La vraie lignée de Racine.

I

Mesdames et Messieurs,

Si vous étiez attentifs, et comme absorbés dans la contemplation de ce que l'on appelle un spectacle de la nature, immobiles et muets devant quelque beau paysage ou devant quelque fleur aux couleurs éclatantes, au port noble, au parfum pénétrant, ou devant un jeune et beau visage, est-ce qu'en vérité celui-là ne vous paraîtrait pas bien fâcheux et bien importun, qui viendrait vous distraire, et vous dire : « Ils se flétriront bientôt, demain peut-être, ces traits dont vous admirez le pur contour et l'élégant ovale; ils se terniront, ces yeux dont l'éclat vous captive; et de ce sourire enfin qui vous enchante, il ne demeurera qu'une funèbre grimace :

> Le front ridé, les cheveux gris,
> Les sourcils chus, les yeux éteints,
> Qui faisaient regards et ris...
> . . . .
> Oreilles pendants et moussues,
> Menton foncé, lèvres paussues
> C'est d'humaine beauté l'issues?...

Pardonnez-moi donc, Mesdames et Messieurs, mais plaignez-moi surtout, si c'est ce rôle ingrat que je ne saurais éviter de prendre et de remplir aujourd'hui. De même qu'en effet l'autre jour, en vous parlant de *Tartufe*, j'ai dû vous montrer, dans le chef-d'œuvre même de Molière, je ne sais quoi d'inquiétant pour l'avenir de la comédie, de même aujourd'hui, — si nous voulons entendre l'histoire de la tragédie française au xviiie siècle, — c'est le germe de la décadence, et de la décadence prochaine, qu'il faut que je vous fasse voir comme enveloppé dans la perfection de la *Phèdre* de Racine... L'histoire, parfois, a de ces exigences, et la critique réclame de ces dévouements! Du moins n'y obéirai-je pas sans avoir auparavant essayé de vous dire quelques mots qui complètent, pour ainsi parler, le portrait du génie de Racine, et, surtout, sans avoir tâché de louer, comme je le pourrai, ce qu'il y a d'unique et d'incomparable dans *Phèdre*. De purement *oratoire* que notre tragédie classique avait été jusqu'à lui, si Racine l'a rendue *poétique*, je ne crois pas, en effet, que, pour préciser le sens de ce mot, on puisse prendre un meilleur exemple que celui de sa *Phèdre*.

Passons rapidement sur ce que l'on pourrait appeler les qualités extérieures et comme physiques du style : élégance et noblesse du tour, alliances de mots neuves et hardies, qui font du style de Racine une « création perpétuelle », et dont l'audace ne s'aperçoit pourtant ou ne se découvre toute qu'à la réflexion :

> . . . . Par combien de détours
> L'insensible a longtemps éludé mes discours
> *Comme il ne respirait qu'une retraite prompte:*
> Phèdre en vain s'honorait des soupirs de Thésée;
> Pour moi, je suis plus fière et fuis la gloire aisée
> D'arracher un hommage à mille autres offert
> *Et d'entrer dans un cœur de toutes parts ouvert* [1].

Je n'insiste pas non plus sur l'harmonie des vers, les plus chantants qu'il y ait dans notre langue, peut-être; et dont ce n'est pas assez de dire que la musique en est un plaisir ou une caresse pour l'oreille : il faut dire qu'elle en est la volupté même :

> Ariane, ma sœur, de quel amour blessée,
> Vous mourûtes aux bords où vous fûtes laissée !

---

[1]. Voyez, à ce sujet, l'excellente *Étude sur le style de Racine*, de M. Paul Mesnard, au tome VII de l'édition des *Œuvres*, dans la collection des *Grands Écrivains*; — et M. Mesnard n'a pas tout cité. C'est là un genre de *beautés* dont on se moquait volontiers, il y a quelque trente ou quarante ans, quand on voulait plaire à Victor Hugo. Nous sommes heureusement devenus plus raisonnables depuis lors; et je ne pense pas avoir besoin de démontrer ici que ces *hardiesses*, qui sont en tout temps le principe du rajeunissement ou du renouvellement des langues, sont aussi le commencement ou le point de départ de toute langue poétique.

Oui, les sens ici participent à la satisfaction de l'esprit ; ou plutôt encore, âme et sens, cœur et corps, nous vibrons tout entiers à l'unisson des sentiments du poëte et de son héroïne....

Mais, Messieurs, je veux parler de qualités encore plus intérieures ou plus secrètes ; et d'abord, de la netteté, de la précision singulière avec laquelle ce style, sans avoir l'air presque d'y toucher, dessine jusqu'aux attitudes et jusqu'aux moindres gestes des personnages ? Vous vous rappelez les beaux vers du *Cid*, si vrais et si humains :

CHIMÈNE
Rodrigue, qui l'eût cru !

RODRIGUE
Chimène qui l'eût dit !

CHIMÈNE
Que notre heur fût si proche et sitôt se perdît !

RODRIGUE
Et que, si près du port, contre toute apparence,
Un orage si prompt brisât notre espérance !

Ces vers sont beaux ; ils sont harmonieux ; et rien n'est assurément plus tendre et plus douloureux à la fois que la mélancolie de ce retour vers le passé... Mais, tandis qu'ils échangent ainsi l'amertume de leurs regrets, quelle est exactement l'attitude de Rodrigue et celle de Chimène ? quels gestes forment-ils ? quel groupe ou quel tableau ? C'est ce que nous ne savons pas ; c'est ce que le poète nous laisse à deviner ; c'est ce qui n'est pas indiqué, enveloppé, impliqué dans ses vers. Voyez, au contraire, Phèdre vous apparaître :

N'allons point plus avant. Demeurons, chère Œnone ;
(Elle s'arrête. — Elle presse légèrement le bras d'Œnone pour l'obliger de s'arrêter).

Je ne me soutiens plus, ma force m'abandonne ;
(Elle se laisse aller entre les bras d'Œnone.)

PHÈDRE.   157

Mes yeux sont éblouis du jour que je revoi;
(Elle passe sa main sur ses yeux.)
Et mes genoux tremblants se dérobent sous moi.
(Elle se laisse tomber sur un siège.)
. . . .
Que ces vains ornements, que ces voiles me pèsent!
(Elle fait le geste de les repousser.)
Quelle importune main, en formant tous ces nœuds
A pris soin sur mon front d'assembler mes cheveux?
(Elle touche ses cheveux comme en faisant effort pour les écarter de son front.)
Tout m'afflige, et me nuit, et conspire à me nuire !
(Ses mains retombent.)

Vous le voyez, Mesdames et Messieurs, c'est une succession d'attitudes, de « poses », ou de tableaux vivants. Le geste est comme inscrit dans le choix même des mots; la plastique du rôle, si je puis ainsi dire, est vraiment donnée dans les vers; et cela, — cette résurrection de la forme, cette représentation de l'image par les sons, — c'est déjà de la poésie [2].

Voulez-vous maintenant de la couleur, la joie des yeux après le plaisir de l'oreille, et la peinture avec la sculpture? Opposez seulement ces deux tableaux entre eux :

Je lui bâtis un temple et pris soin de l'orner.
De victimes moi-même à toute heure entourée,
Je cherchais dans leurs flancs ma raison égarée.
. . . .
En vain sur les autels ma main brûlait l'encens....

---

1. Je craindrais, en prolongeant la démonstration, d'abuser de la patience du lecteur, mais dans cette seule scène, et rien qu'avant le vers

Mon mal vient de plus loin...

je n'ai pas relevé moins de ving-cinq attitudes différentes.
2. Il en résulte qu'il peut y avoir plusieurs manières de jouer une scène de Corneille, mais il n'y en a jamais qu'une de jouer une scène de Racine, j'entends si l'on veut la jouer avec le respect que l'on doit aux intentions du poète. Les « intentions » de Racine sont toujours aussi précises que celles de Corneille sont au contraire vagues et générales.

et d'autre part :

> Aux portes de Trézène, et parmi ces tombeaux,
> Des princes de ma race antique sépulture
> Est un temple sacré formidable au parjure...

Inquiétante ou lugubre, l'une, toute chaude encore des fumées de l'encens ou des vapeurs du sang des victimes, l'autre, froide et comme morte... est-ce que ces deux scènes, Messieurs, ne se dressent pas devant vous? est-ce que, sans les avoir jamais vus, ces paysages ne nous apparaissent pas comme dès longtemps familiers? est-ce qu'ils ne se gravent pas d'une manière ineffaçable dans la mémoire de nos yeux?

Et voici cependant quelque chose encore de plus. C'est l'art prestigieux, — je ne sache pas d'autre mot, — avec lequel Racine crée, pour chacune de ses tragédies, une atmosphère unique, et fait comme circuler, autour de ses personnages, l'air de leur temps et de leur pays. Ainsi, dans *Phèdre*, sommes-nous saisis, dès qu'Hippolyte a prononcé les vers fameux :

> ... Tout est changé de face,
> Depuis que sur ces bords les Dieux ont envoyé
> *La fille de Minos et de Pasiphaé...*

oui, nous sommes saisis d'une terreur vague et comme éparse autour de nous. Nous sentons que nous entrons en aveugles dans le royaume de la fatalité passionnelle. Et, pour accroître l'illusion, voici qu'en même temps, un à un, tous les souvenirs de la mythologie, comme par une espèce de génération spontanée, se lèvent, nous entourent, s'emparent de nous, ressaisissent enfin sur nos imaginations toujours aryennes leur ancien et séduisant empire :

> J'ai demandé Thésée aux peuples de ces bords
> Où l'on voit l'Achéron se perdre chez les morts.
> . . . .

> Noble et brillant auteur d'une triste famille,
> Toi, dont ma mère osait se vanter d'être fille...
> Soleil, je viens te voir pour la dernière fois !
> . . . .
> Et les os dispersés du géant d'Épidaure,
> Et la Crète fumant du sang du minotaure.
> . . . .
> O haine de Vénus ! ô fatale colère !
> Dans quels aveuglements l'amour jeta ma mère !

Que vous dirai-je encore de tant d'échappées, que tant de vers nous ouvrent, par delà le drame, pour ainsi parler, sur les horizons plus lointains du paysage attique ou de la vie grecque ?

> Quand pourrai-je, au travers d'une noble poussière,
> Suivre de l'œil un char fuyant dans la carrière !

ou encore :

> Dans le fond des forêts votre image me suit.
> . . . .
> Mon arc, mes javelots, mon char, tout m'importune.
> Mes seuls gémissements font retentir les bois
> Et mes coursiers oisifs ont oublié ma voix [1]...

Mais quoi ! si je me laissais aller, la tragédie tout entière y passerait avant la représentation ; et peut-être en ai-je dit assez pour vous montrer quelle est cette transfiguration de la réalité qu'on entend quand on parle du caractère poétique de la tragédie de Racine. Poétique, elle ne l'est pas sans doute à la façon d'une élégie de Lamartine, ou d'une *Ode* d'Hugo ! C'est de la poésie « dramatique » ce n'est pas de la poésie « lyrique ».

---

1. Notez, à propos de ce dernier vers, l'ingénieuse et savante préparation qu'il est au récit de Théramène.

Quant à cette manière de constituer le milieu, comparez pour vous en rendre compte : *Britannicus, Bajazet* et *Athalie*. Je ne disconviens pas qu'elle sente quelquefois l'artifice, et même je le dis expressément plus loin.

Mais enfin, on veut dire que les mots ici n'évoquent pas seulement des idées ou des sentiments, mais des sensations, des images; qu'ils suscitent des formes, des couleurs, des paysages, un monde entier — dans *Bajazet*, celui du sérail; toute la mythologie dans *Phèdre*; et tout Israël enfin dans *Athalie* [1].

II

Non seulement Racine a ainsi rendu la tragédie *poétique* mais il l'a rendue de plus *psychologique*. Au théâtre ou dans le roman, nous appelons *psychologie* l'anatomie du cœur, la science de ses mouvements, la connaissance des sentiments ou des sensations élémentaires, primitives, inconscientes en partie, dont nos actions ne sont que le total extérieur. C'est aussi la révélation qu'une analyse plus subtile ou plus aiguë nous donne à nous-mêmes des principes inconnus de notre conduite. Quelqu'un a vu plus clair que nous dans notre propre cœur, et nous ne nous connaissions pas nous-mêmes, mais nous nous reconnaissons dans l'analyse qu'il nous en donne. Et enfin, Messieurs, c'est l'art avec lequel on tire tout cela des profondeurs de l'inconscient, pour nous montrer à nous-mêmes toute notre misère, toute notre faiblesse, et toute notre perversité. Je ne crois pas que la psychologie de Racine ait jamais pénétré plus avant que dans *Phèdre*, ni jamais éclairé de lueurs plus sombres, mais aussi plus fulgurantes, la pathologie de l'amour dans une âme un peu noble; et il faut que je vous en mette un exemple au moins sous les yeux.

1. Notez à ce propos encore la différence de coloration si marquée des trois tragédies grecques : *Andromaque*, *Iphigénie*, *Phèdre*; et comparez ensuite : *Horace*, *Pompée* et *Sertorius*.

Si donc je disais : — que, dans une âme de ce genre, la jalousie se manifeste d'abord par une explosion d'orgueil où toute la violence de l'ironie se mêle à celle de la colère ; — que, de ce conflit ou de cette rencontre de sentiments il en résulte aussitôt une souffrance intense, qu'irrite le ressouvenir et qu'exaspère la comparaison des souffrances anciennement subies ; — qu'on s'étonne alors, en songeant au passé, pour ne pas dire qu'on s'en veut à soi-même, de n'avoir pas mieux vu, car enfin ils se rencontraient, ils se parlaient, ces amants, dont l'un au moins nous a trahis ; — qu'à ce mot, à cette supposition la vision se précise et s'achève ; — qu'avant pourtant de s'abandonner à toute la fureur qu'elle excite, on tâche à se reprendre, on se demande le droit qu'ils avaient de nous faire ainsi souffrir et celui que l'on a soi-même de leur reprocher l'usage qu'ils ont fait de leur liberté ; — qu'on les excuse presque, et que l'on se condamne ; — mais tout à coup qu'à la pensée, ou plutôt à l'image de leur bonheur possible, de leur bonheur prochain, on renonce à lutter plus longtemps contre soi ; que l' « on voit rouge » ; et que c'est de ce fonds d'hallucination que s'engendrent les résolutions criminelles ; — si je disais tout cela, Mesdames et Messieurs, est-ce que je n'aurais pas fait de la psychologie, de la psychologie précise ou même un peu pédante ? et cependant je n'aurais fait que mettre en mauvaise prose les admirables vers de *Phèdre* :

... Hippolyte aime, et je n'en puis douter !
Ce farouche ennemi qu'on ne pouvait dompter,
. . . .
Soumis, apprivoisé, reconnaît un vainqueur,
Aricie a trouvé le chemin de son cœur.
... Ah ! douleur non encore éprouvée !
A quels nouveaux tourments je me suis réservée. . etc.

Est-il besoin après cela de vous parler plus longuement de la vigueur et de la vérité, de la peinture, de la passion dans *Phèdre?* de vous dire une fois de plus quelle en est la singulière beauté? l'éternelle vérité? le mélange à la fois d'horreur et de compassion qu'elle inspire, de terreur et de curiosité? Non, sans doute; et je me contente de le noter en passant; mais cette remarque même en appelle deux autres : l'une, relative à la façon dont les contemporains de Racine ont apprécié son génie; et l'autre, à sa retraite et à sa conversion.

III

Un de nos vieux maîtres aimait à répéter, que, ce qui l'étonnait presque plus au xviie siècle que l'inégale, mais sublime beauté des tragédies de Corneille, et la perfection soutenue de celles de Racine, c'était qu'il se fût trouvé des spectateurs pour les goûter et pour les applaudir. Et moi aussi, vous m'en verriez surpris si la remarque était vraie! Mais en fait, il faut dire que Racine n'a remporté presque aucun succès qui ne lui ait été aigrement, déloyalement disputé; et la fameuse persécution du *Cid* n'est rien en comparaison de la cabale de *Phèdre*. Vous connaissez l'histoire : Mme de Bouillon. louant pour six représentations la salle de l'hôtel de Bourgogne, et y faisant le vide; la tragédie de Racine jouée devant les banquettes; et celle de ce nigaud de Pradon[1] portée, comme on disait, jusqu'aux nues par tout ce

---

1. Il importe ici de noter que dans la *Phèdre* de Pradon, Phèdre n'est pas encore la femme, mais la « future » seulement de Thésée; et ce détail permet de juger, sans avoir besoin d'y aller voir, ce que ce beau sujet est devenu entre les mains du rival de Racine.

grand monde.... Mais ce que l'on n'a pas assez montré ni cherché, c'est la raison de cette cabale, c'est le principe du mécontentement ou de l'irritation de tous ces grands seigneurs et de toutes ces belles dames contre le poète dont on n'a pas moins fait le peintre attitré de toutes leurs élégances. Car j'ai toujours pensé pour ma part qu'il y avait quelque chose d'autre là-dessous; de plus profond, de moins passager qu'un caprice de duchesse, et à cette occasion, Mesdames et Messieurs, si je l'ai déjà dit ailleurs, me permettez-vous, pour une fois et par hasard de me citer moi-même?

« C'est que bien loin d'être ce peintre des mœurs de cour ou cet imitateur des convenances mondaines que l'on s'obstine à nous représenter.... Racine... a enfoncé si avant dans la peinture de ce que les passions de l'amour ont de plus tragique et de plus sanglant qu'il en a non seulement effarouché, mais comme littéralement révolté la délicatesse aristocratique de son siècle. Ces « brillants gentilshommes de Steinkerque qui chargeaient en habit brodé, braves comme des fous, doux comme des jeunes filles, charmantes poupées d'avant-garde de salon et de cour »; ces grandes dames plus coquettes que tendres et moins amoureuses que galantes, ornement et décor pompeux de Versailles et de Marly; ces poètes encore ou ces hommes de lettres, nourris dès l'enfance au langage des ruelles, débris de l'hôtel de Rambouillet et clients de l'hôtel de Nevers, ils reculaient d'étonnement et d'indignation, quand, tout à coup, dans *Andromaque* ou dans *Bajazet*, ils voyaient la passion se déchaîner avec cette violence, l'amour s'exalter jusqu'au crime, et tout ce sang enfin apparaître dessous ces fleurs. Non, ce n'était pas ainsi qu'ils concevaient l'amour! ce n'était pas ainsi qu'ils aimaient leurs maîtresses! et grâces aux dieux, ce n'était pas ainsi qu'ils en étaient aimés! Mais, comme on l'a si bien dit : « de fins mouvements, de pudeur blessée, de petits traits de fierté modeste, des aveux dissimulés, des insinuations, des fuites, des ménagements, des nuances de coquetterie; » voilà ce qu'ils cherchaient en elles, voilà ce qu'ils y trouvaient, et voilà ce qu'ils en aimaient! Or voilà justement ce qu'ils ne reconnaissaient pas dans la tragédie de Racine. Car, ici, « les fins mouvements de pudeur blessée » d'Hermione coûtaient la vie à Pyrrhus et la raison à Oreste; les « insinuations » ou les « ménagements » de Roxane avaient pour conclusion l'arrêt de mort de Bajazet et de son Atalide; et la « coquetterie » de Phèdre, en envoyant Hippolyte au supplice, condamnait Thésée aux tortures d'un éternel remords. Princesses de Versailles et gentilshommes d'avant-garde, c'en était trop pour leurs nerfs. Il leur paraissait, si je puis ainsi dire, que ce poète leur surfaisait la tragédie de l'amour. Et dans ces éclats de passion qui venaient se terminer au meurtre ou à l'assassinat, ni les uns ni les autres ne retrouvaient ce sentiment tempéré qu'ils appelaient l'amour et qui n'était que la galanterie[1]. »

Faut-il ajouter que c'est ce que Racine lui-même, Mesdames et Messieurs, n'a pas mis moins de dix ans à voir et à comprendre! Encore une fois, le génie ne serait pas le génie s'il n'y entrait une part d'inconscience. Entraîné qu'il était par le mouvement naturel de son inspiration, ce grand poète n'a pas connu lui-même toute la portée de son art; il n'en a pas d'abord senti toute la force et toute la vérité; il s'est cru moins profond qu'il ne l'était et par conséquent « moins coupable ». Et la preuve, c'est qu'aussitôt qu'il a vu plus

---

[1]. Les expressions entre guillemets sont de Taine, dans ses *Nouveaux essais de critique et d'histoire*.

clair, se portant tout entier du côté de la religion de son enfance, Racine, vous le savez, dans sa trente-neuvième année, dans l'âge même de la vigueur et de la maturité du talent, s'est retiré de la lutte, du théâtre, et presque du monde.

Je veux bien qu'après tant de déboires, et notamment après la cabale de *Phédre*, il fût fatigué, lassé ou dégoûté des hommes. Je veux encore, si vous le voulez aussi, qu'il ne crût pas de la dignité d'un historiographe du roi de s'exposer davantage aux sifflets du parterre [1]. Mais ce ne sont là que de petites raisons! La vraie, la bonne, la toute-puissante, c'est que l'insuccès de sa *Phèdre* a réveillé le chrétien qui sommeillait dans son cœur. Il s'est replié sur lui-même et il a eu peur de lui-même. Il a eu peur de sa jeunesse, peur surtout de son œuvre, et plus sévère que son ami Boileau, plus sévère qu'Arnauld même, il les a condamnées sans retour. Il a tremblé pour le salut de son âme, mais il a tremblé pour les autres aussi quand l'éclat d'une terrible affaire est venu faire voir à son imagination démontée toute l'étendue, toute la profondeur, toute l'horreur du mal qu'il croyait avoir fait ou dont il s'est senti le complice.

Vous rappelez-vous, Messieurs, cette sombre histoire? En 1676, on avait exécuté en place de Grève la trop fameuse marquise de Brinvilliers, — presque une grande dame, la fille du lieutenant civil Dreux d'Aubray, — convaincue d'avoir empoisonné son père, ses deux frères et sa sœur. Vous connaissez cette « cause célèbre » et si par hasard vous l'aviez oubliée, vous en retrouveriez

---

1. J'ai cru devoir ici noter cette raison, qui est celle que Boileau a donnée quelque part du long intervalle de temps qu'il a laissé s'écouler entre son *Art Poétique*, 1674, et ses dernières *Satires*, *Épîtres* ou *Réflexions critiques*, 1693. Et encore Boileau ne travaillait pas pour la scène.

au besoin l'émotion toute palpitante encore, dans les Lettres de Mme de Sévigné. On ne voyait plus partout que sorcières et qu'empoisonneurs. Une fois, en 1677, dans un confessionnal de l'église des jésuites de la rue Saint-Antoine, on trouvait un billet sans signature portant qu'il existait un projet d'empoisonner le roi et le dauphin. Une autre fois, en 1678, — remarquons bien toutes ces dates, — le pénitencier de Notre-Dame croyait devoir aviser M. de la Reynie, le lieutenant de police, qu'il était effrayé du nombre de femmes qui s'accusaient en confession d'avoir empoisonné leurs maris. Le danger grandissait, il y fallait pourvoir... on institua pour instruire et juger l'affaire un tribunal d'exception : la *Chambre ardente* ou *Chambre des poisons*. Par le nombre des accusés, — dont quelques-uns portaient les plus grands noms de France, un maréchal de Luxembourg, une duchesse de Bouillon; — par la nature des crimes; par celle surtout des révélations, grossies encore de la rumeur publique, cette mémorable affaire est l'une de celles qui jettent le jour le plus sinistre sur le plus beau temps du règne de Louis XIV, et qui salissent comme de la plus horrible tache la période la plus brillante de notre histoire.

Mais représentez-vous aussi, Mesdames et Messieurs, l'agitation de Racine quand ce procès éclata [1]. Quoi!

---

1. Je n'ai pas voulu le dire sur la scène, pour des raisons faciles à comprendre, mais il faut bien ajouter ici que Racine lui-même faillit être impliqué dans l'affaire. Dans un interrogatoire de la Voisin, du 21 novembre 1679, il est accusé d'avoir empoisonné la Du Parc; — Ravaisson, *Archives de la Bastille*, t. VI, p. 51; — et M. Ravaisson, à cette occasion, fait une longue note pour établir la vraisemblance de l'accusation. C'est avoir bien mal lu la pièce qu'il publiait lui-même, d'où il résulte manifestement que l'accusation n'est qu'une atroce vengeance de femme, empêchée par la liaison de Racine et de Mlle Du Parc d'entretenir avec celle-ci des rapports auxquels on peut supposer que le

ces choses-là se faisaient donc! Ces crimes qu'il n'avait entrevus, pour ainsi parler, qu'à travers le prestige de l'histoire, dans cet éloignement de la distance et du temps dont nous parlions l'autre jour, ils se commettaient donc! A Paris, en plein Paris, dans le Paris de Louis XIV, rue Verdelet ou rue Michel-le-Comte, Oreste assassinait Pyrrhus; Roxane se vendait à quelque « magicienne » pour s'assurer l'amour de Bajazet ou la mort d'Atalide; la « fameuse Locuste » n'était pas une invention de Tacite, et tous les jours quelque Phèdre empoisonnait quelque Hippolyte! Et lui, Racine, toutes ces horreurs, c'était cela qu'il travaillait depuis dix ans à envelopper et comme à déguiser du charme de ses vers! Le meurtre et l'impudicité! l'adultère et l'inceste! le délire des sens! la folie homicide! c'était là depuis dix ans ce qu'il essayait de faire applaudir! Et quand une Hermione ou quand un Néron sortaient de l'hôtel de Bourgogne décidés à commettre le crime qu'ils avaient vu glorifier sous leurs yeux, quoi! c'était cela qu'il appelait sa gloire! O honte! ô douleur! ô remords! et du

poëte aura voulu qu'elle coupât court. Ce qui est plus grave, et presque inquiétant, c'est une lettre de Louvois à M. de Bezons, du 11 janvier 1680, qui se termine par la phrase suivante : « Vous trouverez ci-joint les ordres du Roi nécessaires pour faire arrêter la dame Larcher : *ceux pour l'arrêt du sieur Racine vous seront envoyés aussitôt que vous les demanderez.* » Si c'est bien de notre Racine ici qu'il s'agit, nous ne l'en croirons pas pour cela plus coupable, en dépit des insinuations de M. Ravaisson, qui fait encore une note ; mais la Voisin n'a pas déposé, les ordres d'arrestation n'ont pas été préparés, sans que Racine ait eu de tout cela quelque connaissance : qu'il en ait conçu d'autant plus d'effroi, que, si Louvois ou le roi lui en ont parlé, ç'a été à mots couverts ; et, l'épouvante générale s'augmentant en lui de cette terreur particulière, on comprend que, de ce jour, il ait renoncé pour jamais aux comédiennes, au théâtre, et, comme nous le disions, presque au monde. On ne s'expose pas deux fois à de telles aventures, et, vécût-on cent ans, on en garde éternellement l'arrière-goût.

moment qu'une telle question se dressait devant la conscience d'un tel homme, comment voudriez-vous, Mesdames et Messieurs, qu'il y eût autrement répondu qu'en quittant le théâtre? La vérité même de son art se retournait contre lui. Ce qui rendait ses peintures condamnables, c'en était l'accent de réalité. Et c'est pourquoi, dans l'excès de sa première ferveur, peu s'en fallut qu'il ne se fît chartreux, et s'il se retira finalement dans un « mariage chrétien », ce fut grâce au bon sens et à la sagesse de son confesseur [1].

Le regretterons-nous, Messieurs? Regretterons-nous ce long silence? tant de chefs-d'œuvre étouffés, pour ainsi dire, avant de naître, cette *Alceste*, cette autre *Iphigénie* dont il avait déjà formé le plan?... Oui, puisque enfin l'auteur de *Phèdre* devait être celui d'*Esther* et d'*Athalie*. Non! s'il est vrai, comme je le crois, que, dès le temps de *Phèdre*, il fût engagé dans une voie déjà dangereuse, et au bout de laquelle, comme autrefois Corneille après sa *Rodogune* et son *Héraclius*, il fût allé fatalement, s'il avait continué d'écrire pour la scène; — et qu'il y ait des pentes que le génie lui-même ne saurait remonter.

IV

C'est ainsi que ses tragédies devenaient décidément trop grecques, je veux dire d'une simplicité d'intrigue

---

1. A la vérité, le mariage de Racine est du 1ᵉʳ juin 1677, et il pourra sembler que j'embrouille ici quelque peu les faits. C'est justement mon intention; et il s'agissait d'expliquer pour quelles raisons Racine a *persisté* dans sa retraite. La cabale de *Phèdre*, et les autres raisons que l'on donne, expliqueraient une bouderie, comme celle de Corneille après l'échec de son *Pertharite*; il en fallait d'autres pour expliquer vingt-cinq ans de silence, où à peu près, — 1677-1699; — et j'ai tâché de les donner.

trop voisine de celle qu'il admirait si vivement dans l'*Antigone* ou dans l'*Électre* de Sophocle ; et, naturellement, il avait beau faire, y dépenser tout son art et toute son adresse, plus elles devenaient grecques, plus elles s'éloignaient de son temps, et de la vie même. Son *Andromaque* était encore tout humaine, vous l'avez vu, tellement humaine, d'une vérité si *commune*, — c'est un mot de Fontenelle, — que, pour la réduire aux proportions d'une aventure de la vie quotidienne ou de l'un de ces *faits-divers* que nous lisons dans nos journaux, il suffirait d'en découronner les personnages, je veux dire de leur enlever leur auréole d'histoire ou de mythologie. Pareillement son *Britannicus*, et sa *Bérénice*, et son *Bajazet*. Mais déjà, dans son *Iphigénie*, pouvons-nous, Mesdames, et les contemporains de Racine pouvaient-ils prendre au sérieux ce sacrifice humain qui fait le ressort même du drame ? Pouvons-nous croire, dans sa *Phèdre*, à l'acharnement personnel de Vénus contre l'épouse de Thésée ? pouvons-nous voir en elle une « victime des dieux » ? pouvons-nous croire au « sort » ainsi jeté sur elle ? et véritablement, un excès de couleur locale, si je puis ainsi dire, ne gêne-t-il pas ici la franchise de notre plaisir ? Oui, cela est trop grec, trop loin de nous ! Cela est d'un temps dont nous ne comprenons plus les sentiments, bien loin de les partager. La part y est trop petite à cette liberté qui est pour nous le fondement même de la personnalité morale. Et c'est pourquoi, si le mot n'était pas une espèce d'anachronisme, je dirais, qu'en Racine, évidemment, dès l'époque de *Phèdre* ou d'*Iphigénie*, l'artiste commençait de tourner au dilettante. Il n'avait plus assez de souci des exigences de son temps, ni des conditions particulières de son art ; il n'était plus assez Français, ni du xviie siècle ; mais il suivait le caprice de son imagination de poète ; et de proprement poétique la tragédie tendait à redevenir entre ses mains descriptive ou lyrique.

Une autre influence, — très différente, à la vérité, — n'agissait pas moins sur lui, si vous vous rappelez qu'il était homme, et très vaniteux, et un peu envieux. Je veux parler de celle de Quinault, ce même Quinault dont nous avons eu l'occasion de prononcer le nom. Précisément en ce temps-là, Quinault, renonçant à la tragédie et à la comédie, n'écrivait plus que des « tragédies » lyriques. Il créait le grand opéra, l'opéra mythologique : *Cadmus*, *Alceste*, *Thésée*, *Atys*. Remarquez bien ces titres, Messieurs ; ce sont ceux des sujets de Racine ; et notez également les dates. *Cadmus* est de 1672, *Alceste* de 1674, *Thésée* de 1675, *Atys* de 1676. L'*Iphigénie* de Racine est de 1674, *Phèdre* est de 1677, et, entre sa *Phèdre* et son *Iphigénie*, vous savez qu'il n'a rien donné. Sensible comme il l'était aux beautés de ces sujets grecs, serons nous bien téméraires de croire qu'il a voulu montrer à Quinault comment on les devait traiter ? Car, pour celui-ci, vous n'ignorez pas de quelle étrange manière il les travestissait. Permettez-moi à cette occasion de vous rappeler un chœur de son *Atys*. Ce sont des « dieux de fleuves, des divinités de fontaines et de ruisseaux, chantant et dansant ensemble » :

> La Beauté la plus sévère
> Prend pitié d'un long tourment,
> Et l'amant qui persévère
> Devient un heureux amant,
> Tout est doux et rien ne coûte
> Pour un cœur qu'on veut toucher.
> L'onde se fait une route
> En s'efforçant d'en chercher :
> L'eau qui tombe goutte à goutte
> Perce le plus dur rocher.

L'Hymen seul ne saurait plaire,
Il a beau flatter nos vœux,
L'Amour seul a droit de faire
Les plus doux de tous nos nœuds.
Il est fier, il est rebelle,
Mais il charme tel qu'il est ;
L'Hymen vient quand on l'appelle
L'Amour vient quand il lui plaît.

Il n'est point de résistance,
Dont le temps ne vienne à bout
Et l'effort de la constance
A la fin doit vaincre tout.
Tout est doux et rien ne coûte
Pour un cœur..., etc.

Aurons-nous beaucoup de peine à nous figurer l'indignation de Racine, quand il entendait de semblables couplets [1]? celle qu'excitait en lui le succès scandaleux de Quinault? et la tentation qui lui venait, assez naturellement, de remettre Quinault à sa place, le public dans la vérité, et l'antiquité dans son jour?

Malheureusement, pour y réussir, il allait être obligé d'emprunter à son rival quelques-uns des moyens plus

---

1. Il paraîtra sans doute étonnant que les succès d'un Quinault aient pu inquiéter Racine, mais les contemporains ne se faisaient pas le même scrupule que nous de les opposer l'un à l'autre; et, à ce propos, il suffira de rappeler en quels termes, soixante ans plus tard, dans son *Siècle de Louis XIV*, Voltaire parlait encore de Quinault. « Quinault, dans un genre tout nouveau, et d'autant plus difficile qu'il paraît plus aisé, était digne d'être placé avec tous ces illustres contemporains. On sait avec quelle injustice Boileau voulut le décrier. Il manquait à Boileau d'avoir sacrifié aux grâces : il chercha en vain toute sa vie à humilier un homme qui n'était connu que par elles. » « Et plus loin : » La musique française est demeurée dans une simplicité qui n'est plus du goût d'aucune nation... *mais la simple et belle nature, qui se montre souvent dans Quinault avec tant de charmes, plaît encore dans toute l'Europe...* Si l'on trouvait dans l'antiquité un poème comme *Armide* ou comme *Atys*, avec quelle idolâtrie il serait reçu! mais Quinault était moderne! »

qu'artificiels dont celui-ci abusait : cet appareil mythologique, ces « pompeuses merveilles »; cette élégance molle et cette fluidité de style qui sont celles de Quinault, chez qui, d'ailleurs, elles se traduisent elles-mêmes inconsciemment par la nature des comparaisons qui reviennent à chaque instant sous sa plume. Hiérax se plaint de l'infidélité de la nymphe Io :

> Notre hymen ne déplaît qu'à votre cœur volage;
> Répondez-moi de vous, je vous réponds des Dieux.
> Vous juriez autrefois que cette onde rebelle
> Se ferait vers sa source une route nouvelle,
> Plutôt qu'on ne verrait votre cœur dégagé.
> Voyez couler ces flots dans cette vaste plaine,
> C'est le même penchant qui toujours les entraine.
> Leur cours ne change point, et vous avez changé...

N'est-il pas vrai que ces vers ne nous paraîtraient point si déplacés dans la bouche d'Hippolyte ou dans celle d'Aricie? Vous songerez également que, s'il n'y a nulle part plus de souvenirs mythologiques que dans la *Phèdre* de Racine, nulle part aussi n'y a-t-il plus de métaphores ou de périphrases dont l'objet ne semble être vraiment que de hausser ou d'ennoblir le style. Et qu'est-ce encore que le récit de Théramène, sinon comme qui dirait un récitatif de grand opéra? Pour rivaliser avec Quinault, il a donc fallu que Racine lui empruntât quelques-uns de ses procédés. S'il avait continué d'écrire pour la scène, je ne doute pas qu'il lui en eût emprunté davantage. Et qui sait si ce n'est pas à Quinault que l'on doit les chœurs d'*Esther* et d'*Athalie*?

Enfin, Messieurs, si je me suis fait bien comprendre, n'ajouterons-nous pas que l'idée même que Racine se faisait de son art devenait désormais un danger plutôt qu'un secours pour l'avenir de la tragédie? De même que Molière par la comédie de caractères, ainsi Racine, par la tragédie dont il avait donné les chefs-d'œuvre, tendait maintenant à l'*étude*, bien plutôt qu'au *drame*. L'intrigue ou l'action même devenaient secondaires à ses yeux. Une seule passion, se développant d'elle-même, analysée de près, étudiée dans toutes ses manifestations, portée jusqu'à son paroxysme, et brisée finalement contre la nécessité sociale ou contre la force des choses, lui paraissait de plus en plus, je ne dis pas l'âme ou le ressort, mais le tout de la tragédie, pour ainsi parler... et ceci, comme vous l'allez voir, nous ramène précisément à *Phèdre*.

V

Il n'y a pas deux rôles en effet dans *Phèdre*, vous le savez assez; il n'y en a qu'un, un seul, celui de Phèdre; et tous les autres non seulement ne servent, mais n'existent, à vrai dire, que pour l'unique objet de nous faire voir l'un après l'autre tous les aspects du personnage de Phèdre. Il n'en était ainsi, rappelez-vous-le, ni dans *Andromaque*, ni dans *Iphigénie*. Là, si vous exceptez deux ou trois confidents, comme Arcas ou Céphise, tout le monde était vraiment quelqu'un, et personne n'était quelconque. Andromaque et Pyrrhus, Hermione et Oreste, Agamemnon, Clytemnestre, Iphigénie, Achille, Ériphyle, Ulysse, ils avaient tous leur physionomie propre, particulière, individuelle; et tous ensemble ils concouraient à une action commune dont le développement de leur caractère ne faisait qu'une partie ou un élément. La question était de savoir si Pyrrhus épouserait Andromaque ou Hermione, si les dieux exigeraient le sacrifice d'Iphigénie... Mais de quoi s'agit-il dans

Phèdre? Non pas même, Messieurs, de savoir si Phèdre succombera; nous savons qu'elle ne succombera pas, non plus qu'Hippolyte; et ce qui nous intéresse uniquement, c'est, comme je le disais, l'anatomie pathologique de son amour.

Considérez là-dessus les autres personnages. Qu'est-ce qu'Œnone? La confidente et la nourrice de Phèdre; mais avant tout, avant que d'être elle-même, la mauvaise conscience, si je puis ainsi dire, la voix des appétits, le *double* criminel de la fille de Minos et de Pasiphaé. Conseillère d'erreur et de crime, c'est elle qui a empêché Phèdre de se donner la mort; elle qui la décide à se déclarer; elle encore qui se charge de dénoncer le malheureux Hippolyte à son père. C'est elle dont le dévouement prend sur soi d'accomplir tout ce que Phèdre ose à peine songer; ou plutôt, tout ce qu'il y a de mauvais et de honteux dans Phèdre, c'est elle qui l'incarne![1] Et puisque, en critiquant Racine, on trouve toujours encore à l'admirer, est-ce pour cela que, conformément à l'indication d'Euripide, il a fait d'Œnone la « nourrice » de Phèdre, afin qu'y ayant entre elle et son enfant de lait comme un lien de chair et de sang, on vît bien qu'elles ne faisaient qu'une seule personne?

Pareillement encore, Mesdames et Messieurs, que font ici, de quoi servent l'amour d'Hippolyte et le personnage d'Aricie? « Mais pourquoi, demandait Arnauld, a-t-il fait Hippolyte amoureux? » Et l'on raconte que Racine répondait en riant : « Qu'auraient dit nos petits-maîtres! » Mais il avait mieux répondu dans la

---

1. On remarquera que Narcisse dans *Britannicus* joue précisément le même rôle qu'Œnone dans *Phèdre*. Il est « la voix » des mauvais instincts de Néron, comme Burrhus est celle du peu de nobles sentiments que conserve encore l'Empereur.

préface de sa tragédie. S'il a fait Hippolyte amoureux, c'est pour adoucir l'atrocité du crime de Phèdre; pour excuser, selon la casuistique d'amour généralement admise, l'horreur de sa dénonciation par la violence de sa jalousie. Ou bien encore, c'est pour pouvoir, au moyen de la peinture de la jalousie, comme achever le portrait de Phèdre, en y ajoutant de ces touches, plus larges et plus profondes, que la haine en s'y mêlant vient ajouter à la représentation de l'amour. Mais, dans l'un comme dans l'autre cas, Hippolyte et Aricie n'ont d'être et de réalité, si je puis ainsi dire, qu'autant que Racine en avait besoin pour nous faire connaître sa Phèdre tout entière.... Je dirais en vérité, si je ne craignais que l'expression ne vous parût trop bizarre, qu'ils n'existent tous les deux « qu'en fonction » de la femme de Thésée....

Et vous parlerai-je enfin de Thésée? Car pourquoi le suppose-t-on mort? Pour une seule raison, Mesdames; pour qu'en le croyant mort, Phèdre ose faire à Hippolyte la brûlante déclaration que Racine, sans cela, n'aurait jamais osé mettre sur ses lèvres. Nous l'oserions à peine aujourd'hui... Et pourquoi reparaît-il, aussitôt après la déclaration échappée, sinon pour que Phèdre se trouve enfermée dans la situation dont elle ne sortira maintenant que par la calomnie et par l'assassinat? Lui non plus, Thésée, n'a donc pas sa raison d'être en lui, mais en Phèdre. Et Racine l'a bien senti, mais tout son art n'a pu pour cette fois parvenir à masquer ou à déguiser l'insuffisance du caractère; et toujours étonné, toujours surpris, toujours importun, son Thésée est sans doute l'un des personnages les moins heureux qu'il ait mis à la scène.

Phèdre donc, Phèdre seule! comme dans un théâtre où il n'y aurait qu'une « étoile, » — et si je me sers de cette comparaison, c'est d'abord que je la crois juste ; et c'est ensuite que je n'en vois pas qui nous explique mieux l'illusion dont on est dupe lorsque l'on continue de placer *Phèdre* au premier rang de l'œuvre de Racine. Parce que Phèdre est le plus beau rôle de femme qu'il ait tracé peut-être, le plus complet surtout, — toute la gamme, ou toute la lyre, dont les Hermione, les Bérénice, les Roxane, les Monime ne font chacune à son tour résonner qu'une corde, — le rôle aussi qui remplit la pièce, et qui attire à lui les effets de tous les autres, c'est donc aussi le rôle dans lequel toutes les grandes tragédiennes ont brûlé de s'essayer; où elles ont pu mettre le plus d'elles-mêmes ; et où elles ont enfin laissé de leur talent ou de leur génie le plus illustre souvenir. Mais si ce n'est pas ce qu'une tragédienne y met d'elle-même, — fût-elle Rachel ou Clairon, — qui fait la beauté durable d'un chef-d'œuvre, ni surtout qui lui donne son vrai caractère, il faut bien convenir, Messieurs, que, au point de vue du théâtre, *Phèdre* n'en commence pas moins à sortir des conditions de l'œuvre dramatique, et, en la dépassant, à violer, si je puis ainsi dire, la définition de la tragédie.

Car le romanesque y reparaît avec Thésée, dont la mort annoncée, puis si tôt démentie, n'est évidemment qu'un de ces moyens extérieurs dont la tragédie, depuis *le Cid*, n'avait pas mis moins de quarante ans à se débarrasser. Pas de déclaration, disions-nous, si le bruit de la mort de Thésée n'a couru ! mais pas de déclaration, pas de drame; et pas de drame, non plus, si Thésée ne reparaît à l'improviste encore ! Que cela est différent d'*Andromaque* et d'*Iphigénie*, où rien n'est tiré du dehors ! où tout est donné dès le début de l'action ! et que cela est bien plus près de *Rodogune*, — sous ce rapport au moins, — que des premiers chefs-d'œuvre de Racine, de son *Andromaque* ou de sa *Bérénice*! En même temps, par une conséquence inévitable de la réapparition du romanesque dans le drame, les volontés faiblissent.

Il veut tout ce qu'il fait, et s'il m'épouse, il m'aime,

disait Hermione de son Pyrrhus. Mais ici, rien n'arrive à personne qu'en dépit de lui-même. Ni Thésée assurément ne voudrait que Phèdre aimât Hippolyte, ni non plus Hippolyte, ni Phèdre elle-même davantage; et si l'on n'avait peur de manquer de respect à Racine, on fredonnerait les vers de Quinault :

L'hymen vient quand on l'appelle,
L'amour vient quand il lui plaît....

Que dis-je? aucun d'eux n'a le courage ni de son crime ni de sa résistance, et on ne se défend pas plus mal qu'Hippolyte. Et en effet que deviendrait le drame, s'il se défendait mieux? ou si seulement son Aricie, Mesdames, paraissait au moment opportun? Mais qu'il en résulte assez naturellement de là quelque chose d'obscur dans le rôle même de Phèdre, c'est ce que j'ose encore ajouter. Ni tout à fait antique, ni tout à fait moderne, la Phèdre de Racine, Messieurs, n'est non plus ni tout à fait chrétienne ni tout à fait païenne. Son langage est indécis. Oui, quinze cents ans de christianisme et de modernité, si je puis ainsi dire, luttent en elle contre cette conception de l'amour que Racine emprunte à Euripide. Pas plus que nous elle ne croit à « Vénus et ses feux redoutables »; si elle y croyait, nous ne l'en croirions pas; et comme à l'entendre parler on dirait qu'elle y croit, la conséquence est assez évidente.

Enfin, et s'il faut tout dire, — en raison même de l'importance donnée dans *Phèdre* à la constitution de l'atmosphère ou du milieu poétique, — n'est-il pas vrai qu'avec le romanesque, c'est le descriptif et le lyrique aussi qui s'insinuent traîtreusement dans le drame? Je ne parle pas, Mesdames et Messieurs, du récit de Théramène! On en a trop parlé. Tout le monde convient qu'il est, comme la « bataille du Cid », excessif en longueur; qu'il est hors de situation; que la rhétorique y tient vraiment trop de place. Seulement, comme Racine est un autre peintre que Corneille, — faites-y bien attention tout à l'heure, — tous ces détails, et tant d'autres que je vous ai cités, que vous allez vous-mêmes remarquer au passage, toute cette mythologie comme infuse dans le drame, nous éprouvons le besoin de les voir se réaliser. Nos yeux les réclament. Nos sens en sont curieux. Ces grands bois où chasse Hippolyte, nous voudrions les voir, et que l'ombre au moins s'en projetât sur la scène; nous voudrions entendre ses chiens aboyer et voir se cabrer ses chevaux; nous voudrions voir également cette « nuit infernale » où Phèdre rêve un instant de se plonger tout entière; nous voudrions voir

> Ariane aux rochers contant ses injustices,

et Thésée abordant aux rivages de Crète. Ne voudrions-nous pas voir aussi la plage solitaire où expire Hippolyte?... Et ainsi, pour avoir imprudemment satisfait quelques-unes des exigences de notre imagination, c'est comme si nous disions que déjà le poète les a éveillées ou déchaînées toutes.

Rassemblons tous ces traits maintenant : un personnage unique, entouré de comparses qui n'ont d'être et de réalité que ce qu'il leur en communique; l'amour pour tout ressort, et un amour où, pour ainsi parler, les hommes et les dieux, le ciel et la terre s'intéressent à la fois; des décors, autour de tout cela, la Crète, le Labyrinthe, les Enfers, tous les dieux évoqués tour à tour; ces décors et cet amour, Phèdre et toute cette mythologie, fondus ensemble dans une même tonalité par l'harmonie des vers, tout cela, Messieurs, nous le connaissons, c'est le *grand opéra* qui se dégage de la tragédie, tandis qu'elle-même, nous le verrons bientôt, retournant aux exemples de Corneille plutôt que de Racine, va chercher, avec Crébillon et Voltaire, dans un pathétique nouveau, des ressources nouvelles, et lentement, mais sûrement, par Diderot, par Beaumarchais, par Mercier, s'acheminer vers le mélodrame [1].

Quant à la vraie tradition de Racine, elle ne se perdra pas; mais ce n'est pas, Messieurs, la tragédie qu'elle inspirera, c'est le roman, toute cette littérature d'amour qui va de l'abbé Prévost aux romans de George Sand, de *Manon Lescaut* à *Valentine*, en passant par une série d'intermédiaires que je ne vous énumère point, puisque nous n'avons pas à nous en occuper; — et c'est aussi la comédie de Marivaux.

Tel est, en effet, Messieurs, le destin des genres, et si c'en était le lieu, je pourrais vous en apporter plus d'un exemple assez probant. N'est-ce pas ainsi qu'au XVI siècle, on avait vu l'épopée du Tasse marquer la transition de la poésie à la musique? ainsi encore, plus près de nous, dans la prose de Rousseau, l'éloquence de la chaire que l'on devait voir se transformer en poésie lyrique? Mais quelque genre que ce soit, l'enfantement en est long et pénible; la splendeur en est brève; la

---

1. Comme je doute que j'aie l'occasion d'y revenir, je note donc ici que si l'on voulait étudier d'un peu près la décomposition de la tragédie française au XVIII siècle, il faudrait faire une large place à l'influence de l'opéra, dont on ne parle pourtant jamais dans nos histoires littéraires.

décadence en est plus longue et plus pénible encore que l'enfantement même : vous le savez déjà pour notre tragédie, qui ne va pas mettre moins de cent cinquante ans à mourir. Heureusement que, d'un genre qui finit, les débris ou les morceaux en sont bons, si je puis ainsi dire; d'autres genres s'en emparent, ils se les assimilent, ils se les incorporent; et l'histoire de la littérature et de l'art rentrent ainsi dans la nature, — dont elles s'exceptent par tant d'autres côtés, — pour subir la fatalité de la plus générale de ses lois : celle qui veut que rien ne se perde ni ne se crée, mais que tout se transforme, et que la vie renaisse perpétuellement du sein même de la mort.

17 décembre 1891.

HUITIÈME CONFÉRENCE

AUTOUR DE « TURCARET »

I. — De quel poids la comédie de Molière a pesé sur ses successeurs. — Regnard, Le Sage, Destouches. — Mais la comédie n'en continue pas moins son évolution. — Dancourt et la formation de la comédie de mœurs. — Influence du livre des *Caractères* sur la comédie. — Les origines du roman moderne. — II. La transformation de la comédie en roman dans le *Turcaret* de Le Sage. — Absence d'intérêt dramatique. — Point de « caractères » mais des « conditions ». — Légèreté du ton. — La force comique dans *Turcaret* et la vérité satirique de la peinture des mœurs. — III. Pourquoi Le Sage n'a pas recommencé *Turcaret*. — Raisons personnelles. — Raisons générales. — La satire des conditions est-elle du ressort du théâtre? — Concurrence du roman et de la comédie au xviiie siècle. — Comment la comédie essaie de se défendre. — Dufresny, Destouches, Marivaux.

I

Mesdames et Messieurs,

Vous prenez une comédie de Molière, — *l'École des femmes*, par exemple, — et vous commencez par l'alléger ou par la vider, si je l'ose dire, de tout ce qu'elle contenait de substance. Vous en ôtez le sérieux, s'il s'y en mêlait peut-être au comique: vous en ôtez les idées;

vous en ôtez encore et surtout la « thèse »; vous en ôtez aussi l'intrigue, si vous voulez.... Il vous en reste le trio classique : le « jeune éventé »; la pupille subtile, innocente, « comme un vieux juge »; et le tuteur jaloux, Horace, Agnès, et Arnophe. Vous les... désarticulez alors, vous les désossez, vous les réduisez à l'état de fantoches, de mannequins, de poupées, ou de chiffons aptes à recevoir toutes les formes qu'il vous plaira de leur donner. Vous faites d'Arnolphe, sous le nom d'Albert, je ne sais quel barbon, plus cacochyme encore et plus grincheux que son modèle. Sous le nom d'Agathe, vous transformez Agnès en une délurée de comédie, plus vive, plus gaillarde, plus libre en ses propos qu'un capitaine de dragons. Et pour Horace, vous le laissez à son insignifiance naturelle, en ayant soin seulement de le doubler de quelque Scapin ou de quelque Sbrigani. Vous lardez votre pièce, vous la piquez enfin de lazzis à l'italienne, bourrades et coups de poing, plaisanteries au gros sel, bouffonneries de haut goût; vous remuez... vous dressez... vous parez... vous servez : c'est du Regnard; ce sont *les Folies amoureuses*, que l'on vient de jouer devant vous. Ce serait aussi bien *le Légataire universel*, si vous aviez pris, je suppose, pour faire votre cuisine, au lieu de *l'École des femmes*, le *Malade imaginaire* [1].

1. Il n'est pas indifférent de remarquer à ce propos que si nos acteurs ont accoutumé de jouer *vieux* le personnage d'Arnolphe, ce n'est pas du tout, comme on l'a dit trop souvent, qu'au temps de Molière un homme de « quarante-deux ans » passât pour un vieillard! Molière n'en croyait rien lui-même; et il y a d'ailleurs toute sorte de raisons pour qu'un homme de cet âge fût alors plus jeune qu'aujourd'hui d'environ quelque dix ou douze ans. Mais c'est que précisément l'Albert de Regnard, et plus tard le Bartholo de Beaumarchais, en se superposant à l'Arnolphe de Molière, l'ont lui-même envieilli, si je puis dire. On en a fait le même emploi de théâtre, et le visage d'Arnolphe a pris les rides de celui de ses successeurs. Il en a pris aussi l'air de caricature; — et toute *l'École des femmes* s'en est trouvée faussée.

Autre recette.... Vous prenez maintenant deux comédies de Molière : *le Bourgeois gentilhomme*, par exemple, et *la Comtesse d'Escarbagnas*. Il y a dans la première, sous le nom galant de Dorimène, une marquise assez suspecte, ou même fort aventurière, dont on ne sait trop ni sur quelles terres est assis le marquisat ni quels sont d'ailleurs les moyens d'existence. Il y a un comte aussi, que l'on appelle Dorante, et qui sent d'une lieue son chevalier d'industrie. Molière ne les a, comme vous le savez, qu'esquissés l'un et l'autre, et par bonheur, ils n'ont encore presque pas servi. D'un autre côté, dans *la Comtesse d'Escarbagnas* — laquelle, par un autre bonheur, n'est également qu'une ébauche, — peut-être avez-vous remarqué quelques conseillers, ou gens de finance, un M. Tibaudier, un M. Harpin, dont il serait assez piquant de mêler les ridicules avec ceux de M. Jourdain[1]. C'est un plat qui réveillerait nos appétits blasés. Et pourquoi n'y ajouteriez-vous pas aussi, tandis que vous y êtes, quelques-uns des vices d'Harpagon? Notre homme prêterait sur gages, et il ferait des vers :

> Une personne de qualité
> Ravit mon âme;
> Elle a de la beauté,
> J'ai de la flamme;
> Mais je la blâme
> D'avoir de la fierté.

Il porterait un habit à fleurs, et il aimerait « la trompette marine ». Quant à l'intrigue, Molière encore l'a indiquée. Quelque valet à tout faire duperait le chevalier, qui duperait la marquise, qui duperait l'homme de finance, qui duperait le public, et tout cela ferait « un

---

1. Voyez *le Bourgeois gentilhomme*, acte IV, sc. I, II, III et *la Comtesse d'Escarbagnas*, sc. XVI et XXI.

ricochet de fourberies le plus plaisant du monde ». C'est, Messieurs, le mot de Frontin ; c'est la comédie que l'on va jouer devant vous tout à l'heure ; c'est le *Turcaret* de Le Sage.

Mais vous êtes d'humeur plus grave, et ces friponneries ne vous divertissent guère. Vous aimez à moraliser ; vous ne détestez pas non plus un peu de romanesque ; et d'ailleurs, tout en nourrissant des ambitions littéraires, vous en entretenez aussi de diplomatiques. Qu'à cela ne tienne ! Vous prenez donc pour le coup trois comédies de Molière, soit *le Bourgeois gentilhomme, Don Juan, Tartufe*, une scène de l'un, une scène de l'autre ; et c'est *l'Ingrat*, de Néricault-Destouches ; et à la vérité, pour cette fois, vous ne réussissez pas ; mais vous serez plus heureux plus tard, et, en attendant, les connaisseurs saluent en vous l'une des espérances du théâtre français.... Vous avez vu, Messieurs, *les Folies amoureuses*, et vous allez voir *Turcaret*. Je doute qu'on remonte jamais *l'Ingrat*.... Il faut donc ici que je prouve mon dire, et, pour cela, que je vous cite un ou deux passages de la comédie de Destouches. Le bonhomme Géronte, bourgeois de Paris, décline l'honneur que lui fait Cléon en lui demandant la main de sa fille :

> Dispensez-moi, monsieur, de faire une sottise ;
> Et soyez informé, pour une bonne fois,
> Que je veux m'en tenir à l'étage bourgeois.
> Je prétends que mon gendre aime à vivre en famille :
> Je veux qu'il considère et chérisse ma fille ;
> Qu'il soit doux, complaisant, sincère, officieux ;
> Qu'il ne puisse parler ni de rang, ni d'aïeux ;
> Que de me ménager il se fasse une affaire,
> Et se tienne honoré de m'avoir pour beau-père....

Vous avez reconnu le langage de Mme Jourdain : « Je veux un homme qui m'ait obligation de ma fille, et à qui je puisse dire : mettez-vous là, mon gendre, et dînez avec moi. » Mais voici peut-être une imitation plus directe encore :

GÉRONTE, ISABELLE, LISETTE

GÉRONTE
Ah! vous voilà, ma fille! Eh quoi! toujours rêveuse!
Qu'avez-vous, dites-moi? Ne soyez point honteuse!

ISABELLE
Moi! qu'aurais-je, mon père?

GÉRONTE
      Ah! vous dissimulez!
Ouvrez-moi votre cœur. Que vous faut-il? Parlez!

LISETTE
La chose à deviner n'est pas bien difficile.

GÉRONTE
Je ne vous parle pas! Vous êtes trop habile.
 (A Isabelle.)
Vous savez l'amitié que j'eus toujours pour vous.

ISABELLE
Il est vrai! C'est pour moi le bonheur le plus doux.

GÉRONTE
Vous êtes inquiète!

LISETTE
     O la grande merveille
Qu'une fille à vingt ans ait la puce à l'oreille!

GÉRONTE
Pourquoi me réponds tu? je ne te parle pas.

LISETTE
Je me réponds à moi.

GÉRONTE
     Réponds-toi donc tout bas....

J'abrège la citation, et vous avez encore reconnu le modèle. C'était là de ces « effets sûrs », dont nos pères ne se choquaient point, si même on ne doit dire que, dans la déférence avec laquelle on les reproduisait, ils voyaient un hommage au maître qui les avait trouvés ou développés le premier....

Vous le voyez, Messieurs, si on le voulait, rien ne serait plus facile que de ramener ainsi trente ou quarante années de l'histoire de la comédie française à l'unique inspiration de Molière ; et, sans doute, si nous le faisions, nous n'aurions pas complètement tort. Car jamais homme, en vérité, n'a pesé sur ses successeurs d'un poids plus considérable, plus lourd, et plus difficile à secouer que Molière, si ce n'est peut-être, de nos jours, Balzac sur les romanciers qui l'ont suivi. Allons plus loin ! nous le pouvons ; et disons qu'après cinquante ans écoulés bientôt, de même qu'un bon roman est celui qui se rapproche le plus du roman de Balzac, — d'*Eugénie Grandet* ou d'un *Ménage de Garçon*, — à la seule condition d'être un peu mieux écrit [1], de même en France, une bonne comédie, fût-elle de Labiche ou d'Augier, sera toujours celle qui nous rappellera le plus la comédie de Molière ; et nous ne la louerons peut-être jamais mieux qu'en montrant comment, par où, par quels mérites, et au besoin par quels défauts, elle rappelle celle de Molière [2].

---

1. J'éprouve toujours quelque gêne, sinon quelque remords, à parler ainsi du « style » de Balzac ; et cependant je ne puis le nier, s'il y a un art de « bien écrire », il écrit mal. Mais s'il écrivait mieux, je veux dire plus correctement, plus simplement, moins prétentieusement — d'un style qui fît moins l'effet, selon le mot de Sainte-Beuve, « d'être brisé comme le corps d'un mime asiatique », — serait-il Balzac, le peintre de la *Comédie humaine* et le génie même du roman de mœurs contemporain ? C'est une question qu'en passant je soumets à ceux qui savent combien de fois, et avec combien d'apparence de raison, on a reproché aussi leur « mauvais style » à Molière et à Saint-Simon, ces deux grands peintres de la vie.

2. C'est ainsi qu'au moment même où je faisais ces *Confé-*

Mais cela ne saurait pourtant empêcher les imitateurs eux-mêmes d'avoir eu leur originalité, d'avoir ajouté leur personne à celle du maître, d'avoir formé du mélange de ses qualités et des leurs une combinaison nouvelle; et tel est, vous le savez, le cas de Regnard en particulier. La gaieté, la verve, la folie de Regnard ont leur prix.... Certainement, je n'oublie pas que sa gaieté frise parfois la turlupinade; que, plus souvent qu'on ne le voudrait, sa bouffonnerie ressemble à celle de Scarron; qu'il y a plus d'artifice que d'imprévu dans quelques-unes de ses drôleries. Mais quoi! il écrit si bien [1]! Et puis, sachons-lui gré, en se faisant faire prisonnier en Alger, d'avoir ainsi justifié, par un exemple vivant, la vérité des moins bons dénouements de Molière. Ai-je besoin d'ajouter que l'influence de Molière n'a pas d'autre part empêché le temps de couler, les modes ou les mœurs de changer, les costumes et les goûts avec elles, la facilité des mœurs de la Régence de succéder à l'austérité des dernières années de Louis XIV, le duc d'Orléans à son oncle, Mme de Parabère à Mme de Maintenon, les bals de l'Opéra aux sermons de Bourdaloue. Elle n'a pas non plus empêché les conditions sociales de changer de rapports, la noblesse de s'appauvrir, le tiers-état de s'enrichir, l'homme d'argent ou l'écrivain de devenir des personnages. Et elle n'a pas surtout empêché la comédie de suivre son évolution intérieure, et de développer après Molière le contenu de sa définition.

rences les auteurs du Théâtre Libre se réclamaient de Molière, et peut-être qu'ils n'avaient pas tort. *Les Corbeaux* de M. Henri Becque sont assurément plus voisins que *Mademoiselle de la Seiglière* ou que même *Maître Guérin* de la facture du *Malade imaginaire*.

1. Voyez sur Regnard l'étude spirituelle, brillante et paradoxale de J.-J. Weiss.

Aussi, dès les dernières années du règne de Louis XIV ou même du xvii⁰ siècle, voyons-nous quelques écrivains, tout en continuant de respecter le maître, — et de le copier au besoin, — secouer pourtant son joug, s'émanciper de son influence, et faire valoir ou même revendiquer ouvertement contre lui leurs droits à l'originalité. Tel est Dufresny, qui débute en 1692, et dont je vous parlerai tout à l'heure. Tel est déjà Dancourt, qui débute en 1685, Florent Carton Dancourt, comédien et poète, — et père de famille aussi.

Celui-ci nous a laissé... je veux dire qu'il a laissé deux filles et quarante-neuf pièces. Les deux filles ont beaucoup contribué à la gloire du nom de leur père, et à juste titre, car, si nous en croyons les *Mémoires* ou les *Correspondances* du temps, ce devaient être de bien aimables personnes. L'aînée fut la très intime amie de Samuel Bernard, le sac d'argent, le fameux financier, dont elle eut trois filles diversement célèbres dans l'histoire galante et littéraire du xviii⁰ siècle : Mme Dupin de Chenonceau, Mme d'Arty, et Mme de la Touche. Pour la cadette, — Mimi Dancourt, comme on l'appelait au théâtre, et, de son nom de femme, Mme Deshayes, — elle fut la mère de Mme de la Popelinière. La Popelinière était fermier général; Samuel Bernard était quelque chose de mieux que cela; reconnaissons que, si Dancourt a quelquefois égratigné les financiers dans ses pièces, les financiers, Mesdames et Messieurs, n'en ont pas gardé rancune à ses filles [1].

Moins intéressantes, il est vrai, que ses filles, les

---

1. Voyez sur les Dupin : Rousseau dans ses *Confessions* et Mme d'Épinay dans ses *Mémoires*; — sur Mmes d'Arty et de la Touche, Honoré Bonhomme : *Grandes Dames et Pécheresses du xviii⁰ siècle*, ou Desnoiresterres : *Épicuriens et Lettrés du xviii⁰ siècle*; — enfin, sur Mme de la Popelinière, voyez particulièrement les *Mémoires de Marmontel*.

pièces de Dancourt ne sont pas moins curieuses; et je n'ai pas le temps ici de vous en parler longuement, mais les titres, à eux seuls, en sont, si je ne me trompe, comme un trait de lumière. Elles s'appellent en effet : *la Désolation des joueuses, la Foire de Besons, les Vendanges de Suresnes, le Retour des Officiers, les Eaux de Bourbon, le Moulin de Javelle...* et ceci, Messieurs, c'est la pièce de circonstance ou d'actualité, comme nous dirions aujourd'hui, le fait-divers du jour ou le scandale de la veille transportés tout vifs sur la scène. Mais d'autres pièces sont intitulées : *l'Été des Coquettes, les Bourgeoises à la Mode, les Curieux de Compiègne, les Agioteurs, les Bourgeoises de qualité, les Enfants de Paris...* et ceci, — ce pluriel des titres qui n'a l'air de rien, — c'est comme qui dirait l'annonce de la comédie de mœurs, telle encore qu'on l'entendait il y a quelques années : *les Lionnes pauvres, les Effrontés, les Ganaches, les Vieux Garçons, les Faux Bonshommes, les Sceptiques, les Inutiles.* Cela consiste à diviser, à répartir, à distribuer inégalement entre plusieurs personnages la somme des ridicules qui sont ceux de leur âge, ou de leur condition, ou d'une façon de penser commune, et à faire de la satire de cette façon de penser, de cette condition, ou de cet âge, l'objet principal de la comédie.

C'est ce que Molière avait fait lui-même dans ses *Précieuses ridicules* et dans ses *Femmes savantes*, mais il ne l'avait fait qu'en passant, et son procédé le plus habituel est justement inverse de celui de Dancourt. Molière concentrait ce que Dancourt divise, et là, précisément, est l'originalité de Dancourt. Vous remarquerez, en effet, Messieurs, que, d'une comédie de ce genre nous exigeons toujours, — que nous le sachions ou non, — d'être plus mêlée au monde, plus ressemblante à la vie quotidienne, plus conforme à ce que nous voyons qui se passe autour de nous. C'est que nous ne connaissons tous ni *la* coquette ni *le* faux bonhomme; nous n'en avons pas du moins la prétention; et on pourrait dire qu'en nous les annonçant le poète nous promet de nous apprendre quelque chose; mais nous connaissons tous *des* coquettes et *des* faux bonshommes; ou nous croyons en connaître; et nous exigeons que la comédie de mœurs nous les rende. Il suit encore de là que le dialogue en doit être moins tendu, plus familier, plus souple, plus approché du ton de la conversation. Ni le monologue ni la « tirade » n'ont plus ici de lieu; ils y feraient longueur; ils y seraient hors de place; ils y nuiraient à l'impression d'exactitude et de réalité. Ce que la comédie perd donc en profondeur, on peut dire qu'elle le regagne en étendue ou en diversité. Si le gain ne répare ni ne compense tout à fait la perte, il la rend moins sensible; et c'est pourquoi, — c'est peut-être aussi parce que ce genre de comédie est plus facile à traiter, — les écrivains contemporains s'y empressent à l'exemple et sur les traces de Dancourt [1].

Ils y sont d'ailleurs encouragés par le succès d'un livre fameux, dont on ne saurait exagérer l'influence sur le théâtre et sur le roman de la fin du xviie siècle. Je veux parler de ces *Caractères*, où La Bruyère, prêchant d'exemple, a montré que la diversité des caractères humains, — bien loin de se borner comme le croira Voltaire, à cinq ou six exemplaires identiques, — était inépuisable! Son Théodecte en effet et son Eutyphron se ressemblent-ils? son Ménalque et son Onuphre? son Phidippe et son Cliton? son Irène et son Elmire? Et pourquoi ne se ressemblent-ils pas? La Bruyère, Messieurs, le sait et l'a dit lui-même : « C'est qu'il se fait

---

[1]. Voir, sur *la Comédie de Dancourt*, le livre de M. J. Lemaître.

généralement dans tous les hommes des combinaisons infinies de la puissance, de la faveur, du génie, des richesses, de la dignité, de la noblesse, de la force, de la capacité, de la vertu, du vice, de la faiblesse, de la stupidité, de la pauvreté, de la puissance, de la bassesse; » et c'est que ces choses, « mêlées ensemble en mille manières différentes et compensées l'une par l'autre en divers sujets, forment aussi les différents états et conditions ». Vous entendez bien sa pensée. Tous ici, tant que nous sommes, nous avons tous deux yeux, un nez, une bouche, des lèvres, des oreilles. Mieux que cela! tous ces traits sont respectivement disposés de la même manière, — le nez au-dessus de la bouche et le front au-dessus du nez; — et cependant, de tant de visages, il n'y en a pas un qui n'ait sa physionomie, bien à lui, partout reconnaissable, facile à distinguer, impossible à confondre [1]. Mais ce qui est vrai du physique l'est encore bien plus du moral, où ce ne sont pas, Messieurs, cinq ou six traits seulement, mais une infinité de traits qui s'entre-croisent « en mille manières différentes », comme dit La Bruyère, et qui forment ainsi tout autant de combinaisons nouvelles, — et de complexions, et d'états, et de conditions.

C'est de là, Messieurs, que va bientôt se dégager et sortir la formule ou la loi du roman moderne. Assez informés de « l'homme en général », c'est l'homme en particulier que nous voudrons désormais connaître; assez informés par Tartufe et par Harpagon de l'avarice et de l'hypocrisie absolues, de ce qu'elles ont de commun

---

1. Je ne fais ici que reproduire une comparaison de Marivaux, dans son *Spectateur français* : « Je regardais passer le monde, je ne voyais pas un visage qui ne fût accommodé d'un nez, de deux yeux et d'une bouche; et je n'en remarquais pas un sur qui la nature n'eût ajusté tout cela dans un goût différent. »

dans tous les hommes dont elles sont le vice, nous voudrons savoir maintenant en quoi l'hypocrisie d'un grand seigneur ou l'avarice d'un bourgeois diffèrent exactement de celle d'un paysan ou d'une vieille dévote. Les aventures qui nous intéresseront, ce ne seront plus proprement les nôtres, mais celles des gens qui vivent autrement que nous, dans un autre milieu; ce sera, comme de nos jours, la vie du mineur dans sa mine (cf. *Germinal*), de l'ouvrier dans son garni (cf. *l'Assommoir*), du marin sur son navire (cf. *Mon Frère Yves, Pêcheur d'Islande*). Ce qui provoquera notre curiosité, c'est la déformation que les sentiments généraux de l'humanité subiront en se réfractant comme au travers des conditions, des professions, des métiers. Nous demanderons que l'on nous dise comment le marin aime la femme dont il est séparé pendant des mois ou des années entières; si peut-être et souvent la brusquerie native, ou la grossièreté même du langage, ne recouvrent pas un fonds d'affection plus solide que la politesse ou l'exquise urbanité des manières; et ce qu'encore de certaines professions tantôt ajoutent ou tantôt enlèvent de délicatesse ou de profondeur aux sentiments, d'élévation ou de distinction aux idées. Voilà l'art moderne, moins pur assurément de formes ou de lignes, mais plus psychologique et plus voisin de nous que l'ancien; voilà, — pour le dire en passant, — l'explication du succès prodigieux du roman de mœurs dans le siècle où nous sommes; et voilà pourquoi c'est à la fin du xviie siècle aussi qu'il commence de paraître, avec Courtilz de Sandras, l'auteur des *Mémoires de Rochefort* et de *d'Artagnan*; avec Mlle de La Force, avec Mme de Murat, avec Mme d'Aulnoy; avec l'auteur du *Diable boiteux*, de *Gil Blas*, et aussi de ce *Turcaret*, — auquel enfin nous arrivons.

II

Je ne m'excuse pas, Messieurs, du long détour que je vous ai fait faire avant et pour y arriver; ou plutôt, c'est si je ne l'avais pas fait que vous seriez en droit de vous plaindre. Songez en effet que *Turcaret* est de 1709, et, ainsi, séparé de *Tartufe* par un intervalle de plus de quarante ans. Or, dans ces quarante ans, nous ne pouvions guère trouver d'autre pièce à vous représenter, puisque aussi bien Regnard ayant fourni sa carrière de 1696 à 1708, la même date revenait toujours. Mais, d'un autre côté, je ne pouvais pas sauter comme à pieds joints par-dessus quarante ans d'histoire; je ne pouvais pas ne pas essayer de vous montrer ce qui se préparait sous ce néant apparent; — et c'est ce que je viens de faire...

J'ajoute qu'aussi bien le *Turcaret* de Le Sage résume en lui, pour ainsi parler, tout ce que nous venons de dire, et qu'avec des qualités qui seraient de premier ordre, si *Tartufe* n'existait pas, la pièce a justement les défauts qu'il nous faut pour achever de nous ouvrir les yeux sur la transformation de la comédie de caractères en drame ou en roman.

En effet, l'objet principal est bien ici, comme dans les comédies de Dancourt, la peinture des mœurs du temps, celle du monde interlope, celle surtout du pouvoir nouveau de l'argent. Nouveau? Je ne sais si je me fais entendre, et je ne veux pas dire par là que l'argent n'ait pas été trop puissant de tout temps. Cependant, au XVIIe siècle, à la cour de Louis XIV, si grand que fût le pouvoir de la fortune, il était contrebalancé par celui de la noblesse ou du sang. Il le sera bientôt, dans la

France du xviiie siècle, grâce à Voltaire et grâce à Rousseau, par le pouvoir de l'esprit. Mais, au temps de Le Sage, et précisément aux environs de 1710 ou, si vous l'aimez mieux, entre 1670 et 1730 à peu près, le pouvoir de l'esprit ne faisant que de naître, et, déjà, celui du sang ne comptant presque plus ou perdant du terrain chaque jour, l'argent est maître, l'argent est roi; — et c'est en quoi d'abord le *Turcaret* de Le Sage réalise la définition de la comédie de mœurs. *Turcaret* est de son temps, et il en exprime l'un des caractères essentiels. Conformément à l'exemple de Dancourt, la peinture des mœurs y est comme répartie entre tous les personnages; et si l'argent engendre quelques ridicules ou quelques vices qui lui soient vraiment particuliers, tout le monde en tient dans la pièce, la baronne autant que Turcaret, et Mme Jacob, et M. Rafle, et M. Furet, et Frontin... sans parler de Lisette ni du chevalier. Ai-je besoin d'ajouter, qu'avec le même esprit de justice, tout ce qui pouvait lui servir à peindre la corruption régnante, Le Sage le leur a partagé? Jamais peut-être on n'a mis semblable collection de gredins à la scène;... et cela ne laisse pas de rendre la représentation de *Turcaret* d'abord quelque peu déplaisante.

Car il en résulte une absence entière d'intérêt dramatique. Les prodigalités de M. Turcaret le ruineront-elles? Sa baronne épousera-t-elle ou non son chevalier? Frontin réussira-t-il à dépouiller son maître? Toutes ces questions nous laissent indifférents. Nous ne prenons ici d'intérêt qu'à la peinture des personnages, ou plutôt à celle de M. Turcaret. Et n'est-ce pas ici le principe d'une illusion qu'il semble que l'on se fasse quand on continue de voir en *Turcaret* une comédie de caractères? Si c'est en effet un caractère que d'être hypocrite ou avare, ce n'en est pas un d'être *financier*, pas plus que d'être militaire ou négociant, je suppose; et la preuve, c'est qu'il y a, c'est que nous connaissons des financiers de tous les caractères. Comme il y en a de bruns et de blonds, il y en a, vous le savez, de généreux, s'il y en a d'avares; il y en a d'onctueux, il y en a de brutaux; il y en a, en deux mots, comme des ingénieurs et comme des architectes, de toutes les espèces. Mais ce qu'il faut dire, c'est que *Turcaret* est une comédie de mœurs, traitée par les moyens de la comédie de caractères, c'est-à-dire où les « situations » sont subordonnées aux exigences de la peinture du personnage; où les scènes épisodiques abondent, sans autre utilité que d'achever de peindre M. Turcaret, de nous apprendre ses origines, comment il se procure les diamants qu'il donne, ou comment il a fait sa fortune; et une comédie, enfin, où manquerait non seulement l'intérêt, mais l'action, si ce n'était le personnage, de Frontin.

Au moins, sans se préoccuper de l'intrigue, et en la laissant aller comme d'elle-même, si Le Sage avait eu d'autre part l'heureuse audace de Molière, et s'il avait fait des opérations d'argent de Turcaret le vrai sujet de sa pièce! S'il nous avait montré son personnage à l'œuvre, comme Tartufe! Et, si de la grande scène de M. Turcaret avec M. Rafle, au lieu de n'en faire que de mauvaises plaisanteries, il en avait tiré ce qu'elle contient de drame! Cet enfant de famille, « auquel M. Turcaret prêta, l'année passée, trois mille livres... et dont l'oncle, avec toute la famille, travaille actuellement à le perdre »; — ou ce caissier « qu'il avait cautionné et qui, par son ordre, vient de faire banqueroute de deux cent mille écus »; — ou encore « ce grand homme sec qui lui donna deux mille francs pour une direction qu'il lui avait fait avoir à Valogne », si Le Sage nous les avait montrés! et Turcaret traitant avec eux! et l'argent corrompant les consciences, désagrégeant les caractères, suscitant autour de lui, non pas plus, si vous le voulez, mais autant de hontes que de ridicules, et de crimes que de vices! Seulement, Messieurs, vous le voyez, ce n'était plus alors une comédie, c'était un drame! Autre preuve encore de ce que nous disions l'autre jour, que la comédie de caractères poussée à fond tend vers le drame comme vers sa limite! Mais autre preuve aussi de la difficulté de traiter la satire sociale au théâtre, puisque, tout inoffensif et anodin que nous semble aujourd'hui le *Turcaret* de Le Sage, — en comparaison de ce qu'il pouvait être, — cependant on raconte que les financiers offrirent à l'auteur jusqu'à cent mille livres s'il voulait retirer sa pièce! et, ce qui est certain, c'est que, pour la faire enfin paraître aux chandelles, il ne fallut pas moins que l'intervention de Monseigneur, fils de Louis XIV. Le Sage était un vrai Breton!

Non pas, après cela, que *Turcaret* n'ait de rares mérites, qui justifient sa réputation, et que je serais impardonnable de ne pas vous signaler. Ainsi, j'en admire beaucoup la justesse, la force, et la vérité de style. Le Sage n'est pas un grand esprit. C'en est même un médiocre, de peu d'étendue, de peu de portée, qui n'a jamais pensé bien haut ni bien profondément, ni peut-être pensé du tout. Mais c'est un observateur exact et pénétrant, qui sait voir, qui rend bien ce qu'il voit, et dont je dirais volontiers que le style exprime souvent plus qu'il ne voit ou qu'il ne croit voir lui-même. Cette bonne fortune est échue quelquefois à nos naturalistes. Ils ne se proposent que d'imiter la nature, que de la copier, mais ils la copient quelquefois tout entière; et alors, l'image qu'ils nous en donnent équivaut à la nature même, aussi pleine de sens, aussi instructive, et, comme nous disons, aussi *suggestive* qu'elle. C'est souvent le cas de Le Sage, dans son *Turcaret* comme dans son *Gil Blas*. Il a quelquefois l'air profond : mais ce n'est pas lui qui l'est, c'est son modèle, si je puis ainsi dire, dont la justesse de son œil et la fidélité de sa main, en nous rendant jusqu'aux moindres traits, nous rendent donc aussi la signification ou le sens caché. N'en va-t-il pas de même dans la réalité? et, tous les jours, un fait-divers, perdu dans la foule des autres, n'ouvre-t-il pas à quelqu'un de nous, lui tout seul, des horizons ou des perspectives infinies sur la vie?

De là, dans *Turcaret*, sous l'apparence caricaturale, et en dépit de l'intention de tourner tout au rire, de là, ce que j'appellerai la solidité de l'observation. Oui, Le Sage est plus vrai qu'on ne croit, ses portraits sont plus ressemblants, son *Gil Blas* et son *Turcaret* ont quelque chose de plus authentique, et pour ainsi parler, de plus « documentaire » qu'on ne le veut bien dire. Je ne pense pas qu'il soit besoin de vous démontrer la réalité de sa baronne; mais voici, par exemple, son marquis de La Tribaudière, toujours entre deux vins, et ne faisant d'excès que de sobriété... Il s'était appelé le marquis de La Fare, et, autrefois, dans sa première jeunesse, son grand amour pour la charmante Mme de La Sablière avait fait l'étonnement et l'admiration du beau monde :

Je fus voir hier à quatre heures après-midi, — nous dit le chevalier de Bouillon dans une lettre à Chaulieu, — M. le marquis de la Fare, en son nom de guerre, M. de la Cochonière, croyant que c'était une heure propre à rendre une visite sérieuse; mais je fus bien étonné d'entendre, dès la cour, des ris immodérés, et toutes les marques d'une bacchanale complète. Je poussai jusqu'à son cabinet, et je le trouvai en chemise, entre son *remora* et une autre personne de quinze ans, son fils l'abbé versant des rasades à deux inconnus, des verres cassés, plusieurs cervelas sur la table, et lui assez chaud de vin. Je voulus, comme son serviteur, lui en faire quelque remontrance; je n'en tirai d'autre réponse que : Ou buvez avec nous ou allez vous promener. Il ne parla pas tout à fait si modestement. J'acceptai le premier parti, et en sortis à six heures du soir ivre-mort.

Voilà le marquis de La Tribaudière en propre original, et voici maintenant M. Turcaret en personne. C'est Mme de Tallard, chargée par Louis XV de faire à Samuel Bernard les honneurs de Versailles, qui nous raconte elle-même l'entrée du personnage dans son appartement :

On annonce le duc d'Ayen, qui fait son entrée en poussant devant lui une figure incroyable ; tout le monde croit voir Turcaret ou le Bourgeois gentilhomme. Au-dessus d'une assez belle figure, il avait une perruque immense et, sur sa grande taille, un habit, ou plutôt une espèce de pourpoint de velours noir, veste et doublure de satin cramoisi, brodés en or, et une grande frange à crépines d'or au bas de sa veste, que sais-je ? une cravate de dentelle, des bas brodés en or et roulés sur les genoux, enfin des souliers carrés avec la pièce rouge.

Je me lève bien vite, prends mon air sérieux et complimenteur, et allant au-devant de lui, dès que le duc d'Ayen me l'a nommé, je lui parle du service qu'il a rendu au roi, et, après quelques lieux communs, je lui propose un brelan :

« — C'est, lui dis-je, un jeu fort agréable : on y joue ce qu'il plaît, on le quitte quand on veut.

— Pour moi, répond Bernard, je ne le quitte jamais : il m'amuse beaucoup, j'y joue presque tous les soirs, pour m'empêcher de dormir de trop bonne heure.

— Eh bien, lui dis-je, pour vous tenir éveillé, monsieur, je ferai votre partie, et je vais proposer à ces dames d'en être. »

On en profita pour le dépouiller... Mais ne diriez-vous pas, Messieurs, d'une scène de *Turcaret*? Et si vous vous avisiez que l'anecdote est de vingt ans postérieure à la comédie de Le Sage, le théâtre aurait alors anticipé sur la réalité. Il y avait d'ailleurs, en ce temps-là, plus d'un Samuel Bernard comme plus d'un La Fare. On le vit bien, vous le savez, quand le duc d'Orléans inaugura sa régence en 1716, par « faire rendre gorge aux traitants », dont le fameux Paparel, le propre beau-père de La Fare.

III

A cette vérité d'observation et à cette justesse de style, si nous ajoutions maintenant la force comique, nous aurions, je crois, rendu justice à Le Sage. Mais ce mérite est de ceux qu'il est plus facile de sentir que de définir, et, puisque vous allez en avoir l'occasion tout à l'heure, je vous en laisse juges. Il suffit, Messieurs, que vous ayez vu que la part de Le Sage est assez belle dans l'histoire du théâtre français pour nous obliger à nous poser deux questions encore. Pourquoi *Turcaret* n'a-t-il pas eu plus d'imitateurs? n'a-t-il pas fait école? et pourquoi Le Sage lui-même, ayant si bien commencé, n'a-t-il pas continué?

Pour ce qui est de la seconde question, il semble qu'il ait eu des difficultés avec les comédiens. Les comédiens, vous ne l'ignorez pas, étaient alors un peu les maîtres des auteurs, et Voltaire même, Voltaire, chargé de gloire et d'années, n'en fera pas tout ce qu'il voudra. C'est Beaumarchais qui les remettra à leur rang. Mais quelle est la nature de ces difficultés? Nous ne le savons point, et je ne vois pas qu'après tout il soit bien curieux ou bien intéressant de s'en enquérir.

Il en est autrement de la première question, et, quoiqu'elle soit de celles auxquelles il est toujours difficile ou même imprudent de vouloir répondre, on peut cependant l'essayer. Par exemple, ne peut-on pas dire que la question d'argent est trop grave, d'une nature ou d'une espèce trop particulière, pour être traitée par la comédie? Car, là où l'argent manque, il y a trop d'humiliations, trop de souffrances, trop de misères, pour qu'il ne soit pas inhumain d'en rire ; et là où il abonde, il apporte avec lui trop de responsabilités pour que quiconque s'y dérobe n'en soit puni que par le rire. Voyez plutôt les romans de Balzac... Mais si la question d'argent ne saurait être traitée au théâtre ni par la comédie, ni sans doute par la tragédie, — dont, en s'y mêlant, elle dégraderait l'idéale dignité, — que reste-t-il, Messieurs ? Il reste qu'elle soit traitée par le drame ou par le roman ; et, en effet, c'est ce que nous verrons se produire, à mesure que, dans des sociétés plus compliquées, composées de plus de parties, et plus divisées, la question d'argent prendra plus d'importance.

Je n'insiste pas sur une autre raison : qui est que la satire des conditions, d'une manière générale, est plus à l'aise, plus au large, dans le roman qu'au théâtre. Si j'en ai déjà dit un mot, c'est une question que nous examinerons de plus près quand nous en serons à parler de Diderot. Mais ce que je puis vous faire dès à présent observer, c'est qu'il était bien difficile, dans les dernières années du xviie siècle, que le développement de la comédie de mœurs ne souffrît pas de la concurrence du roman. Autre exemple, Messieurs, de l'analogie de l'histoire des genres littéraires avec celle des espèces naturelles. En tout genre et en tout temps, comme il se produit plus d'œuvres qu'il n'en saurait durer, il doit y avoir, et il y a, dans chaque cas « lutte pour l'existence » ; et dès que deux genres aussi voisins l'un de l'autre que le roman et la comédie de mœurs entrent en lutte, il faut que l'un des deux. ou succombe, ou cède au moins à l'autre. C'est ce qui s'était vu au commencement du xviie siècle.

> Mais on ne parle plus qu'on fasse de romans ;
> J'ai vu que notre peuple en était idolâtre,

disait un personnage de *la Galerie du Palais*, en 1634, et le libraire lui répondait :

La mode est maintenant aux pièces de théâtre.

Et, en effet, Messieurs, c'était le temps où la tragi-comédie, celle de Mairet et de Rotrou, qui répondait à peu près aux mêmes besoins d'esprit ou aux mêmes goûts que le roman d'aventures, celui de Gomberville et d'Honoré d'Urfé, en triomphait, et lui enlevait pour ainsi dire ses auteurs ordinaires avec sa clientèle. Inversement, dans le temps où nous sommes, si la prodigieuse fécondité du roman n'en est pas la seule cause, croyez pourtant qu'elle est bien l'une des causes de la stérilité relative du théâtre depuis tantôt vingt-cinq ou trente ans. Il n'y a jamais de place pour tous les genres à la fois dans l'histoire de la littérature ; et, comme dans la nature même, plus les genres sont voisins, plus la concurrence qu'ils se font entre eux est vive, acharnée, sans relâche, et se termine toujours par la défaite ou la retraite de l'un d'eux.

Or, au commencement du xviiie siècle, le roman, vous le savez, prenait justement conscience de lui-même. Roman de mœurs avec *Gil Blas*, roman d'amour ou de passion avec *Manon Lescaut*, roman psychologique avec *Marianne*, le roman, d'un genre inférieur qu'il avait été jusqu'alors, et regardé comme uniquement bon à divertir les enfants et les femmes, s'élevait à la dignité d'un genre littéraire. Pour que la comédie soutînt la concurrence, il lui eût fallu d'autres défenseurs que Le Sage ; il eût fallu surtout que l'auteur de *Turcaret* ne fût pas en même temps celui de *Gil Blas*! Elle allait donc chercher des directions nouvelles, et, en les cherchant, elle allait essayer, comme il arrive toujours, d'emprunter d'abord au roman lui-même quelques-uns des moyens qui le faisaient réussir.

Dufresny, si on le voulait, en pourrait servir d'exemple, ce Dufresny dont je vous disais tout à l'heure qu'il avait essayé le premier de secouer l'influence de Molière. Je lis en effet, dans le *Prologue* du *Négligent*, sa première pièce, les curieuses réflexions que voici. M. Oronte, riche bourgeois, voulant donner la comédie chez lui, s'entretient avec « un poète » dont la pièce ne lui a pas plu :

ORONTE
Monsieur, je suis surpris que vous ayez fait une comédie en prose, puisque vous avez tant de facilité à faire des vers.

LE POÈTE
Cette facilité ne fait rien à la chose :
    Je ne plains ni peine ni temps
    Pour réussir quand je compose,
    Et voici comment je m'y prends.

D'abord, pour ne point me gêner l'esprit, j'ébauche grossièrement mon sujet en vers alexandrins, et, petit à petit, en léchant mon ouvrage, je corromps avec soin la cadence des vers, et je parviens enfin à réduire le tout en prose naturelle.

ORONTE
Vous croyez donc qu'une comédie est plus parfaite en prose qu'en vers ?

LE POÈTE
Oui, sans doute; et il n'est pas naturel qu'on parle en vers dans une comédie....

Un autre passage n'est pas moins intéressant :

LE POÈTE
Que manque-t-il donc à ma pièce ?

ORONTE
Des caractères, monsieur, des caractères... et des portraits.

LE POÈTE
Ah! ah! nous y voilà! des caractères, des portraits....
Votre discours me fait soupçonner.... que vous êtes un peu *Moliériste*.

Vous voyez, Messieurs, que le mot n'est pas d'hier!

ORONTE

Je ne m'en défends point, et je tiens qu'on ne peut réussir sur le théâtre qu'en suivant Molière pas à pas....

LE POÈTE

Molière a bien gâté le théâtre. Si l'on donne dans son goût : Bon, dit aussitôt le critique, cela est pillé, c'est Molière tout pur; s'en écarte-t-on un peu : Oh! ce n'est pas là Molière.

Dufresny s'en écarta, mettant même quelque amour-propre, quelque coquetterie d'auteur à donner, sous le titre de *la Malade sans maladie*, telle comédie dont ce titre ne fait précisément qu'accuser la différence avec *le Malade imaginaire*. Il essaya surtout de varier l'intrigue, de la rendre déjà plus « intéressante »; et il est vrai qu'ayant moins d'invention que de bonne envie d'en avoir, il y a rarement réussi. Mais c'était une indication, et ses successeurs en allaient profiter.

D'un autre côté, Destouches, revenant d'Angleterre, où le goût naturel qu'il avait pour le romanesque n'avait pu manquer de devenir plus vif ou plus prononcé, n'allait pas précisément en rapporter un théâtre nouveau, mais enfin, tout en continuant de composer des comédies de caractères, telles que *le Médisant*, *le Philosophe marié*, *le Grondeur*, il allait essayer, comme Dufresny, de mettre un peu plus d'imprévu dans sa fable; et déjà, comme La Chaussée, comme Diderot plus tard, de mêler le sentimental, sinon le tragique, au comique. Il allait s'efforcer aussi de « moraliser » le théâtre; et il faut convenir qu'après tout, — n'y ayant rien de moins « moral » que le théâtre de Regnard, si ce n'est celui de Dancourt, — l'entreprise, assurément, ne partait pas d'un mauvais naturel. Et, pour toutes ces raisons, on peut croire, Messieurs, que dès lors, aux environs de

1725 ou de 1730, l'évolution de la comédie se se.
déterminée dans le sens du drame, si un homme d'esprit n'était intervenu, très original et très particulier,
qui, lui, quoique romancier, n'aimant pas beaucoup les
histoires tragiques, ni même, — et après avoir cependant
commencé par en faire, — les romans trop romanesques,
allait s'aviser, pour maintenir la comédie dans les
régions tempérées du sourire, de quitter les traces de
Molière; se mettre à l'école de Racine; et, par une ingénieuse imitation, adaptation, ou transposition, tirer
d'*Andromaque* et de *Bajazet* ces petits chefs-d'œuvre de
finesse, d'analyse et de préciosité, qui sont *le Jeu de
l'amour et du hasard* et *les Fausses Confidences*.

24 décembre 1891.

NEUVIÈME CONFÉRENCE

RHADAMISTHE ET ZÉNOBIE

I. — Des destinées de la tragédie entre Racine et Crébillon. — Le *Manlius Capitolinus* de La Fosse. — Quelques mots de Saint-Réal. — La tragédie se laisse envahir à son tour par le roman. — Comment travaillait Crébillon. — Les sources de *Rhadamisthe*. — L'imitation systématique. — II. Conséquences de la rentrée du romanesque dans la tragédie. — L'affaissement des volontés. — Le rôle de la « méprise » et de la « reconnaissance ». — Digression à ce sujet, et pourquoi la reconnaissance et la méprise sont les moyens essentiels du mélodrame et du vaudeville. — Une autre conséquence du romanesque est encore la diminution de l'intérêt général du sujet. — III. Que vaut aujourd'hui *Rhadamisthe*? — Une citation de Fréron. — L'origine du mélodrame. — Effet parallèle de *Rhadamisthe* et de *Turcaret*. — La fin de la tragédie.

Mesdames et Messieurs,

Le grand Corneille et le tendre Racine venaient d'être plongés dans les ténèbres du tombeau : leurs mausolées étaient placés aux deux côtés du trône qu'ils avaient occupé. La Muse de la tragédie était penchée sur l'urne de Pompée, et fixait des regards de désolation sur Rodogune, Cinna, Phèdre, Andromaque et Britannicus. Elle était tombée dans une léthargie profonde; son âme, usée par la douleur, n'avait plus la force que donne le désespoir; dans l'excès de son abattement, son poignard était échappé de ses mains. Un mortel, fier et courageux, enveloppé de deuil, s'avance avec intrépidité, ramasse le poignard, et s'écrie : « Muse, ranime-toi, je vais te rendre ta splendeur. »

La Terreur entendit sa voix et parut sur la scène : « Tu me rappelles à la lumière, et ton génie me donne un nouvel être, » dit-elle avec transport.

A ces mots, elle saisit une coupe ensanglantée, marcha devant lui, et fit retentir le Mont Sacré du nom de Crébillon. La muse reprit ses sens; les cendres de Corneille et de Racine se ranimèrent, et leur successeur fut placé sur le trône entre les deux tombeaux.

La mort impitoyable l'en a précipité....

C'est, Messieurs, en ces termes — je ne veux pas dire emphatiques, mais un peu trop éloquents peut-être, — qu'il y a cent trente ans, le 22 janvier 1763, un homme d'infiniment d'esprit, l'aimable abbé de Voisenon, l'heureux successeur à la fois du maréchal de Saxe dans les bonnes grâces de Mme Favart, et de Prosper Jolyot de Crébillon à l'Académie française, célébrait la mémoire toute récente encore du moins glorieux de ses deux prédécesseurs....

I

Si vous allez tout à l'heure, en voyant jouer *Rhadamisthe et Zénobie*, souscrire à ce pompeux éloge, non seulement, Mesdames et Messieurs, je l'ignore, mais je ne veux pas même essayer de le prévoir. Ce serait trop m'aventurer. Il y a plus d'un demi-siècle, en effet, que l'on n'a joué *Rhadamisthe* sur une scène française, puisque c'était le 28 mai 1829, et ni vous ni moi n'étions nés, ou du moins ne fréquentions le théâtre, en ce temps-là. N'est-ce pas peut-être une raison pour que la pièce vous intéresse, et qu'à défaut de tout autre attrait elle ait au moins celui d'une espèce de nouveauté?... Mais, ce qui subsiste en tout cas du jugement de Voisenon, homme de théâtre lui-même, et ce qu'il est tout d'abord intéressant d'en retenir, c'est, en premier lieu, l'estime singulière que vous voyez que l'on faisait encore, en 1763, de Crébillon le tragique ; [1] et c'est, en second lieu, cette remarque, assez importante pour l'histoire du théâtre, qu'au témoignage des meilleurs juges, en 1763, — non plus encore, mais déjà ! — on ne trouvait à nommer, entre Racine, qui avait cessé d'écrire en 1677, et Voltaire, dont la première tragédie, son *Œdipe*, est de 1718, on ne trouvait à citer que le seul Crébillon. Tous les autres avaient disparu....

Ce n'est pas, à la vérité, que l'on n'ait essayé plus d'une fois depuis lors de combler, de remplir, de diminuer au moins ce long intervalle de près de cinquante ans ; et, sans reparler ici de Pradon ni de Longepierre, de l'abbé Abeille ni de l'abbé Genest, on a réclamé tour à tour pour Campistron, dont l'*Andronic*, — son prétendu chef-d'œuvre, — est de 1685, ou pour La Fosse, dont le *Manlius Capitolinus* parut en 1698. Jusque dans les dernières années de la Restauration, Villemain, par exemple, mettait encore *Manlius* fort au-dessus du médiocre. Même, il y trouvait des parties admirables, et quelques-unes de « sublimes ». L'honneur en revenait sans doute à Talma. Mais aujourd'hui, Messieurs, si j'essayais de vous donner une idée de cette pièce « admirable », si je vous en lisais quelques vers seulement, vous seriez... dégoûtés, j'ose le dire, de ce qu'elle offre de ressemblances vraiment trop scandaleuses avec tout ce qui l'avait elle-même précédée [2].

---

1. On l'appelle « Crébillon le tragique » pour le distinguer de son fils, que l'on pourrait appeler « Crébillon le polisson ». Ils furent d'ailleurs tous les deux « Crébillon le Censeur ».

2. Villemain avait vu Talma dans *Manlius*; il nous le dit lui-

Je me bornerai donc à vous signaler en passant la seule raison que j'eusse de nommer *Manlius* et *Andronic* : c'est que ce sont deux des premières pièces où, sous le

même ; et sans doute le génie de l'acteur l'a trompé sur la valeur de la pièce. Voici quelques vers de *Manlius* :

> Je viens savoir de vous, Seigneur, ce qu'il faut croire.
> D'un bruit qui se répand et blesse votre gloire...

C'est le discours d'Achille dans *Iphigénie* :

> Un bruit assez étrange est venu jusqu'à moi....

On lit plus loin :

> Et suis-je criminel quand, par un doux accueil,
> J'apaise leur courroux qu'irrite son orgueil?

C'est du Molière, dans le *Misanthrope* :

> Puis-je empêcher les gens de me trouver aimable?
> Et lorsque pour me voir ils font de doux efforts,
> Dois-je prendre un bâton pour les mettre dehors?

Continuons :

> Ainsi, père cruel, ainsi ta barbarie,
> En éclatant sur moi tombe sur Valérie!

C'est du Corneille :

> Père barbare, achève, achève ton ouvrage,
> Cette seconde hostie est digne de ta rage!

Terminons par un dernier exemple :

> Ah! si le seul récit m'a pu faire frémir,
> Quel serai-je, grands Dieux, au spectacle terrible
> De tout ce qui peut rendre une vengeance horrible!
> Ah! fuyons, dérobons nos mains à ces forfaits?
> Mais où fuir?...

C'est le passage assez connu de *Phèdre*.
Tel est La Fosse quand il imite ; mais quand il est livré à lui-même, trois vers entre cent autres, suffiront pour donner une idée de son style :

> *Je sais* qu'en nos projets l'ardeur qui nous inspire
> Vous *saura* suggérer tout ce qu'il faudra dire.
> Ce n'est pas tout encore, vous *avez su*, je croi,
> Qu'hier Servilius est arrivé chez moi.

Voyez sur *Manlius* une lettre de Voltaire à d'Argental, datée du mois de juillet 1751.

déguisement des noms grecs et romains, on ait essayé de traiter, comme autrefois Racine en son *Bajazet*, des sujets presque modernes. *Manlius* en effet... c'est *Manlius* : mais c'est aussi la conjuration des Espagnols contre Venise, et le sujet déjà traité par l'Anglais Thomas Otway seize ans auparavant dans sa *Venice preserved*; de même qu'*Andronic* c'est, si l'on veut, une intrigue de la cour de Byzance, mais c'était aussi l'histoire de don Carlos et de Philippe II, et c'est le sujet que Schiller traitera plus tard dans son *Don Carlos*. Il ne vous paraîtra pas indifférent, après cela, de savoir que l'un et l'autre sujet sont empruntés de l'abbé de Saint-Réal, un historien romancier presque plus oublié lui-même que La Fosse et que Campistron, mais plus injustement peut-être. C'est un nouvel exemple de cette pénétration réciproque du roman et du théâtre dont nous avons eu l'occasion de dire déjà quelques mots en parlant de *Turcaret*; — et les deux genres vont faire entre eux maintenant des échanges plus nombreux tous les jours.

Non que Corneille et Racine eux-mêmes, une ou deux fois, n'eussent dérivé leur inspiration de cette source inférieure, — Corneille en son *Don Sanche d'Aragon*, et Racine en son *Bajazet*, peut-être même en son *Mithridate*, — mais enfin, d'une manière générale, et par opposition à leurs contemporains, ou surtout à leurs prédécesseurs, l'histoire leur avait en général suffi, comme la nature à Molière, je veux dire Tite-Live et Tacite, la poésie, la mythologie, les *Actes des Martyrs*, l'Ancien Testament. Et, en effet, l'expérience le prouve, le mélange du roman et du drame, utile ou même avantageux quelquefois au roman qu'il « nourrit » pour ainsi dire, et dont il fortifie l'intrigue, est au contraire presque toujours dangereux au drame, et toujours funeste à la tragédie. C'est précisément ce que nous allons voir en nous occupant de *Rhadamisthe* et de Crébillon. Grand liseur de romans, admirateur passionné de ce Gascon de La Calprenède, c'est du théâtre romanesque, si jamais il en fut, que Crébillon a fait; — et rien que du théâtre *romanesque*. Même quand on croirait qu'il s'inspire de l'histoire, comme justement dans *Rhadamisthe*, c'est un roman qu'il a sous les yeux pour modèle, dont il essaye d'imiter le genre d'intérêt. Et là, dans cette perpétuelle confusion des moyens du drame avec ceux du roman, là est d'abord son originalité, sa fâcheuse originalité d'ailleurs, mais enfin son originalité.

Voulez-vous le voir à l'œuvre? Il n'y a rien de plus aisé : c'est un bon homme, de ceux dont on dit qu'ils n'y entendent point malice, et ses procédés ne sont guère moins transparents que ceux de Regnard. Au cours de ses lectures, en caressant ses chats ou en fumant sa pipe, une aventure de roman l'a donc frappé : celle de Zénobie, je suppose, que l'on a prétendu parfois qu'il avait tirée de la *Cléopâtre* de La Calprenède, ce qui est une erreur, ou des *Annales* de Tacite [1], ce qui en est

---

1. On lit, dans une *Notice* de M. Auguste Vitu sur Crébillon : « *Rhadamisthe et Zénobie*, qui se place immédiatement après *Électre* dans l'ordre chronologique, est évidemment la seule tragédie de Crébillon qu'on puisse qualifier de romanesque : *cela ne suffit pas à justifier la prédilection qu'on lui attribue pour les fictions de La Calprenède*, qui, cinquante ans après la mort de ce célèbre auteur gascon, *devaient être singulièrement oubliées et démodées*. Un biographe fantaisiste a découvert qu'il serait curieux de rechercher et de transcrire les passages de La Calprenède imités par Crébillon; que ne les recherchait-il et ne les transcrivait-il lui-même? Je crois qu'il y aurait perdu son temps. Ce n'est ni dans les dix volumes de *Cassandre*, ni dans les vingt-trois volumes de *Cléopâtre* que Crébillon puisa la première idée de *Rhadamisthe*, mais tout simplement dans les *Annales* de Tacite. »

De dire qu'il y ait dans ce passage presque autant d'erreurs que de lignes, ce serait exagérer, mais il ne s'en faut de guère. *Rhadamisthe et Zénobie* n'est pas « la seule tragédie de Crébillon

une autre : il l'a tirée d'un roman en plusieurs volumes,
qui parut de 1648 à 1651, sous le titre de *Bérénice*, sans
nom d'auteur, et que les bibliographes attribuent généralement à Segrais. Il ne vaut ni plus ni moins que tant
de romans du même genre et de la même époque....

qu'on puisse qualifier de romanesque », on le verra de reste,
et tout de suite, si seulement on s'entend sur le sens du mot
romanesque; et son *Idoménée*, son *Atrée*, son *Électre*, son *Pyrrhus*
ne sont pas moins romanesques que son *Rhadamisthe*.

« La prédilection *qu'on* attribue à Crébillon pour les romans
de La Calprenède » nous est attestée par son fils, dans un *Éloge
historique* qu'il a fait de son père ; et si ce fils unique, âgé de
plus de cinquante ans quand son père mourut, n'en connaissait
pas les « prédilections » et les goûts, je demande à quels témoins
l'histoire se fiera désormais ?

Il est d'ailleurs possible que « les fictions de La Calprenède
dussent être singulièrement oubliées et démodées, cinquante ans
après sa mort », mais elles ne l'étaient pas, voilà le fait ; et nous
en avons pour preuve les deux rééditions de *Cassandre* mentionnées
par Quérard sous les dates de 1731 et de 1752, comme aussi les
trois abrégés qu'on a donnés de *Cléopâtre*, en 1753, 1769, et 1789.
Joignez-y les longues analyses de la *Bibliothèque des romans*. Les
grands conteurs, de la famille de La Calprenède et de Mlle de
Scudéri, ne sont précipités dans l'oubli que par d'autres grands
conteurs, comme un Prévost, qui passait encore aussi, lui, vers
1830, pour un maître du roman, jusqu'à ce qu'il eût à son tour
été détrôné par Dumas et par George Sand.

La *Cléopâtre* de La Calprenède n'a jamais eu vingt-trois volumes
mais *douze* seulement ; et il semble que ce soit assez.

Enfin, il est bien vrai que Tacite a raconté, dans ses *Annales*
— XII, 45 à 51, et XIII, 37, — la romanesque histoire de *Rhadamisthe
et Zénobie*, mais ce n'est point dans les *Annales* que Crébillon l'a
puisée, c'est dans la *Bérénice* de Segrais. L'*Histoire de Zénobie*,
racontée par elle-même, en remplit presque entièrement les deux
premiers volumes ; et si l'on veut la preuve que Crébillon s'est
bien inspiré du roman, la voici : c'est qu'il n'est fait mention
dans les *Annales* ni de la ville d'Artanisse, autant qu'il me souvienne, ni du personnage de « Mitrane, capitaine des gardes de
Rhadamisthe », lequel figure précisément dans le roman de Segrais,
sous ce titre singulièrement romanesque.

Au surplus, pour rétablir la vérité sur tous ces points, je n'ai
pas eu de longues recherches à faire, et, voulant parler de Crébillon, il m'a suffi de relire l'*Éloge* qu'en a fait d'Alembert, où,

En possession de son sujet, notre dramaturge commence par dégager de l'interminable récit du romancier tout ce qu'il peut retenir de violences, de meurtres ou d'assassinats, choses sanglantes, choses tragiques donc, choses pathétiques, à ce qu'il croit, par essence ou par définition. Il n'en extrait pas moins soigneusement tout ce qu'il y a trouvé d'occasions de monologues, de discours outrageux, de fureurs déclamatoires. Il rapproche aussi les uns des autres tous les coups de théâtre, et il obtient ainsi comme qui dirait un premier dessin de mélodrame. Alors, de même qu'en chimie, par exemple, on traite un corps au moyen d'un autre, il verse dans le roman de Segrais le *Mithridate* de Racine, ce qui lui donne une première réaction, ou si vous l'aimez mieux, une combinaison nouvelle; et voilà sa Zénobie ou son Isménie — c'est la même personne — placée, comme autrefois Monime, entre l'amour d'un père, Pharasmane, et des deux fils, Arsame et Rhadamisthe. Cette situation entre trois hommes est toujours délicate pour une femme, et vous savez que Célimène elle-même s'en est fort mal tirée! Mais elle devient terriblement scabreuse quand, au lieu d'être maîtresse encore de sa personne et libre de son choix, l'héroïne, comme dans *Rhadamisthe*, est déjà la captive du père, et la femme de celui des deux fils qu'elle n'aime pas. Aussi, Crébillon ne s'est-il pas

---

sans y attacher d'ailleurs aucune importance, il indique la *Cléopâtre*, ou la *Bérénice*, comme la source du sujet de *Rhadamisthe*. Voyez aussi les frères Parfaict, et Barbier : *Dictionnaire des Anonymes*.

Je finirai cette longue note en disant que si j'ai cru devoir la faire si longue, c'est qu'à ma connaissance la *Notice* de M. Vitu, avec une *Étude* de M. G. d'Hugues, professeur à la faculté de lettres de Dijon, — dont je dois la communication à l'obligeance de M. Stéphen Liégeard, — est la seule un peu récente qu'il y ait sur Crébillon.

cru capable d'y réussir lui tout seul et, avec une modestie qui l'honore, se souvenant fort à propos de Corneille, il a pensé qu'on lui saurait gré de prêter à sa Zénobie quelque chose, ou pour mieux dire, tout ce qu'il pourrait du langage de Pauline entre Polyeucte et Sévère. C'est ce qu'il a fait et, — sans partager l'admiration de quelques critiques pour le personnage de Zénobie — je conviens qu'il ne l'a pas mal fait.

Du Segrais, Messieurs, du Racine, du Corneille, voilà bien du monde, en vérité, voilà beaucoup de collaborateurs, et vous pensez qu'il est temps que Crébillon, à son tour, paye de sa personne. A Dieu ne plaise qu'il s'y refuse ! Pour cela donc, tout plein qu'il est du *Grand Cyrus* et de la *Cléopâtre*, il imagine de cacher, deux actes et demi durant, l'identité de Zénobie à Rhadamisthe, son propre époux, et celle de Rhadamisthe, pendant quatre actes et demi, à Pharasmane, son propre père.... Et il vous semble que ce ne soit rien, mais c'est beaucoup, si, comme vous le verrez tout à l'heure, de ces deux méprises, la première lui donne sa péripétie, et la seconde son dénouement.

Après cela, que reste-t-il, que de jeter quelques notes raciniennes, — plus raciniennes que Racine, — dans les rôles de tendresse, dans celui de son Xipharès et de sa Monime, je veux dire de son Arsame et de sa Zénobie

> Lève-toi : c'en est trop. Puisque je te pardonne,
> Que servent les regrets où ton cœur s'abandonne?
> Va, ce n'est pas à nous que les Dieux ont remis
> Le pouvoir de punir de si chers ennemis.
> Nomme-moi les climats où tu souhaites vivre ;
> Parle ; dès ce moment je suis prête à te suivre,
> Sûre que les remords qui saisissent ton cœur
> Viennent de ta vertu plus que de ton malheur.
> Heureuse, si pour toi les soins de Zénobie
> Pouvaient un jour servir d'exemple à l'Arménie,
> Et l'instruire du moins à suivre son devoir?

Par là-dessus, Messieurs, un peu de badigeon à la romaine, de grands mots, des éclats de voix, de grands gestes, dans le rôle de Rhadamisthe, naturellement, ou dans celui de Pharasmane :

> Quoique d'un vain discours je brave la menace,
> Je l'avoûrai, je suis surpris de tant d'audace !
> De quel front osez-vous, soldat de Corbulon,
> M'apporter, dans ma cour, les ordres de Néron ?
> Et depuis quand croit-il qu'au mépris de ma gloire,
> A ne plus craindre Rome instruit par la victoire,
> Oubliant désormais le soin de ma grandeur,
> J'aurai plus de respect pour son ambassadeur;
> Moi, qui formant au joug des peuples invincibles,
> Ai tant de fois bravé ces Romains si terribles !...

La tragédie était achevée, il ne s'agissait plus que de la faire jouer ; elle fut donnée pour la première fois, le 23 janvier 1711, avec un prodigieux succès, qui passa celui même et d'*Électre* et d'*Atrée*.

Ce succès, Messieurs, je n'ai garde de dire que *Rhadamisthe* ne le méritât pas, au moins dans une certaine mesure, et je reconnais volontiers que dans ces combinaisons mêmes, dans leur agencement, il y a de l'adresse, il y a de l'art, il y a presque de l'inspiration. Souvenons-nous d'ailleurs qu'une tragédie seulement passable n'est pas déjà si facile à faire. Et, quand il y aurait dans *Rhadamisthe* moins de qualités ou moins de mérites que je n'y en crois voir, je voudrais encore me rappeler le mot de Diderot, — ou plutôt de Chardin. Ils parcouraient ensemble l'exposition de peinture, et Diderot, un peu neuf à la critique d'art, exerçait, sans mesure, aux dépens des pauvres exposants, l'abondance de sa verve et de sa gesticulation, lorsque Chardin l'arrêta et lui dit : « De la douceur, mon ami, de la douceur ! Entre tous les tableaux qui sont ici, cherchez le plus mauvais, et sachez que deux mille malheureux ont brisé entre leurs dents leur pinceau, de désespoir de faire jamais aussi mal. » Eh bien, Messieurs, non, j'en conviens, *Rhadamisthe* n'est pas *Mithridate* ni *Britannicus*, *Horace* ni *Cinna*, — je fais mieux que d'en convenir, et je vais m'appliquer à vous le montrer tout à l'heure, — mais, en vous le montrant j'y mettrai de « la douceur » et, si vous le voulez, nous n'oublierons pas que, depuis 1711, ils sont dix mille, vingt mille, peut-être, qui sont venus de leur province à Paris pour essayer de faire *Rhadamisthe* — et qui n'y ont pas réussi.

II

Ceci dit, vous voyez aisément quel était le vice essentiel de ces combinaisons, comme telles, et que, d'autant qu'elles étaient plus adroites ou plus ingénieuses, d'autant le vice en était plus grave. Sans le savoir, sans le vouloir, Crébillon, — l'homme du monde qui sans doute a le moins réfléchi sur son art, — ne tendait à rien moins, en suivant sa pente et celle du mauvais goût de son temps, qu'à réintégrer dans la notion de la tragédie ce mauvais *romanesque*, cette part d'arbitraire et d'invraisemblance que Corneille et Racine, depuis *le Cid* jusqu'à *Phèdre*, avaient, eux, au contraire, essayé d'en bannir à jamais. Son succès annulait leur effort, et il défaisait innocemment leur ouvrage. Complications inutiles, surprises et coups de théâtre, grands sentiments à la Scudéri, propos galants à la Quinault, héroïsme de grand opéra, crimes sur crimes, tout ce que Corneille et Racine, en s'aidant, l'un de l'histoire, et l'autre de la nature, avaient essayé de chasser de la notion du tragique, ce bonhomme l'y faisait rentrer, et en l'y faisant rentrer, il y réintégrait, comment dirai-je, Messieurs? le microbe de sa décadence ou de sa mort prochaine... Suivons-en les ravages : ils sont incalculables, comme tous ceux, vous le savez, qu'opère l'action lente, mais sûre des infiniment petits; et, — nous pouvons bien dès à présent le dire, — quand Crébillon aura passé, la tragédie aura vécu.

En premier lieu, dans son *Rhadamisthe*, les volontés ne s'affaiblissent plus seulement, — comme nous l'avons déjà vu dans *Phèdre*, — mais il faut dire véritablement qu'elles s'affaissent. En dépit de l'emphase du langage, nul ici ne veut un peu fortement ce qu'il désire, n'y fait ce qu'il voudrait, n'y sait même exactement ce qu'il veut. C'est que les situations y sont plus fortes que les caractères, ou plutôt, disons mieux, il n'y a ni caractères, ni passions, mais des situations seulement, des aventures singulières, des incidents imprévus, qui dérangent comme à tout coup toutes les combinaisons les mieux ourdies, — excepté celles du poète, vous l'entendez bien, — et qui ne laissent pas aux personnages, qui leur enlèvent à chaque tournant de l'action, je ne dis pas le loisir de s'analyser, je dis celui de se reconnaître.

Où suis-je? Qu'ai-je fait? Que *vais-je* faire encore?

C'est ce qu'ils ne disent pas, mais c'est ce qu'ils pourraient dire; les flots ne sont pas plus changeants; et je ne crois pas que les surprises du hasard aient jamais rencontré des âmes plus ployables. Pouvait-il en être autrement, si ce sont, comme je vous le disais, des personnages de roman, dont les caractères se composent à mesure des événements, et ne tiennent, vous l'allez voir bientôt, leur air de résolution, ou de férocité même, que de la déclamation convenue de leurs discours?

Encore, Messieurs, si Crébillon pensait! si, dans ces jeux sanglants de l'amour et du hasard qu'il aime à mettre en scène, qui sont la matière de son *Rhadamisthe*, il se proposait de nous montrer l'ironie de la destinée! Ce serait alors une espèce de philosophie de l'histoire et de la vie! Et nous pourrions parler des Grecs ou de Shakespeare! Mais non! pas une idée là-dessous! et, de cette pauvreté d'idées, malheureusement pour lui, n'en eussions-nous pas d'autre preuve, nous en trouverions encore une dans la vulgarité des moyens dont il use, pour essayer de rendre à l'action de son drame ce que l'affaiblissement des volontés lui ôte nécessairement d'énergie.

Nous avons de lui neuf pièces, qui sont : *Idoménée, Atrée et Thyeste, Électre, Rhadamisthe et Zénobie, Sémiramis, Xerxès, Pyrrhus, Catilina* et *le Triumvirat*. Or, dans cinq de ces pièces, — et les deux dernières ne comptent que pour mémoire [1], — il y a toujours un personnage qui n'est pas ce qu'il paraît être. Voyez plutôt : Plisthène, *cru fils d'Atrée*; Oreste, *élevé sous le nom* de Tydée; Zénobie, *sous le nom* d'Isménie; Ninyas, *élevé sous le nom* d'Agénor; Pyrrhus, *élevé sous le nom* d'Hélénus.... et cela veut dire, Messieurs, sans qu'il y soit besoin d'indication plus précise, que, toutes les intrigues de Crébillon étant fondées sur une *méprise*, toutes ses péripéties et tous ses dénouements le sont sur une *reconnaissance*. Les commentateurs d'Aristote disent une *agnition*. Mais n'est-ce

---

1. Parce qu'il ne les a faites que beaucoup plus tard, déjà plus que sexagénaire, et pour servir d'innocent instrument à la cabale qu'irritaient les succès dramatiques de Voltaire. L'admiration de commande que la cour même affecta d'éprouver pour le *Catilina* du vieil homme fut une des nombreuses raisons qui décidèrent Voltaire à s'expatrier, en 1750, et à s'en aller demander au roi de Prusse les faveurs que lui refusait son ingrate amie, Mme de Pompadour.

pas ici qu'il faut être modernes, et secouer, ou jamais, l'autorité d'Aristote? Ce philosophe a beau dire, il ne nous est plus possible aujourd'hui de l'en croire! Il peut, tant qu'il voudra, vanter ses reconnaissances et en distinguer les espèces, nous avons pour nous tout ce qu'il n'avait pas d'expérience de l'histoire; et nous posons en fait que, s'il y a des moyens qui soient, au théâtre, tantôt l'enfance et tantôt la dérision de l'art, c'est la *méprise* et c'est la *reconnaissance*.

Dirai-je d'abord que Racine n'en a jamais usé? et Corneille même à peine une ou deux fois, dans son *Don Sanche*, par exemple, ou dans son *Héraclius*? Oui, je le dirai, si vous convenez avec moi d'entendre, par ce mot de *méprise*, l'erreur sur la personne, et non pas sur les vrais sentiments d'un personnage donné. Point de *méprise*, en ce sens, dans *Cinna*, ni dans *Horace*, ni dans *Polyeucte*, ni dans *Rodogune*. Point de *reconnaissance* dans *Andromaque*, dans *Bajazet*, dans *Iphigénie*, dans *Phèdre*. Vous remarquerez qu'il n'y en a pas non plus dans la haute comédie : Alceste est Alceste, et Tartufe est Tartufe.

Chacun d'eux est connu pour tout ce qu'il peut être.

On peut bien les prendre pour ce qu'ils ne sont pas, mais non point pour un autre, et leur caractère peut bien changer d'aspect, mais ils ne répondent en tout temps qu'à leur nom. Cette observation pourrait presque suffire. En s'interdisant à eux-mêmes l'emploi de certains moyens qu'au surplus ils connaissaient bien, — puisque ce ne serait pas assez dire que l'on en usait, mais on en abusait avant eux, — par cela seul et par cela même, les Racine, les Molière, les Corneille ont condamné d'infériorité, pour ne pas dire d'impuissance tous ceux qui, venant après eux dans leur art, ne s'interdiraient pas comme eux l'usage de la *méprise* et de la *reconnaissance*. Effectivement, en quelque art que ce soit, la simplicité des moyens est toujours le plus haut degré de la maîtrise, et quiconque prétend rivaliser avec les maîtres ou marcher seulement sur leurs traces, sera toujours suspect de pouvoir moins qu'eux, s'il lui faut commencer par se débarrasser des entraves qu'ils se sont imposées. Quand *Turcaret* vaudrait d'ailleurs *Tartufe*, à tous autres égards, pour la vérité de l'invention ou pour la force de la satire, il aurait toujours en moins de n'être pas en vers. Pareillement, puisque l'on peut nous égayer ou nous émouvoir sans avoir besoin d'aucune *méprise* ni d'aucune *reconnaissance*, il y aura donc toujours à s'en servir comme un aveu de faiblesse. Ce sont les chefs-d'œuvre d'un genre qui en déterminent les lois. Et voulez-vous, Messieurs, une preuve assez caractéristique de l'espèce d'infériorité dont la *reconnaissance* ou la *méprise*, rien qu'en s'y surajoutant, je ne dis pas en s'y mêlant, peuvent frapper même des chefs-d'œuvre? Demandez-vous ce que nous reprochons à certains dénouements de Molière, celui de l'*Avare*, par exemple, ou celui de l'*École des femmes*? C'est précisément, au lieu d'être tirés du fond du sujet, de ne l'être, comme vous le savez, que d'une *reconnaissance*.

Pourquoi cependant ces moyens sont-ils d'eux-mêmes, — et indépendamment de l'usage que les Corneille et les Racine en ont ou n'en n'ont pas fait, — ce que nous appelons inférieurs ou vulgaires? Il est facile encore de le dire : c'est qu'ils ne peuvent pas, tôt ou tard, mais sûrement, en donnant à l'art une direction fausse, ne pas faire dégénérer le genre en ses espèces inférieures; la comédie en vaudeville, et la tragédie surtout en mélodrame.

Supposez en effet, Mesdames et Messieurs, qu'une

« noce », toute une « noce », beau-père et mariée, oncles et cousins, invités des deux sexes, prenne successivement le magasin d'une modiste pour la salle des mariages, ou la salle à manger de la baronne de Champigny pour la salle commune du restaurant du *Veau qui tette*, ou le domicile et la chambre à coucher de M. Beauperthuis pour la chambre à coucher conjugale.... Joignez-y d'autres méprises encore : un marié si vous le voulez, que l'on prendra pour un ténor; un caissier pour l'officier de l'état civil; une jolie femme pour un garde national.... Vous avez reconnu *le Chapeau de paille d'Italie*, dont toute la gaieté ne sort que de ces méprises mêmes. Erreur sur la personne ou erreur sur les lieux, et de là dialogue en partie double, ou perpétuel quiproquo, confusion d'étage ou de nom, d'âge ou de sexe, accordeurs de pianos que l'on prend pour des diplomates, amoureux qui se donnent pour agents d'assurances! Que sais-je encore! Si le répertoire de Labiche n'est pas uniquement une collection de méprises bouffonnes, vous savez du moins la place qu'elles y tiennent; et qu'entre d'autres moyens d'exciter le rire, il n'en connaît guère de plus sûr que de nous montrer un monsieur qui se sauve en emportant sous son bras le tuyau du poêle au lieu de son chapeau, ou un jupon de femme au lieu de son pardessus....

Voilà pour la *méprise*, et voici pour la *reconnaissance*.

Tout le mélodrame de *la Tour de Nesle* ne tient qu'à une série de *reconnaissances*. Reconnaissance de Buridan par Landry; reconnaissance de Buridan par Marguerite de Bourgogne : « Lyonnet de Bournonville n'est pas mort, tu le sais bien, Marguerite... »; reconnaissance de Gautier d'Aulnay par Buridan : « Une croix rouge? une croix au bras gauche?.... Oh! dis que ce n'est pas une croix que tu leur as faite... »; reconnaissance enfin de

Gauthier par Marguerite : « Malheureux! Malheureux! je suis ta mère! » Voilà bien tous les ressorts de la pièce, en voilà tous les moyens ou toutes les sources d'émotions [1]. Point de caractères ici non plus : des situations seulement, et des situations qui ne s'engendrent pas les unes des autres, mais du caprice du dramaturge.... Que serait-ce, Messieurs, au lieu du drame fameux de Dumas et de Gaillardet, si je vous en analysais ici quelqu'un de Guilbert de Pixérécourt : l'*Homme à trois visages*, ou le *Monastère abandonné!* Il n'est que trop facile de se placer ainsi d'abord en pleine convention, hors de la nature ou de la commune vraisemblance, de ne jouer ainsi que contre soi-même ; et, dans cette partie que l'artiste ou le poète engagent avec leur sujet, de récuser par avance le seul adversaire sérieux : je veux dire la nature et la vérité.

Car voilà bien pourquoi, Messieurs, ces moyens sont inférieurs et vulgaires : c'est en tant qu'arbitraires et que conventionnels, en tant qu'ils ramènent et qu'ils réduisent l'art à un jeu qui n'a bientôt plus de rapports ni avec la vérité ni avec la vie. Eh! oui, sans doute, je les entends, les Labiche, les Dumas et les Gaillardet! Si vous voulez admettre, nous disent-ils, qu'une femme « une grande dame, une très grande dame », une princesse, une reine, puisse revoir sans le reconnaître l'homme dont elle a eu deux enfants, et qui, pour lui plaire,

---

[1]. Ai-je besoin de faire observer qu'il y a autre chose aussi dans le vaudeville que des « méprises », et dans le « mélodrame » que des « reconnaissances » ? La complexité des genres inférieurs eux-mêmes ne se laisse pas ainsi traduire et résumer d'un mot. Ce que je voudrais seulement que l'on vît bien, c'est qu'en se glissant dans un sujet de comédie, l'élément « méprise » le transforme en un sujet de vaudeville ; et pareillement, en se glissant dans un sujet de tragédie, que l'élément « reconnaissance » le fait pour ainsi dire « virer » au mélodrame.

« guidé par elle comme à travers les détours de l'Enfer » a jadis assassiné son père, — toutes choses de peu d'importance, et qui s'oublient sans doute aisément! — si vous voulez admettre que cet homme, encore qu'il en eût vingt raisons, toutes plus puissantes les unes que les autres, n'ait jamais éprouvé la curiosité de savoir ce que ses deux enfants avaient pu devenir; enfin, si vous voulez admettre que cette grande dame, affamée de débauches, ait ju'tement jeté, par une rencontre singulière, le dévolu de son amour sur ses deux fils, l'un après l'autre ou ensemble, alors, si vous nous accordez toutes ces suppositions, nous nous engageons de notre part à vous émouvoir fortement.... Et moi, Mesdames et Messieurs, je les en crois sur leur parole, mais je ne veux pas être ému de cette manière; et je ne le veux pas, parce que l'art n'a plus de raison d'être, parce qu'il n'est qu'un badinage, s'il n'est pas en quelque degré une imitation, ou une explication, ou une interprétation de la nature et de la vie; et qu'il ne saurait l'être, vous le sentez assez, s'il se place d'abord en dehors et à côté de l'observation. S'il s'en faut, — et nous l'avons vu nous-mêmes, — que l'observation de la nature et de la vie épuise ou remplisse la définition de l'art, elle en est cependant la base; et, parce que les *méprises* ou les *reconnaissances* sont rares dans la réalité, c'est pour cela qu'elles doivent être rares aussi dans le roman ou au théâtre et l'emploi s'en proportionner, si je puis ainsi dire, à leur rareté dans la vie.

Ce ne sont pas encore pourtant tous les méfaits que l'on peut mettre à la charge du romanesque, — disons, si vous le voulez, du mauvais romanesque, — et, si j'en avais le temps, j'en aurais bien d'autres à vous énumérer.... Il en est un dernier du moins que je ne puis me dispenser de vous signaler comme n'étant pas l'un des moins graves. C'est qu'en raison même de tout ce que nous venons de dire, les situations *romanesques* étant toujours très particulières, plus on en use au théâtre et plus, en conséquence, l'intérêt général y diminue. Rappelez-vous ce que nous avons dit d'*Horace* ou de *Polyeucte* et de *Tartufe* ou d'*Andromaque* [1]; il y allait de chacun de

[1]. J'avais promis, en parlant de la prédilection de Racine pour des sujets déjà traités avant lui sur la scène, que j'essaierais d'en donner des raisons; et c'est ici que j'aurais dû le faire, si je l'avais pu — je veux dire si la digression n'avait risqué de m'entraîner trop loin de *Rhadamisthe*. Ce sera donc l'objet de cette note.

Indépendamment de plusieurs autres raisons, j'en crois voir au moins deux principales de cette manière d'entendre l'invention poétique. La première, c'est que l'on est toujours assuré de la vérité profondément et réellement humaine des sujets ou des situations, comme des sentiments et des caractères, que l'on ne traite pas pour la première fois. Quels sont les vrais sentiments d'une femme qui, aimant, comme Zénobie, le frère de l'époux qui l'a jadis elle-même assassinée, retrouve cet époux et l'entend qui réclame ses droits? Nous n'en savons rien, absolument rien, ni Crébillon non plus, et le public pas davantage. La situation est trop exceptionnelle. Rien ne nous permet de nous mettre nous-mêmes à la place de l'héroïne. Zénobie seule connaît ses sentiments, si même elle les connaît. Mais nous, si nous les approuvons, ou inversement, si nous les trouvons faux, c'est de confiance, en quelque sorte, et non pas sur aucun commencement d'expérience que nous en ayons. Au contraire, les sentiments d'une mère pour son fils ou d'une femme pour son époux, comme dans *Andromaque*; ceux d'une maîtresse pour un amant qui l'abandonne et qui se « marie dans son monde », comme dans *Bérénice*; ou ceux encore d'une reine usurpatrice, comme dans *Athalie*, pour l'enfant qu'elle soupçonne d'être l'héritier de ses rois légitimes, si nous ne les avons pas éprouvés, nous avons tous en nous ce qu'il faut pour en vérifier, d'après nous, la justesse. Une partie de l'art de Racine, on ne saurait trop le redire, est d'avoir dégagé des situations extraordinaires qu'il faut bien que la tragédie mette en scène, ce qu'elles contiennent d'humain, et j'entends par là d'universellement intelligible.

On remarquera — je l'ai déjà dit aussi en parlant de l'*École des femmes* — que Molière n'a pas fait autre chose.

Mais Racine avait encore une raison. C'est que, comme aimait à le dire un de ses contemporains, « ni la nature ni Dieu même ne nous; et dans les grandes questions qu'y agitaient les créatures de l'imagination du poète, Messieurs, vous vous le rappelez, nous nous sentions tous intéressés. Mais Arsame et Zénobie, Pharasmane et Rhadamisthe,

Qu'ils s'accordent entre eux ou se gourment, qu'importe?

et qu'avons-nous de commun avec eux? que nous font leurs aventures? et que ce soit le père ou le fils qui règne sur l'Arménie? Même pour Zénobie, nous avons beau faire, nous ne pouvons éprouver qu'une pitié philosophique et vague. Curieux de son aventure, nous ne le sommes ni de ses sentiments ni de son bonheur. Elle nous est indifférente, en somme, et notre intérêt pour elle tombe en nous séparant, avec les derniers vers de son féroce beau-père[1].

font tout d'un coup tous leurs grands ouvrages. » On crayonne avant que de peindre, disait-il encore, et on dessine avant que de bâtir. Cela signifie que la perfection ne s'atteint que par degrés et comme par une succession de longs tâtonnements. C'est pourquoi les grands poètes, en tout temps et dans tous les genres, comme aussi bien les grands peintres, ont témoigné d'une prédilection particulière pour les sujets ou les thèmes qui, souvent traités par d'autres, n'attendaient plus en quelque manière que d'être réalisés par eux sous l'aspect de l'éternité. C'est ce qu'avaient fait les Grecs avant Racine : Eschyle, Sophocle et Euripide; c'est ce qu'ont fait également les Italiens après les Grecs : Raphaël, Corrège et Titien; c'est ce qu'ont fait enfin nos lyriques dans notre siècle : Lamartine, Hugo, Musset. Ajouterai-je qu'il n'y a pas plus sûr moyen d'affirmer, comme on dit, sa personnalité? Comparez plutôt *le Lac*, *la Tristesse d'Olympio*, et le *Souvenir* de Musset. En revanche ce qui est extrêmement douteux, c'est la vérité des *Rayons jaunes*, de Sainte-Beuve, ou de *la Charogne*, de Charles Baudelaire.

1. Est-ce peut-être qu'il n'y aurait, selon le mot d'un grand historien contemporain, que trois histoires de « premier intérêt » : celle des Juifs, celle des Grecs, et celle des Romains? Je crois qu'il y faudrait du moins ajouter pour chaque peuple son histoire nationale, et peut-être celle de ses voisins. Mais de nous intéresser sur la scène aux Géorgiens ou aux Parthes,

III

Que si maintenant les tragédies de Crébillon manquent de cet intérêt général, vous pensez bien que c'est surtout à lui qu'il en faut faire le reproche. Un don lui manque entre tous; et jamais poète n'ayant moins *pensé*, la faculté qu'il n'a pas, c'est de voir dans ces aventures romanesques, dont il fait ses délices, les côtés, ou l'endroit par lequel il est rare qu'elles ne se dépassent pas elles-mêmes. Il a quelquefois touché la profondeur, on l'a dit, — et peut-être en conviendrez-vous tout à l'heure — mais évidemment son esprit a manqué d'étendue. Là est sa faiblesse, et comme nous le verrons, son infériorité par rapport, je ne dis pas, Messieurs, à Corneille ou à Racine, mais à Volaire. Son théâtre n'a eu et ne pouvait avoir qu'un intérêt d'un jour. On tenterait vainement de le réhabiliter. Et si par hasard, à la faveur d'un engouement passager, on y réussissait, je ne vois pas ce qu'on y gagnerait.

D'ailleurs, je le répète, je ne méconnais point ses mérites. Il règne dans son *Rhadamisthe* un air de grandeur et d'héroïsme qui rappelle quelquefois Corneille, et vous avez vu que, de loin en loin, des accents y vibraient qui ne sont pas indignes de Racine. Il semble d'autre part, je vous l'ai dit, qu'il n'ait pas mal su son métier d'homme de théâtre, et c'est bien quelque chose. Combien de gens aujourd'hui ne connaissent pas le pre-

c'est à quoi je ne pense pas que l'on puisse réussir jamais, non plus qu'aux Abyssins, ou aux Péruviens, ou aux Chinois.... Ou du moins, on ne s'y intéressera qu'à l'une ou l'autre de ces deux conditions : si l'on choisit le temps de leur histoire où elle a pénétré la nôtre; et si les sentiments qu'on leur fait exprimer pourraient d'ailleurs être les nôtres aussi bien que les leurs.

mier mot du métier dont ils font profession! Mais ce que ses contemporains ont surtout applaudi, dans son *Rhadamisthe*, comme dans son *Électre*, ou comme dans son *Atrée*, c'est l'art d'exciter la terreur. Vous avez entendu là-dessus Voisenon, et, avant Voisenon, c'est ce qu'avait également dit, quoique en termes moins académiques, le critique de *l'Année littéraire* :

Avouons, — écrivait Fréron, — avouons que nous avons perdu un poète qui faisait honneur à son art, à sa nation et à son siècle; un homme d'autant plus grand qu'il avait une manière à lui, qu'il est le créateur d'une partie qui lui appartient en propre, et qui le distingue de tous ceux qui l'ont précédé ou suivi; je veux dire cette *terreur*, peu connue du grand Corneille absolument ignorée de Racine, et qui, selon moi, constitue la véritable tragédie. En un mot, il est peut-être le seul poète tragique que la France ait produit, au jugement de tous ceux qui connaissent l'essence de ce genre. Les Grecs et lui ont seuls possédé le grand secret de l'art de Melpomène.

Évidemment, Messieurs, c'est beaucoup, c'est trop dire, et en vous citant quelques lignes de cet éloge, je n'oublie pas que sous la plume de Fréron, la vivacité s'en augmente ou s'en échauffe assez naturellement du désir d'être désagréable à Voltaire. Aussitôt que Voltaire sera mort, beaucoup de gens trouveront Crébillon moins grand, moins original, moins tragique. Mais l'éloge n'est pourtant pas tout à fait immérité. Dans son *Atrée*, qui se termine par le vers célèbre :

Et je jouis enfin du fruit de mes forfaits;

dans son *Rhadamisthe*, dans sa *Sémiramis*, Crébillon a touché des sujets, il a traité des situations devant l'horreur desquelles Racine et Corneille même eussent avant lui reculé. Il a voulu épouvanter, et il y a réussi. Ou, en d'autres termes, Messieurs, pour me servir ici d'une expression à la mode, il a trouvé ou inventé un « frisson nouveau », que ses contemporains, — et sans doute aussi ses contemporaines — ont d'autant plus apprécié que, d'une part, il contrastait plus vigoureusement, dans les dernières années du règne de Louis XIV, avec l'adoucissement, avec l'amollissement général des mœurs et que, d'autre part, il donnait un commencement de satisfaction à ce besoin d'être ému qui allait devenir la sensibilité de Marivaux et de Voltaire, la sensiblerie de Prévost et de Diderot, la sentimentalité de Jean-Jacques et de Bernardin de Saint-Pierre. Mais Fréron, qui avait assez de goût pour reprocher à Crébillon l'abus de la « reconnaissance », n'a pas vu que, ce qu'il appelait lui-même, dans *Rhadamisthe* ou dans *Atrée*, du nom de la « vraie tragédie », c'était tout simplement le mélodrame. Oserai-je dire encore ici qu'il n'importe pas que les Grecs en eussent donné l'exemple? Il est arrivé, même aux Grecs, de se tromper quelquefois.

Ce qui prouve bien, au surplus, que les tragédies de Crébillon ne sont, de leur vrai nom, que du mélodrame qui s'ignore, c'est que l'auteur de *Rhadamiste* est bien oublié aujourd'hui, mais il n'y a pas si longtemps! et il n'a été vraiment dépossédé de sa popularité que par le romantisme. Les dates nous l'apprennent. On le jouait encore en 1829, vous disais-je; on l'avait joué cinq ans auparavant, sur la scène de l'Odéon, en 1824; et deux ans plus tôt, sur cette même scène, Frédérick Lemaître avait débuté, en 1822, par le rôle de Mitrane dans *Rhadamisthe et Zénobie*. Crébillon n'a donc disparu de l'affiche, comme l'on dit, et du répertoire, que dans le temps même, vous le voyez, où *la Tour de Nesle*, *Lucrèce Borgia*, *Marie Tudor*, — je ne cite ici que des mélodrames devenus historiques, — allaient s'y inscrire, et l'horreur romantique succéder à la terreur classique. Un cadavre, c'est bien; mais deux cadavres, c'est mieux! Il n'y avait plus assez de cadavres, aux environs de 1830, dans le mélodrame de Crébillon.

Quant à l'importance particulière de *Rhadamisthe et Zénobie* dans l'histoire générale du théâtre français, j'espère que vous la voyez maintenant. De même que l'autre jour *Turcaret* en son genre, la tragédie de Crébillon nous apparaît comme un sûr témoin de la fortune et de la popularité croissantes du roman. Sans doute, au premier coup d'œil, il semble que ce soit toujours la tradition de Corneille et de Racine — toujours des vers; toujours de l'histoire, de l'histoire ancienne; toujours de l'amour; et toujours les trois unités. Regardons-y de plus près, la ressemblance paraît plus étroite : Zénobie, c'est Pauline; Arsame, c'est Xipharès; Pharasmane, c'est Mithridate; et ces vers sont de *Phèdre* :

> Vous verrai-je toujours les yeux remplis de larmes,
> Par d'éternels transports remplir mon cœur d'alarmes!

et ceux-ci de *Polyeucte* :

> Ainsi, père jaloux, père injuste et barbare,
> C'est contre tout ton sang que ton cœur se déclare!

Mais, en réalité, malgré tant d'apparences, — j'ai tâché de vous le faire voir, — nous n'avons plus ici que l'enveloppe sans la substance, que le corps sans l'âme, je dirais volontiers, que le fantôme ou l'ombre sans le corps. Le principe d'intérêt est autre désormais : c'est la curiosité qu'il s'agit d'exciter; et le principe aussi du pathétique est ailleurs, — nous le verrons prochainement, — si c'est la sensibilité que l'on va surtout s'efforcer d'émouvoir. Par la tragédie de Crébillon, de même que par la comédie de Le Sage, nous allons maintenant, sans pouvoir nous retenir ou nous arrêter sur la pente, nous acheminer vers le drame; et, comme je vous le disais, la tragédie française a vécu...

Saluons-la donc, Mesdames et Messieurs, saluons-la, pour la dernière fois, avant qu'elle ait achevé de disparaître;... et prenons-en le deuil;... et donnons-lui ce que nous devons de regrets aux choses qu'on ne reverra plus. Elle est morte! Elle est bien morte! Viennent maintenant d'autres formes, qui nous donneront d'autres plaisirs, qui nous agiteront, qui nous troubleront peut-être plus profondément, qui nous prendront par les sens, ou plutôt par les nerfs, autant que par l'esprit! Elles ne nous demanderont pas non plus, pour en jouir, l'espèce d'apprentissage, d'éducation ou d'initiation qu'exige la tragédie de Corneille et de Racine. Nous nous trouverons de plain-pied tout d'abord avec les héros du drame bourgeois, avec ceux mêmes du drame romantique; et nous nous arracherons avec eux des côtés de cheveux, et nous nous tordrons avec eux les poignets, et nous hurlerons avec eux de colère ou d'amour! Mais, romantique ou bourgeois, ni même naturaliste, ce que le drame ne nous rendra jamais, ce sont les joies nobles, les joies pures, les joies claires et sereines, si je puis ainsi dire, que nous devons à la tragédie. Car, pour avoir, comme autrefois la sculpture grecque, ou comme encore la grande peinture italienne, dégagé l'idéale beauté des voiles qui l'enveloppent ou plutôt qui la masquent dans la réalité, nous pouvons le dire, Messieurs, — sans illusion d'amour-propre, mais non pas sans quelque orgueil peut-être, — aucune autre forme d'art n'a paru, depuis trois ou quatre cents ans, qui nous fasse mieux comprendre ce que les philosophes ont si bien appelé le pouvoir consolateur et libérateur de l'art.

14 janvier 1892.

DIXIÈME CONFÉRENCE

LA COMÉDIE DE MARIVAUX

I. — Originalité du personnage et de l'œuvre de Marivaux, et que le trait essentiel en consiste à être de leur temps. — La querelle des anciens et des modernes. — Renaissance de la préciosité. — Sa raison d'être au xviii° siècle. — La sensibilité : Marivaux, Prévost, Voltaire. — Que toutes ces causes ont détourné Marivaux d'imiter Molière, et l'ont rendu disciple de Racine. — II. Observation sur les titres de ses principales pièces. — Parenté générale de la tragédie de Racine et de la comédie de Marivaux. — Importance des rôles de femmes dans son œuvre. — La comédie de l'amour. — Finesse de l'observation psychologique. — La nature de l'intrigue dans les pièces de Marivaux. — S'il a su lui-même qu'il imitait Racine? — III. Que ses défauts sont de son temps, comme ses qualités. — La sécheresse. — Le manque de délicatesse et de goût. — Le sentiment de l'inégalité des conditions. — Le libertinage. — Conclusion sur la comédie de Marivaux; et son caractère unique dans l'histoire du théâtre français.

I

Mesdames et Messieurs,

Tout semble d'abord un peu singulier dans l'homme dont je voudrais vous entretenir aujourd'hui : l'homme lui-même... et son œuvre... et sa réputation. Modeste ou médiocre même en son temps, la réputation de Marivaux, vous le savez, n'a pour ainsi dire pas cessé de grandir depuis qu'il est mort, et, aujourd'hui, ni de Destouches, ni de Regnard, ni de Le Sage, il n'est critique ou historien de la littérature qui parle avec autant de respect ou de considération que de l'auteur de *la Double Inconstance*, du *Jeu de l'Amour et du Hasard*, des *Fausses Confidences*, de *l'Épreuve*, et du *Legs*... Son œuvre n'est pas moins singulière. Non seulement originale, mais unique en son genre, mêlée d'esprit et de mauvais goût, de délicatesse parfois et de libertinage ou de grossièreté même, de réalisme et de poésie, elle attire et elle repousse, elle charme et elle irrite, elle amuse et elle ennuie.... Enfin, de l'homme lui-même, de sa vie, de ses habitudes ou de ses goûts, nous ne savons rien, ou peu de chose; nous n'avons sur lui que de vagues renseignements; et sa biographie, mal connue, projette sur son œuvre presque plus d'ombre que de clarté [1].

A quoi cela tient-il? A beaucoup d'autres raisons, sans doute, mais, si je ne me trompe, à celle-ci principalement, qu'on le considère trop souvent en lui-même, en lui seul, sans avoir assez d'égards à ce qui l'a précédé, à ce qui l'a suivi, — et surtout, Messieurs, au temps dans lequel il a vécu.

Ce qu'il a, en effet, de plus caractéristique, et non pas de moins singulier, c'est d'être de son temps. Vous n'ignorez pas combien cela est rare! Tous, tant que nous sommes, l'hérédité, l'éducation, les traditions de famille, les exemples, les leçons de nos maîtres nous imprègnent plus ou moins profondément de l'esprit du passé. Quiconque est âgé d'aujourd'hui quarante ans

---

1. On consultera sur Marivaux le livre de M. G. Larroumet : *Marivaux, sa vie et ses œuvres,* Paris, 1892; et une remarquable étude de M. Émile Faguet dans son *Dix-Huitième Siècle.* Paris, 1890.

a quelque chose en lui de l'esprit de 1850 ; et dire d'un homme qu'il a tantôt passé la soixantaine, c'est en dire... qu'il est des environs de 1830. Vraie de tout le monde, l'observation l'est encore davantage de ceux qui font métier d'écrire : auteurs dramatiques, poëtes ou romanciers, disciples sans le savoir, imitateurs inconscients de Baudelaire, de Flaubert, ou de Scribe. Mais elle l'était bien plus, elle l'est surtout des écrivains du xviii° siècle, d'un Crébillon ou d'un Voltaire, formés à l'école de la tragédie classique et de l'histoire ; engagés, comme par profession, de toute une partie d'eux-mêmes, l'intellectuelle, dans les souvenirs de l'antiquité ; contemporains à la fois de Louis XIV et de Sémiramis, du régent et de Manlius Capitolinus ; vivant ainsi comme en partie double ; et, du mouvement des rues de Paris ou de la conversation libertine du café Procope et du café Gradot, passant le plus naturellement du monde à rimer pour la scène française les fureurs de Rhadamisthe, roi d'Ibérie, ou les remords du fils de Clytemnestre et d'Agamemnon. Mais Marivaux, lui, Marivaux est de son temps, entièrement, uniquement de son temps ; il en est à fond, comme on dit en termes familiers ; il n'est que de son temps ; et c'est pourquoi, si nous voulons le comprendre, il nous faut commencer par nous renseigner sur ce temps, l'un des moins connus et pourtant des plus curieux de notre histoire littéraire.

C'est le temps de la querelle des anciens et des modernes ; — et je vous en prie, Mesdames et Messieurs, n'allez pas vous figurer, sous cette appellation pédantesque, une dispute ridicule, où des savants en *us* échangeraient entre eux moins d'arguments que d'injures, et de raisons que de horions, non ! mais voyez-y ce qu'il y faut voir : le commencement ou les symptômes d'une révolution des esprits qui, de nos jours même, n'a pas encore épuisé ni produit toutes ses conséquences. Il ne s'agissait, en effet, à vrai dire, de rien de moins que de savoir si les Grecs et les Latins demeureraient éternellement nos maîtres, les régulateurs de nos jugements, et les modèles de notre art. On commençait à se demander s'ils avaient atteint et réalisé pour toujours la perfection en tout genre; ou, au contraire, si peut-être un Bossuet, dans ses *Oraisons funèbres*, n'avait pas égalé les chefs-d'œuvre d'un Cicéron et d'un Démosthène; si Racine, avec son *Andromaque* ou son *Iphigénie*, n'avait pas surpassé les Euripide et les Sophocle; si Molière n'avait pas laissé loin derrière lui les Plaute et les Térence. Disons encore quelque chose de plus : la question se posait déjà de savoir si nous dépenserions à continuer d'étudier « les anciens » un temps qu'il semblait que l'on pût employer d'une manière plus naturelle et plus utile à observer le présent ou à préparer l'avenir. Et vous le voyez, Messieurs, à l'heure qu'il est, au moment même où je parle, il n'est guère de question plus « actuelle », ni plus controversée, ni peut-être enfin plus vitale. C'est dans les dernières années du xvii° siècle qu'on a commencé de l'agiter presque pour la première fois; — et les modernes, qui en ont trouvé beaucoup d'autres, n'ont pas trouvé de partisan ou de défenseur plus convaincu que Marivaux, si l'écho de ses convictions a passé jusque dans le dialogue de ses comédies.

Écoutez plutôt ce bout de scène de *la Fausse suivante* :

TRIVELIN

Un beau matin, je me trouvai sans un sou; comme j'avais besoin d'un prompt secours, et qu'il n'y avait point de temps à perdre, un de mes amis que je rencontrai me proposa de me mener chez un honnête particulier, qui était marié et qui passait sa vie à étudier des langues mortes.... Je rentrai chez lui... Là, je n'entendis parler que de sciences, et je remarquai que mon maître était épris de passion pour certains quidams, qu'il appelait des Anciens, et qu'il avait une souveraine antipathie pour d'autres, qu'il appelait des Modernes....

FRONTIN

Et qu'est-ce que c'est que les Anciens et les Modernes ?

TRIVELIN

Les Anciens... attends; il y en a un dont je sais le nom et qui est le capitaine de la bande : c'est comme qui dirait un Homère. Connais-tu cela ?

FRONTIN

Non.

TRIVELIN

C'est dommage, car c'était un homme qui parlait bien grec.

FRONTIN

Il n'était donc pas Français, cet homme-là ?

TRIVELIN

Oh ! que non ! Je pense qu'il était de Québec, quelque part dans cette Egypte, et qu'il vivait du temps du déluge. Nous avons de lui de fort belles Satires, et mon maître l'aimait beaucoup, lui et tous les honnêtes gens de son temps, comme Virgile, Néron, Plutarque, Ulysse et Diogène.

FRONTIN

Je n'ai jamais entendu parler de cette race-là, mais voilà de vilains noms.

TRIVELIN

De vilains noms ! C'est que tu n'y es pas accoutumé ! Sais-tu bien qu'il y a plus d'esprit dans ces noms-là que dans tout le royaume de France ?

FRONTIN

Je le crois... Et que veulent dire les Modernes ?

TRIVELIN

Tu m'écartes de mon sujet, mais n'importe : les Modernes, c'est comme qui dirait... toi, par exemple.

FRONTIN

Ho, ho ! je suis un Moderne, moi !

TRIVELIN

Oui vraiment, tu es un Moderne, et des plus Modernes : il n'y a que l'enfant qui vient de naître qui l'est plus que toi, car il ne fait que d'arriver....

Je ne vous donne pas ces plaisanteries, Mesdames et Messieurs, pour-être de bien bon goût, ou plutôt, avouons-le, ce Trivelin, quand il se joue, a vraiment la main lourde; mais elles sont caractéristiques; et, sans doute, pour les mettre à la scène, pour les y développer avec tant de complaisance, — car je ne vous ai pas tout lu, — il fallait que la question tînt bien au cœur de Marivaux.

Trivelin, là-dessus, n'omet pas d'ajouter que, si son maître aimait les Anciens, sa maîtresse, au contraire « estimait bien autrement les Modernes que les Anciens », — et c'est un second trait, si je puis ainsi dire, de la physionomie du xviii* siècle à son début. Mme Dacier mise à part, — qui était presque un homme, — toutes les femmes étaient alors modernes. Elles le sont toujours un peu, vous le savez, Mesdames, en fait de littérature, par une espèce d'horreur instinctive de la vieillesse et des modes de l'année dernière. Mais elles l'étaient plus que jamais en ce temps-là, par un esprit de révolte, très naturel et très légitime, contre l'état d'infériorité intellectuelle et morale où il faut bien convenir que le xvii* siècle avait prétendu les maintenir [1].

---

[1]. Voici, à cet égard, un curieux passage de Bossuet : « Les dames modestes et chrétiennes voudront bien entendre en ce lieu les vérités de leur sexe. Leur plus grand malheur, chrétiens, c'est qu'ordinairement le désir de plaire est leur passion dominante ; et comme, pour le malheur des hommes, elles n'y réussissent que trop facilement, il ne faut pas s'étonner si leur vanité est souvent extrême, étant nourrie et fortifiée par une complaisance presque universelle.... Que si elles se sentent dans l'esprit quelques avantages plus considérables, combien les voit-on empressées à les faire éclater dans leurs entretiens! et quel paraît leur triomphe, lorsqu'elles s'imaginent charmer tout le monde! C'est la raison principale pour laquelle, si je ne me trompe, on les exclut des sciences, parce que, quand elles pourraient les acquérir, elles auraient trop de peine à les porter : de sorte que si on leur défend cette application, ce n'est pas tant, à mon

Avez-vous remarqué à ce propos, Messieurs, que dans cette lutte qu'ils avaient entreprise contre la préciosité, les Boileau, les La Bruyère, et Molière même, ayant d'ailleurs réussi presque en tout, avaient pourtant complètement échoué? Oh! sans doute, oui, nous rions de bon cœur aux *Précieuses ridicules*, à l'*École des femmes*, aux *Femmes savantes*, — je veux dire : nous autres hommes, car si j'avais l'honneur ou le plaisir d'être femme, il me semble que les plaisanteries des Chrysale, des Arnolphe et des Gorgibus me paraîtraient en vérité plus grossières que divertissantes ; — mais ce qui nous permet d'y rire aujourd'hui sans remords, c'est qu'on ne saurait en vérité se le dissimuler : Molière a perdu la bataille... Il n'a pas été plus tôt mort que toutes ces petites sociétés

> Que d'un coup de son art il avait diffamées,

se sont reformées ; que les ruelles se sont rouvertes ou transformées en salons ; et que, dans les petits écrits de Mme de Lambert — comme dans les *Dialogues*, dans les *Éloges* de Fontenelle, ou comme encore dans les *Sermons* de Massillon, comme dans les *Lettres Persanes* du président de Montesquieu, — la préciosité, de plus belle, a recommencé de fleurir. En voulez-vous une preuve? Dans la bouche même d'Armande ou de Madelon, Molière a-t-il rien mis qui soit plus amusant que certaines phrases de Massillon, — dont je n'aurai pas le mauvais goût d'essayer ici de vous faire rire, — ou que tel trait de Mme de Lambert, qui me revient tout à point en mémoire? Elle écrit à son ami Saci, le traducteur de Pline, et, quelques mots de latin s'étant glissés

---

avis, dans la crainte d'engager leur esprit à une entreprise trop haute, que dans celle d'exposer leur humilité à une épreuve trop dangereuse. » — *Panégyrique de sainte Catherine*.

sous sa plume, elle s'en excuse dans les termes suivants : « Il me semble qu'avec vous, cher Saci, en me mêlant de citer, je franchis les bornes de la pudeur... et que je vous fais part de mes débauches secrètes ». Je ne saurais dire si Marivaux a fréquenté chez Mme de Lambert, mais nul n'en eût été plus digne; et ce que nous savons avec certitude, c'est que tous les amis littéraires de la précieuse marquise furent aussi les siens.

Mais pourquoi la préciosité renaissait-elle ainsi des ruines que Molière en croyait avoir faites? Il me semble qu'on peut le dire. C'est qu'elle était alors l'expression d'une nécessité sociale. C'est qu'en même temps qu'elle était une façon de parler, la préciosité était aussi, était surtout une façon de sentir. En essayant d'y plier, d'y amener, d'y former les hommes, c'est que c'était à la politesse aussi que les femmes les formaient, à l'usage du monde, à la finesse, à l'agrément, à la délicatesse des manières et des sentiments. Et, en vérité, quand on y songe, peut-on nier que la littérature du XVIIe siècle, que l'éloquence même de Bossuet ou de Bourdaloue, que la tragédie de Corneille et la comédie de Molière, que la satire de Boileau et de La Bruyère — quelque éclat dont elles brillent, et quelque estime que l'on en fasse, — eussent pourtant manqué de certaines qualités de souplesse, de grâce, de charme, que sans doute le commerce des femmes y pouvait seul insinuer? Cette grande littérature avait quelque chose de trop viril; — entendez, alternativement et selon les genres, quelque chose tantôt de trop grave ou de trop austère, et tantôt quelque chose de trop libre ou de trop cynique. Dans l'intérêt même, non seulement de la littérature, mais de la civilisation, il était donc bon, il était nécessaire que les précieuses reprissent leur tâche interrompue par Molière; et justement, pour les y aider, elles n'allaient pas

LA COMÉDIE DE MARIVAUX. 239

trouver d'auxiliaire plus dévoué que notre Marivaux, d'allié plus utile que l'homme dont le nom même est devenu synonyme de tout ce qu'une certaine manière de dire les choses leur donne parfois de bizarrerie, mais si souvent aussi de grâce provocante et coquette, de charme insinuant ou subtil, d'agrément qui pique ou qui réveille, et de profondeur psychologique.

Ajoutons un trait encore, qui est bien de notre auteur et de son temps à la fois. C'est alors, Mesdames, aux environs de 1730, qu'à la faveur de la préciosité peut-être, la *sensibilité* commence de poindre : et selon le mot si vrai de Michelet, c'est alors « que l'âme française, un peu légère, mobile et refroidie jusque-là par le convenu, par l'artificiel semble gagner un degré de chaleur ». C'est ce que les dates prouvent assez éloquemment. *Le Jeu de l'Amour et du Hasard* est de 1730; *Manon Lescaut* paraît pour la première fois, en 1731; et *Zaïre*, enfin, est de 1732. Il y a là plus qu'une coïncidence. Vous allez tout à l'heure voir jouer *le Jeu de l'Amour et du Hasard*; jeudi prochain, vous entendrez *Zaïre*; permettez-moi de remettre, ici, sous vos yeux, le récit de l'ensevelissement de Manon :

Mon âme ne suivit pas la sienne. Le ciel ne me trouva point sans doute assez rigoureusement puni. Il a voulu que j'aie traîné depuis une vie languissante et misérable. Je renonce volontairement à la mener jamais plus heureuse. Je demeurai plus de vingt-quatre heures la bouche attachée sur le visage et sur les mains de ma chère Manon. Mon dessein était d'y mourir, mais je fis réflexion, au commencement du second jour, que son corps serait exposé, après mon trépas, à devenir la pâture des bêtes sauvages. Je formai la résolution de l'enterrer et d'attendre la mort sur sa fosse. J'étais déjà si proche de ma fin, par l'affaiblissement que le jeûne et la douleur m'avaient causé, que j'eus besoin de quantité d'efforts pour me tenir debout. Je fus obligé de recourir aux liqueurs que j'avais apportées. Elles me rendirent autant de force qu'il en fallait pour le triste office que j'allais exécuter. Il ne m'était pas difficile d'ouvrir la terre dans le lieu où je me trouvais : c'était une campagne couverte de sable. Je rompis mon épée pour m'en servir à creuser, mais j'en tirai moins de secours que de mes mains. J'ouvris une large fosse; j'y plaçai l'idole de mon cœur, après avoir pris soin de l'envelopper de tous mes habits pour empêcher le sable de la toucher. Je ne la mis dans cet état qu'après l'avoir embrassée mille fois avec toute l'ardeur du plus parfait amour. Je m'assis encore près d'elle ; je la considérai longtemps : je ne pouvais me résoudre à fermer sa fosse. Enfin, mes forces recommençant à s'affaiblir et craignant d'en manquer tout à fait avant la fin de mon entreprise, j'ensevelis pour toujours dans le sein de la terre ce qu'elle avait porté de plus parfait et de plus aimable. Je me couchai ensuite sur la fosse, le visage tourné vers le sable, et, fermant les yeux avec le dessein de ne les ouvrir jamais, j'invoquais le secours du ciel et j'attendis la mort avec impatience.

Vous le savez, Messieurs, Bernardin de Saint-Pierre et Chateaubriand, cinquante ou soixante ans plus tard, retrouveront seuls de pareils accents. Ce n'est donc pas de Rousseau, ni de Diderot, comme on le dit quelquefois encore ; ce n'est pas des environs de 1750, mais de ceux de 1730, vous le voyez ; c'est de Prévost et de Marivaux, que date l'avènement de la *sensibilité* dans notre littérature. Comme les héros des romans de Prévost, comme ceux de *Cleveland* et du *Doyen de Killerine*, les personnages de la comédie de Marivaux sont *sensibles :* sensibles ses femmes ; sensibles ses amants ; sensibles, ses pères ; sensibles enfin, jusqu'à ses intendants et jusqu'à ses laquais.

Sensible et précieux, précieux et moderne, vous pensez bien qu'un tel homme ne pouvait guère suivre les exemples même des plus illustres de ses prédécesseurs, ni surtout, comme les Regnard et les Le Sage, — nés *classiques*, ceux-là, — se prêter docilement au joug de Molière. N'hésitons pas à le dire, puisque aussi bien lui-même ne s'en est pas caché, Marivaux n'aimait pas Molière, et tout lui déplaisait de l'auteur du *Misanthrope :* la nature de ses intrigues, trop imitées encore à son gré de l'ancienne comédie; la franchise hardie de son langage, souvent voisine de la crudité; la généralité même de ces caractères universels que Molière aimait à peindre. Aussi lui tourna-t-il résolument le dos, avec un courage ou plutôt une audace qui pouvait lui coûter cher; dont il n'eut pas, d'ailleurs, à se louer auprès de ses contemporains; et qui ne lui a réussi que dans la mesure où, — sans le vouloir, sans le savoir peut-être, — il allait imiter Racine. La comédie de Marivaux, c'est, en effet, Mesdames et Messieurs, la tragédie de Racine, transportée ou transposée de l'ordre de choses où les événements se dénouent par la mort, dans l'ordre de choses où ils se terminent au mariage; et cette formule vous explique, à la fois, la nouveauté de ses intrigues, sa conception du comique et de la comédie, et cette singularité de style qu'on lui a si souvent reprochée.

II

Notez d'abord les titres de ses pièces, comme ils sont significatifs! *La Double Inconstance,* ou *le Jeu de l'Amour et du Hasard,* ou *les Fausses Confidences,* supposez que l'on voulût donner des sous-titres aux tragédies de Racine, est-ce que ce ne sont pas précisément ceux-là qu'on choisirait? *Andromaque, Bérénice, Bajazet, Mithridate, Phèdre,* est-ce que ce ne sont pas, si jamais il y en eut, des jeux tragiques, des jeux sanglants, des jeux mortels, mais des jeux de « l'amour et du hasard »? Et *Andromaque,* en particulier, n'est-ce pas « la double inconstance » : inconstance d'Hermione, qui trahit Oreste pour Pyrrhus; inconstance de Pyrrhus, qui trahit Hermione pour Andromaque? Pareillement *Bérénice*.... Mais *Bajazet*, à son tour, n'est-ce pas la tragédie, s'il en fut jamais une, des « fausses confidences » : fausses confidences de Bajazet, fausses confidences d'Atalide à Roxane?

> Avec quelle insolence et quelle cruauté
> Ils se jouaient tous deux de ma crédulité!
> Quel penchant, quel plaisir je sentais à les croire!....

Rappelez-vous encore *Mithridate*.... Si bien, Messieurs, que, rien que par leur titre, les comédies de Marivaux nous apparaissent, passez-moi l'expression, comme des « espèces particulières » dont la tragédie de Racine serait le cas général.

A moins peut-être, si vous l'aimez mieux, que l'on ne renverse la phrase. On le peut, sans inconvénient et sans difficulté. Car, de même que la tragédie de Racine est souvent voisine de la comédie, de même la comédie de Marivaux est toute proche de la tragédie. On a souvent noté la ressemblance de l'intrigue de *Mithridate* avec celle de l'*Avare*; et, regardez-y de près, la situation de Pyrrhus dans *Andromaque* n'est pas sans quelques rapports avec celle du marquis du *Legs*. Mais, d'autre part, n'a-t-on pas fait observer aussi que la situation du *Jeu de l'Amour et du Hasard* prise au sérieux, c'était *Ruy Blas*? et, pour faire un drame, un vrai drame, des *Fausses Confidences*, qu'y faudrait-il? Tout simplement qu'Araminte, outragée de la façon dont s'y prend Dorante pour lui faire connaître son amour, préférât sa dignité de femme à son bonheur, et mourût plutôt que de céder au penchant qui l'entraîne vers son intendant. Dans la tragédie de Racine, comme dans la comédie de Marivaux, à ne considérer que les seules apparences, nous sommes donc sur les confins qui séparent le drame de la comédie sentimentale. Et il importe assez peu, Mesdames et Messieurs, lequel des deux soit l'espèce ou le genre de l'autre, si nous entendons de là qu'étant des représentations également vraies de la vie, la tragédie de Racine et la comédie de Marivaux en sont en outre, et par quelque endroit qu'il s'agit de déterminer, des représentations sensiblement analogues.

Pénétrons en effet plus avant : voici de bien autres ressemblances. Non seulement dans *Phèdre*, comme vous l'avez vu, Messieurs, mais presque dans toutes les tragédies de Racine, les rôles de femmes sont de beaucoup les plus importants; et on peut soutenir, je crois, sans aucune exagération, que *Mithridate*, Mesdames, c'est Monime, comme *Bajazet*, c'est Roxane. Il n'en va pas autrement dans la comédie de Marivaux. *Le Jeu de l'Amour et du Hasard*, c'est Silvia; *les Fausses Confidences*, c'est Araminte; et les Dorante ou les Bourguignon, — à plus forte raison les Orgon ou les Remy, — n'ont de raison d'être qu'en elles, par elles, pour elles, à cause ou « en fonction » d'elles. C'est ce qui était alors nouveau, absolument nouveau, dans notre comédie. Je ne parle pas ici des jeunes filles de Molière, de ses Élise ou de ses Marianne! Vous en savez l'étrange insignifiance. Mais, dans *Tartufe* même, Elmire n'est qu'un ressort, si je puis ainsi dire; la Célimène [1] du *Misanthrope* n'est que l'anti-

---

1. C'est tout justement ce que l'on veut dire, — sans le savoir peut-être, — et en tout cas c'est ce que l'on dit quand on admire Molière d'avoir fait son Alceste « amoureux d'une coquette ». C'est, en effet, comme si l'on disait qu'entre vingt autres sortes de femmes dont il eût pu rendre le misanthrope amoureux, il a choisi, selon son habitude et conformément à la grande exigence de la comédie de caractères, la femme qu'il fallait pour faire le mieux ressortir le « ridicule » de la misanthropie de son

thèse ou la contre-partie d'Alceste ; et, dans *l'École des Femmes*, Agnès n'a de raison d'être que de mettre en défaut la prétendue sagesse d'Arnophe. Et elles vivent, parce qu'elles sont les créatures de Molière, mais ce sont pourtant des moyens ou des types autant que des personnes ; elles n'existent pas pour elles-mêmes ; et ce sont, pour ainsi parler, des créations accidentelles ou occasionnelles. Dans la comédie de Marivaux, au contraire, ce sont bien les femmes qui occupent le premier plan ; c'est pour elles que la pièce est faite ; et si l'on les en ôtait, la comédie s'évanouirait avec elles.

De cette importance donnée aux rôles de femmes il en résulte naturellement que les comédies de Marivaux, — je ne dis pas toutes, mais les plus caractéristiques, celles qui lui ressemblent à lui-même le plus, — sont des « comédies d'amour ». Il est trop galant homme en effet, pour nous amuser, cinq actes durant, comme l'auteur des *Femmes savantes*, aux dépens de trois pauvres femmes qui n'ont d'autre tort, après tout, que d'aimer à savoir que ce n'est pas le soleil qui tourne autour de la terre, ou que de préférer la lecture des vers de M. Trissotin aux soins du pot-au-feu. Mais, comme l'écrivait une impératrice d'Allemagne à une reine de

principal personnage. Ni la « sincère Éliante » ni la « prude Arsinoé » n'eussent entretenu chez Alceste cet état d'exaspération jalouse qui le tire hors de lui-même, pour ainsi parler, et l'oblige, malgré qu'il en ait, à se montrer sous le jour le plus défavorable. Mais d'autre part sa misanthropie aurait manqué du plus grave de ses motifs, ou de sa raison la plus intérieure d'être et de se manifester, s'il n'avait pas rencontré les « Acaste » et les « Clitandre » sur le chemin de son amour, et où les pouvait-il rencontrer, si ce n'est dans l'orbite d'une fieffée coquette ? Et qu'est-ce à dire, encore une fois, sinon que Célimène n'existe dans la pièce qu'en fonction d'Alceste, comme on a vu qu'Hippolyte ou Thésée n'existaient dans *Phèdre* qu'en fonction de Phèdre ?

France, si « le seul vrai bonheur en ce monde pour une femme, c'est un heureux mariage [1] », voilà ce que Marivaux a bien vu, et voilà ce qui va faire le fonds de ses comédies. Filles ou veuves, bourgeoises ou demi-paysannes, toutes ses Araminte et toutes ses Silvia, toutes ses Hortense et toutes ses Angélique n'ont de visée qu'au mariage; et, comme aucune d'elles ne voudrait se marier sans amour, l'intrigue de ses pièces n'a pour objet que de libérer, que d'affranchir leur droit d'aimer de tout ce que les conventions ou les préjugés y opposent d'obstacle ou de retardement. N'est-ce pas encore ici l'objet de la tragédie de Racine? et que veulent autre chose, Mesdames, les Hermione, les Roxane ou les Phèdre? Seulement, voici la différence : les comédies de Marivaux se terminent comme qui dirait au point où les tragédies de Racine commencent; et c'est ce qui fait qu'en étant des pièces d'amour, elles ne cessent pourtant pas d'être des comédies.

J'insisterais, je devrais insister, si je ne craignais, en insistant, de vous donner moi-même une autre et assez fâcheuse espèce de comédie. Mais quoi! de quelque manière que l'on s'y prenne, et quand ce serait pour en dire les plus jolies choses du monde, il y a toujours quelque ridicule à disserter publiquement sur l'amour,... et ce genre de causerie préfère un auditoire moins nombreux.... Permettez-moi donc de me dérober. C'est d'ailleurs assez si vous voyez bien qu'autant l'amour une fois formé, mais surtout lié, devient une matière aisément tragique, — s'il est déçu, s'il est dédaigné, s'il est trompé, — autant, au contraire, quand on se borne à nous le montrer qui se forme, il est facile d'en main-

1. Marie-Thérèse à Marie-Antoinette, 4 mai 1770 : *Correspondance secrète entre Marie-Thérèse et le comte de Mercy-Argenteau*, publiée par MM. d'Arneth et Geffroy. Paris, 1875.

tenir le langage au ton de la comédie. C'est ce que Marivaux a su faire avec infiniment d'habileté. « J'ai guetté, disait-il, j'ai guetté dans le cœur humain toutes les niches différentes où peut se cacher l'amour lorsqu'il craint de se montrer, et chacune de mes comédies a pour objet de le faire sortir d'une de ces niches [1]. » On ne saurait, Messieurs, mieux dire en quoi *le Jeu de l'Amour et du Hasard* diffère, tout en y ressemblant, des *Fausses Confidences*. Aucune comparaison ne saurait mieux montrer ce qu'il y a d'ingénieusement comique dans la donnée même des pièces de Marivaux. Mais changez un mot dans sa phrase, et au lieu de l'amour, mettez la jalousie, — qui sans doute en est l'une des formes aiguës, — et vous retrouvez la tragédie de Racine.

Ce n'est pourtant pas tout encore, et voici, je crois, une autre analogie. Rien que d'avoir pris, comme Racine, les passions de l'amour pour matière de sa comédie, c'est ce qui a permis à Marivaux de pousser plus avant que personne avant lui, sauf Racine, ne l'avait fait, l'étude, l'analyse, et comme on disait alors, l'*anatomie* du cœur. C'est effectivement un trésor d'observations que l'œuvre de Marivaux, d'observations fines, souvent subtiles, souvent profondes, qui ne sont pas moins vraies pour être exprimées d'une façon quelquefois singulière, ou plutôt, Mesdames et Messieurs, dont j'oserai dire que l'expression paraîtrait moins singulière, si l'observation, moins ingénieuse et moins déli-

---

[1]. Cette phrase, souvent citée, nous a été conservée, ainsi que plusieurs autres de Marivaux, par d'Alembert, qui l'a insérée dans les notes qu'il a mises à son *Éloge de Marivaux*. Ayant déjà cité son *Éloge de Crébillon*, je saisis cette occasion toute naturelle de recommander la lecture des *Éloges* de d'Alembert. Ils sont presque tous intéressants; et quelques-uns d'entre eux contiennent des renseignements qu'on chercherait inutilement ailleurs.

cate, était moins neuve elle-même. « Qu'on me trouve un auteur célèbre, ayant approfondi l'âme, et qui dans ses peintures de nous et de nos passions, n'ait pas le style singulier. » Lorsque Marivaux se défendait ainsi lui-même contre les plaisanteries que ses contemporains faisaient de son style métaphysique, il oubliait précisément Racine, qui n'est jamais, lui, moins singulier que lorsqu'il est peut-être le plus neuf ou le plus profond. Mais ce don de dire des choses neuves dans la langue de tout le monde n'appartient, vous le savez sans doute, qu'aux très grands écrivains; et s'il n'a pas pu les dire avec la même force et la même simplicité, reprocherons-nous à Marivaux d'avoir mieux aimé dire des choses neuves d'une façon singulière que des choses banales d'une manière commune?

Et vous remarquerez enfin que, chez lui comme chez Racine, le style, la psychologie et l'action ne font qu'un. Pas ou peu d'incidents, rien qui vienne du dehors, mais une succession d'*états d'âmes* qui s'opposent ou se contrarient, — comme, par exemple, dans le *Jeu de l'Amour et du Hasard*, — jusqu'à ce qu'ils finissent par se concilier; ou qui se succèdent en se précisant, — comme dans les *Fausses Confidences*, — jusqu'à ce qu'ils parviennent à se connaître eux-mêmes.

ARAMINTE
Mais, Marton, il a si bonne mine pour un intendant, que je me fais quelque scrupule de le prendre : n'en dirait-on rien?

MARTON
Et que voulez-vous qu'on dise? *Est-on obligé de n'avoir que des intendants mal faits?*

Ce n'est encore, vous le voyez, qu'une disposition générale et vague, incertaine et flottante. Araminte est veuve : on la persécute pour se remarier; elle « aimerait à aimer »; elle n'aime pas encore; elle trouve seulement que Dorante « a bonne mine »; — et pourquoi voudrait-on qu'elle s'en interdît la vue? Ce n'est pas un crime, après tout de trouver que Dorante a bonne mine. Elle installe donc Dorante dans la place. Sur quoi, Mme Argante, dont il dérange les plans, presse sa fille de s'en défaire.

ARAMINTE

Je ne vois pas le sujet de me défaire d'un homme qui m'est donné de bonne main, qui est un homme de quelque chose, qui me sert bien, et que trop bien peut-être.

MADAME ARGANTE

Que vous êtes aveugle!

ARAMINTE

Pas tant; chacun a ses lumières.... Si l'on me donne des motifs raisonnables de renvoyer cet intendant.... il ne restera pas longtemps chez moi; *sans quoi on aura la bonté de trouver bon que je le garde, en attendant qu'il me déplaise à moi.*

Le progrès, Mesdames, est sensible : Dorante ne s'en ira pas; on ne l'aime point encore, mais on le *préfère* déjà; et peut-être n'est-ce pas lui qu'on épousera, mais sûrement ce n'est pas « le Comte »…. Faisons donc le dernier effort, et qu'Araminte achève « de voir clair dans son cœur »:

MADAME ARGANTE

Vous dites que vous le garderez : vous n'en ferez rien.

ARAMINTE, froidement.

Il restera, je vous assure.

MADAME ARGANTE

Point du tout, vous ne sauriez. *Seriez-vous d'humeur à garder un intendant qui vous aime?*

M. REMY

Eh! à qui voulez-vous donc qu'il s'attache?

ARAMINTE

Mais, en effet, pourquoi faut-il que mon intendant me haïsse?

Et nous, Messieurs, qu'avons-nous besoin d'entendre ou d'attendre davantage? Le mariage vaut fait maintenant. A la sympathie d'une jeune veuve pour un intendant bien fait a succédé d'abord un goût de préférence, puis la préférence est devenue de l'amour.... La comédie est terminée ; et si chaque progrès de l'action nous en a fait faire un dans la connaissance du cœur d'une belle indolente, n'avions-nous pas raison de dire que, dans le théâtre de Marivaux, comme dans celui de Racine, action et psychologie se confondent?

Maintenant, Marivaux a-t-il imité Racine? a-t-il voulu seulement l'imiter? Pour ma part, je ne le crois pas. Dans les sociétés qu'il fréquentait, et que présidait Fontenelle, on était plutôt hostile à la mémoire de l'auteur de *Bérénice* et de *Phèdre*, — lequel, pour tout ce monde, était presque un contemporain, n'ayant disparu que depuis une trentaine d'années ; — et d'ailleurs, l'indépendance d'humeur de Marivaux allait jusqu'au dédain, un dédain doux, mais un dédain parfait, de tout ce qui l'avait lui-même précédé. Peu d'hommes de lettres ont eu plus de confiance en eux. La question aussi bien n'est-elle pas presque indifférente? On sait que l'on copie ; on ne sait pas toujours que l'on imite. Ce que je tiens seulement à vous faire observer, Messieurs, c'est que, Marivaux n'en aurait rien su ni soupçonné, la ressemblance ou l'analogie de sa comédie avec la tragédie de Racine n'en serait pas pour cela moins certaine, — ni surtout plus fortuite, ni par conséquent moins intéressante à noter dans l'histoire du théâtre français. Il y a des courants d'idées auxquels personne ne saurait se soustraire, pour la bonne raison qu'à peine sentons-nous qu'ils nous entraînent ; il y a des influences qui sont comme diffuses dans l'atmosphère ambiante, et que nous respirons, sans nous en douter nous-mêmes, avec l'air de notre temps; il y a des œuvres à l'imitation desquelles, sans le vouloir, l'esprit d'une génération ou d'un siècle se modèle. Balzac, dans notre siècle, Honoré de Balzac, a-t-il imité la vie, ou la vie a-t-elle imité Balzac ? Tout en imitant Racine, ou, si vous l'aimez mieux, tout en transposant la tragédie de Racine dans sa comédie de l'amour, Marivaux n'en est donc pas moins demeuré l'homme de son temps.... C'est ce qu'il faut que j'achève de vous montrer, en vous montrant maintenant dans l'esprit de son temps l'explication de ses défauts, comme j'ai tâché tout à l'heure de vous y faire voir l'origine de ses qualités.

III

Ainsi je ne voudrais pas dire que sa sensibilité fût à fleur de peau; mais cependant, pas plus que celle de Voltaire ou de leurs contemporains à tous deux, — exceptons-en peut-être le seul Prévost, — je ne la crois très profonde. Vous venez, Mesdames, de voir jouer *l'Épreuve*. Je vous le demande : est-ce que vous n'en avez pas trouvé, sous ses grâces Watteau, la donnée bien cruelle; et, en vérité, quand on a le cœur un peu sensible, ou seulement bien placé, badine-t-on ainsi avec l'amour? Quoi! Lucidor aime Angélique, et il en est aimé; l'innocente n'a pas un regard ou un sourire qui ne le lui dise; il est aussi sûr d'elle qu'un homme le puisse être d'une femme; et, je ne sais pour quelle satisfaction de vanité, ce fat, cet impertinent, ce sot ne craint pas d'exposer cette enfant aux entreprises de son fermier d'abord, maître Blaise, et de son laquais ensuite! Et il est vrai que *l'Épreuve* est datée de 1740.... Il est vrai qu'un Richelieu, si nous en croyons la chronique, en usait volontiers de la sorte avec ses victimes. C'est donc une preuve aussi que Marivaux suit son temps, si, comme nous le savons par ailleurs, après ce premier éveil de la sensibilité que je vous signalais aux environs de 1730, les mœurs retournent à celles de la Régence et la race odieuse des Lovelace et des Valmont commence de paraître.... [1]

Mais, je l'avoue, quelque vif plaisir que j'éprouve à retrouver chez un auteur comique ou chez un romancier la fidèle image des mœurs de son temps, j'aimais mieux l'autre Marivaux, le premier, celui du *Jeu de l'Amour et du Hasard* ou de *la Surprise de l'Amour*. S'il n'était pas plus spirituel, il était plus humain. Son Orgon était le meilleur des pères, et ses amoureux, ses Dorante ou ses Lélio, n'avaient peut-être pas cette allure aristocratique, mais ils lui faisaient tout de même plus d'honneur. Et, vraiment, je commence à douter de la profondeur d'une sensibilité qui se tourne si vite et si facilement en sécheresse.

Je m'avise aussi sur cette observation, qu'ils n'étaient pas trop délicats, et le Dorante des *Fausses Confidences*, par exemple, ne laissait pas de jouer un assez vilain jeu. Tranchons le mot : son personnage a quelque chose d'assez répugnant, et dans sa manière de réduire Araminte à composition on trouve je ne sais quoi qui sent trop son chevalier d'industrie. Il y a aussi une bien grosse dot dans la petite main qu'on lui abandonne! Mais le déguisement de l'autre Dorante, celui du *Jeu de l'Amour et du Hasard*, est-ce que vous aimez beaucoup cette invention? Est-ce que l'embarras de Silvia quand elle sent qu'elle aime Bourguignon, qui n'est que Bour-

---

[1]. Voyez là-dessus le *Méchant* de Gresset, qui est de 1747, et comparez les *Contes* ou *Romans* de Duclos.

guignon pour elle, n'a pas quelque chose de gênant, d'humiliant, d'avilissant même pour nous? Et d'une manière générale, ne penserez-vous pas, Messieurs, qu'il y a bien des laquais et bien des intendants dans la comédie de Marivaux? Oui; trop d'intendants, trop de laquais, trop de situations fâcheuses !...

Je sais bien ce que l'on répond : que c'est encore un trait de mœurs, — et je connais le mot de Montesquieu : « Le corps des laquais est plus respectable en France qu'ailleurs : c'est un séminaire de grands seigneurs : il remplit le vide des autres états.... » J'ai la mémoire toute fraîche aussi du *Gil Blas* de Le Sage. Et pour m'assurer qu'un laquais, sous l'ancien régime, était en passe de parvenir à tout, je n'ai pas besoin de songer au fameux Gourville; il me suffit de penser à quelques contemporains de Marivaux : à Dubois, par exemple, ou encore à celui qui devint le cardinal Alberoni. Sans doute, au temps de Marivaux, il arrivait tous les jours qu'une Silvia s'éprît d'un Bourguignon, et, à plus forte raison, que Dorante épousât Araminte. On pourrait ajouter qu'en y poussant lui-même, — autant du moins qu'il était en son pouvoir d'auteur comique, — Marivaux s'efforçait à détruire ce qu'il y a d'inhumain ou d'odieux dans l'inégalité des conditions des hommes, et qu'ainsi ses comédies devançaient les *Discours* de Rousseau. N'est-il pas vrai qu'il y a déjà dans les *Fausses Confidences* quelque chose de la *Nouvelle Héloïse*, que Dorante fait songer à Saint-Preux, et Araminte, si l'on le veut, à Mme de Warens? J'y consens d'autant plus volontiers que ce sera donc un trait de plus de ressemblance de la comédie de Marivaux avec les mœurs de son temps.

Et je le retrouverais encore, Messieurs, s'il le fallait, l'homme de son temps, dans un certain goût de libertinage qui fait de lui le prédécesseur de Crébillon fils.

Mais enfin, puisque ce goût de libertinage, qui s'étale dans ses romans, — dans sa *Marianne* même et surtout dans son *Paysan parvenu*, — ne se montre pas, ou à peine, dans ses comédies, passons, et contentons-nous, pour terminer, de dire deux mots, à la fois, de la singularité de sa réputation et de l'originalité de son rôle dans l'histoire de la littérature.

Car les deux choses se tiennent....

Si les contemporains de Marivaux ne l'ont donc pas précisément méconnu, mais s'ils ne l'ont pas estimé non plus à sa véritable valeur, c'est que la nouveauté de son entreprise, n'étant pas soutenue par des qualités qui s'imposent, mais seulement par des qualités qui paraissaient tenir plutôt de l'art de causer que celui d'écrire — et que, pour cette raison, ses rivaux, les Voltaire, les Gresset, les Piron s'imaginaient posséder comme lui, — cette nouveauté les a comme changés ou déroutés de leurs habitudes d'esprit. Nous, cependant, et au contraire, — devenus moins sensibles à ce que sa manière a d'entortillé, — si nous faisons de son œuvre une estime un peu excessive peut-être, c'est que nous lui savons gré de deux choses : l'une, à laquelle des contemporains sont en général assez indifférents, je veux dire la fidélité du portrait que l'on trace d'eux, car ils croient assez se connaître; et l'autre, que ses contemporains ne pouvaient pas prévoir, j'entends une transformation de la comédie, dont on n'a guère senti que de notre temps toute l'importance.

Pour que la comédie moderne achevât, en effet, de naître, il fallait qu'avant tout la comédie classique se féminisât.... en quelque sorte. Il fallait que la femme y jouât, comme personne morale, un rôle égal en importance à celui qu'elle joue dans la société. Il fallait qu'à côté des préoccupations habituelles de l'homme,

— qui avaient seules semblé dignes à Molière de faire l'objet de la comédie, — les préoccupations ordinaires de la femme fussent admises, pour ainsi parler, aux honneurs de la représentation. Et il fallait enfin qu'à la grossièreté de l'antique plaisanterie je ne sais quoi de plus fin se mêlât, ou de plus poli, si l'on veut, qui ne rendît pas la plaisanterie moins vive, ni au besoin moins meurtrière, mais cependant plus mondaine. Ç'a été l'œuvre de Marivaux. Dans la comédie comme dans le roman, il a fait à la femme la place qu'on ne lui avait encore donnée que dans la tragédie. Il a contribué ainsi, plus que personne peut-être, à préparer le mélange des genres. Mais, en le préparant, il l'a cependant retardé, si ses comédies sont bien des comédies, et non pas du tout des romans ou des drames. Et c'est pourquoi, non seulement il manquerait quelque chose à l'esprit français si nous n'avions pas le *Jeu de l'Amour et du Hasard* et les *Fausses Confidences*, mais il manquerait aussi quelque chose à l'histoire du théâtre, si l'on ne voit pas, ou si l'on voit mal, quel Destouches ou quel La Chaussée, quel Piron ou quel Gresset eût accompli l'œuvre de Marivaux.

21 janvier 1892.

ONZIÈME CONFÉRENCE

ZAÏRE

I. — Caractère composite et artificiel de *Zaïre*. — De la valeur de Voltaire comme auteur dramatique. — Pourquoi n'a-t-il pas mieux réussi au théâtre ? — L'abus du romanesque. — L'improvisation. — L'incapacité de s'aliéner de soi-même. — II. Mérites de *Zaïre*. — Que Voltaire s'est lui-même laissé prendre à son sujet. — Comment il en a dégagé ce qu'il contenait de vérité générale. — Ce qu'il y a fait passer du théâtre anglais. — III. Les originaux de *Zaïre*. — Adrienne Lecouvreur et Maurice de Saxe. — Mademoiselle Aïssé et le chevalier d'Aydie. — Voltaire lui-même et madame du Châtelet. — IV. Les mœurs du temps dans *Zaïre*. — La couleur locale et l'histoire nationale. — Le christianisme, et, à ce propos, d'une page de Chateaubriand sur *Zaïre*. — V. La nouveauté du « pathétique » de Voltaire. — L'idée du prix de la vie humaine. — Comment *Zaïre* rentre par là dans la philosophie générale de Voltaire. — Intérêt encore actuel et présent de *Zaïre*

I

Mesdames et Messieurs,

Je ne saurais vous le dissimuler : elle va vous parler de « la croix de sa mère ; » et, ce qui est presque une circonstance aggravante, elle va vous en parler en vers; elle va l'appeler

> Ce signe des chrétiens que l'art dérobe aux yeux
> Sous le brillant éclat d'un travail précieux...

Alors, comme elle est philosophe, et qu'elle sait l'histoire, elle saisira l'occasion de disserter, en passant, sur la diversité des religions, sur l'empire des premières impressions, et comme Pascal ou Montaigne eux-mêmes, sur la force étrange de la coutume :

> Je le vois trop : les soins qu'on prend de notre enfance
> Forment nos sentiments, nos mœurs, notre croyance.
> J'eusse été près du Gange esclave des faux dieux,
> Chrétienne dans Paris, musulmane en ces lieux.
> L'instruction fait tout ; et la main de nos pères
> Grave en nos faibles cœurs ces premiers caractères....

Vous verrez s'avancer ensuite un Arabe, ou un Turc, ou un Tartare, « un Scythe ; » et, tous les deux, Orosmane et Zaïre, dans le sérail ou dans le harem de Jérusalem, ils échangeront des propos d'amour, où vous sentirez passer je ne sais quel souffle ou quel air inspiré de Versailles :

> Vertueuse Zaïre, avant que l'hyménée
> Joigne à jamais nos cœurs et notre destinée,
> J'ai cru sur mes projets, sur vous, sur notre amour,
> Devoir en musulman vous parler sans détour...

Et en effet, nous le savons, c'était ainsi, qu'aux environs de 1730, à la cour de Louis XV encore jeune, on déclarait son amour. Oui, c'était avec ces airs de tête, avec ces ronds de jambe, avec cette élégance apprêtée que nuançait une ironie légère, — qui la rendait plus élégante encore, — et, si j'ose hasarder le mot, c'était avec cette *pomposité*....

Que vous dirai-je de plus ? Une méprise et une reconnaissance ; deux reconnaissances ; des plumes et des turbans, des falbalas et des « dolimans », Paris et Jérusalem, la Seine et le Jourdain, Saladin et Lusignan ; le

Bajazet de Racine, l'*Otello* de Shakespeare, du Massillon, du Virgile; des périphrases extraordinaires :

> Votre plus jeune fils, à qui les destinées
> Avaient à peine encore accordé quatre années....

des vers devenus proverbialement plaisants :

> Des chevaliers français tel est le caractère,

ou,

> Le voilà donc connu, ce secret plein d'horreur!...

des pleurs et des grincements de dents; un assassinat, un suicide; — et, circulant parmi tout cela, le petit rire moqueur et sarcastique de Voltaire, — Mesdames et Messieurs, c'est *Zaïre*; et malgré tout cela, peut-être à cause de tout cela, de cette multiplicité même et de cette diversité d'impressions, si vous n'y êtes pas pris tout à l'heure, si vous n'y sentez pas frissonner ou palpiter quelque chose d'humain, si vous n'êtes pas enfin vivement et sincèrement émus, vous serez les premiers depuis cent cinquante ans.

C'est que *Zaïre* est une pièce, dirai-je bien faite? mais ingénieuse, en tout cas, dont les ressorts sont adroitement, spirituellement combinés, — et, je ne suis pas fâché d'en faire la remarque, — c'est surtout que Voltaire est vraiment un auteur dramatique.

On lui en a trop souvent refusé le nom, sous ce prétexte assez singulier qu'il aurait mêlé, nous dit-on, trop de « philosophie » dans ses pièces.... Mais je me fais une plus haute idée de l'auteur dramatique; je ne crois pas qu'il lui soit interdit quelquefois de penser; et ce que je sais, d'ailleurs, c'est que Voltaire a aimé passionnément le théâtre. Il l'a aimé pour lui-même, en lui-même, — comme on fait un plaisir ou un divertissement favori, comme un art dont il admirait les chefs-d'œuvre et pour lequel il se sentait né, — non pas seulement comme un moyen d'agir sur l'opinion ou comme un instrument de propagande philosophique. En faudrait-il d'autre preuve au besoin que l'empressement avec lequel nous le voyons d'abord, — partout où il a promené son existence longtemps errante, à Cirey, à Berlin, aux Délices, à Ferney, — se hâter de dresser ses tréteaux, de jouer lui-même dans ses propres pièces, d'y faire jouer ses gens, d'enrôler dans sa troupe jusqu'à ses invités? Il jouait Lusignan dans *Zaïre*; et, sans doute, il faisait beau le voir, lui, Voltaire, le patriarche de l'impiété, lever au ciel ses bras décharnés, en déclamant les vers célèbres :

Grand Dieu! j'ai combattu soixante ans pour ta gloire!

Si d'ailleurs on disait que ce goût ou cette passion du théâtre lui était venue des nombreux succès qu'il avait remportés sur la scène, — de 1718 à 1760, depuis son *Œdipe* jusqu'à son *Tancrède*, — je répondrais que je le veux bien, mais que ces succès s'expliquent eux-mêmes par de nombreuses, et de réelles, et d'assez rares qualités.

On ne saurait le nier : tout en imitant, et tout en copiant, Voltaire n'en a pas moins été, — dans le sens, il est vrai, le plus extérieur du mot, — un fécond et habile inventeur dramatique, un Scribe ou un Dumas en son temps; et, de son propre fonds, nul n'a tiré de plus ingénieuses ni de plus nouvelles combinaisons. Nul n'a eu plus que lui ce mouvement et cette vivacité, cet éclat, ce brillant, ce « coloris », comme on disait alors, qui durent d'ailleurs ce qu'ils peuvent, mais, vous le savez, qui charment toujours les contemporains. Et pourquoi n'ajouterais-je pas que, s'il n'a pas toujours eu le respect de son art, — pas plus qu'il n'avait toujours le respect de lui-même — nul, cependant, ne s'est donné plus de mal pour plaire, jusqu'à refaire deux fois, trois fois, quatre fois au besoin ceux mêmes de ses drames qui avaient le mieux réussi [1]?

Comment donc se fait-il que, d'une vingtaine de tragédies qu'il a laissées, *Zaïre* seule survive, et que son *Œdipe*, son *Alzire*, son *Mahomet*, sa *Mérope*, sa *Sémiramis*, son *Catilina*, son *Tancrède*, en un mot toutes les autres, soient retombées au néant?

Les raisons n'en sont que trop faciles à donner; et la première de toutes, c'est qu'il a été victime de sa facilité même, l'une des plus prodigieuses qui fut jamais, en vers aussi bien qu'en prose. Autant qu'il a la conception rapide, et comme instantanée, autant Voltaire a l'exécution... foudroyante, si je puis ainsi dire. Agé de soixante-quinze ans, il écrira ses *Guèbres* en douze jours! Mais il en est des idées comme des hommes, comme des plantes. Un chêne ne pousse pas en un jour; et d'un enfant, pour faire un homme, nous savons ce qu'il y faut d'années. Pareillement les idées, une idée de drame ou de comédie, l'idée de *Tartufe* ou de *Phèdre*. Elle a besoin d'être longtemps portée, patiemment mûrie, nourrie, et comme fortifiée par une longue méditation intérieure. En art comme en tout,

Le temps n'épargne pas ce qu'on a fait sans lui;

---

1. C'est ainsi que nous avons trois versions d'*Adélaïde du Guesclin*, sous les titres d'*Adélaïde*, 1734; du *Duc d'Alençon*, 1751; d'*Amélie* ou le *Duc de Foix*, 1752. Enfin Beuchot lui-même n'a pas osé donner une quatrième version de la même pièce, sous le titre d'*Alamire*, dont il possédait le manuscrit de la main de Wagnière. Citons encore *Mérope*, commencée en 1736, achevée en 1737, refusée par les comédiens en 1738, corrigée en 1739, et jouée pour la première fois en 1743.

et ainsi, l'une des grandes raisons du discrédit légitime où sont tombées la plupart des tragédies de Voltaire, c'est, Messieurs, ce que ses contemporains en ont presque le plus applaudi, si c'en est l'air même d'improvisation et de facilité.

Joignez-y cette autre cause, que déjà je vous indiquais l'autre jour en vous parlant de *Rhadamisthe*. Comme le théâtre de Crébillon, le théâtre de Voltaire est décidément trop romanesque, je veux dire trop en dehors de la nature et de la vérité. Les situations, celle d'*Alzire* ou celle de *Tancrède*, sans rien avoir de trop invraisemblable, en ont quelque chose de trop particulier, de trop *localisé* dans l'espace ou dans le temps. D'un autre côté, les moyens y ont quelque chose de trop arbitraire : trop de méprises, comme chez Crébillon ; et trop de reconnaissances, dans *Alzire*, dans *Mérope*, dans *Sémiramis* dans l'*Orphelin de la Chine*, dans *Tancrède*. Mais surtout, une licence dont Voltaire abuse, vous l'allez voir dans *Zaïre* même, c'est celle de ne nous rien expliquer, pourvu qu'il réussisse à nous amuser ou à nous émouvoir. Je vous parlais de la croix de Zaïre : mais, pour peu qu'on y arrête sa réflexion, cette croix d'émail ou de « brillants », ce bijou si « précieux », ce signe « des chrétiens », comment donc Zaïre l'a-t-elle gardée, parmi ces musulmans, et comment la lui laisse-t-on publiquement étaler ? Ne cherchez pas ailleurs ! c'est que Voltaire en avait besoin pour que Lusignan pût reconnaître sa fille. Mais lui-même, Lusignan, pourquoi meurt-il presque aussitôt qu'on nous l'a montré ? ne paraît-il que pour disparaître ? ne sort-il de son cachot que pour expirer à la « cantonade » ? Je vais vous le dire : c'est qu'il embarrasserait Voltaire, s'il vivait davantage. Et comment se fait-il encore qu'Orosmane, quand il a surpris le billet de Nérestan, au lieu de s'en servir pour confondre Zaïre, le garde, pour lui tendre le piège odieux où elle périra? Vous l'entendez bien! c'est que, s'il montrait à Zaïre le fatal billet, on s'expliquerait, mais, si l'on s'expliquait, plus de catastrophe, et, plus de catastrophe, plus de pièce. N'est-ce pas un peu nous traiter en enfants, et le théâtre comme un jeu? Puisque cependant Voltaire ne se moque pas de nous, nous dirons donc, Messieurs, que la grande invention lui manque, celle qui consiste « à faire quelque chose de rien », et ses moyens ou ses machines, non seulement arbitraires, mais trop nombreux, trahissent l'impuissance de sa méditation. Trouverez-vous étonnant que, dans ces conditions, les volontés de ses personnages fléchissent? qu'au milieu de cette multiplicité d'événements, qui les surprennent ou qui les enveloppent, elles perdent presque la conscience, mais surtout la direction d'elles-mêmes? — et c'est ce que je veux dire en disant de son théâtre qu'il est trop romanesque.

Mais, Messieurs, voici peut-être la grande raison de sa faiblesse ou de sa médiocrité : c'est qu'ayant d'ailleurs plusieurs des parties de l'auteur dramatique, un don, malheureusement, lui manque, le plus rare, il est vrai, mais le plus précieux de tous : le don de se séparer, de se détacher, de s'aliéner de lui-même ; le don de se faire une autre âme que la sienne : le don d'oublier, dans la joie de la création, sa vanité d'auteur, les exigences du public, et les conditions du succès. Il lui faut d'abord qu'on l'applaudisse : tout le reste ne vient qu'ensuite, ou souvent ne vient pas.... Et qu'en résulte-t-il? C'est qu'il ne comprend pas, il n'a jamais compris que la première condition du succès, que le moyen des moyens, si je puis ainsi parler, c'était, au théâtre comme ailleurs, de ne songer ni à soi-même ni aux exigences du public, ni au succès, mais à la chose que l'on fait, et de s'identifier avec elle jusqu'à s'y confondre, s'y absorber, et s'y perdre soi-même tout entier [1].

Sans le comprendre, et sans le vouloir, c'est précisément ce qu'il a fait dans *Zaïre* ; et c'est pour cela que *Zaïre* est unique dans son œuvre, autant au-dessus de *Tancrède* ou d'*Alzire* qu'*Alzire* est au-dessus de *Rhadamisthe* ou *Tancrède* au-dessus d'*Atrée*... Voulez-vous me permettre d'insister sur ce point?

II

Quand il écrivait en effet *Rhadamisthe*, à quoi, Messieurs, dirons-nous que le pauvre Crébillon s'intéressât dans son œuvre? A peine était-ce aux « situations » qu'il mettait à la scène; et il savait comme nous qu'« historiques » tant que l'on voudra, cependant elles n'avaient pas d'analogues dans la réalité. Ce n'étaient pas non plus ses personnages qui l'intéressaient : son Rhadamisthe, sa Zénobie, son Pharasmane. Avaient-ils existé seulement? Segrais le prétendait, et Crébillon le croyait. Mais d'ailleurs leurs aventures lui étaient bien la chose du monde la plus indifférente, ne se sentant lui-même pour sa part Arménien ni Parthe, mais Français, « clerc de procureur » devenu dramaturge, n'aimant de ses sujets que l'adresse dont il faisait preuve en les traitant, et tout au plus la satisfaction que ses combinaisons procuraient à son goût naturel du romanesque et de l'invraisemblable.... Voltaire, lui, dans

---

[1]. On ne saurait expliquer autrement la médiocrité des comédies de Voltaire : l'*Enfant prodigue*, ou *Nanine*. Cet homme de tant d'esprit n'a pu prendre sur lui de ne pas prêter le sien à peu près indistinctement à tous ses personnages; et ainsi, aucun d'eux n'a eu le pouvoir de l'enlever un instant à lui-même.

Zaïre, s'est pris au contraire, si je puis ainsi dire, à la glu de son propre sujet; et la preuve qu'il s'y est pris, je la trouve dans sa *Correspondance* :

> J'ai cru que le meilleur moyen d'oublier *Ériphyle* était de faire une autre tragédie, écrivait-il à son ami Formont, le 29 mai 1732. Tout le monde me reproche ici que je ne mets point d'amour dans mes pièces. Ils en auront cette fois-ci, je vous jure, et ce ne sera point de la plaisanterie. Je veux qu'il n'y ait rien de si turc, de si chrétien, de si amoureux, de si tendre, de si furieux que ce que je versifie à présent pour leur plaire. J'ai déjà l'honneur d'en avoir fait un acte. Ou je suis fort trompé, ou ce sera la pièce la plus singulière que nous ayons au théâtre. Les noms de Montmorency, de saint Louis, de Saladin, de Jésus et de Mahomet ne s'y trouveront. On y parlera de la Seine et du Jourdain, de Paris et de Jérusalem. On aimera, on baptisera, on tuera, et je vous enverrai l'esquisse dès qu'elle sera brochée.

Sans doute il songe trop encore à plaire, mais il est sous le charme, ou, si vous l'aimez mieux, il est dans la fièvre de l'inspiration.... Moins d'un mois plus tard la pièce était faite, et il écrivait au même Formont, le 25 juin :

> Grand merci, mon cher ami, des conseils que vous me donnez sur le plan d'une tragédie; — c'était peut-être le conseil de le mûrir davantage; mais la tragédie était faite. — Elle ne m'a coûté que vingt-deux jours. *Jamais je n'ai travaillé avec tant de vitesse. Le sujet m'entraînait, et la pièce se faisait toute seule.* J'ai enfin osé traiter l'amour, mais ce n'est pas l'amour galant et français. Mon amoureux n'est pas un jeune abbé à la toilette d'une bégueule : c'est le plus passionné, le plus fier, le plus tendre, le plus généreux, le plus justement jaloux, le plus cruel et le plus malheureux de tous les hommes. *J'ai enfin tâché de peindre ce que j'avais depuis si longtemps dans la tête, les mœurs turques opposées aux mœurs chrétiennes,* et de joindre, dans un même tableau, ce que notre religion peut avoir de plus imposant, et même de plus tendre, avec ce que l'amour a de plus touchant et de plus furieux.

Vingt-deux jours, c'était bien peu, comme toujours ; mais, si nous voulons l'en croire, il y avait *longtemps* qu'il portait son sujet dans sa tête ; et voici d'autre part, sans parler de l'inspiration, ce qui semble avoir compensé la rapidité de l'exécution.

Il avait tout d'abord admirablement débrouillé ce que son sujet contenait d'intérêt général et, conséquemment, de longue actualité. C'est ce qui faisait si cruellement défaut, nous venons de le redire, dans les mélodrames du vieux Crébillon. Ici, au contraire, toute une partie du drame sort, pour ainsi parler, des perplexités de Zaïre entre son amour, d'une part, et sa religion, de l'autre, ou, si vous l'aimez mieux, entre Orosmane et Lusignan. Là même en est la donnée première et comme génératrice ; là aussi l'intérêt vraiment dramatique et durable. Car, Messieurs, changez les noms, changez les lieux, ôtez de la pièce tout ce qu'elle contient d'arbitraire et de trop « romanesque », n'est-ce pas une question encore d'aujourd'hui que celle des « mariages mixtes » chrétiens contre juifs, et protestants contre catholiques ? N'est-il pas vrai qu'encore aujourd'hui même, quelques-uns au moins d'entre nous, — que personne, je pense, n'a le droit d'en reprendre, — peuvent hésiter, en plus d'une rencontre, entre les intérêts de leur passion et ceux de leur croyance ? Et n'est-ce pas une question de nos jours aussi que celle de savoir jusqu'où vont les droits d'un père sur une fille de l'âge de Zaïre ? les droits d'un frère ? les droits de la race et du nom ? Habitué qu'il était au maniement des idées générales, peu capable d'application et de profondeur, mais en revanche très agile à saisir les liaisons ou les rapports des choses, ce que le sujet de *Zaïre* comportait d'intérêt général, voilà ce que Voltaire a vu ; et c'est pourquoi longtemps encore, si je ne me trompe, nous pourrons nous intéresser à *Zaïre*, parce que nous en aurons d'autres raisons, plus générales elles-mêmes que l'aventure d'Orosmane et de la fille de Lusignan.... Un peu de philosophie, vous le voyez, n'est pas toujours pour nuire à l'auteur dramatique; et il ne faut pas assurément qu'il en abuse, mais j'aime pour ma part, qu'il sache, et qu'il nous montre, les relations de son sujet avec les intérêts universels et permanents de l'humanité.

Vous parlerai-je maintenant de cette imitation de la liberté du théâtre anglais, et de ce ressouvenir de l'*Otello* de Shakespeare que l'on a cru devoir si souvent relever dans *Zaïre*? Il est certain que pendant les trois ans de son séjour en Angleterre, Voltaire avait appris à connaître, à goûter Shakespeare, et, par exemple, comme il le dit lui-même dans l'*Épître dédicatoire* de son drame à son ami Falkener, « c'est au théâtre anglais qu'il doit la hardiesse qu'il a eue de mettre sur la scène les noms de nos rois et des anciennes familles du royaume. » Deux ans après *Zaïre*, dans ses *Lettres anglaises*, si ce n'est pas précisément lui qui révélera Shakespeare à la France, il traduira des scènes entières d'*Hamlet*; et plus tard, quand il écrira sa *Sémiramis*, il s'en souviendra visiblement. Je ne nie pas non plus qu'il y ait quelques traits d'Iago dans le personnage de Corasmin. Mais, pour ce qui est d'Orosmane, s'il a des traits du More de Venise, n'en a-t-il pas peut-être autant de la Roxane de Racine? et en fait de « turquerie », *Bajazet* n'en est-il pas une que Voltaire, admirateur encore bien plus ardent de Racine que de Shakespeare, a dû tout naturellement imiter? Admettons donc, si on le veut, qu'il soit passé dans *Zaïre* quelque chose de la rapidité plutôt que de la liberté du théâtre anglais; mais n'exagérons rien si des deux, l'anglais et le français, en raison de la contrainte même des unités, c'était notre théâtre encore le plus rapide [1].

III

Aussi bien, Mesdames, entre toutes les tragédies de Voltaire, si *Zaïre* est la plus passionnée, je croirais plutôt que cela tient à ce qu'il y a, pourrait-on dire, travaillé d'après le modèle vivant. C'est que trois femmes de son monde, ou de son entourage, ont en quelque sorte posé pour la fille de Lusignan, — sans parler de Mlle Gaussin, son actrice, — et que, dans le rôle d'Orosmane, il a mis quelque chose de ce qu'elles lui avaient à lui-même inspiré.

La première était Adrienne Lecouvreur [2], l'illustre tragédienne, qu'il avait non seulement connue, mais aimée, et qui même était morte entre ses bras, deux ans auparavant, le 20 mars 1730. A cette occasion des bruits d'empoisonnement avaient couru sur lesquels, Mesdames, vous pourrez, si peut-être vous aimez le dramatique, accepter sans difficulté la version de M. Legouvé, dans la pièce qui porte pour titre le nom même d'Adrienne. Mais vous en retiendrez surtout le grand amour, l'amour pas-

---

1. J'ai touché plusieurs fois cette question de l'influence que son séjour en Angleterre avait exercée sur l'esprit de Voltaire, et je n'ai pas nié cette influence; mais il m'a toujours paru qu'on ne laissait pas de l'exagérer; qu'on ne songeait pas assez que Voltaire, né en 1694, n'était plus un enfant quand il débarqua en Angleterre en 1726; et qu'enfin on oubliait trop ce que l'Angleterre de ce temps-là devait elle-même à Bayle, dont Voltaire était nourri.

2. Voyez dans les *Causeries du lundi*, t. I, l'article de Sainte-Beuve sur *Adrienne Lecouvreur*. On a publié depuis dans la *Bibliothèque Elzévirienne* tout un petit et intéressant volume de *Lettres* d'Adrienne, qui n'ont pas ajouté grand'chose à ce que nous savions d'elle.

sionné de la comédienne pour Maurice de Saxe[1], le futur vainqueur de Fontenoy, le plus infidèle mais le plus séduisant des amants, lui-même enfant de l'amour et de race à moitié souveraine, fils d'Auguste, roi de Pologne et de la belle Aurore de Königsmarck. C'étaient les bijoux et l'argenterie d'Adrienne qui avaient payé les frais de l'expédition de Courlande…. Aussi racontait-on qu'étant à son lit de mort, l'un des vicaires de Saint-Sulpice l'étant venue visiter, elle l'avait assuré que les pauvres de la paroisse n'étaient pas oubliés dans son testament; mais, comme il lui parlait d'autres devoirs à remplir, elle s'était contentée de montrer du geste un buste de Maurice, placé sur sa cheminée, en prononçant ce vers :

Voilà mon univers, mon espoir et mes dieux!

Était-ce pour cela que le curé Languet avait refusé de l'enterrer en terre sainte? Toujours est-il que ce refus de sépulture avait fait scandale dans le Paris d'alors; et Voltaire, sincèrement indigné, avait écrit une pièce assez éloquente où le ressouvenir d'une ancienne et intime affection se mêlait aux sentiments d'une juste colère :

> Quand elle était au monde ils soupiraient pour elle,
> Je les ai vus soumis, autour d'elle empressés!
> Sitôt qu'elle n'est plus, elle est donc criminelle ;
> Elle a charmé le monde, et vous l'en punissez.
> Non, ces bords désormais ne seront plus profanes :
> Ils contiennent ta cendre, et ce triste tombeau,
> Honoré par nos chants, consacré par tes mânes,
>   Est pour nous un temple nouveau!
> Voilà mon Saint-Denys : oui, c'est là que j'adore
> Ton esprit, tes talents, tes grâces, tes appas;
> Je les aimai vivants, je les encense encore
>   Malgré les horreurs du trépas….

---

1. Voyez, sur *Maurice de Saxe*, le livre de Saint-René Taillandier.

Messieurs, nous est-il interdit de croire qu'il n'avait pas encore oublié tout à fait Adrienne quand il écrivait *Zaïre*? et, par exemple, dans ces jolis vers auxquels il ne manquerait que d'être d'une facture un peu moins lâche tout en gardant l'espèce d'abandon qui en fait le charme, ne vous semble-t-il pas que nous retrouvions quelque chose de l'accent de la comédienne quand elle parlait à son Orosmane?

> Vous, Seigneur, malheureux! Ah! si votre grand cœur
> A sur mes sentiments pu fonder son bonheur.
> S'il dépend, en effet, de mes flammes secrètes,
> Quel mortel fut jamais plus heureux que vous l'êtes!
> Ces noms chers et sacrés et d'amant et d'époux,
> Ces noms nous sont communs, et j'ai par-dessus vous
> Ce plaisir si flatteur à ma tendresse extrême
> De tenir tout, Seigneur, du bienfaiteur que j'aime,
> De voir que ses bontés font seules mes destins,
> D'être l'ouvrage heureux de ses augustes mains,
> De vénérer, d'aimer un héros que j'admire.... [1]

Si Voltaire a modelé en quelque sorte les sentiments amoureux de Zaïre sur ceux d'Adrienne Lecouvreur, — et qui sait? ceux aussi de son « Scythe » Orosmane sur le « héros sarmate » en personne, — c'est une autre femme qui lui en a fourni comme l'image ou le portrait physique.

Il y avait alors à Paris, dans une maison qu'il fréquentait beaucoup, — et où même il avait l'un de ses amis déjà les plus dévoués, — chez les Ferriol, une jeune femme dont l'histoire est l'un des plus jolis romans du xviiie siècle, où il y en a tant, et de plus touchants que l'on ne croit. C'est celle que l'on appelle Mlle Aïssé,

---

[1]. C'est au surplus dans des vers de ce genre que se fait sentir l'influence de Quinault, et plus généralement de la phraséologie d'opéra.

— Aïscha ou Haïscha, je crois, de son vrai nom, — le nom que Byron a depuis immortalisé dans son *Don Juan* sous la forme d'Haydée. Circassienne de naissance, achetée comme esclave, à l'âge de trois ans, sur le marché de Constantinople, par M. de Ferriol, alors ambassadeur de Louis XIV en Turquie, élevée en France, au couvent des Nouvelles-Catholiques, et, conservant toujours, dans sa nouvelle patrie, le vague souvenir d'une première enfance entourée là-bas, dans ses montagnes, d'un luxe éclatant et barbare, elle avait contracté, avec un libertin dont sa gracieuse influence avait fait le modèle des amants respectueux et soumis, une liaison que tout le monde connaissait bien autour d'elle, mais sur laquelle tout le monde s'accordait pour lui garder respectueusement le secret. Cet homme heureux s'appelait le chevalier d'Aydie; et, vous le savez sans doute, pour nos gens de lettres du xviiie siècle, — pour Voltaire, en particulier, et pour Montesquieu, — si quelqu'un a comme résumé toutes les vertus d'un gentilhomme achevé, c'est lui.

Or, faites-y tout à l'heure attention, Mesdames : la situation d'Aïssé vis-à-vis du chevalier d'Aydie n'est-elle pas précisément la situation de Zaïre vis-à-vis d'Orosmane? Cette douceur langoureuse dont Voltaire a paré sa Zaïre, cet aimable naturel, cette grâce indolente et naïve, cette entière soumission, tous ces traits, — si vous feuilletez l'*Histoire d'une Grecque de qualité*, de l'abbé Prévost, ou les *Lettres de Mme Aïssé à Mme Calandrini*, dont Voltaire sera, sinon l'éditeur, au moins le premier annotateur, — tous ces traits ne sont-ils pas ceux aussi de la Circassienne de la maison des Ferriol, de l'amie du chevalier d'Aydie? Et pourquoi, si le sujet de *Zaïre* est tout d'« invention », pourquoi ne serait-ce pas le sort d'Aïssé qui en aurait suggéré l'idée même à Voltaire? Deux ans plus tard, — nous le savons bien, puisque Voltaire nous l'apprend lui-même, — n'est-ce pas encore sur le chevalier d'Aydie qu'il modèlera le Couci de son *Adélaïde du Guesclin*.... Pour moi, Mesdames, je ne doute pas qu'Aïssé soit l'original de Zaïre; mais, quand vous en douteriez, pourquoi encore, puisque rien ne nous le défend et que la coïncidence des temps nous le permet, pourquoi ne mettrions-nous pas ce qu'il y a de plus touchant dans *Zaïre* sous la protection du souvenir mélancolique de la petite esclave?

Et enfin, quelques accents plus vifs, ou plus profondément sentis qu'il n'appartient d'habitude à Voltaire :

> Zaïre, que jamais la vengeance céleste
> Ne donne à ton amant, enchaîné sous ta loi,
> La force d'oublier l'amour qu'il a pour toi.
> Qui? moi? que sur mon trône une autre fût placée!
> Non, je n'en eus jamais la fatale pensée.
> Pardonne à mon courroux, à mes sens interdits,
> Ces dédains affectés et si bien démentis....

— quel dommage que ces vers soient si mal écrits! — mais si quelque chose y a passé de plus sincère, et, comme on dit, de plus *vécu* que dans aucune des tragédies de Voltaire, pourquoi ne croirions-nous pas que c'est parce qu'il aimait lui-même, et n'en ferions-nous pas honneur à Mme du Châtelet?

Oh! celle-ci, Mesdames, est moins touchante que les deux autres. C'est une bien plus « grande dame », Gabrielle-Émilie Le Tonnelier de Breteuil, marquise du Châtelet-Lomont, mais combien moins touchante que l'aimable Aïssé ou que la tragique Lecouvreur! Hardie, impérieuse et brusque, il n'y avait rien en elle de la douceur de Zaïre; — et elle faisait des mathématiques! Mais elle a bien aimé Voltaire. Elle l'a réconcilié avec ce grand monde qu'il boudait, et non sans de bonnes raisons, depuis son retour d'Angleterre! avec sa patrie peut-être! Croyons-en sa *Correspondance*, quand il ne nous en resterait, par exemple, que ce bout de lettre à Maupertuis, où elle le prie de faire que le roi de Prusse ne garde pas trop longtemps, et « lui renvoie bientôt une personne avec qui elle compte passer sa vie ». Et lui aussi, Voltaire, il l'a sincèrement aimée; et puisque c'est sans doute en 1732 qu'il a noué connaissance avec elle, pourquoi, si les premiers temps de l'amour ont toujours quelque chose de plus passionné, pourquoi ne ferions-nous pas aussi sa part à la belle Émilie dans le succès de *Zaïre* 1?

Car le succès fut grand, l'un des plus grands qu'ait remportés Voltaire, avec je ne sais quoi de personnel, si je puis ainsi dire, dont il semble qu'on entende l'écho dans une lettre du 25 août à son ami Cideville :

> Mes chers et aimables critiques, — il met le pluriel parce que Cideville, c'est Formont, et Formont, c'est Cideville, — je voudrais que vous pussiez être témoins du succès de *Zaïre*; — ils habitaient Rouen, — vous verriez que vos avis ne m'ont pas été inutiles et qu'il y en a peu dont je n'aie profité. Souffrez, mon cher Cideville, que je me livre avec vous en liberté au plaisir de voir réussir ce que vous avez approuvé. Ma satisfaction s'augmente en vous la communiquant. Jamais pièce ne fut si bien jouée que *Zaïre* à la quatrième représentation. Je vous souhaitais bien là : vous auriez vu que le public ne hait pas votre ami. Je parus dans une loge, et tout le parterre me battit des mains. Je rougissais, je me cachais, mais je serais un fripon si je ne vous avouais pas que j'étais sensiblement touché. Il est doux de n'être pas honni dans son pays : je suis sûr que vous m'en aimerez davantage.

1. On consultera, sur Mme du Châtelet, l'édition de ses *Lettres* donnée par M. Eugène Asse, Paris, 1882, et les *Lettres* aussi de Mme de Grafligny, publiées par le même éditeur.
La première lettre de Voltaire où il soit question de Mme du Châtelet n'est datée, il est vrai, que de 1733, mais il connaissait Émilie presque de tout temps, et lui-même a reporté quelque part les commencements de leur liaison intime à 1732.

Il se serait encore plus vivement félicité peut-être, si l'on pouvait lire dans l'avenir. En effet, il ne devait jamais retrouver au théâtre ni de succès plus franc, ni dont la mémoire s'associât pour lui à de plus aimables souvenirs. Et nous, ce succès, nous le comprendrons mieux encore si, aux mérites que je viens d'essayer de vous montrer dans *Zaïre*, vous en ajoutez, Messieurs, un autre, qui n'est au surplus qu'une conséquence des premiers.

IV

Je veux parler de la ressemblance de *Zaïre* avec les mœurs du xviiie siècle; et, si je ne me trompe, tout ce que l'on a dit si faussement, à ce propos, de Corneille ou de Racine, c'est de Voltaire qu'on peut, qu'il faut le dire. Les Chimène et les Rodogune, les Andromaque et les Phèdre, quelques traits de ressemblance qu'elles offrent avec les belles dames de l'hôtel de Rambouillet ou de la cour de Versailles, les dépassent de toutes les manières; et, pour contemporaines qu'elles soient de Mme de Longueville ou de Mme de Montespan, elles sont cependant de notre temps aussi, comme exprimant quelque chose de plus général, de plus permanent, de plus universel qu'elles-mêmes. C'est ce que j'ai tâché de vous montrer.... Mais ici, de même que nous retrouvons dans le personnage de Zaïre des traits de Mme du Châtelet, d'Adrienne Lecouvreur, et de Mlle Aïssé; de même, dans Orosmane, ce n'est pas seulement quelques traits d'Otello, c'en est quelques-uns aussi de Voltaire lui-même, et du chevalier d'Aydie, et du comte de Saxe, et de Richelieu.. Vous avez vu plus haut comme on déclarait son amour aux environs de 1730, et voici comme on rompait, à la même époque, et dans le même monde :

> Madame, il fut un temps où mon âme charmée,
> Écoutant, sans rougir, des sentiments trop chers,
> Se fit une vertu de languir dans vos fers.
> Je croyais être aimé, madame; et votre maître,
> Soupirant à vos pieds, devait s'attendre à l'être.
> Vous ne m'entendrez point, amant faible et jaloux,
> En reproches honteux éclater contre vous.
> Cruellement blessé, mais trop fier pour me plaindre,
> Trop généreux, trop grand pour m'abaisser à feindre,
> Je viens vous déclarer que le plus froid mépris
> De vos caprices vains sera le digne prix....

Oui, c'était ainsi que l'on se séparait, galamment, sans fracas, ni gros mots, ni grands gestes, — et on en pouvait mourir, quelquefois, pas souvent, — mais l'honneur était sauf. Les contemporains de Voltaire ont sans doute goûté dans ses tragédies cette image d'eux-mêmes, non pas tant comme fidèle que comme embellie par le « coloris » du style et le poétique éloignement de la distance; et nous, de même que dans les romans de Prévost ou de Marivaux, nous y voyons un « document » dont l'intérêt historique supplée, — dans une certaine mesure, — ce qu'elles n'ont pas de valeur littéraire.

Enfin, j'ose le dire, en plus de ces mérites intrinsèques et particuliers, *Zaïre*, pour expliquer son succès, en a d'autres encore, de plus généraux, par lesquels elle exprime en raccourci, si je puis ainsi parler, tout le théâtre de Voltaire; grâce auxquels elle s'insère comme une date mémorable dans l'histoire du théâtre français; et par lesquels, enfin, elle marque vraiment l'origine de quelque chose de nouveau.

C'est ainsi, Mesdames et Messieurs, que cette *couleur locale*, dont nous aurons encore l'occasion de reparler quand nous viendrons aux romantiques, n'est pas du tout de leur invention, mais de celle de Voltaire. Non qu'elle fasse absolument défaut dans le théâtre classique lui-même, dans la tragédie du xviie siècle, et je trouve, pour ma part, le *Bajazet* de Racine assez turc, — sa Roxane, son Acomat, son Bajazet lui-même, — comme je trouve l'*Héraclius* de Corneille assez byzantin pour mon goût. Mais si la couleur est là dans la conformité des sentiments ou du langage aux mœurs historiques, plutôt que dans la représentation, dans l'expression, dans la figuration de ce que ces mœurs elles-mêmes peuvent avoir de pittoresque; ou, en d'autres termes, si nous concevons qu'on y ajoute un *byzantinisme* du costume, pour ainsi parler, et une *turquerie* du décor, c'est à Voltaire, c'est à l'auteur de *Zaïre* et d'*Alzire*, de *Mahomet* et de *l'Orphelin de la Chine*, de *Zulime* et de *Tancrède* qu'il faut, avant d'en faire le reproche à d'autres, en reporter le premier honneur.

Cette couleur locale tout extérieure, qui s'applique par le dehors, qu'on puise dans un manuel d'histoire ou de géographie, oui, c'est bien lui qui s'en est avisé le premier. Mettre des Péruviens et des Chinois sur la scène, sur cette scène où jusqu'alors on ne s'était guère égorgé qu'entre Grecs et Romains; faire contraster, comme dans *Zaïre*, les « mœurs turques » et les « mœurs chrétiennes », ou, comme dans *Alzire*, l'ancien et le nouveau monde; rompre ainsi, tout en respectant les trois autres, cette « unité de ton » qui est celle de *Bajazet* ou d'*Andromaque*, d'*Héraclius* ou du *Cid*; à la sévérité de la ligne ou du dessin substituer les séductions, mais aussi le trompe-l'œil du coloris, voilà ce que Voltaire a fait et voilà ce qui était nouveau.... Et voilà comment, s'il n'en est pas l'auteur, il est responsable pourtant des *Manco Capac* et des *Veuve du Malabar* qui suivront son *Alzire* et son *Orphelin de la Chine*....

Il ne l'est guère moins de ces tragédies « nationales », dont, après avoir conçu l'idée dans *Zaïre* — vous l'avez vu, — il a, deux ans plus tard, essayé la réalisation dans son *Adélaïde Du Guesclin*. « Il me paraît, disait-il dans son *Épître dédicatoire*, que cette nouveauté, — d'avoir mis sur la scène les noms de nos rois et des anciennes familles, — pourrait être la source d'un genre de tragédie qui nous est inconnu jusqu'ici, et dont nous avons besoin. Il se trouvera sans doute des génies heureux qui perfectionneront cette idée, dont *Zaïre* n'est qu'une faible ébauche... » Et sans doute, Messieurs, il serait curieux de rechercher, en dépit du *Siège de Calais* ou des *Templiers*, pourquoi ces « génies heureux », depuis cent cinquante ans, n'ont pas encore paru; pourquoi *le Cid* et *Andromaque* sont demeurés notre vraie tragédie « nationale ». Mais, en tout cas, vous le voyez, il n'a pas dépendu de Voltaire qu'il en fût autrement. Si l'idée d'une tragédie « nationale », aux environs de 1730, n'était pas absolument nouvelle, l'auteur de *la Henriade*, et de *Zaïre*, et d'*Adélaïde*, et de *Tancrède*, l'a pourtant faite sienne; et le jour où nous aurons une tragédie « nationale », c'est lui, Voltaire, qu'il en faudra nommer presque pour le premier ancêtre.

Enfin, ce qui n'était pas moins neuf à cette date, c'était cette manière que vous allez voir de traiter le christianisme à la scène, par son côté que j'appellerai pittoresque, aussi lui, sensible et matériel. A cet égard il y a dans *Zaïre*, par une rencontre assez curieuse, quelque chose déjà du *Génie du christianisme*, et, dans un tout autre sens qu'on ne le dit d'ordinaire, Voltaire est vraiment un précurseur de Chateaubriand. Ce qu'il y a de pouvoir émotif et, par conséquent, esthétique, dans le christianisme, je ne dirai pas que Voltaire l'ait reconnu le premier, puisque enfin c'était au nom de ce pouvoir que toute une école, qui procédait du concile de Trente et de *la Jérusalem délivrée*, avait fait la guerre au paganisme intransigeant de Boileau :

> De la foi des chrétiens les mystères terribles
> D'ornements égayés ne sont pas susceptibles....

Mais enfin, ce que n'avaient pas pu ses prédécesseurs dans l'emploi du « merveilleux chrétien », il l'a fait, lui, Voltaire, et Chateaubriand s'est donné le plaisir malicieux de l'en louer. Il vient de citer le grand couplet de Lusignan, et il ajoute :

> Une religion qui fournit de pareilles beautés à son ennemi mériterait pourtant d'être entendue avant d'être condamnée. L'antiquité ne présente rien de cet intérêt, parce qu'elle n'avait pas un pareil culte. Le polythéisme, ne s'opposant point aux passions, ne pouvait amener de ces combats intéressés de l'âme, si communs sous la loi évangélique, et d'où naissent les situations les plus touchantes. Le caractère pathétique du christianisme accroît encore puissamment le charme de la tragédie de *Zaïre*. Si Lusignan ne rappelait à sa fille que des dieux heureux.... Mais les malheurs de Lusignan, mais son sang, mais ses souffrances se mêlent aux malheurs, aux souffrances et au sang de Jésus-Christ. Zaïre pourrait-elle renier son rédempteur aux lieux mêmes où il s'est sacrifié pour elle? La cause d'un père et celle d'un Dieu se confondent; les vieux ans de Lusignan, les tourments des martyrs, deviennent une partie de l'autorité de la religion; la Montagne et le Tombeau crient : tout est ici tragique, les lieux, l'homme et la divinité.

La page est belle sans doute, mais, Messieurs, Chateaubriand, qui croit ici faire une ingénieuse malice à Voltaire, n'est-il pas peut-être la dupe de ce diable d'homme? Répondre à cette question, c'est dégager un dernier mérite de la tragédie de Voltaire, si c'est, comme je le crois, en définir le pathétique original et nouveau.

V

Assurément encore, vous le savez, ni dans la tragédie de Corneille, ni dans celle de Racine surtout, le pathétique ne faisait défaut. Mais il dérivait de sa source la plus haute et la moins accessible à la foule, qui est, comme Chateaubriand nous le disait tout à l'heure, le combat de l'âme contre les passions de la chair et du sang. C'est pour cela qu'en général, — à l'exception d'Andromaque et d'Iphigénie, — les héroïnes de Racine sont coupables en quelque mesure du malheur qui les atteint. Hermione, Roxane, Agrippine, Monime elle-même, Phèdre, Athalie,... elles expient toutes quelque chose. Conformément d'ailleurs à la vieille maxime et à la réalité, elles ne sont ni tout à fait méchantes, ni cependant tout à fait bonnes : il y a du bien en elles, et du mal, intimement et savamment mêlés, et tout en les plaignant, nous ne les plaignons qu'à moitié. Les héroïnes de Voltaire, au contraire, à commencer justement par Zaïre, n'ont rien fait ni rien dit qui puisse leur mériter leur malheur. Jetées par la fortune, ou par le caprice du poète, au milieu des circonstances les plus tragiques, elles en sont les victimes innocentes. Vous voyez la conséquence : leur aventure nous apparaît aussitôt comme plus lamentable encore que tragique à vrai dire, et l'injustice de leur sort excite en nous des mouvements d'une pitié passionnée. L'émotion d'art diminue, mais l'émotion humaine augmente. Le drame se rapproche de nous; la condition souveraine des personnes n'y sert plus que comme d'un décor; nous croyons tous être exposés au sort d'Orosmane ou de Zaïre....

Voulez-vous mieux voir encore la différence? Vous

vous rappelez, Mesdames et Messieurs, l'épigramme de Racine sur la *Judith* de Boyer. Cette *Judith*, en 1695, avait été, comme notre *Zaïre*, ce que l'on appelait un succès de larmes. Une scène même en était devenue célèbre sous le nom de la « scène des mouchoirs », parce que, la mode s'en mêlant, il n'y avait pas moyen d'y résister, paraît-il, et toutes les dames y fondaient en pleurs. Cet excès de sensibilité semble avoir fort égayé Racine, et vous n'avez pas oublié les derniers vers de l'épigramme :

> Lors, le richard, en larmoyant, lui dit :
> Je pleure, hélas! sur ce pauvre Holopherne,
> Si méchamment mis à mort par Judith.

On peut, je le veux bien, entendre autrement l'épigramme, mais, de quelque manière qu'on l'entende, ce qui paraît plaisant à Racine, c'est que l'on pleure sur la mort d'Holopherne. Et, en effet, pour lui, l'essence du plaisir tragique ne se sépare pas de l'idée que l'on assiste à une fiction; et puis, d'émouvoir la sensibilité physique au moyen de la mort, il trouve cela trop facile, vulgaire, et quelque peu grossier.

Voltaire cependant, et depuis lui le drame, c'est au contraire là, Mesdames et Messieurs, qu'ils placent la source de leur pathétique; et, pour nous émouvoir, c'est sur notre horreur ou sur notre peur de la mort qu'ils spéculent. On ne craignait pas la mort dans la tragédie de Racine ou de Corneille. On la prenait pour ce qu'elle est : un accident ou un événement de la vie. Rappelez-vous plutôt la plainte harmonieuse et discrète d'Iphigénie :

> Peut-être assez d'honneurs environnaient ma vie
> Pour ne pas souhaiter qu'elle me fût ravie....

C'est qu'on estimait alors qu'une foule de choses pouvaient valoir mieux que la vie....

> Tombe sur moi le ciel, pourvu que je me venge!

disait encore dans *Rodogune* la Cléopâtre de Corneille. On aimait mieux mourir que de vivre misérablement, et vivre misérablement, c'était survivre à la défaite de sa volonté. Mais, avec Voltaire, pour toute sorte de raisons, le prix de la vie humaine croissant, la grande affaire de la vie devient d'éviter la mort, et, par conséquent, l'effroi de la mort, à son tour, devient la grande source du pathétique. Quoi de plus tragique, en effet, que de mourir, ou quoi de plus irréparable, lorsque la vie n'a plus d'autre objet que de se continuer ou de s'entretenir elle-même, en attendant qu'elle oublie ou qu'elle perde dans la recherche du bonheur à tout prix toutes les raisons qu'elle a d'être!

C'est par là que Chateaubriand a été la dupe de Voltaire, car c'est par là que *Zaïre*, qui semblait d'abord s'en excepter, rentre tout naturellement dans la philosophie générale de Voltaire. Voltaire spécule sur l'émotion dont nous remuera la mort de Zaïre; mais, remarquons-le bien, Zaïre ne mourrait pas, Zaïre épouserait Orosmane, Zaïre enfin serait heureuse, — et nous comme elle, — si, premièrement, elle ne retrouvait pas son père; si, en second lieu, ce père n'était pas Lusignan, le roi chrétien de Jérusalem; si enfin, Mesdames et Messieurs, — ayons donc le courage de le dire, — cette religion, dont Chateaubriand admire la grandeur, ne devenait pas l'instrument du malheur de Zaïre, « le fer sacré qui l'assassine » pour ainsi parler, et son Orosmane avec elle. Tranchons le mot : Zaïre n'excite notre pitié que comme victime de ce que Voltaire appelle le « fanatisme »; et je m'étonne, en vérité, que Chateaubriand ne l'ait pas vu. « Une religion qui fournit de pareilles beautés à son ennemi mériterait pourtant d'être entendue avant d'être condamnée », nous dit-il! Eh! oui, sans doute, si « l'ennemi » n'avait pas répondu par avance que c'est payer trop cher de « pareilles beautés » que de les acheter du prix de deux existences humaines. « On trouvera dans tous mes écrits — dira bientôt Voltaire, en 1736, quatre ans seulement plus tard, dans la *Préface* de son *Alzire*, — cette humanité qui doit être le premier caractère d'un être pensant; on y verra, si j'ose m'exprimer ainsi, le désir du bonheur des hommes, la haine de l'oppression et de l'injustice. »

Je n'ai pas, Messieurs, à m'expliquer ici sur cette philosophie de Voltaire.... C'est en effet non seulement la philosophie de *Zaïre* ou d'*Alzire*, mais c'est bien celle de Voltaire lui-même, et, mieux encore que cela, c'est celle du siècle tout entier. S'il n'en faut certes pas méconnaître la générosité, — disons la grandeur même, — je crois d'ailleurs qu'il est bon de ne pas s'en exagérer les bienfaits.... Mais, pour établir cette simple opinion, vous savez sans doute ce qu'il faudrait de temps, et de raisonnements, et de distinctions. Et puis, je ne suis pas ici pour parler de ce qui nous divise, mais au contraire de ce qui peut nous unir. Il me suffira donc d'avoir essayé de vous montrer où est encore aujourd'hui le très vif et très réel intérêt de *Zaïre*; ce que les contemporains de Voltaire en ont justement applaudi; que, sous des formes surannées, dont il est trop aisé de sourire, son théâtre est déjà tout moderne; qu'il s'y est montré lui-même, sous la timidité d'un disciple de Corneille et de Racine, plus hardi qu'on ne le croit, vraiment novateur, vraiment inventeur; que beaucoup de choses datent de lui dont nous faisons honneur à d'autres; et enfin que sa tragédie, — contemporaine du roman de Prévost ou de la comédie de Marivaux, — n'est déjà plus de la tragédie, mais du drame. Et, de fait, pour achever de la dégager, cette forme nouvelle, il n'y a plus qu'à dépouiller la tragédie de Voltaire de ce qu'elle conserve encore d'une tradition qui n'est plus la sienne : les trois unités, la contrainte du vers, l'imitation de l'histoire, la représentation des personnes souveraines.... Ce sera l'œuvre, comme nous le verrons, des Diderot et des Sedaine, des Beaumarchais et des Mercier.

28 janvier 1892.

DOUZIÈME CONFÉRENCE

L'ÉVOLUTION DU DRAME BOURGEOIS

I. — Quelles circonstances ont favorisé la naissance du drame bourgeois. — La diminution du sentiment de l'art. — L'accroissement de la sensibilité. — La décadence de l'aristocratie. — De la fusion du tragique et du comique dans le drame bourgeois. — II. Les comédies de Nivelle de la Chaussée. — *Mélanide*. — III. Les drames de Diderot. — Une page de Garat. — L'esthétique dramatique de Diderot. — Subordination des caractères et peinture des conditions. — Le *Père de famille*. — IV. Sedaine et le *Philosophe sans le savoir*. — V. Les drames de Beaumarchais. — Comment ils s'inspirent de l'ancien romanesque. — Déviation du drame bourgeois. — VI. Mercier. — Son *Essai sur l'art dramatique*. — Ses drames. — La *Brouette du vinaigrier*. — VII. Quelles causes ont empêché le développement du drame bourgeois. — L'abus de la morale. — Et, à ce propos, la morale de Diderot ou de Beaumarchais est-elle de la « morale » ? — L'abus de la sensibilité. — Définition par Diderot des dangers de la sensibilité. — L'absence d'art et le dédain du métier. — Que le drame bourgeois du xviii° siècle n'en est pas moins l'origine de la comédie de notre temps.

Mesdames et Messieurs,

Je crains d'être un peu plus long aujourd'hui que de coutume, et je vous prie d'abord de vouloir bien me le pardonner, si la faute, comme vous l'allez voir, n'en est pas tant à moi qu'à mon sujet, le plus vaste, et, en un certain sens, le plus ingrat, comme étant le plus difficile à ramener à l'unité, de tous ceux que nous ayons eu jusqu'ici l'occasion d'effleurer. Il ne s'agirait, en effet, de rien de moins, si je le pouvais, que de vous retracer, dans l'histoire générale de notre théâtre, l'évolution particulière et entière d'un genre ou d'un sous-genre : c'est le drame, le drame bourgeois — qu'il ne faut pas confondre avec le drame romantique, — le genre de drame dont *le Philosophe sans le savoir*, que l'on va jouer devant vous tout à l'heure, est à peu près, je crois, le seul monument qui subsiste.

Tout le reste en effet a péri, vous le savez : les comédies larmoyantes de La Chaussée, les drames de Diderot, les tragi-comédies en prose de Beaumarchais, — son *Eugénie*, ses *Deux amis*, — les mélodrames de Mercier, — *Jenneval, le Déserteur, l'Indigent, la Brouette du vinaigrier*. Sedaine seul survit, et encore d'une vie bien fragile, bien précaire, bien intermittente! Et cependant, Messieurs, c'est de là, si je ne me trompe, que procède notre comédie moderne, notre comédie contemporaine, celle des Augier et des Dumas, des Barrière et des Sardou ; c'est là, parmi ces ruines, pour ainsi parler, qu'elle a ses premières origines ; c'est jusque-là, si nous voulons bien la comprendre, qu'il nous faut enfin remonter. Je vais donc essayer de le faire, et pour le faire, si je suis obligé, je n'ose pas dire de ranimer, mais de remuer bien des cendres éteintes, vous pardonnerez, je l'espère, à l'intérêt actuel de la question, ce que la tentative pourra d'ailleurs avoir de laborieux et d'ingrat.

I

Deux ou trois circonstances, caractéristiques des cinquante années qui se sont écoulées de 1732 à 1775, — de *Zaïre* au *Barbier de Séville*, — ont favorisé l'éclosion et le succès du drame.

Je vous en signalais l'autre jour la première, en vous parlant du nouveau pathétique dont la *Zaïre* de Voltaire n'est pas l'essai le moins heureux ni l'exemple le moins éloquent. Mais vous êtes-vous aperçu peut-être, en y songeant, que ce pathétique, lui tout seul, était solidaire et significatif à la fois d'un singulier affaiblissement de la notion ou du sens de l'art? Et il n'y a rien, vous le savez sans doute, qui distingue plus profondément l'une de l'autre, jusqu'à les opposer, — encore qu'elles aient l'air de se continuer, — la littérature du xviie et celle du xviiie siècle. On perd le sentiment de la ligne; — et les séductions faciles du « coloris » se substituent au charme et à la probité sévère du dessin : c'est Watteau qui succède à Poussin, le peintre de l'*Embarquement pour Cythère* au peintre des *Sept sacrements*; Lancret à Lesueur, Fragonard à Lebrun; c'est *Zaïre* qui remplace *Andromaque*; ce sera bientôt l'éloquence fardée de Rousseau qui remplacera la forte et mâle éloquence de Bossuet. On perd le sentiment de la composition; on ne sait plus ordonner, relier, fondre ensemble les parties d'un même tout; on ne sait plus conduire plusieurs idées à la fois; — et tous les grands ouvrages du temps, l'*Esprit des lois* de Montesquieu, l'*Essai sur les mœurs* de Voltaire, l'*Histoire naturelle* de Buffon, offrent je ne sais quoi de fragmentaire, de confus, et comme d'inachevé. Mais on perd surtout le sentiment de cette

unité plus intérieure, si je puis ainsi dire, de cette unité
organique, profonde et cachée, qui fait la vie de l'œuvre
d'art, de *Tartufe* ou d'*Athalie*; qui leur donne une existence propre, et comme indépendante de celle de leurs
auteurs; qui leur permet, en quelque manière, de croître
encore, de grandir, de se continuer, ou d'évoluer après
que Molière et Racine sont morts; de leur survivre enfin,
au sens propre, au sens plein du mot. C'est ce qui les
distingue des tragédies de Voltaire, lesquelles, hélas!
sont mortes avec lui, quand il n'a plus été là, lui,
l'auteur, pour les soutenir de sa personne, et leur
prêter, en leur communiquant sa propre flamme, une
apparence de réalité.

En revanche, à mesure que le sens de l'art s'affaiblit,
la part de l'émotion purement humaine augmente. Nous
le disions aussi, et vous l'avez pu voir dans le roman
de Prévost, dans la comédie de Marivaux, dans la tragédie de Voltaire. A leur suite et sur leurs traces,
— après un peu de résistance, — le torrent de la sensibilité se déborde, grossissant et s'enflant à mesure que,
la vie devenant elle-même plus facile à vivre, plus
douce et plus voluptueuse, on y tient davantage, et qu'il
paraît plus dur d'en être privé, comme aussi de tout ce
qui peut en faire l'agrément ou le plaisir. Les moindres
contrariétés en deviennent tragiques, et la source des
larmes s'épanche intarissablement. Il n'est plus question
maintenant d'admirer ou de rire, de plaisanter ni de
trembler : on veut pleurer; et on pleure, en effet. On
pleure sur Holopherne et on pleure sur Zaïre; on pleure
aux romans de Prévost : *Manon Lescaut, Cleveland, le
Doyen de Killerine*; on pleure aux comédies de La Chaussée :
Mélanide, la Gouvernante, le Préjugé à la mode; on pleure
sur soi-même, tantôt d'attendrissement et tantôt de
remords; on pleure de joie comme de tristesse; et on se

sait bon gré de pleurer, comme d'une marque de vertu, comme d'une preuve que l'on est une « belle âme ». Comment voudriez-vous, Mesdames, au moyen de quelles digues, que le théâtre se fût défendu contre ce ruissellement de larmes; et comment, quand tout le siècle en était inondé, comment voudriez-vous, et par quel miracle, que la scène s'en fût préservée?

N'oublions pas un dernier trait : nous sommes au XVIIIe siècle, et, — depuis le *krach* de la banque de Law, pour ne pas remonter plus haut, — l'aristocratie, vous le savez, perd de jour en jour un peu plus de terrain. Tout ce qu'une classe peut faire pour se discréditer, elle s'y empresse. Vous le savez de reste, et si vous l'ignoriez vous n'auriez qu'à feuilleter les *Mémoires* et les *Correspondances* du temps. Mais elle se ruine surtout; et la bourgeoisie, le tiers état s'enrichit à mesure, grandit en importance, prend une conscience nouvelle de ses droits. Les inégalités paraissent plus choquantes, les abus plus insupportables. Les cœurs sont « gros de haines », comme dira bientôt le poète, et « affamés de justice » — ou d'égalité, pour mieux dire.... Serait-il possible que, disposant d'un moyen de propagande et d'action tel que le théâtre, on ne s'en servît pas? qu'on ne prît pas au sérieux, presque au tragique, les inégalités dont s'amusait encore l'auteur du *Bourgeois gentilhomme* et de *Georges Dandin*? Mais serait-il possible surtout, que cette bourgeoisie déjà triomphante se fût accommodée de voir éternellement représenter sur la scène des empereurs et des rois, et que le premier usage qu'elle ait fait de ses économies ne fût pas, si je puis ainsi dire, d'avoir commandé son portrait [1]?...

---

[1] Voyez, pour le développement de cette idée, Taine : *Philosophie de l'art*; et Eugène Fromentin : *les Maîtres d'autrefois*.

C'est ce qu'elle fait, Messieurs; et du concours de ces circonstances, — qui ne se contrarient pas, vous le voyez assez, qui se fortifient plutôt, — résulte dans l'histoire du théâtre la fusion de la tragédie avec la comédie, sous les noms de *comédie larmoyante* et de *tragédie bourgeoise*.

Je dis la fusion, je ne dis pas le mélange; et la distinction a son importance. Il ne s'agit pas effectivement, comme les romantiques l'essayeront plus tard, de faire « alterner » le comique avec le tragique dans la diversité d'une même action de théâtre. Je vous le répète : on ne veut plus rire. Possible que, dans la vie, le rire succède aux larmes, ou les larmes au rire, et Voltaire lui-même y consent [1]. Mais, s'il y a des scènes presque tragiques dans *Don Juan*, ou des scènes de « haute comédie » dans *Andromaque* ou dans *Mithridate*, ce n'est point ce qu'il est question d'en imiter présentement. Non! mais on veut égaler la dignité des aventures de la vie bourgeoise à la dignité de celles des héros tragiques, les malheurs du *Père de Famille*, et ceux de M. Vanderk, aux catastrophes de la race des Atrides ou des Labdacides. Plus de Romains ni de Grecs.... des « citoyens »! Plus de ces crimes qui font « frémir la nature », ceux d'une Rodo-

---

1. Voltaire acceptait l'idée du mélange ou de l'alternance des genres; il a toujours repoussé celle de leur fusion : « Si la comédie doit être la représentation des mœurs, cette pièce, — *l'Enfant prodigue*, — semble être assez de ce caractère. On y voit un mélange de sérieux et de plaisanterie, de comique et de touchant. C'est ainsi que la vie des hommes est bigarrée : souvent même une seule aventure produit tous ces contrastes. Rien n'est si commun qu'une maison dans laquelle un père gronde, une fille occupée de sa passion pleure, le fils se moque des deux, et quelques parents prennent part différemment à la scène. On raille très souvent dans une chambre de ce qui attendrit dans la chambre voisine; et la même personne a quelquefois ri et pleuré de la même chose dans le même quart d'heure. » — *L'Enfant prodigue*, préface de 1738.

gune ou d'un Néron, mais des infortunes privées, un mariage malheureux, une banqueroute, une séduction. Et Voltaire a beau se débattre ; il a beau traiter cette tragédie nouvelle de « monstre bâtard » né, dit-il, d' « une égale impuissance de faire rire et de faire pleurer ; il a beau condamner jusqu'à ce drame historique et national dans lequel il s'était essayé, nous répéter « qu'il ne faut pas croire qu'un meurtre commis dans la rue Tiquetonne ou dans la rue Barbette, qu'un prévôt des marchands nommé Marcel, que les sieurs Aubert et Fauconnau puissent jamais remplacer les héros de l'antiquité » ; on ne l'écoute point ; il crie dans le désert ; le courant est plus fort ; et aux environs de 1740, voici, Messieurs, que ce genre hybride s'installe victorieusement sur la scène, avec les comédies de Pierre-Claude Nivelle de La Chaussée : *le Préjugé à la mode*, *Mélanide*, *la Gouvernante*.... Je ne nomme que ses pièces les plus caractéristiques [1].

II

C'est peut-être *Mélanide*, représentée pour la première fois le 12 mai 1741, qui en est la plus curieuse ; et, si vous vous rappelez que *le Jeu de l'Amour et du Hasard* est de 1730, on a rarement vu la température morale varier plus soudainement. Nous ne trouvons plus en effet, ici, de ces valets et de ces soubrettes, héritage de l'ancienne comédie, tels qu'il y en avait encore dans les comédies de Marivaux ; plus d'Arlequin ni de Scapin, de Frontin ni de Trivelin. Ils y gâteraient le plaisir de

---

[1]. Consulter, sur La Chaussée, l'excellent livre de M. G. Lanson : *Nivelle de La Chaussée et la comédie larmoyante*. Paris, 1887.

pleurer. N'y cherchez pas davantage le plus petit mot pour rire, il n'y est pas! non plus qu'aucune intention de satire, comme il y en aura toujours dans les comédies de Voltaire, par exemple dans son *Écossaise*. L'émotion du spectateur en pourrait être contrariée. Mais une aventure de la vie commune, l'histoire d'une femme abandonnée, qui retrouve le père de son fils, l'histoire d'un fils qui se fait reconnaître par son père; c'est *Mélanide*; et, vous le voyez, c'est le sujet du *Fils naturel* de M. Alexandre Dumas; et aussi bien, comme on l'a remarqué, il n'est presque pas une des pièces de La Chaussée qui ne rappelle ou qui ne précède par quelque endroit quelqu'une des œuvres les plus fameuses du théâtre contemporain : *le Marquis de Villemer, les Fourchambault, Nos intimes*....

« N'avons-nous pas revu, — dit à ce propos l'auteur d'un excellent livre sur *La Chaussée*, — n'avons-nous pas revu le libertin corrigé, qui va faire un excellent mari? [*Le Marquis de Villemer*; *la Contagion*], le grand seigneur qui épouse une des femmes de sa mère? [*Le Marquis de Villemer*; *les Danicheff*], les époux d'humeur incompatible, qui s'aiment dès qu'ils sont séparés? [*L'Ami des femmes*; *Divorçons*], le mari à bonnes fortunes, qui s'avise un beau jour d'aimer tout bourgeoisement sa femme? [*Le Gendre de monsieur Poirier*; *Andréa*], les amis dont on est victime, et qui font le malheur de la maison où ils entrent? [*Nos intimes*], l'homme de cœur égaré ou trompé un moment, qui se condamne à la misère pour restituer leurs biens à ses victimes involontaires? [*Un Roman parisien*; *Ceinture dorée*], le fils naturel en face de son père, lui réclamant son nom, fût-ce l'épée à la main, ou même lui disputant l'amour d'une femme? [*Le Fils naturel*; *les Maucroix*]. »

Ajoutez que, par-dessous ces rapports extérieurs, —

qui pourraient provenir de ce que le nombre des situations dramatiques n'est pas infini, — ce qui est, Messieurs, plus remarquable encore, plus caractéristique, c'est la place que tiennent dans la comédie de La Chaussée toutes les questions qui tournent autour de celle du mariage. Le mariage ne fait pas le dénouement de ses pièces, comme chez Marivaux, et l'action ne s'y termine pas; au contraire, elle y commence, et le mariage en est ainsi la matière même, à moins que ce ne soit, comme dans *Mélanide*, les relations des pères et des enfants, la dette que l'on contracte envers l'enfant que l'on a mis au monde, ou le devoir dont il demeure tenu, lui, vis-à-vis de l'auteur anonyme de ses jours. Et c'est pourquoi, si d'ailleurs La Chaussée n'a pas négligé l'étude aussi des conditions, ni le soin de moraliser, ni de faire l'apologie du commerce ou de la roture, en vers parfois assez éloquents, vous ne serez pas étonnés que sa réputation en son temps ait balancé ou surpassé celle de Marivaux, ni qu'il ait précédé l'auteur d'*Œdipe* et de *Zaïre* à l'Académie, mais vous serez plutôt surpris qu'il soit aujourd'hui si profondément et depuis si longtemps oublié.

C'est qu'il a mêlé trop de romanesque, aussi lui, dans l'intrigue de ses pièces, et qu'à vrai dire, pour en reconnaître le caractère de *modernité*, nous sommes obligés, en les réduisant à leur idée la plus générale, de les dépouiller de ce que ses contemporains y ont peut-être le plus applaudi. Comparez, en effet, *Mélanide* et *le Fils naturel*. Mélanide n'est pas tant une femme abandonnée qu'une victime des circonstances et de la mauvaise fortune. Elle a bien et dûment épousé le père de son fils, mais on a réussi à faire casser leur mariage; les siens l'ont elle-même exilée au fond d'une province; et, depuis vingt ans, c'est vainement que son époux d'un jour a tâché de la rejoindre. En un certain sens, il est donc infidèle sans l'être, et Mélanide abandonnée comme sans avoir été trahie. Le romanesque des combinaisons masque ainsi l'intérêt de la situation principale; et, en effet, celle-ci ne s'accuse et ne se précise qu'au cinquième acte. Est-ce que peut-être La Chaussée n'a pas vu lui-même où était le vrai sujet de sa pièce? Ou si c'est qu'en essayant de rompre avec l'ancienne comédie, l'habitude est encore la plus forte, et il croit devoir en retenir les complications consacrées? Peu importe; mais la vérité, c'est qu'il perd ainsi, il a ainsi perdu le bénéfice de ses inventions les plus heureuses, et cette seule raison nous empêchera toujours de souhaiter de revoir *Mélanide* ou *la Gouvernante* à la scène. La lecture en est bien suffisante!...

Que dis-je! elle est même fatigante, car *Mélanide* et *la Gouvernante* sont des pièces en vers; et le vers ne saurait absolument pas convenir à l'espèce de drame ou de comédie dont les pièces de La Chaussée sont les premiers essais. La Chaussée n'écrit pas mal, et toutefois il n'y a pas de vers plus prosaïques ou plus plats que les siens :

> Je disparais toujours dès qu'il vient des visites,
> Et je n'ai jamais vu celui que vous me dites...

On dirait aussi bien :

> Je vais à l'Odéon; si quelqu'un me demande,
> Vous lui direz d'entrer, et, s'il peut, qu'il m'attende...

Les détails de la vie commune, — dès qu'il ne s'y mêle aucune intention de satire, qui les relève, comme chez Molière ou Boileau, — ne se laissent pas facilement exprimer en vers. Et cependant, de ces détails — détails d'ameublement ou de toilette, détails d'office ou de cuisine même. — la comédie réaliste en a besoin, pour serrer d'un peu près l'imitation de la vie. N'est-ce pas, Messieurs, comme si nous disions qu'il y a disproportion, ou, mieux encore, disconvenance, entre les sujets de la comédie de La Chaussée, d'une part, et, de l'autre, les moyens dont il use pour les traiter? Pour que la tragédie bourgeoise réussît à se développer, il fallait, après La Chaussée, qu'on la débarrassât d'abord de la contrainte du vers, et du trompeur attrait du romanesque.

III

Tel fut le dessein de Diderot, dans ses drames : *le Fils naturel*, *le Père de famille*, et dans ses écrits théoriques, dont le principal est daté de 1758 : c'est l'*Essai sur la poésie dramatique*. Vous connaissez le personnage, l'un des plus amusants de notre histoire littéraire, et, si nous en avions ici la place ou le temps, j'aimerais, Mesdames et Messieurs, à vous le présenter... Mais y réussirais-je aussi bien que Garat, le futur ministre de la Convention, dans une page célèbre? et vous le rendrais-je aussi vivant, aussi naturel, aussi singulier? Garat, tout jeune encore, était à la campagne chez un de ses amis, lorsqu'il apprit que Diderot était des hôtes de la maison. Vous devinez son empressement de connaître le grand homme; et, en effet, dès le lendemain, sans plus de cérémonie, le voilà qui se présente lui-même :

Diderot ne paraît pas plus surpris de me voir que de revoir le jour. Il m'épargne la peine de lui balbutier gauchement le motif de ma visite. Il le devine apparemment au grand air d'admiration dont je devais être tout saisi. Il m'épargne également les longs détours d'une conversation qu'il fallait absolument amener aux vers et à la prose. A peine en est-il question, il se lève, ses yeux se fixent sur moi, et il est très clair qu'il ne me voit plus du tout. Il commence à parler, mais si bas et si vite, que, quoique je sois auprès de lui, quoique je le touche, j'ai peine à l'entendre et à le suivre... Peu à peu sa voix s'élève et devient sonore; il était d'abord presque immobile, ses gestes deviennent fréquents et animés. Lui, qui ne m'a jamais vu auparavant, lorsque nous sommes debout, m'environne de ses bras; lorsque nous sommes assis, il frappe sur ma cuisse comme si elle était à lui. Si le discours amène le mot de *lois*, il me fait un plan de législation; s'il amène le mot de *théâtre*, il me donne à choisir entre cinq ou six plans de drames et de tragédies [1]. A propos des tableaux que l'on doit mettre sur le théâtre, où l'on doit voir des scènes, et non entendre des dialogues, il se rappelle que Tacite est le plus grand peintre de l'antiquité, et il me récite, ou il me traduit, les *Annales* et les *Histoires*. Mais combien il est affreux que les barbares aient enseveli sous les ruines des chefs-d'œuvre de l'architecture un si grand nombre de chefs-d'œuvre de Tacite! Si encore les monuments qu'on a déterrés à Herculanum pouvaient en rendre quelque chose! Cette espérance le transporte de joie; et là-dessus il disserte comme un ingénieur italien sur les moyens de faire des fouilles d'une manière prudente et heureuse. Promenant alors son imagination sur les ruines de l'antique Italie, il se transporte aux jours heureux des Lélius et des Scipion, où même les nations vaincues assistaient avec plaisir à des triomphes remportés sur elles. Il me joue une scène entière de Térence; il chante presque plusieurs chansons d'Horace. Il finit enfin par me chanter réellement une chanson pleine de grâce et d'esprit, qu'il a faite lui-même en impromptu dans un souper, et par me réciter une comédie très agréable, dont il a fait imprimer un exemplaire pour s'épargner la peine de la recopier. Beaucoup de monde entre alors dans son appartement. Le bruit des chaises qu'on avance et qu'on recule le fait sortir de son enthousiasme et de son

---

1. Il lui a peut-être proposé le sujet suivant : « Croit-on que l'action de deux vieillards aveugles, qui se chercheraient encore dans un âge avancé, et qui, les paupières humides de larmes de tendresse, se serreraient la main et se caresseraient pour ainsi dire au bord du tombeau, ne m'intéresserait pas davantage que le spectacle des plaisirs violents dont leurs sens tout nouveaux s'enivraient dans l'adolescence? »

monologue. Il me distingue au milieu de la compagnie, et il vient à moi comme à quelqu'un que l'on retrouve après l'avoir vu autrefois avec plaisir. Il se souvient encore que nous avons dit ensemble des choses très intéressantes sur les lois, sur les drames, et sur l'histoire : il a reconnu qu'il y avait beaucoup à gagner dans ma conversation. Il m'engage à cultiver une liaison dont il a senti tout le prix. En nous séparant, il me donne deux baisers sur le front, et arrache sa main de la mienne avec une douleur véritable.

N'aurais-je pas eu grand tort, Mesdames et Messieurs, de me substituer à Garat? et de vous priver de ce portrait? Mais n'est-il pas surprenant qu'un tel homme, — c'est Diderot que je veux dire, — ait fait des drames si prétentieux, et je dirais si ennuyeux, s'ils n'étaient encore, et d'ailleurs bien involontairement, plus comiques! Ses essais théoriques valent mieux, et sans doute ils sont pleins d'idées plus que singulières, — j'oserai dire saugrenues, — mais pleins aussi de vues neuves, originales, souvent profondes. Quant aux réformes qu'il y propose, et indépendamment de l'importance étrange qu'il attache aux « tableaux » et à la « pantomime », — vous diriez, en effet, qu'il a toujours sous les yeux quelque toile de Greuze, une *Accordée de village* ou une *Malédiction paternelle*, — elles se réduisent à deux. Il demande que, dans tous les genres, ce soient les situations qui décident des caractères; et, dans tous les genres aussi, qu'à la peinture des caractères on substitue celle des conditions.

Nous savons, Messieurs, nous avons vu ce que cela veut dire. A la peinture des caractères substituer celle des conditions, c'est, au lieu de l'avare, ou de l'hypocrite, ou du misanthrope, au lieu de la précieuse ou de la prude, nous représenter sur la scène le magistrat, le financier, le négociant, le militaire, le « père de famille » ou le « fils naturel »; et, nous l'avons vu aussi, d'eux-mêmes, inspirés par les circonstances, c'est ce que La Chaussée déjà, c'est ce que Le Sage ou Dancourt avaient fait avant Diderot. Mais ils l'avaient fait d'instinct; et Diderot, lui, le fait ou propose de le faire systématiquement.

Il a vu le premier que, si la peinture du caractère ne laissait pas de pouvoir se mêler à celle des conditions, cependant c'étaient là deux objets différents et, en un certain sens, inverses. Nouvelle preuve, en passant, Messieurs, que le xviiie siècle ne s'est pas du tout proposé de *mélanger*, mais seulement de confondre ou de fondre les genres, disons, si vous le voulez, de les *transposer* bien plutôt que de les détruire. Et quant au principe de la subordination des caractères aux situations, vous avez également vu que Diderot ne l'a pas inventé, puisque c'est le principe même de la tragédie cornélienne et, à plus forte raison, de la tragi-comédie des contemporains de Corneille. Eux aussi, comme Diderot le demande, ils avaient arrêté le plan de leur drame avant de savoir quels caractères ils y engageraient [1]. Mais c'est Diderot encore le premier qui donne au principe tout son sens et toute sa portée; c'est lui qui en voit la liaison avec les questions qu'il propose à l'auteur dramatique d'agiter sur la scène; « celle du suicide, celle de l'honneur, celle du duel, celle de la fortune, celle de la dignité et cent autres »; et, Messieurs, depuis cinquante ans, à l'envi les uns des autres, n'est-

---

[1]. « Le plan d'un drame peut être fait et bien fait, — a-t-il dit textuellement, — sans que le poète ne sache rien encore du caractère qu'il attachera à ses personnages. » Corneille eut, sans doute, approuvé la formule. On a vu que Molière et Racine avaient fait, eux, justement le contraire. Ils attachaient d'abord un « caractère » à leurs personnages, et le reste ne venait qu'ensuite.

ce pas après lui ce qu'ont fait nos dramaturges modernes[1]?

Malheureusement, et au contraire de Voltaire, ce qui manquait le plus à Diderot, c'était le don du théâtre, l'aptitude originelle ; et, pour nous en apercevoir, il n'est que de prendre au hasard une scène de son *Fils naturel* ou de son *Père de famille :*

SCÈNE VII
LE PÈRE DE FAMILLE, UN INCONNU

Tandis que le père de famille erre, accablé de tristesse, entre un inconnu, vêtu comme un homme du peuple, en redingote et en veste, les bras cachés sous sa redingote et le chapeau rabattu et enfoncé sur les yeux Il paraît plongé dans la peine et la rêverie. Il traverse sans apercevoir personne.

LE PÈRE DE FAMILLE, qui le voit venir à lui, l'attend, l'arrête par le bras et lui dit :
Qui êtes-vous ? où allez-vous ?

L'INCONNU, point de réponse.

LE PÈRE DE FAMILLE
Qui êtes-vous ? où allez-vous ?

L'INCONNU, point de réponse encore.

LE PÈRE DE FAMILLE relève lentement le chapeau de l'inconnu, reconnaît son fils, et s'écrie :
Ciel !... C'est lui !... C'est lui !... Mes funestes pressentiments, les voilà donc accomplis !... Ah !... (Il pousse des accents douloureux ; il s'éloigne ; il revient ; il dit :) Je veux lui parler... Je tremble de l'entendre... Que vais-je savoir ?... J'ai trop vécu, j'ai trop vécu !

SAINT-ALBIN, en s'éloignant de son père, et soupirant de douleur.
Ah !

LE PÈRE DE FAMILLE, le suivant.
Qui es-tu ? D'où viens-tu ?... Aurais-je eu le malheur ?

SAINT-ALBIN, s'éloignant encore.
Je suis désespéré.

---

1. Comparez plutôt à l'*Essai sur la poésie dramatique* les mémorables *Préfaces* de M. Alexandre Dumas.

LE PÈRE DE FAMILLE

Grand Dieu! que faut-il que j'apprenne?

SAINT-ALBIN, revenant et s'adressant à son père.

Elle pleure, elle soupire, elle songe à s'éloigner, et, si elle s'éloigne, je suis perdu.

LE PÈRE DE FAMILLE

Qui, elle?

SAINT-ALBIN

Sophie... Non, Sophie, non..., je périrai plutôt!

Si vous songez qu'il ne s'agit ici que d'un grand garçon qui a passé la nuit hors de la maison paternelle, peut-être ces exclamations vous paraîtront-elles exagérées, comme le désespoir de ce brave homme. « J'ai trop vécu... J'ai trop vécu... » Que dirait-il, en effet, de plus, ou de quel ton plus pénétré, si son fils venait de le déshonorer? Mais ce qui est plus extraordinaire, et surtout moins dramatique encore que cet étalage de sensibilité, c'est, je crois, la facture de ce « petit morceau »; ce sont ces propos interrompus; c'est ce dialogue entrecoupé qui retarde l'action, bien loin de la faire avancer; et qui non seulement ne « caractérise » pas les personnages, mais qui les rend, au contraire, à chaque mot qu'ils échangent, plus semblables les uns aux autres, moins individuels, et plus généraux. En réalité, dans son *Père de famille* et dans son *Fils naturel*, Diderot a passé le but, — ce qui est sans doute l'un des plus sûrs moyens qu'on sache de le manquer, — et, de tout ce qu'il a cru représenter dans ses drames, nous n'y retrouverions rien, s'il n'avait écrit ses *Entretiens avec Dorval* ou son *Essai sur la poésie dramatique*. Ce ne sont pas les drames de Diderot qui prouvent ou qui éclairent ses théories dramatiques, mais bien ses théories qui éclairent et précisent, au contraire ce qu'il y aurait, sans elles, d'obscur, de vague, et d'indéterminé dans ses drames.

IV

Sedaine a été plus heureux, et, — dans ce *Philosophe sans le savoir* que l'on va jouer devant vous tout à l'heure, — c'est lui qui nous a donné ce drame bourgeois dont à peine peut-on dire que *le Fils naturel* ou *le Père de Famille* fussent la promesse. Rendons d'ailleurs ici cette justice à Diderot, qu'il a pris presque plus de part au succès de Sedaine qu'il n'en aurait pris au sien propre....

Vous rappelez-vous, Mesdames, l'histoire de Michel Sedaine[1] ? Fils d'un architecte qui avait fait de mauvaises affaires, obligé de quitter ses études à l'âge de douze ou treize ans, la mort de son père en avait fait, un ou deux ans plus tard, un chef de famille et l'unique soutien d'une mère et de deux petits frères. L'humble et dur métier qu'il choisit pour subvenir à leurs besoins fut celui de tailleur de pierres. Un architecte qui l'employait, Buron, — dont je vous rappelle le nom parce qu'il fut le grand-père du peintre David, — remarqua ce jeune homme qui, dans ses rares loisirs, lisait, dit-on, et relisait Molière et Montaigne. Il s'y intéressa, l'introduisit dans la société de quelques gens de lettres de ses amis, lui procura la connaissance d'un modeste protecteur qui le mit à l'abri du besoin, et ce fut ainsi qu'après

---

[1]. On trouvera sur Sedaine une notice assez courte au tome III des *Œuvres de Ducis*. Il y en a une plus longue et plus détaillée, de Mme de Vandeul, la fille de Diderot, au tome XVI de la *Correspondance littéraire* de Grimm (édition Tourneux). Enfin, Jal, dans son *Dictionnaire*, a donné un article où, s'il ne conteste pas précisément la légende de Sedaine, il en a du moins bonne envie. Mais puisque Ducis et Mme de Vandeul, qui connurent intimement Sedaine, l'ont tous deux racontée, il semble qu'il soit assez difficile d'en douter.

avoir publié quelques pièces fugitives, entre autres l'*Épître à mon habit* :

Ah ! mon habit, que je vous remercie...

Sedaine débuta, en 1758, à l'Opéra-Comique, — ou, pour mieux dire, à la foire Saint-Laurent [1], — par *le Diable à quatre*, bientôt suivi de *Blaise le Savetier*, musique de Philidor. D'autres opéras suivirent, entre lesquels on cite surtout *Rose et Colas*, *le Déserteur*, *Richard Cœur de Lion*.... Et c'est sans doute à la musique de Monsigny et de Grétry qu'ils doivent leur célébrité ; mais Sedaine y est bien aussi de quelque chose, pour des qualités analogues à celles que vous allez retrouver tout à l'heure dans *le Philosophe sans le savoir*.

Non pas peut-être, — ou du moins j'en serais bien étonné, — que vous éprouviez à voir jouer le drame de Sedaine l'enthousiasme extraordinaire et quasi délirant de son ami Diderot. « Ah ! mon ami, s'était-il écrié, quand Sedaine eut achevé de lui lire le manuscrit de son drame, je te donnerais ma fille... si tu n'étais pas si vieux!... [2] » C'est du moins ce que l'on raconte ; — et ce qui est certain, c'est qu'en deux ou trois endroits de ses

---

1. Le théâtre de la foire et la comédie italienne ne devinrent l'Opéra-Comique qu'en 1762.
2. Authentique ou non, le mot est en tout cas de ceux qui peuvent servir à caractériser admirablement Diderot. « Ah ! mon ami ! je te donnerais ma fille... si tu n'étais pas si vieux » : c'est-à-dire : « Je te donnerais ma fille,... si je te la donnais,... mais je ne te la donnerai pas » ; ou encore : « Il n'y a rien que je ne fisse pour te prouver mon admiration.... excepté ce que je ne ferai pas ». On joint ensemble ainsi l'air de l'enthousiasme et les calculs de la prudence ; vous diriez que l'on offre tout, et on ne donne rien ; on se dévoue tout aux autres, et on se garde tout entier pour soi-même. Ce fut le grand art de Diderot, l'un des hommes les plus « personnels » qu'il y ait eus, et l'un de ceux qui ont su le plus habilement répandre l'illusion de leur « bonhomie ».

œuvres, Diderot s'est plu à nous rappeler la course qu'il avait faite en fiacre à travers tout Paris, de la rue Taranne jusqu'à la Roquette, — au lendemain du succès des premières représentations de la pièce, — pour inonder Sedaine de ses larmes. Mais je crains, Messieurs, qu'à la représentation même, vous ne soyez frappés de la faiblesse du style, et surtout de la faiblesse de la pensée de Sedaine. En vérité, vous trouverez son apologie du commerce un peu naïve, un peu puérile, j'en ai peur; et, s'il faut le dire, je ne sache pas un de nos rhétoriciens qui, s'il était mis sur le même sujet, ne s'en tirât plus heureusement que l'auteur. Il n'est pas probable non plus que la manière dont il a traité le duel vous rappelle, fût-ce de loin, la façon dont Corneille l'avait jadis traitée dans son *Cid*. Le pauvre Sedaine paye ici les lacunes de son éducation première, et jamais homme n'eut moins que lui cette faculté du véritable écrivain, qui est comme de changer tout ce qu'il touche en universel.

Mais, en revanche, vous reconnaîtrez, dès les premières scènes, l'honnête homme, le parfait honnête homme qu'il fut, l'un des rares écrivains de son temps pour lequel on ne puisse éprouver que respect et que sympathie.... Son intrigue est ingénieuse en même temps que simple; et il y a quelque chose de plus qu'heureusement inventé dans cette histoire de duel jetée comme au travers des apprêts de la noce de la fille du logis. Quelques caractères sont habilement ou délicatement tracés : celui de M. Vanderk père, celui d'Antoine, le fidèle serviteur, — dont il est vrai que le mélodrame a étrangement abusé depuis lors; — et le caractère surtout de Victorine, où l'on ne saurait dire ce qu'il y a de mieux et de plus agréablement, de plus spirituellement touché : de l'amour qui s'ignore, ou du respect qui combat encore, dans le cœur de la fille d'Antoine, ce qu'elle sent en elle de penchant vers son jeune maître. La sensibilité de Sedaine n'a généralement rien de trop déclamatoire, et son naturel, souvent naïf, est d'ailleurs parfait. Enfin, Messieurs, et surtout, nous sommes en présence ici non plus d'une imagination d'auteur, mais d'une véritable imitation de la réalité, d'un sujet où le romanesque, s'il est encore dans les sentiments, n'est plus du moins dans l'intrigue ni dans la combinaison des événements. Ce pourrait être notre histoire à tous, aux environs de vingt ans, que celle du jeune M. Vanderk; et, — n'était une espèce de solennité bourgeoise qu'il mêle à tout ce qu'il dit, comme aussi bien à tout ce qu'il éprouve, — nous ressemblons tous plus ou moins à son père.

Sedaine était donc dans la vraie voie, dans la bonne, celle de l'imitation de la réalité, en dehors ou à côté de laquelle il ne pouvait pas y avoir de salut pour le drame. Comment donc et pourquoi n'y a-t-il pas persisté? Car, n'est-ce pas une chose assez inexplicable qu'ayant donné son *Philosophe sans le savoir* en 1765, et n'ayant pas vécu moins de trente-deux ans encore, il n'ait pas redoublé? Faut-il en accuser peut-être son mariage? ou les charges que lui imposaient l'inconduite et la dissipation de ses frères? ou les obligations auxquelles il lui fallait faire face, ayant adopté, quoique père de famille lui-même, jusqu'à trois et quatre enfants, dont le peintre David, le petit-fils de son premier bienfaiteur? Je ne sais, mais le fait est qu'il s'en est tenu au *Philosophe*; et c'est en vérité ce que l'on ne saurait trop regretter quand il en faut venir à parler de ses imitateurs, de Beaumarchais et de Mercier : l'un, Beaumarchais, ayant d'ailleurs de bien autres qualités, mais rien de la naïveté qu'il eût fallu pour continuer l'œuvre de Sedaine; et l'autre, Mercier, ne pouvant guère, comme nous le verrons, que réintroduire dans le drame tout ce que l'auteur du *Philosophe* en avait chassé de déclamation et de banalité.

V

Nous aurons prochainement à reparler de Beaumarchais, — de l'auteur du *Barbier de Séville* et du *Mariage de Figaro*, — mais, puisqu'il a débuté par des drames et que son *Eugénie*, notamment, est de 1767, c'est bien aujourd'hui qu'il en faut dire deux mots, pour montrer comment, avant les drames de Mercier, elle a dévoyé la tragédie bourgeoise, en la détournant de l'imitation de la réalité.

Rien de plus romanesque, en effet, que l'*Eugénie* de Beaumarchais, rien de moins imité de la réalité, ni de moins copié sur la vie. Qu'est-ce que ce faux mariage, contracté devant un intendant déguisé en chapelain, dans un château perdu du pays de Galles, — qu'entre parenthèse Beaumarchais n'avait pas plus vu que Racine ou Corneille n'avaient vu la Grèce ou l'Italie? — Qu'est-ce que cette lettre, écrite au lit de mort par ce même intendant, pour s'accuser de sa supercherie? Qu'est-ce que ce frère, qui revient d'Irlande, à point nommé, pour recevoir du propre séducteur de sa sœur, milord Clarendon, un service signalé? Ou qu'est-ce encore que cette tante, cette personne d'âge et de sens, qui, sous prétexte qu'elle doit un jour lui laisser sa fortune, a

1. Peut-être aussi faut-il accuser de son silence les mauvais procédés des comédiens français à son égard. Voyez là-dessus son *Mémoire à Beaumarchais*, au tome II, p. 555, du *Beaumarchais*, de M. de Loménie. Son cas serait alors analogue à celui de Le Sage.

marié sa nièce en cachette, sans consulter personne, sans même demander le consentement du père, et accepté l'humiliante condition de tenir le mariage secret? « Pourquoi ces choses et non d'autres? » comme dira bientôt Figaro. Beaumarchais seul le sait; et il a eu beau transplanter l'action de son drame en Angleterre, elle n'en est pas pour cela plus vraisemblable ni plus conforme à la réalité.[1]

Mais voici ce qu'il y a de plus curieux. Il avait sous la main, pour ainsi parler, des éléments ou le sujet de son drame : c'était la fâcheuse aventure de Marie-Louise Caron, l'une de ses sœurs, avec le « seigneur Clavico », — c'est ainsi qu'il l'appelle; — et, sans doute, il n'était pas homme à s'abstenir d'en user, puisqu'il l'a lui-même tout au long contée, quelques années plus tard, dans le quatrième de ses *Mémoires* contre le conseiller Goëzman. Cependant que fait-il? Comme l'histoire de Marie-Louise n'avait sans doute rien d'assez noir à son gré pour fournir la matière d'un drame, ce qu'il rapporte d'Espagne, c'est l'idée de relire Le Sage, et d'emprunter au *Diable boiteux* « l'histoire des amours du comte de Belflor et de Léonor de Cespédès ». A-t-il su d'ailleurs que l'aventure faisait le fond d'un drame de Francisco de Rojas? et qu'avant l'auteur du *Diable boiteux*, Scarron, dans son *Ecolier de Salamanque*, Boisrobert et Thomas Corneille, dans leurs *Ennemis généreux*, l'avaient mise à la scène? C'est, Messieurs, ce qui n'importe guère; et il me suffit d'attirer votre attention sur ce point, qu'affichant le dessein « d'entrer dans une carrière neuve », et d'y

1. Consulter sur Beaumarchais l'ouvrage de M. de Loménie : *Beaumarchais et son temps*, et celui de M. E. Lintilhac : *Beaumarchais et ses œuvres*. Paris, 1887. — La première édition d'*Eugénie* est précédée de l'*Essai sur le genre dramatique sérieux*. C'est d'ailleurs Beaumarchais lui-même qui nous avertit qu'il a puisé l'idée de son drame dans le roman de Le Sage.

prendre « un essor étendu ». le sujet qu'il s'en va choisir est celui que Scarron avait jadis appelé « l'un des plus beaux sujets espagnols » qui eussent paru sur le théâtre français! Vous savez ce que cela voulait dire au temps de Scarron; et au fait, l'*Eugénie* de Beaumarchais n'est pas tant un « drame » qu'une tragi-comédie en prose. Tout en louant Diderot, Beaumarchais ne l'a qu'à moitié compris; tout en admirant *le Père de Famille* et *le Philosophe sans le savoir*, il n'a pas vu où en était la nouveauté; et tout en croyant qu'il les continuait, il n'a pas vu qu'au contraire il leur tournait le dos. Dans l'évolution du drame bourgeois, l'*Eugénie* de Beaumarchais n'est, Messieurs, qu'un pas en arrière, et ce que les naturalistes appelleraient un phénomène de régression.

VI

Il en est autrement des drames de Sébastien Mercier. l'auteur de *l'An 2440*, du *Tableau de Paris*, de je ne sais combien de drames, et d'un *Essai sur l'art dramatique*, où il y a force sottises, mais aussi quelques bonnes choses, en raison de la liberté qu'il se donne de dire, à propos de rien, tout ce qui lui passe par la tête. Il faudrait avoir bien du malheur pour ne pas quelquefois rencontrer juste, à ce jeu-là!

On pourrait dire de Sébastien Mercier qu'il fut et qu'il demeure, dans notre histoire littéraire, la caricature de Diderot. Comme Diderot, il est sensible; comme Diderot, il fait le métier de prêcher la morale; et comme Diderot, il déclame. Est-ce pour cela peut-être que les Allemands en font encore aujourd'hui tant de cas?... Mais ce qu'il est de plus que Diderot, c'est un homme désireux d'étonner à tout prix, et qui ne recule devant aucun paradoxe. Il en a soutenu de toute sorte, que vous me dispenserez de citer, de peur d'avoir l'air de les prendre au sérieux. Au reste, je ne nie pas qu'il y ait dans son *Tableau de Paris* de précieux documents; il aimait aussi, lui, sa grande ville « jusque dans ses verrues », dans ses verrues surtout; — et nulle part on ne saurait prendre une plus juste idée, ni plus vivante, pour ainsi parler, de ce qu'elle était à la veille de la Révolution. Il y aurait également quelques idées à glaner dans son *Essai sur l'art dramatique* si, d'ailleurs, elles n'étaient presque toutes inspirées de celles de Diderot, dont elles ne diffèrent que pour être exagérées jusqu'à l'extravagance. Curieux de tout, et sensible à tout, je ne crois pas qu'on puisse être plus insensible à l'art que Mercier, ni plus indifférent au véritable intérêt des questions qu'on discute [1].

1. Je lis dans un des rares essais que je connaisse sur *Mercier* : « Ah! nous parlons des romantiques et de leur croisade contre le grand siècle! Lisez Mercier, et vous verrez combien auprès de lui les novateurs de 1830 paraissent petits en audace et en violence. On a appelé, je crois, Racine et Boileau des poiïssons; lui les appelle *les pestiférés de la littérature*. » J'avoue que je n'ai point trouvé l'expression dans l'*Essai sur l'art dramatique*, mais je n'affirmerai point qu'on ne puisse l'y trouver, là, ou ailleurs. Ce que je veux seulement dire, c'est qu'il ne faudrait pas exagérer l'originalité des théories de Mercier sur l'art dramatique. Il dit lui-même quelque part : « La concordance des idées de M. de Voltaire en fait de littérature serait assez difficile à établir; il a presque toujours écrit pour le moment et selon le besoin; tantôt *Athalie* est le chef-d'œuvre de l'esprit humain, tantôt c'est une pièce froide, sans intérêt et sans vraisemblance »; et là-dessus il n'oublie qu'un point, c'est qu'en 1773, il y a soixante ans que Voltaire a commencé d'écrire. Mais lui, c'est dans le même *Essai* qu'il se contredit; et c'est pourquoi dans son œuvre on y peut trouver presque tout ce que l'on veut; mais en somme ses idées sont rares, et ses paradoxes ne tirent leur intérêt que de leur virulence. Voici le début de son essai : « Le spectacle est un mensonge, il s'agit de le rapprocher de la plus grande vérité; le spectacle est un tableau, il s'agit

Quant à ses drames, j'ai choisi, pour vous en donner une idée, le plus célèbre d'entre eux : c'est *la Brouette du vinaigrier*. « Et moi aussi ! — s'écrie-t-il à l'article *Vinaigriers* de son *Tableau de Paris*, — et moi aussi je l'ai fait rouler à ma manière sur tous les théâtres de l'Europe, au grand étonnement des critiques, et maintenant la brouette y est naturalisée, comme le coffre doré de Ninus dans *Sémiramis* ! »

Le sujet en est d'une simplicité tout à fait enfantine. Un riche négociant, M. Delomer, emploie dans ses bureaux un jeune homme du nom de Dominique : c'est le fils du vinaigrier. Bien élevé, s'il est modestement né, Dominique n'a pu voir Mlle Delomer sans en devenir épris, et il lui semble que Mlle Delomer ne le regarde pas d'un œil indifférent, lorsqu'il apprend que M. Delomer a fait choix pour elle d'un M. Jullefort. La soumission de Mlle Delomer au désir de son père étant d'ailleurs parfaite, le mariage s'accomplirait donc si la banqueroute de l'un de ses correspondants de Hambourg n'obligeait M. Delomer à déposer son bilan. Jullefort, qui n'en voulait qu'à la dot, se retire aussitôt, et la main de Mlle Delomer se retrouve libre. Dominique fils la demanderait bien, mais il n'ose : « N'est-ce que cela ? lui dit Dominique père : sois tranquille et repose-t-en sur moi ; c'est moi qui la demanderai, cette belle demoiselle, et qui te réponds d'avance que M. Delomer ne te la refusera pas. » La brouette apparaît alors et Dominique père fait sa demande. M. Delomer s'étonne un peu ;

de rendre ce tableau utile, c'est-à-dire de le mettre à la portée du plus grand nombre, afin que l'image qu'il présentera serve à lier entre eux les hommes par le sentiments victorieux de la compassion et de la pitié. Ce n'est donc pas assez que l'âme soit occupée, soit même émue ; il faut qu'elle soit entraînée au bien ; il faut que le but moral, sans être caché ni trop offert, vienne saisir le cœur, et s'y établisse avec empire. »

mais Dominique insiste, et, lui montrant son baril, qui ne contient plus aujourd'hui du vinaigre, mais « trois mille sept cent soixante et dix-huit louis d'or en rouleaux bien comptés et six sacs de douze cents livres » il emporte le consentement du négociant ruiné. « Métal pernicieux, tu as fait assez de mal dans le monde, fais-y du bien une seule fois! s'écrie-t-il. Je t'ai enchaîné pour un moment d'éclat : voici le moment tant désiré; sors, va fonder la paix et la sûreté d'une maison où habiteront l'amour et la vertu. »

Ce qui me frappe ici, Mesdames et Messieurs, ce n'est plus du tout comme dans *Eugénie*, l'invraisemblance ou la complication de la donnée, mais c'en est la banalité. C'est celle aussi de la leçon que l'auteur nous propose. Car enfin que veut-il dire? Veut-il prouver que l'argent égalise toutes les conditions?

Quand on a peur, tout orgueil s'humanise,

disait Voltaire, mais bien plus encore quand on a besoin d'argent, semble ajouter Mercier. Et ce n'est pas absolument vrai... il y a des exceptions! Mais dans la mesure où c'est vrai, y a-t-il rien de plus banal? que l'expérience ait vérifié plus souvent? et pour qui nous prend-on, de faire une pièce en trois actes, à la seule fin de nous le démontrer? On n'écrit pas trois actes de drame pour établir que les enfants doivent aimer leurs parents, ou que les mères doivent donner à leurs filles l'exemple des vertus domestiques. Ces lieux communs de morale, qui peuvent bien s'insinuer à l'occasion dans un drame ou dans une comédie, n'en sauraient former la matière. A force de vouloir ici moraliser, le drame tourne à l'anecdote édifiante; et, en vérité, pour tant de prétentions, ne voilà-t-il pas, Messieurs, une belle chute? S'il y avait encore quelque sentiment de l'art dans le drame de Sedaine ou de Diderot, vous le voyez, l'évolution est désormais accomplie ; — et rien ne manque davantage à *la Brouette du vinaigrier*.

Je me reprocherais de ne pas ajouter qu'il y a, comme toujours, quelques lueurs parmi ce fatras, et voici telle idée dont l'expression pourra peut-être, en effet, vous intéresser.

DOMINIQUE, père.

Voici la troisième année qui court, depuis que je l'ai fait revenir de l'étranger, où je l'ai fait voyager de bonne heure. N'ai-je pas pris là le meilleur parti? J'avais un parent, préfet de collège qu'on disait savant, et à qui je ne trouvais pas, moi, le sens commun; il me disait toujours d'un ton rogue : « Sans le latin, votre fils ne parviendra jamais à rien.... — Tudieu! mon cousin, lui répondis-je, vous avez beau dire, on ne parle plus de latin dans aucune maison du royaume. Si mon fils avait besoin d'une autre langue que la sienne, c'est en anglais, c'est en allemand qu'il lui serait utile et agréable de savoir s'expliquer ; il trouverait des gens pour lui répondre... » et je vous l'envoyai sur-le-champ, dans ces pays-là, dès l'âge de douze ans. Il demeura chez des braves gens qui le formèrent au commerce, et qui de plus tirent beaucoup de mon vinaigre.

M. DELOMER.

Vous avez bien fait : les voyages forment tout autrement que la jeunesse. On ne sait que faire trop souvent de ces beaux latinistes; ils ne possèdent que des choses inutiles, croient tout savoir, sont tout et ne sont rien...

La querelle des anciens et des modernes a cessé d'être littéraire, ou même philosophique; elle est devenue sociale, pour ainsi dire; et cependant, Messieurs, nous ne sommes encore qu'aux environs de 1775. Parce qu'il a eu quelquefois de semblables idées, Mercier passe pour un précurseur, comme Diderot; et je ne veux certes pas leur disputer ce titre ! J'aimerais seulement qu'en louant les « précurseurs » de celles de leurs prédictions qui se sont réalisées depuis eux, on notât quelques-unes aussi de celles que l'événement a démenties. Car si je suis tenté d'admirer la perspicacité de l'auteur de *la Brouette*, quand je le vois qui réclame, il y a plus de cent ans passés, l'éducation professionnelle, j'en rabats, Mesdames et Messieurs, quand je le vois, dans son *Tableau de Paris*, à la veille des journées de la Révolution, nous démontrer l'impossibilité physique de l'émeute dans les rues de la capitale....

VII

Commencez-vous, cependant, à voir pourquoi le drame bourgeois du xviii° siècle n'a pas pu s'élever au-dessus du *Philosophe sans le savoir* ? et que, d'expliquer son insuccès par la seule médiocrité de ceux qui l'ont traité, il n'y a vraiment pas moyen, si Beaumarchais fut l'un des mieux « doués » de nos auteurs dramatiques ; et, à défaut du génie propre de l'auteur dramatique, si Diderot a sans doute possédé quelques-unes des qualités qui font les grands esprits. Il nous faut quelque explication plus profonde, et je crois être en mesure de vous la proposer.... Par une rencontre assez ordinaire, les mêmes circonstances qui ont favorisé l'éclosion du drame sont également celles qui l'ont empêché de s'élever plus haut ; à peu près comme un peu de soleil et un peu de pluie font pousser les plantes, mais trop de soleil les grille, et trop de pluie les noie.

C'est ainsi qu'il faut de la « morale » dans l'art, nous l'avons dit, et je le répète ; mais encore n'en faut-il pas trop, ni surtout que l'on fasse de la scène une chaire ou une tribune. On y peut défendre ou soutenir des idées ; il faut même que l'on y en défende ; mais quelles idées ? c'est une première question ; et de quelle manière ? c'en est une seconde. Pour la manière, elle est assez connue ; mais on ne saurait l'enseigner, puisqu'elle consiste à *incarner* les idées dans des êtres vivants, et que c'est là proprement le secret de l'auteur dramatique. Pour les idées, il semble qu'elles ne doivent être ni trop abstraites, ni trop banales, et que, pas plus qu'on ne saurait mettre en musique la critique d'un Kant ou la philosophie d'un Schopenhauer, pas plus on ne saurait faire de drame ou de roman, comme nous le disions, pour établir que l'humilité de leur condition n'empêche pas un rémouleur ou un vinaigrier d'être les plus honnêtes gens du monde....

Ajouterai-je qu'un La Chaussée lui-même, qui avait débuté par des contes grivois ; qu'un Diderot, qui, jusqu'à son dernier jour, n'a pas cessé d'écrire des romans plus que licencieux ; qu'un Beaumarchais, qui eut plus d'une partie d'un aventurier ; qu'un Mercier même, l'ami de Restif de la Bretonne, n'avaient que des titres insuffisants à se poser, comme on dit, en prédicateurs de morale ? Cet argument, Messieurs, ne vous paraîtra pas tout à fait dénué de valeur, si vous faites attention que, ce qu'il y a de plus louable dans le *Philosophe sans le savoir*, peut-être en est-ce encore l'auteur, dont la probité morale, en passant dans son drame, l'a comme animé de cet air de franchise et de naïveté que nous y aimons. Puisque donc la qualité morale du talent de Sedaine a fait une partie de son succès, pourquoi l'insuccès de ses rivaux dans le genre « moral » ne s'expliquerait-il pas en partie par la fausseté de leur morale ? ou, si vous l'aimez mieux, par le contraste fâcheux de leurs mœurs et de leurs prétentions ?

Que s'il faut également de la sensibilité dans le drame et dans l'art, n'est-il pas également vrai que les Diderot et les Mercier en ont plus qu'abusé ?

La sensibilité, selon la seule acception qu'on ait donnée jusqu'à présent à ce terme, est, ce me semble, cette disposition, compagne de la faiblesse des organes, suite de la mobilité du diaphragme, de la vivacité de l'imagination, qui incline à compatir, à frissonner, à admirer, à craindre, à se troubler, à pleurer, à s'évanouir, à secourir, à fuir, à crier, à perdre la raison, à exagérer, à mépriser, à dédaigner, *à n'avoir aucune idée précise du vrai, du bon et du beau, à être injuste, à être fou...*

Qui dit cela, Mesdames? C'est Diderot lui-même, dans un accès de franchise; et il ajoute ailleurs :

Les grands poètes, les grands acteurs, et peut-être en général tous les grands imitateurs de la nature, quels qu'ils soient, doués d'une belle imagination, d'un grand jugement, d'un tact fin, d'un goût très sûr, *sont les êtres les moins sensibles....* Ils sont trop occupés à regarder, à reconnaître et à imiter, pour être vivement affectés au dedans d'eux-mêmes....
Nous sentons, nous; eux, ils observent, étudient et peignent. Le dirai-je? Pourquoi non? *La sensibilité n'est guère la qualité d'un grand génie.* Il aimera la justice; mais il exercera cette vertu sans en recueillir la douceur. Ce n'est pas son cœur, c'est sa tête qui fait tout.

Ne croyez pas au moins que ce soit une boutade! En effet, il insiste encore, et il conclut plus loin :

L'homme sensible est trop abandonné à la faiblesse de son diaphragme pour être un grand roi, un grand politique, un grand magistrat, un homme juste, un profond observateur, *et conséquemment un sublime imitateur de la nature.*
Au reste, lorsque je prononce que la sensibilité est la caractéristique de la bonté de l'âme et de la médiocrité du génie je fais un aveu qui n'est pas trop ordinaire, car si la nature a pétri une âme sensible, c'est la mienne.

Je n'en demande pas davantage; et ces aveux, — qui honorent Diderot, — nous suffisent. Car, Mesdames et Messieurs, ne le disions-nous pas nous-même en commençant? presque tout ce que la sensibilité a gagné au XVIII° siècle, c'est l'art qui l'a perdu; et de toutes les raisons qu'on peut donner pour expliquer l'insuccès du drame bourgeois du xviiie siècle, nous touchons ici la plus solide. Le drame n'a pas été plus tôt organisé selon le rêve de ses inventeurs que l'on s'est aperçu qu'il ne comportait ni composition, ni psychologie, ni style : — ni composition, puisque composer c'est choisir, c'est ordonner, et, par conséquent, c'est altérer les rapports des choses ; — ni psychologie, puisqu'il se proposait de fondre, ou de noyer la diversité des caractères des hommes dans ce que la sensibilité a de plus général et de plus vague ; — ni style enfin, puisque, d'une part, la langue du vers ne lui convenait plus, et que, d'autre part, s'il avait un objet déclaré, c'était d'imiter de la vie ce qu'elle a de plus ordinaire et même de plus « lâché ».

Ce que l'on n'a pas peut-être aussi bien vu, quoique Diderot semble pourtant en avoir soupçonné quelque chose, c'est que l'idée même que l'on se faisait du drame était une rupture avec la tradition latine. On a dit de Diderot qu'il était « le plus Allemand des Français », et je crois que l'on s'est trompé ; mais si l'on disait qu'il fut tout Anglais, on serait assez près de la vérité. Shaftesbury et Bacon, Shakespeare et Richardson, Moore et Lillo, Sterne plus tard, voilà ses maîtres et voilà ses guides, Bacon surtout, et en littérature Richardson, l'auteur de *Paméla*, de *Clarisse Harlow*, et de *Grandisson*[1]. De son côté, si les Allemands font tant de cas de Mer-

---

[1]. Je n'ai pas besoin de dire que Mercier partage l'admiration de Diderot pour les romans de Richardson : « Plongez-vous, âmes neuves et sensibles, s'écrie-t-il quelque part, dans la lecture de *Paméla*, de *Clarisse*, de *Grandisson*... ». Et dans une note reprochant à Voltaire de ne s'être nulle part expliqué sur *Paméla* ni *Clarisse*, il les appelle « ces poèmes auxquels nous n'avons rien de comparable dans l'antiquité ».

Obligé d'aller un peu vite, je regrette de n'avoir pas pu essayer de préciser la nature de l'influence anglaise sur la transformation du théâtre français au xviiie siècle.

cier, c'est qu'il n'en faisait pas lui-même un moindre des Allemands. « Il est à remarquer, disait-il en 1773, que les Allemands, en se formant un théâtre, ont tombé, par l'impulsion de la nature, dans ce genre utile et pittoresque que nous appelons *drame*. S'ils le perfectionnent, comme il y a grande apparence, ils ne tarderont pas à l'emporter sur nous.... Le fond de leur théâtre est admirable, la forme en est vicieuse; mais le théâtre français a plus encore à faire, il a à réformer presque tout le fond. » Et, Messieurs, je ne discute pas son opinion ; je dis seulement qu'il n'est jamais bon qu'un grand peuple renie ses traditions ou ses origines, et si c'est ce que le drame bourgeois, au xviii° siècle, a fait ou essayé de faire, je ne suis ni étonné ni fâché qu'il ait échoué.

Aussi, Messieurs, le verrons-nous dès la prochaine fois, en parlant de Beaumarchais : pour que la comédie moderne, la comédie contemporaine, celle des Dumas et des Augier, se dégageât des débris ou des ruines du drame, il allait falloir deux choses. En premier lieu, que l'on revînt à la tradition purement latine, si je puis ainsi dire, et, nous le verrons jeudi prochain, c'est ce que Beaumarchais, en donnant son *Barbier de Séville* et son *Mariage*, allait faire. Mais, par opposition à la fausse idée que le xviii° siècle se faisait de la littérature, ce qu'il fallait surtout, c'était que l'on y réintégrât le sens ou la notion même de l'art; et ceci, nous le verrons bientôt, ce devait être, de notre temps, l'œuvre utile du romantisme.

4 février 1892.

TREIZIÈME CONFÉRENCE

LE MARIAGE DE FIGARO

I. — Comment le *Mariage de Figaro* résume les qualités de presque toute la littérature dramatique antérieure. — Le fonds « gaulois » du sujet. — Le caractère « italien » de l'intrigue. — L'intention de « satire sociale ». — La couleur « espagnole ». — L'imitation de Le Sage et de Marivaux. — En quoi consiste donc l'originalité de Beaumarchais ? — II. Comment le *Mariage de Figaro* reproduit les mœurs de son temps. — Et comment Beaumarchais s'y est mis tout entier lui-même. — Qu'il y a quelque chose de lui dans le personnage de Chérubin ; — dans le personnage d'Almaviva ; — dans le personnage surtout de Figaro. — Du Monologue de Figaro et de son importance dans la pièce. — Que selon la recommandation de l'esthétique naturaliste, ce sont la sœur et la femme de Beaumarchais qui ont « posé » pour la comtesse et pour Suzanne. — III. De la portée du *Mariage de Figaro*. — Et qu'il faut se garder de l'exagérer. — Le style du *Mariage de Figaro*. — La moralité de l'œuvre. — Quelques mots sur la facture de la pièce. — Et, à cette occasion, de l'importance du métier dans l'art.

Mesdames et Messieurs,

Il y a, dans notre littérature du xviiie siècle, trois œuvres pour lesquelles il faudrait inventer, — si par hasard il n'existait pas, — le nom d'*étincelantes* : ce sont *Candide*, *le Neveu de Rameau* et *le Mariage de Figaro*.

Candide a plus de portée peut-être; la plaisanterie y enveloppe une conception entière du monde et de la vie; et, si ce n'est pas le dernier mot, on peut y voir cependant le testament philosophique de l'homme qui a rempli du bruit de son nom soixante années de son siècle. *Le Neveu de Rameau* a quelque chose de plus original : c'est ce que les curieux appellent une pièce rare, une planche unique d'anatomie morale, et, selon l'expression d'un grand écrivain de nos jours, c'est la peinture — je dirais volontiers l'écorché — d'une âme « si complexe, si complète, si vivante et si difforme, qu'elle en devient, dans l'histoire naturelle de l'homme, un monstre incomparable et un document immortel [1] ». Et le chef-d'œuvre de Beaumarchais, à son tour, brille d'autres mérites, que nous allons tout à l'heure essayer de définir... mais, ce que les trois œuvres ont de commun entre elles, ce qui les rend comme inséparables dans nos mémoires et dans l'histoire, c'est d'être, en même temps que des dates sociales, un feu d'artifice, des « soleils tournants » — l'expression, assez bizarre, est de Beaumarchais, dans la préface de sa comédie, — qui brûlent, en jaillissant, les manchettes de tout le monde »; ou, si vous préférez une autre image encore, c'est d'être chargées, saturées, et sursaturées d'une espèce d'électricité dont on ne peut approcher qu'il n'en parte des traits, des éclairs et des foudres.

Tentons-en cependant l'aventure. Si *le Mariage de Figaro*, pour beaucoup de raisons, est, avec ou après *Tartufe*, l'une des pièces dont il est le plus délicat ou le plus dangereux même de parler, il n'y en a guère aussi, vous le savez, qu'il soit plus amusant d'étudier, d'analyser et de démonter.

---

1. Taine, *l'Ancien régime*.

I

Car d'abord il n'y a rien qui soit plus « original », quoique d'ailleurs il n'y ait rien qui soit plus « imité ». Tout au rebours de Sedaine et de Diderot, tout au rebours de ce qu'il a fait lui-même dans ses *Deux amis* ou dans son *Eugénie*, ce n'est pas seulement jusqu'à Marivaux et jusqu'à Le Sage, jusqu'à Molière et jusqu'à Scarron, c'est bien au delà d'eux que remonte l'auteur du *Mariage de Figaro*, c'est jusqu'à Rabelais, dont on a plus d'une fois observé qu'il affectionnait certains procédés de style, — comme les participes accumulés et les épithètes en cascades; — et, par delà Rabelais lui-même, c'est, Messieurs, jusqu'au moyen âge, jusqu'au temps du droit du seigneur, et jusqu'au temps de nos vieux fabliaux. En effet, un valet assez audacieux pour oser disputer sa fiancée à un grand seigneur libertin, et d'ailleurs à peu près tout-puissant, n'est-ce pas au fond tout le sujet du *Mariage*? Mais en savez-vous un qui soit plus dans la plus ancienne tradition gauloise, et plus national en ce sens? Et comment Beaumarchais l'a-t-il modernisé? C'est en redescendant, comme qui dirait d'âge en âge, du temps des fabliaux jusqu'au sien; et, tous les progrès que l'art dramatique ou le métier même avait accomplis sur sa route, c'est, comme vous l'allez voir, en se les appropriant.

C'est ainsi qu'il s'est rendu compte, plus ou moins consciemment, de tout ce que l'Italie, puis l'Espagne, avaient, en le remaniant, comme ajouté à l'ancien fonds gaulois d'agrément et de nouveauté : le mouvement plus vif et plus pressé de l'intrigue, son amusante complication, Arlequin et Scapin, le *gracioso* de la comédie espagnole, les *lazzis* à l'italienne, la bouffonnerie de Scarron même en ses *Jodelets*, et tout ce que Molière enfin avait mis dans ses premières pièces : *le Dépit amoureux*, *l'Étourdi*, le *Don Juan* même, si vous le voulez...

Arrivé-là, — sur ce terrain plus solide et plus consistant de la comédie de Molière, — ce que nous avons vu nous-mêmes, Beaumarchais s'en est aperçu avant nous, que, des modèles légués par le maître on n'avait guère imité jusqu'alors que ce qu'ils avaient de plus extérieur et de plus superficiel. Ainsi, Regnard, dans ses *Folies amoureuses* ou dans son *Légataire universel*, Le Sage en son *Crispin*, — sinon peut-être en son *Turcaret* — Destouches en son *Glorieux*, Piron même, plus près de lui, dans sa *Métromanie*, Gresset dans son *Méchant*. Tous ils ne s'étaient proposé que de nous faire rire ; tous ils ne s'en étaient pris, pour s'en amuser et nous en amuser sur la scène, qu'à des ridicules légers, inconsistants, inoffensifs ; tous enfin ils avaient laissé périr et comme s'anéantir entre leurs mains la meilleure part de l'héritage. Même Voltaire, vous le savez, c'était pour d'autres œuvres qu'ils avaient réservé ses plus grandes audaces ; et personne, en un mot, n'avait osé suivre l'exemple de l'auteur de *Tartufe*. Beaumarchais résolut de le faire, et nous n'avons qu'à l'entendre s'expliquer sur ce point dans la préface du *Mariage :*

Tout les états de la société sont parvenus à se soustraire à la censure dramatique : on ne pourrait mettre au théâtre *les Plaideurs* de Racine, sans entendre aujourd'hui les Dandins et les Bridoisons, même des gens les plus éclairés, s'écrier qu'il n'y a plus ni mœurs ni respect pour les magistrats.

On ne ferait point le *Turcaret* sans avoir à l'instant sur les bras Fermes, Sous-Fermes, Traites et Gabelles, Droits réunis Tailles, Taillons, le Trop plein, le Trop bu, tous les Impositeurs royaux.

On ne jouerait point les fâcheux, les marquis, les emprunteurs de Molière sans révolter à la fois la haute, la moyenne, la moderne et l'antique noblesse. Ses *Femmes savantes* irriteraient nos féminins bureaux d'esprit ; mais quel calculateur peut évaluer la force et la longueur du levier qu'il faudrait de nos jours pour élever jusqu'au théâtre l'œuvre sublime de *Tartufe*? Aussi l'auteur qui se compromet avec le public pour l'amuser ou pour l'instruire, au lieu d'intriguer à son choix son ouvrage, est-il obligé de tourniller dans les incidents impossibles, de persifler au lieu de rire, et de prendre ses modèles hors de la société, crainte de se trouver mille ennemis.

J'ai donc réfléchi que si quelque homme courageux ne secouait pas toute cette poussière, l'ennui des pièces françaises porterait la nation au frivole opéra-comique, et plus loin encore, aux boulevards... J'ai tenté d'être cet homme, et si je n'ai pas mis plus de talent à mes ouvrages, au moins mon intention s'est-elle manifestée dans tous [1]...

Vous le voyez, Messieurs, ce n'est pas hasard ou rencontre, c'est ce qu'on appelle un dessein formé. Et il a tenu parole, vous le savez : il a tenté d'être, il a été en effet cet homme ; et s'il y a dans notre littérature une comédie que l'on puisse appeler *aristophanesque*, personne de vous ne l'ignore, c'est *le Mariage de Figaro*. Car non seulement à quels abus, mais à laquelle des institutions de son temps Beaumarchais ne s'en est-il

---

1. On remarquera que c'est par là qu'il continue d'être le disciple de Diderot.
Voyez encore, à cet égard, dans l'*Histoire de Beaumarchais*, par son ami Gudin de la Brenellerie, Paris, 1888, Plon, un curieux passage : « Le droit, — que dis-je, le droit ? — le devoir de tout auteur dramatique est d'attaquer les vices de son siècle ; c'est un devoir que les premiers comiques de la Grèce ont rempli avec un courage qu'on ne trouve que dans les républiques. Ils en abusèrent, l'autorité s'y opposa ; on leur interdit d'attaquer ceux qui, placés pour l'exemple des vertus, donnaient celui du vice. Les comiques n'osèrent plus combattre que les ridicules et ne peignirent plus que les particuliers. Molière, après avoir bafoué les avares, les marquis, les femmes pédantes, *revint aux vrais principes*, et attaqua l'hypocrisie. » Nous pouvons être assurés, rien qu'au ton du morceau, que ce sont les idées de Beaumarchais que le bon Gudin nous développe là.

pas pris? et l'iniquité du privilège de la naissance; et l'abus du favoritisme; et la vénalité des charges de judicature; et la morgue des magistrats; et l'impudence des avocats; et l'avidité des courtisans; et les prétentions des diplomates?... Ce que Voltaire et les encyclopédistes n'avaient eux-mêmes attaqué qu'indirectement, d'une manière épigrammatique plutôt que vraiment satirique, dont l'agrément émoussait la pointe, quand encore il n'empêchait pas de sentir la blessure [1], Beaumarchais l'a joué presque plus hardiment que Molière n'avait fait la dévotion dans *Tartufe*; — et l'ayant fait avec succès, c'est assez pour que son *Mariage* se place immédiatement au-dessous de ce que la comédie de Molière nous a légué de plus vigoureux.

Il n'a pas cru d'ailleurs qu'il lui fût interdit de joindre à l'héritage de Molière ce que les successeurs de Molière y avaient eux-mêmes ajouté depuis plus de cent ans, et, au contraire, venant le dernier, il n'a eu garde, sous prétexte d'être original, de ne pas profiter des leçons ou des exemples de Regnard, de Le Sage, de Marivaux.... Il a donc appris du premier à mettre l'intérêt dans l'in-

---

[1]. Telles sont les plaisanteries célèbres : « Les financiers soutiennent l'État, comme la corde soutient le pendu ; » ou encore : « Je vais vous conter une histoire de voleurs. Il y avait une fois un fermier général... Ma foi, j'ai oublié le reste... » Il n'y avait pas de financiers qui ne fussent les premiers à en rire, comme de la naturelle revanche de l'esprit sur leurs millions. Qu'ils plaisantent pourvu qu'ils payent! Mais c'était autre chose quand Beaumarchais disait, par la bouche de son Figaro : « Continuez à déraisonner, avocat, mais cessez d'injurier. Lorsque, craignant l'emportement des plaideurs, les tribunaux ont toléré que l'on appelât des tiers, ils n'ont pas entendu que ces défenseurs modérés deviendraient impunément des insolents privilégiés. » L'attaque était directe ici, nullement plaisante, plutôt haineuse, et de nature à soulever tout ce qu'un procès perdu laisse d'éternelle rancune dans le cœur d'un plaideur contre les procureurs, les avocats, et les juges.

trigue, à en diversifier l'allure, à tenir la curiosité en haleine, à la renouveler d'acte en acte, à combiner, à disposer ses fils en vue du dénouement, lequel prend, en effet, dans le *Mariage de Figaro* comme déjà dans *le Barbier de Séville*, une importance toute nouvelle. Il a emprunté au second, — l'auteur de *Turcaret*, mais surtout de *Gil Blas*, — ses décors et ses costumes, son Espagne, l'indispensable déguisement qu'il lui fallait pour faire passer ses hardiesses. Il lui a emprunté son principal personnage, ce Figaro dont la destinée ressemble si fort à celle de Gil Blas, parti de rien, comme lui, pour arriver également à tout [1]. Il lui a emprunté l'allure cynique ou débraillée de sa plaisanterie et jusqu'aux mouvements de son style. Voulez-vous voir, en effet, Messieurs, comme une première esquisse du monologue de Figaro? Vous la trouverez dans tel endroit du roman de Le Sage, où l'ami Fabrice raconte ses aventures à son compagnon d'autrefois :

Après cela, ne voulant plus retourner dans les Asturies, pour éviter toute discussion avec la justice, je m'avançai dans le royaume de Léon, *dépensant de ville en ville* l'argent qui me restait de l'enlèvement de mon infante.... J'arrivai à Palencia avec un seul ducat, sur quoi je fus obligé de m'acheter une paire de souliers. Le reste ne me mena pas loin. *Ma situation devint embarrassante ; je commençais déjà même à faire diète : il fallut promptement prendre un parti : je résolus de me mettre dans le service...*

Quelques années plus tard, dans sa *Fausse suivante*, Marivaux a imité Le Sage, et, dans la bouche de son Trivelin, il a mis le discours suivant, où vous reconnaîtrez encore quelque avant-goût du monologue de Figaro :

Depuis quinze ans que je roule dans le monde, tu sais combien je me suis tourmenté... J'avais entendu dire que les

[1]. Voyez à ce sujet le livre de Marc Monnier : *les Aïeux de Figaro*.

scrupules nuisaient à la fortune ; je fis trêve avec les miens, pour n'avoir rien à me reprocher. Était-il question d'avoir de l'honneur, j'en avais. Fallait-il être fourbe, j'en soupirais mais j'allais mon train.

Que te dirai-je enfin ? tantôt maître, tantôt valet, toujours prudent, toujours industrieux ; ami des fripons par intérêt, ami des honnêtes gens par goût ; traité poliment sous une figure, menacé d'étrivières sous une autre ; changeant à propos de métier, d'habit, de caractères, de mœurs ; risquant beaucoup, résistant peu ; libertin dans le fond, réglé dans la forme ; démasqué par les uns, soupçonné par les autres, à la fin équivoque à tout le monde, j'ai tâché de tout... je dois partout... j'ai logé partout...

Mais ce que Beaumarchais doit surtout à Marivaux, c'est, Messieurs, ce que j'ai tâché de vous définir quand nous avons vu jouer *le Jeu de l'amour et du hasard* : c'est l'art de mettre les femmes à la scène, — Fanchette, Suzanne, la comtesse, Marceline elle-même, en vérité, « Barbe-Agar-Raab-Madeleine-Nicole Marceline de Verte Allure, fille majeure » ; — des femmes qui vivent, qui ne sont plus de simples caricatures, comme Cathos ou comme Bélise, ni, comme Agnès ou comme Célimène, des occasions pour Alceste ou pour Arnolphe de montrer leur vrai caractère ; des femmes qui d'ailleurs ont je ne sais quoi de plus mutin, de plus décidé, de plus hardi que les Araminte ou les Silvia de Marivaux, et aussi de moins aristocratique : je veux dire de moins fin et de moins réservé. « Ah ! Suzanne, s'écriera Chérubin tout à l'heure en parlant de la comtesse, ah ! Suzanne, qu'elle est belle, mais qu'elle est *imposante !* » C'est précisément le seul mot qui ne lui convienne pas ; et on voit bien que Chérubin n'a pas connu Rosine, jadis, à Séville, quand elle habitait la maison du docteur Bartholo....

Que si ces traits de ressemblance vous frappent comme moi, ne direz-vous pas avec moi que, par rapport à ce drame bourgeois dont nous parlions l'autre jour, *le*

Mariage de Figaro s'offre à nous comme une reprise de toutes les traditions? un mélange ensemble de la satire sociale dont nous avons admiré la force dans Molière, de la peinture de mœurs que je vous ai signalée dans Le Sage, du pittoresque espagnol et de l'intrigue italienne? la *synthèse*, — si je ne craignais que le mot ne vous parût un peu pédantesque, — ou le résumé de tout un long passé de littérature et d'art dramatiques? Le génie de Beaumarchais, ou, si vous l'aimez mieux, sa part d'invention, a d'abord été de dégager de la tradition, pour le sacrifier, tout ce qui en était mort, mais d'en retenir et comme d'en remployer tout ce qui en était vraiment vivant.

II

C'est ce qui suffirait pour assurer la durée de son œuvre. Mais il faut tout de suite ajouter, et vous le savez, Messieurs, que, si jamais œuvre littéraire a été l'expression de son temps, c'est *le Mariage de Figaro*. Même j'en connais peu dont la date soit moralement plus certaine, et, ni quinze ou vingt ans plus tôt, ni dix ou douze ans plus tard, Beaumarchais n'eût pu l'écrire. Elle ne pouvait pas être de 1760, s'il fallait que l'auteur de *la Nouvelle Héloïse* et de l'*Émile* eût au préalable comme enflammé les passions de ses contemporains, et communiqué la fièvre de son lyrisme à la littérature entière de la fin du siècle. Elle ne pouvait pas être de 1790, car déjà, dans ces premières années de la Révolution, le tonnerre de Mirabeau, si je puis ainsi dire, eût étouffé le rire de Beaumarchais. Non! mais elle ne pouvait être que de ces années heureuses, où, selon le mot célèbre, on a senti comme jamais le prix et la douceur de vivre;

où, fatigué d'avoir tant pleuré, on se reprenait à rire de tout, même des choses les plus sérieuses ; et où l'on voyait de jour en jour approcher la Révolution, mais où l'on croyait encore que les révolutions se font à l'eau de roses...

Elle ne pouvait être également que de son auteur, si, comme nous l'allons voir, Beaumarchais s'y est mis tout entier lui-même ; et si cette présence de l'auteur dans son œuvre n'en fait ni le moindre attrait ni la moindre originalité.

En effet, ce n'était pas encore l'habitude en son temps ; et les Voltaire, les Racine, les Molière, n'ont mis d'eux-mêmes dans leur œuvre, — dans *Zaïre* ou dans *Bajazet*, dans *l'Ecole des femmes* ou dans *l'Avare*, — qu'une seule partie, l'intellectuelle, et rien ou presque rien de leurs opinions particulières ou de leur personne privée. Qui ne connaîtrait par ailleurs la biographie de Racine ou de Molière, je le défierais bien, s'il ne disposait que de leurs œuvres, de reconstituer leur physionomie morale ! L'art du xviie siècle était « impersonnel », et se glorifiait de l'être. Tragédie, comédie, fable, épître ou discours, on croyait que l'œuvre d'art devait avoir une valeur indépendante, et comme détachée de la personne de son auteur. Le mérite en devait être uniquement fondé sur la ressemblance qu'elle offrait avec la réalité, avec la vie, avec la raison. On ne demandait point au Néron de Racine d'être le « sien », mais celui de l'histoire ; et on ne se souciait pas de savoir si Molière avait eu des motifs à lui d'attaquer « les femmes savantes », mais seulement s'il en avait bien saisi les ridicules. De leur côté, les auteurs avaient sur l'article une espèce de pudeur ; ils croyaient avec Pascal que « le moi est haïssable » ; ils n'eussent pas osé se mettre en scène eux-mêmes. Rousseau, dont nous parlions, ne leur avait pas conquis le droit de se confesser en public, et de nous entretenir de leurs affaires, de leurs amours, de leur santé ¹....

Mais Beaumarchais, lui, n'a plus de ces scrupules, ni ne comprend l'art de cette manière. Comme il s'est donc mis dans ses *Mémoires*, il se mettra dans sa comédie, et c'est de sa vie à lui, non de leur vie à eux, que vivront ses personnages : Chérubin, Almaviva, Figaro. Car, vous le savez sans doute, il en a lui-même rempli les rôles dans la vie réelle avant que de les traduire à la scène, et, pour les peindre, il n'a eu qu'à se souvenir... Oui, c'est lui, c'est bien lui, Chérubin, par exemple ; et, polisson précoce, il lui a suffi, pour dessiner le personnage du petit page, de se revoir tel qu'il était à treize ans, lui-même, Pierre-Augustin Caron, racontant à ses sœurs l'histoire de ses premières amours ². « Une fille, une femme, ah ! que ces noms sont doux ! »

C'est lui encore, Almaviva, « avec sa haute stature, sa taille svelte et bien prise ; la régularité de ses traits ; son teint vif et animé, son regard assuré, son air dominant, et cette ardeur involontaire... » Je suis obligé, Messieurs, d'interrompre ici la citation, mais ce que je puis dire,

---

1. Les *Confessions* de Rousseau n'ont commencé de paraître qu'en 1782, après sa mort ; et on s'était à peine aperçu de son vivant que son *Héloïse* ou son *Emile* n'étaient que les « mémoires » de ses amours et de ses préceptorats.

2. Voici un fragment d'une lettre de lui qu'il nous a conservée lui-même et qu'il écrivait à ses sœurs : « Votre lettre m'a fait un plaisir infini, et m'a tiré d'une mélancolie qui m'obsédait depuis quelque temps, me rendait sombre, et me fait vous dire,

> Que souvent il me prend envie
> D'aller au bout de l'univers,
> Éloigné des hommes pervers,
> Passer le reste de ma vie.

Mais... sans perdre l'idée de ma retraite, il me semble qu'un

c'est que Beaumarchais se maria trois fois, et trois fois ce ne fut pas lui qui demanda sa femme, ce furent ses femmes qui le demandèrent. La première, — il était âgé de vingt-trois ans, et, dans la boutique paternelle, rue Saint-Denis, il faisait encore alors son métier d'horloger, — vint le prier d'arranger sa montre. Je ne me rappelle pas comment s'y prit la seconde. Mais la troisième, — c'était au lendemain de l'affaire Goëzman, — lui fit demander, par un ami commun, de lui prêter sa harpe [1]... « Un des plus grands torts que j'aie connus à Beaumarchais, nous dit à ce propos son ami Gudin, c'était de paraître tellement aimable aux femmes qu'il était toujours préféré, ce qui lui faisait autant d'ennemis qu'elles avaient d'aspirants à leur plaire. » Vous voyez, Messieurs, qu'en fait de moyens de séductions, ni le Lindor du *Barbier*, ni l'Almaviva du *Mariage* n'avaient rien à lui envier, et que, pour les peindre, il n'a eu, comme nous le disions, qu'à se regarder lui-même dans son miroir.

Mais Figaro encore, Figaro surtout, n'est-ce pas lui, le Figaro du *Mariage*? Car, comme Figaro, quel métier n'a-t-il pas fait? Horloger, maître de harpe de Mesdames

---

compagnon de sexe différent ne laisserait pas de répandre des charmes dans ma vie privée :

> A ce projet l'esprit se monte,
> Le cœur aussi trouve son compte ;
> Et, dans ses châteaux en Espagne,
> Voudrait avoir gente compagne
> Qui joignit à mille agréments
> De l'esprit et des traits charmants,
> Beau corsage à couleur d'ivoire,
> De ces yeux sûrs de leur victoire.... etc., etc. »

Il avait alors treize ans.

1. M. de Loménie a raconté l'histoire du premier de ces trois mariages. On trouvera celle du second et du troisième dans le livre déjà cité de Gudin.

de France, filles de Louis XV, — Coche, Loque, Chiffe et Graille, ainsi que les appelait familièrement leur père, — financier, homme d'affaires, magistrat, homme de cour, auteur dramatique, agent secret, espion diplomatique, éditeur, manufacturier, fournisseur, que sais-je encore? Et de quelles ressources n'a-t-il pas fait preuve : trois ou quatre fois emprisonné, toujours en procès, plusieurs fois ruiné, gravement compromis, traité de « drôle » en Autriche, « blâmé », — c'est-à-dire privé de tous ses droits civiques, — par le parlement Maupeou, faisant tête de tous les côtés, triomphant des critiques, d'une cour souveraine, du roi même, retournant et passionnant l'opinion; et, parmi tout cela, donnant en somme quelques-uns des plus beaux exemples qu'il y ait de présence d'esprit, de sang-froid, d'aplomb, d'impertinence, de dignité même? Mais quelle activité n'a-t-il pas quarante ans déployée, conduisant à la fois deux, trois, quatre ou cinq intrigues, d'affaires et d'amour, de politique et de finance, de littérature et d'industrie, « loué par ceux-ci, blâmé par ceux-là », ne s'inquiétant ni des uns ni des autres, « orateur selon le danger, poète par délassement, musicien par occasion, amoureux par folles bouffées », au demeurant, — selon le mot de Carlyle, je crois — l'une des plus belles espèces d'homme qu'on pût voir, je ne dis pas si la moralité ne lui avait fait étrangement défaut, mais s'il eût eu seulement quelques scrupules sur le choix des moyens [1]?.... Vous entendez, au moins, Messieurs, que ce dernier trait

---

1. Voyez *Beaumarchais und Sonnenfels*, de M. A. d'Arneth; Vienne, 1868; *Beaumarchais en Allemagne*, de M. Paul Huot, Paris, 1869; les lettres de Marie-Thérèse à Mercy, dans la *Correspondance* publiée par MM. d'Arneth et Geoffroy, sous l'année 1774; et une note de M. Maurice Tourneux, dans son édition de l'*Histoire de Beaumarchais*, de Gudin.

n'est pas pour altérer, mais au contraire pour achever la ressemblance de Beaumarchais avec son Figaro.

Aussi ne saurais-je à ce propos me ranger de l'opinion de ceux qui trouvent que le fameux monologue de Figaro, celui du cinquième acte, fait longueur dans la pièce, qu'il en ralentit l'intérêt, qu'il en suspend l'action, qu'il y trompe la curiosité.... J'aimerais autant, sans comparer pour cela les deux œuvres, que l'on dît du monologue d'Hamlet qu'il fait longueur dans le drame de Shakespeare... A mes yeux, au contraire, dans cette nuit du cinquième acte, au moment décisif et critique, c'est là, qu'avant de se dénouer, viennent comme se rattacher tous les fils de l'action. S'il y a une « philosophie » dans la pièce, elle est là. Et c'est ce monologue enfin qui donne au chef-d'œuvre sa portée supérieure et unique. Otez le monologue : Figaro n'est plus qu'un valet comique, plus habile, mais aussi plus prétentieux que les autres, un Frontin ou un Crispin de plus haute volée, le roi des fourbes, un Mascarille ou un Gil Blas. Mettez le monologue : il se tire de pair, et devient, sinon le prophète ou le précurseur, mais l'avant-courrier, le trompette ou le clairon de la Révolution prochaine. C'est autre chose encore, Messieurs, c'est la protestation de la ruse, mais aussi de l'intelligence ou de l'esprit, contre la force et contre l'iniquité. Que dis-je! c'est un symbole de la résistance ou de la révolte de la liberté humaine contre la fortune qui l'accable et la matière qui l'opprime... Et voilà pourquoi, Messieurs, soyez-en sûrs, le *Mariage* sans le monologue serait encore une des pièces les plus amusantes et, comme on dit, les plus mouvementées de notre répertoire, il ne serait pas *le Mariage de Figaro*, — quelque chose d'absolument original, et d'incomparable, et d'inimitable, et d'unique.

Que si vous voyez maintenant le personnage, ai-je besoin de vous faire observer de quelle vérité de détail, de quelle réalité, de quelle vitalité son omni-présence anime la pièce entière. Car, celui-ci, — c'est Beaumarchais que je veux dire, — connaît les femmes, et les hommes, et la vie! Homme d'affaires, et homme du monde, non plus seulement de collège, comme Gresset, ou de café, comme Piron, il a tout fait, et tout vu, de ses yeux, avec ses mains. Il sait ce que c'est qu'une intrigue de cour, un marché d'affaires, une négociation politique, un procès criminel, une affaire d'honneur. Ses liaisons sont partout, non seulement dans la littérature, mais dans l'horlogerie, et à la cour, et dans la robe, et dans la finance. Comparez-le sous ce rapport à ses contemporains, un Sedaine, un Diderot, un Mercier, dont nous parlions l'autre jour. Moins honnête que le premier, d'une probité moins rigide, moins scrupuleuse, moins délicate; moins grand que l'autre, — c'est Diderot, — moins fécond en idées, mais aussi moins fumeux, plus pratique; moins paradoxal que le troisième, Beaumarchais est peut-être l'homme le plus complet de la fin du xviiie siècle; et personne, avec des qualités qui n'appartiennent qu'à lui, ne résume en soi, plus heureusement, d'une manière plus expressive, les qualités et aussi les défauts de son temps. Cette expérience personnelle de la vie, qui manque si souvent aux gens de lettres, c'est justement ce qui le distingue, lui, « dans la foule obscure »; c'est par là qu'il brille, et, comme on ne saurait jamais séparer l'art d'avec la vie, — c'est une autre raison pour qu'au-dessous des chefs-d'œuvre de Molière ce soient les comédies de Beaumarchais, son *Mariage* et son *Barbier*, qu'il convienne de placer.

Avec cela, ce n'est pas lui seulement, ce sont aussi

les siens qu'il a mis tout vifs, pour ainsi parler, dans son œuvre. Reportez-vous, par exemple, aux *Mémoires* de son ami Gudin : vous retrouverez les traits de sa seconde femme, — Geneviève-Madeleine Watebled, veuve Lévesque, — dans ceux de la comtesse Almaviva... Mais pour Suzanne, c'est Julie, sa sœur Julie, la plus aimée de toutes, la plus spirituelle aussi, qui fit toujours ménage avec son frère, et dont M. de Loménie, dans son *Beaumarchais*, nous a tracé jadis un si joli portrait

Couplet fait et chanté par ma pauvre sœur Julie très peu d'heures avant sa mort, sur l'air... [*Suit la notation d'un air de contredanse.*] :

> Je me donnerais pour deux sous
> Sans marchander ma personne ;
> Je me donnerais pour deux sous
> Me céderais même au-dessous,
> Si l'on m'en donnait six blancs,
> J'en ferais mes remerciements,
> Car je me donne, etc.

« C'est bien le *chant du cygne*, » ajoute Beaumarchais en transcrivant ces vers ; et, pour les achever de peindre tous les deux, il transcrit aussi l'*impromptu* qu'il a fait, séance tenante, au lit de mort de Julie, pour répondre à son couplet :

> Tu te mets à trop bas prix :
> Nous t'estimons davantage ;
> Tu te mets à trop bas prix,
> Nous en sommes tous surpris.
>   Dût-on en être fâché,
> Repoussant le marchandage,
> Nous couvrirons le marché.
>   Vois, ma chère.
> Notre enchère :
> Nous t'offrons dix mille écus :
> Cette offre est encore légère !
> Nous t'offrons dix mille écus
> Et cent mille par dessus !

N'est-ce pas, Mesdames et Messieurs, le commentaire du portrait de Suzanne? « La charmante fille! toujours riante, verdissante, pleine de gaieté, d'esprit, d'amour et de délices! » Car on ne peut pas nous demander de prendre la mort de Julie plus au tragique ou au sérieux qu'elle-même; et quand j'entends sonner le rire de Suzanne, il me semble toujours entendre la sœur de Beaumarchais fredonnant son *chant du cygne*. Il y a de sa gaieté brusque et originale, parfois même intempestive; il y a de son inaltérable bonne humeur; il y a de son absence aussi de préjugés dans la fiancée de Figaro....

Enfin il n'y a pas moins de promesses d'avenir, dans la pièce de Beaumarchais, que d'images de son temps et de ressouvenirs de la tradition. Vous n'ignorez pas, Messieurs, les difficultés qu'il dut surmonter pour parvenir à la faire jouer, l'effet qu'elle produisit, l'émotion qu'elle souleva, quand elle parut pour la première fois, le 27 avril 1784, — ici, dans cette même salle, sur cette même scène où je parle, — les discussions aussi qui suivirent, et pendant plus de trois mois, le long tumulte qui l'accompagna. On trouva la pièce indécente, on la trouva insolente, on la trouva surtout dangereuse.... Voyons un peu quelle est aujourd'hui la valeur de ces critiques; et, de dire ce qui en subsiste, ce sera, si nous y réussissons, avoir mesuré du même coup la valeur littéraire et la portée sociale de l'œuvre.

III

Dangereuse, oui, sans doute, la pièce l'était, mais pour qui? Pour l'ancien régime, et, en vérité, serait-ce bien à nous de nous en plaindre! S'il fallait que la Révolution éclatât, est-ce nous qui reprocherons au *Mariage de Figaro* de l'avoir précipitée? Non, je pense; et d'autant moins, qu'à vrai dire, on en a sous ce rapport quelque peu grossi ou exagéré le véritable effet. Nos auteurs dramatiques peuvent bien, s'ils le veulent, s'en honorer comme d'un titre de gloire et, si je puis ainsi parler, comme du coup le plus fameux de leur art; mais l'histoire, qui voit les choses de plus haut, sait assez qu'une Révolution comme la nôtre, qui plongeait par toutes ses racines dans notre plus ancien passé, dont les premières origines sont presque contemporaines de l'établissement du régime féodal, et qu'on eût peut-être pu retarder, mais non pas empêcher, n'a dépendu ni pu dépendre de la popularité du chef-d'œuvre de Beaumarchais. Aux grands événements, pour les expliquer, il faut des causes aussi générales qu'eux-mêmes, et ni *le Mariage de Figaro*, ni quelque comédie ou pamphlet que ce soit, s'ils ont quelque chose d'*analogue* à la Révolution, n'ayant rien qui l'égale, n'ont donc aussi rien qui en rende compte. De même que d'ailleurs la philosophie des encyclopédistes a donné sa forme à la Révolution, mais sa forme seulement, je ne nie pas qu'en recevant de Beaumarchais l'expression de quelques-unes de ses causes prochaines, *le Mariage de Figaro* doive être compté parmi les symptômes avant-coureurs de l'explosion finale, et je l'ai dit tout à l'heure moi-même, en propres termes. Mais je ne crois pas qu'on doive aller plus loin, et, pour glorifier Beaumarchais, faire tort en quelque sorte à la Révolution de ce qu'elle avait, bien avant 1784, de nécessaire et d'inévitable. Il ne faut pas faire tort non plus à Voltaire et à Rousseau, à Diderot et à Montesquieu, de ce qu'ils avaient fait eux-mêmes qui a préparé Beaumarchais, si je puis ainsi dire, et rendu *le Mariage de Figaro* possible.

Pour ce qui est de l'insolence de Beaumarchais, je conviens qu'il règne dans sa pièce entière un ton d'audace ou de liberté qui survit même aux choses qu'il voulait renverser. Moins « littéraire » et plus hardi que celui du *Barbier*, plus passionné, si je ne me trompe, le style du *Mariage de Figaro* est celui du pamphlet. Mais encore ici, Messieurs, nous qui n'hésiterions pas, en cas de besoin, à nous en servir encore, le reprocherons-nous à Beaumarchais? Ce serait une grande injustice, si d'ailleurs ce genre de style, éminemment propre à la satire sociale ou politique, l'est donc éminemment au genre de comédie que Beaumarchais a traité. Nous ne le pourrions qu'en un cas : ce serait si l'insolence en avait mis en danger quelque principe nécessaire, ou bafoué quelque vérité dont une société civilisée ne saurait se passer.... C'est la question de l'indécence du *Mariage de Figaro*, et il faut bien que j'en dise quelques mots....

Certaines plaisanteries y sont donc un peu vives, et quelques situations assez scabreuses. Beaumarchais est bien l'homme de son temps, un contemporain de Diderot, de Laclos, de Mirabeau. Sa morale est facile, plus que facile, souvent voisine de l'immoralité. C'était sans doute une conséquence de la vie qu'il a menée lui-même, des fréquentations qu'il a eues, des métiers aussi qu'il a faits. Il manque d'ailleurs, vous le savez, de délicatesse et de goût. Il manque surtout d'élévation et de noblesse d'esprit. On s'en aperçoit bien, toutes les fois qu'il essaye de se hausser jusqu'à l'éloquence ou de traiter le pathétique. Ou il déclame, ou il échoue. Enfant de la nature, comme on disait alors, mais surtout de son siècle, il n'a de règle que celle de ses instincts ou de sa sensibilité. *Le Mariage de Figaro* n'est donc pas propre à « former les cœurs ». Mais je ne dirai pas non plus qu'il soit capable de les corrompre ; et, — parce qu'elle va beaucoup moins loin, parce qu'elle entre ou qu'elle enfonce moins profondément, — la philosophie de Beaumarchais est moins dangereuse que celle de Molière. Et puis, Messieurs, le temps a passé sur tout cela, plus d'un long siècle, dont l'effet, comme toujours, a été d'atténuer ce que quelques leçons de Figaro pouvaient jadis avoir de dangereux, d'assez cynique, d'un peu bas; et *Figaro*, de nos jours, n'a vraiment rien de plus « indécent » que *Turcaret* ou que *Gil Blas*.

Mais disons surtout que tout cela est comme emporté dans l'allure d'un mouvement dont on ne saurait trop admirer la rapidité, l'ingéniosité, l'ampleur; — et là peut-être, à sa date, était, la grande nouveauté du chef-d'œuvre de Beaumarchais. Le dessin général en a quelque chose de libre, d'aisé comme son auteur, de souple surtout, qui lui permet de recevoir, pour ainsi parler, trois ou quatre épisodes, sans que la vivacité de l'allure en soit ralentie, ni la clarté de l'intrigue diminuée. Quatre choses y sont entremêlées, dont une seule avait jusqu'alors suffi pour défrayer les cinq actes de la comédie classique : une intrigue, dont vous savez assez qu'il n'y en a guère de plus divertissante; une peinture de mœurs, où revivent vingt-cinq ans d'histoire; des caractères, Chérubin, Almaviva, Figaro, l'enfant de quinze ans, le grand seigneur libertin, l'homme de ressources; enfin une satire sociale dont je ne crois pas qu'en vérité nous ayons revu depuis lors l'équivalent sur notre scène.... Je ne reviens pas sur l'auteur, dont la personne est présente, nous l'avons assez dit, dans toutes les parties de son œuvre, et qui nous émerveille, comme à chaque tournant de l'action, par l'inépuisable fécondité d'invention dont il fait preuve! Scribe lui-même l'a-t-il surpassé?

D'examiner là-dessus *comment* la pièce est faite, Mesdames et Messieurs, ce serait une autre conférence, que j'ai d'ailleurs une bonne raison de ne pas essayer de faire, si, comme je le crois, elle sortirait de mes attributions. « C'est un métier de faire un livre, comme de faire une pendule », a dit quelque part La Bruyère; et sans doute c'en est un aussi de faire une comédie ; et cette comparaison classique ne saurait mieux s'appliquer à personne qu'au fils de l'horloger Caron. Mais comme les horlogers sont, je crois, les seuls juges de la valeur technique des pendules, ainsi j'incline à penser que les auteurs dramatiques sont seuls juges de la qualité du métier dans les œuvres. Notre compétence propre, à nous autres critiques ou historiens de la littérature, ne commence qu'au point précis où l'œuvre sort du métier; le dépasse, pour ainsi dire; et entre dans le champ de la littérature ou de l'art. Seulement, ce que nous savons, par notre expérience personnelle d'abord, par une induction légitime de cette expérience aux autres arts, et, enfin, par les leçons de l'histoire, c'est qu'il n'y a pas d'art sans un métier à la base; — et nous pouvons reconnaître la présence du métier dans les œuvres.

On affecte aujourd'hui, Messieurs, un dédain fâcheux du métier; et, en vérité, c'est une grande misère, si l'on voulait faire attention que pour n'être pas la fin ni le tout de l'art, le métier ne laisse pas d'en être le commencement, la forme inférieure ou le premier degré. Dans aucun art, le génie lui-même ne s'est impunément passé de savoir son métier, quand il n'a pas consisté, comme on en pourrait donner plus d'un exemple, à le perfectionner. Je dirai plus encore, et l'histoire entière serait là pour m'aider à le prouver : jamais, en aucun temps, le grand art, ou ce que l'on appelle de ce nom, ne s'est développé que dans la mesure où prospéraient à sa base, pour ainsi parler, les arts que l'on appelle industriels; et les sculpteurs, par exemple, ont partout et toujours été plus solidaires que quelques-uns d'eux ne le croient du bronzier, de l'ébéniste, ou du potier de terre. C'est pour cela, Messieurs, — je crois vous l'avoir dit dès le début de ces conférences, — que, s'ils ne sont pas tous destinés à laisser leur trace dans l'histoire, il ne faut pas s'effrayer, il ne faut jamais s'effrayer du nombre de ceux qui écrivent ou qui peignent, ni surtout mépriser ceux qui, bornant leur ambition à bien faire leur *métier*, croient fermement qu'il n'est pas donné à tout le monde d'y réussir, et que, de le remplir supérieurement, c'est être déjà un homme supérieur.

Si ces considérations sont vraies de tous les arts, combien ne le sont-elles pas davantage d'un art comme le théâtre, qui peut se passer, nous l'avons dit aussi, qui s'est effectivement passé plus d'une fois d'être proprement littéraire, et qui n'en a pas moins été du théâtre et de l'art! Au théâtre, comme ailleurs, plus manifestement qu'ailleurs peut-être, c'est par une série de transitions ou de degrés insensibles que les œuvres s'échelonnent ou se classent au-dessus les unes des autres; et, comme il ne se peut pas qu'il n'y ait déjà de l'art dans les chefs-d'œuvre du métier, de même, je ne sache pas de chef-d'œuvre de l'art à la beauté de qui ce que le métier semble avoir d'abord de plus « manuel », — de plus matériel, si je puis ainsi dire, — n'ait contribué pour sa part [1].

Il y a du « métier » dans le théâtre de Beaumarchais, il y en a même beaucoup, et, après avoir vu l'autre jour le drame bourgeois, le drame de Sedaine et de Diderot,

---

[1]. Voyez, pour le développement de cette idée, le beau *Rapport sur les arts appliqués à l'industrie*, par le comte de Laborde. Paris, 1856. Ce rapport a été écrit à l'occasion de l'Exposition universelle de 1851.

faute d'un peu de métier, ne pouvoir pas s'organiser d'une manière durable, vous comprendrez, Messieurs, ce que je veux dire, et quel genre d'éloge je fais du *Mariage de Figaro* quand je dis que le succès en a rétabli le métier dans ses droits au théâtre. Au point de vue de l'évolution, c'en est là le mérite; et c'est ici, comme nous le verrons, le passage de la comédie classique à la comédie ou au drame romantiques... Ironie singulière de la fortune, effet moqueur du hasard, grande leçon aussi pour les critiques et les auteurs! qu'à une époque où tous les hommes de lettres, préoccupés de je ne sais quelles visées plus ambitieuses, eussent fait volontiers profession de mépriser le « métier », il ait ainsi été rétabli dans ses droits par un homme d'affaires, par un spéculateur, par un boursier....

11 février 1892.

QUATORZIÈME CONFÉRENCE

LE THÉATRE ROMANTIQUE

I. Du Romantisme en général. — Définitions qu'on en a données. — La liberté dans l'art. — L'imitation des littératures étrangères. — La couleur locale, et à ce propos de quelques précurseurs du romantisme. — Guilbert de Pixérécourt. — L'influence du mélodrame. — Népomucène Lemercier. — *Pinto*. — L'histoire nationale et la superstition du Gothique. — II. Que les traits essentiels du romantisme sont la souveraineté de l'imagination et l'exaltation du Moi. — Peinture et Poésie. — Principes dramatiques : — de Dumas, — d'Hugo, — de Vigny. — Le romantisme au théâtre. — Ses analogies avec le classicisme. — Que la grande différence y consiste dans l'intervention personnelle du poète. — La vérité historique dans le théâtre de Dumas et d'Hugo. — Que les romantiques n'ont rien compris à Shakespeare. — III. Que le romantisme a échoué au théâtre pour les mêmes raisons qui l'ont fait réussir dans l'histoire, — dans le roman, — dans le drame. — Décadence rapide du théâtre romantique. — La *Lucrèce* de Ponsard. — Du drame historique en général. — Le rôle de la comédie historique. — Des rapports d'Alexandre Dumas et de Scribe. — Quels services le romantisme a-t-il rendus au théâtre?

I

Mesdames et Messieurs,

Pour vous parler de *Kean*, j'avais songé d'abord, — comme je l'ai fait pour *le Mariage de Figaro*, par exemple, ou pour *Zaïre*, — à me tenir tout près de la pièce ; à m'y renfermer ; et à n'en sortir que de loin en loin, par quelques allusions au mouvement romantique, dont le « vieux Dumas » fut et demeure au théâtre le plus illustre représentant. Mais, en y pensant davantage, il m'a paru qu'à mesure que la série de ces conférence approchait de son terme, je devais essayer, en leur donnant un caractère plus général, de les acheminer vers leur conclusion ; et c'est pourquoi, si vous le voulez bien, je vous parlerai moins de *Kean*, que du théâtre de Dumas, et du théâtre de Dumas, que du romantisme au théâtre. Aussi bien est-il temps, à la distance où nous en sommes aujourd'hui, d'en parler enfin, sinon sans parti pris, du moins sans complaisance comme sans esprit de dénigrement, et sans colère comme sans superstition... Qu'est-ce donc, Messieurs, que le *Romantisme* ? Qu'a-t-il voulu faire, qu'a-t-il fait au théâtre ? S'il n'y a peut-être, comme je le crains, réussi qu'à moitié, où sont ses vrais titres de gloire ? et, en disparaissant de la scène, avec les Dumas et avec les Hugo, quels souvenirs, quelles traces, quels exemples durables nous y a-t-il laissés ?

On l'a défini, vous le savez, de bien des manières, qui toutes, ou presque toutes, enferment une part de vraisemblance ou de vérité même, mais dont il n'y en a pas une qui soit entièrement satisfaisante, s'il n'y en a pas une qui résiste à la confrontation des faits et à l'examen de l'histoire.

C'est ainsi que, pour beaucoup d'historiens de la littérature, — et aussi pour quelques romantiques, — le romantisme ne serait rien de plus que la proclamation de la liberté dans l'art... Et, je le veux bien... mais je ne puis m'empêcher de trouver la définition bien obscure, ou même un peu contradictoire, s'il n'existe aucune liberté, de quelque nature qu'elle soit, qui ne se limite en s'affirmant, qui ne se restreigne en passant de la spéculation à la pratique, et qui ne rencontre enfin ses « règles » ou sa loi dans la nature des choses. Par exemple, nous sommes « libres », si nous le voulons, de violer les « règles » de l'hygiène, de manger sans faim et de boire sans soif, de nous indigérer, si j'ose risquer ce barbarisme, de nous alcooliser, de nous éthériser, de nous morphiniser,... mais vous en savez les conséquences; et, qu'à défaut des lois de la morale, ce sont celles de la physiologie qui se vengent, en nous rappelant à une notion moins orgueilleuse de notre « liberté »[1]. Semblablement, les artistes sont « libres » de brouiller ou de confondre les arts entre eux, de faire de la musique pittoresque ou de la peinture musicale, de la sculpture littéraire ou de la littérature en bronze. Mais, si personne ne les en empêche, il y a quelque chose qui le leur défend : c'est la nature des moyens de leur art, des sons et des couleurs, des formes et des mots.

Les *formes*, les couleurs et les sons se répondent,

a dit Baudelaire dans un vers célèbre.... mais dans une certaine mesure, jusqu'à un certain point seulement; et, de vouloir comparer les vibrations du jaune d'or aux modulations du cornet à piston, ou les sons profonds du violoncelle à la « gamme » des bleus, c'est se moquer du monde, — ou de soi-même, ce qui est presque plus grave, parce que l'on finit toujours par en être la dupe et la victime. Et pareillement enfin, Messieurs, s'il y

---

1. Je suis revenu depuis lors sur cette question de la définition du romantisme, et en particulier sur l'espèce de contradiction qui est impliquée dans le prétendu principe de la liberté dans l'art. La « liberté » n'est pas un principe, mais une simple possibilité de faire ou de ne pas faire; et en art, — non plus en politique, — on n'en tire absolument rien. La liberté « conditionne » tout, et elle n'engendre rien.

a des lois qui différencient l'épopée du théâtre, et le théâtre du roman ; si les « règles » ne sont, en principe et au fond, que l'expression des lois ou plutôt de la nature des genres, il n'y a liberté, romantisme, ni classicisme qui tienne ; mais il faut que l'on se soumette ; et les romantiques se sont soumis ; et ils n'ont pas eu plus tôt renversé les anciennes règles qu'ils en ont dû promulguer de nouvelles ; et c'est eux-mêmes, dans un instant, qui vont nous en faire l'aveu.

Une autre définition a fait quelquefois consister le romantisme dans l'imitation des littératures étrangères ; et il est certain qu'au début du siècle où nous sommes, Mme de Staël, avec son livre fameux de *l'Allemagne*, a élargi les horizons de la critique d'abord, et ensuite ceux du roman, de la poésie, du théâtre.... J'en dis autant de Chateaubriand. Mais étaient-ils bien les premiers ? Est-ce que notre xvi⁰ siècle, le siècle de Ronsard, n'avait pas été tout grec et tout latin, mais aussi tout italien ? Est-ce que le xvii⁰ siècle lui-même à ses débuts n'est pas tout espagnol, si l'*Astrée*, si les romans à la Scudéri, si la comédie de Scarron, si *le Cid*, et *le Menteur*, et *Don Juan* nous sont venus d'au delà des monts ? Et au xviii⁰ siècle encore, n'est-ce pas Voltaire qui nous a fait connaître Bacon, Locke et Newton ? Addison, Pope et Swift ? Prévost qui a traduit Richardson ? Diderot qui a commencé par traduire Shaftesbury, pour finir par imiter Sterne ? N'est-ce pas en 1776, plus de cinquante ans avant la préface de *Cromwell*, que Letourneur a traduit Shakespeare ? et n'est-ce pas, enfin, dans les années précédentes et suivantes, que Ducis a tenté d'en adapter à la scène française l'*Otello*, le *Macbeth*, le *Roméo*, le *Roi Lear* [1] ?... Je veux que l'adaptation soit timide,

1. Voici les dates exactes des imitations de Ducis : *Hamlet*, 1769 ; — *Roméo et Juliette*, 1772 ; — *Le roi Lear*, 1783 ; — *Macbeth*, 1784.

Messieurs, qu'elle soit presque ridicule à force de timidité; je veux qu'elle soit inintelligente; mais la brèche n'en était pas moins faite, la voie dès lors ouverte, et le public averti. Le romantisme ici a donc suivi le mouvement; il n'en a pas donné le signal; et je conviens d'ailleurs qu'il a beaucoup parlé de l'imitation des littératures étrangères, mais, — en dépit de *Ruy Blas* et de *Kean*, de *Chatterton* et d'*Angelo*. — nous allons voir qu'il l'a peu pratiquée [1].

Je vous ai déjà montré, Mesdames et Messieurs, qu'il n'avait pas non plus inventé la *couleur locale*.... Et, en effet, si quelqu'un, cent ans avant les romantiques, a cherché le premier, dans une peinture plus fidèle des époques et des races, les moyens de renouveler l'art classique épuisé, c'est Voltaire, vous l'avez vu, c'est

— *Otello*, 1792. Je relève dans l'*Avertissement* d'*Otello* ces lignes curieuses : « Quant à la couleur d'Otello, j'ai cru pouvoir me dispenser de lui donner un visage noir, en m'écartant sur ce point de l'usage du théâtre de Londres. J'ai pensé que le teint jaune et cuivré, pouvant ailleurs aussi convenir à un Africain, aurait l'avantage de ne point révolter l'œil du public, et surtout celui des femmes, et que cette couleur leur permettrait de jouir de ce qu'il y a de plus délicieux au théâtre, c'est-à-dire de tout le charme que la vanité et le jeu des passions répandent sur le visage mobile et animé d'un jeune acteur bouillant, sensible, et enivré de jalousie et d'amour. »

1. Si l'on voulait préciser le vrai caractère et la portée de l'imitation des littératures étrangères par le romantisme, c'est d'abord à Mme de Staël, nous l'avons dit, mais c'est encore à son école qu'il nous faudrait nous reporter et faire leur part dans le mouvement des idées à Fauriel, à Benjamin Constant, à Sismondi, pour son *Histoire des littératures du midi de l'Europe*, à Schlegel, pour son *Cours de littérature dramatique* et enfin à la critique du *Globe*. On verrait alors que cette influence a sans doute été considérable, mais indirecte, et qu'elle a profondément agi sur la critique, mais bien moins sur les Dumas ou les Hugo, qui ne se sont servi de Shakespeare lui-même que comme d'une machine de guerre contre les « pseudo-classiques » de leur temps.

l'auteur de *Zaïre* et d'*Alzire*, de *Mahomet*, et de *Tancrède*, de *l'Orphelin de la Chine* et des *Guèbres*. « C'est lui, disait Ducis dans son *Discours de réception*, c'est lui qui, mettant sur la scène beaucoup de nations qui n'y avaient point paru jusqu'alors, a conquis, pour ainsi dire, à la tragédie, presque tous les peuples de l'univers, et toutes les richesses de l'histoire.... » Mais on peut ajouter quelque chose de plus : les romantiques eux-mêmes n'ont pas osé s'avancer aussi loin que certains successeurs de Voltaire; et, pour vous le prouver, permettez-moi de vous en mettre sous les yeux un amusant exemple.

Connaissez-vous peut-être ce Guilbert de Pixérécourt, que les feuilletonnistes de son temps appelaient « le roi du mélodrame », et dont les productions extraordinaires ont défrayé pendant trente ans les théâtres du boulevard : la Porte-Saint-Martin et l'Ambigu-Comique? C'est dommage qu'il n'ait réuni dans les quatre volumes de son *Théâtre choisi* qu'un petit nombre des cent vingt pièces dont il s'avoue l'auteur, et qui n'ont pas eu, de 1797 à 1835, d'après son propre calcul, moins de trente mille représentations, tant en province qu'à Paris! Mais son *Christophe Colomb* peut ici nous suffire, et, pour commencer par le commencement, voici le décor du premier acte, avec « l'ouverture » de la pièce :

Le théâtre est partagé en deux parties horizontales. La partie supérieure représente l'arrière du vaisseau monté par Colomb, depuis le mât d'artimon jusqu'à la proue. La partie inférieure représente la chambre dite du conseil... On y voit quelques meubles amarrés, une table, des barils, des coffres, des tabourets.... Le fond de la chambre est garni de petites croisées, par lesquelles on aperçoit la mer.
Pendant l'ouverture, qui peint d'abord une tempête violente, — la musique était de Darondeau — on entend derrière le rideau des commandements faits d'une voix forte par le maître d'équipage, et toujours précédés d'un coup de sifflet.

Cargue la grande voile! Cargue la misaine! Cargue l'artimon! Nous touchons... Tout le monde sur l'avant... [*On entend le bruit que font les gens de l'équipage en courant de l'arrière en avant.*] Du monde à la pompe... Charpentier à la cale!... Bouche la voie d'eau... [*A ce violent tumulte succède par degrés le beau temps, dont l'orchestre exprime le retour.*] Hors le grand foc! Hisse les huniers! Borde l'artimon! Dresse la barre!...

Il me semble, Messieurs, que voilà du pittoresque et de la mise en scène, sinon de la couleur locale. Mais attendez... Car ce n'est rien encore. On lit en effet, dans une courte *Observation* que le scrupuleux Pixérécourt a mise en tête de sa pièce : « Je me suis attaché particulièrement à conserver les mots techniques et peindre ce qu'on peut appeler *les mœurs d'un vaisseau*. J'ai mis le même soin, dans le troisième acte, *à l'imitation des usages, costumes et signes caractéristiques des sauvages*. Tout y est strictement conforme à la vérité. *Le public pensera sans doute comme moi qu'il eût été complètement ridicule de prêter notre langage à des hommes qui voient pour la première fois des Européens.* J'ai donc donné aux habitants de l'île Guanahani l'idiome des Antilles, que j'ai puisé dans le *Dictionnaire caraïbe* composé par le R. P. Raymond Breton, et imprimé à Auxerre. » Et, conformément à cette belle déclaration, — dont on pourrait, en vérité, rapprocher quelques lignes d'Hugo sur son *Ruy Blas*[1], — voici, Mesdames, les scènes 3 et 4 du troisième acte de *Christophe Colomb* :

---

1. « Du reste, et cela va sans dire, il n'y a pas dans *Ruy Blas* un détail de vie privée et publique, d'intérieur, d'ameublement, de son, d'étiquette, de biographie, de chiffre ou de topographie qui ne soit scrupuleusement exact. » On consultera sur cette « exactitude » le curieux chapitre que M. Morel-Fatio, dans le premier volume de ses *Études sur l'Espagne*, Paris, 1888, Bouillon, a consacré à l'*Histoire dans Ruy Blas*.

SCÈNE III

ORANKO, KARAKA, sauvages, puis **KÉRÉBEK**.

ORANKO

Cati louma!

KARAKA

Amouliaka Azakia Kérébek.

ORANKO

Inalaki... Chicalamai.

SCÈNE IV

AZARIA, ORANKO, KÉRÉBEK. KARAKA, sauvages.

ORANKO

Itara a moutou Koubé ouëkelli.

AZARIA ne répond pas.

ORANKO

Areskoui, Azakia Karaïtiti-arou.

(On entend un coup de canon.)

TOUS

Anakilika.

ORANKO

Oüallou hougourou.

Une pantomime soigneusement réglée aidait le spectateur à comprendre qu'il s'agissait là des apprêts d'un mariage caraïbe, tout à coup dérangés par le canon de Colomb. En vérité, je vous le demande, qu'est-ce, auprès de ces deux scènes, que le peu d'espagnol dont Victor Hugo a égayé quelques-uns de ses drames! Ce qui m'étonne seulement, c'est qu'allant jusqu'au bout, Pixérécourt n'ait pas fait parler Colomb en italien, ou ses officiers en espagnol.... Tant il est vrai qu'on ne trouvera donc jamais un homme qui soit conséquent avec lui-même, et qui ait le courage de « tomber », plutôt que de transiger avec les principes!...

Si, d'ailleurs, j'ai cru devoir vous parler de Pixérécourt, c'est que le « roi du mélodrame » a exercé, Messieurs, une bien plus grande influence qu'on ne croit. Non que ses mélodrames vaillent aujourd'hui grand'-chose. Mais, d'abord, nul ne s'est inspiré plus que lui des souvenirs de l'histoire nationale. Et comme il les a choisis généralement atroces, il a ainsi habitué l'imagination populaire à la représentation effective de ce que le crime a de plus sanguinaire. La nature de ses succès en ce genre a même inquiété les pouvoirs publics, et nous lisons dans un *Arrêté* de la Commune de Paris sur la police des théâtres : « Le grand principe de ne pas ensanglanter la scène est mis constamment en oubli et la scène ne cesse pas d'offrir le spectacle hideux du vol et de l'assassinat. Il est à craindre que la jeunesse, habituée à de telles représentations, ne s'enhardisse à les réaliser, et ne se livre à des désordres qui causeraient sa perte et le désespoir des familles.... » Je ne doute donc point, pour ma part, que les faiseurs de mélodrames, en créant dans les esprits une disposition générale à goûter l'invraisemblable, le merveilleux, et l'horrible, ne les aient accoutumés à ne pas s'étonner d'entendre plus tard des « pas dans les murs » ; à croire aux effets du « poison des Borgia » ; et à ne frémir que modérément des quatre incestes et des deux parricides de *la Tour de Nesle*.

Dira-t-on peut-être là-dessus que Pixérécourt fut un auteur populaire, qui ne travaillait que pour les boulevards, un Bouchardy ou un Paul Féval, dont les exemples ne pouvaient guère agir sur les Dumas ou les Hugo ? Ce n'est pas mon avis, si nulle part, mais surtout au théâtre, il n'y a rien de contagieux comme l'exemple du succès. Ni les Hugo ni les Dumas n'ont dédaigné de fréquenter la Porte-Saint-Martin ou l'Ambigu-Comique, et Pixérécourt n'a cessé de produire qu'en 1835.... Mais enfin voulez-vous un vrai littérateur? un homme du monde, un protégé de la princesse de Lamballe et de Marie-Antoinette, un ami de l'impératrice Joséphine, un habitué de la Malmaison, un familier de Cambacérès et de Talleyrand, un académicien? Ce sera donc, Mesdames et Messieurs, Népomucène Lemercier; — le propre prédécesseur d'Hugo dans son fauteuil académique.

Son œuvre, — qu'aucun éditeur n'a eu, je crois, l'idée de rassembler, — est considérable, presque aussi considérable en volume que celle d'Hugo, sinon de Dumas. Épopée, tragédie, comédie, critique, roman, satire, poésie légère, ou même plus que légère, Lemercier a touché à tout. Et il est vrai qu'il n'a réussi complètement à rien, je dois le dire; mais partout, — que ce soit dans sa *Panhypocrisiade* ou dans son *Cours de littérature*, — il a semé les idées neuves, à profusion, pour ainsi parler, ou du moins avec une abondance qui fait que l'on s'étonne de le voir aujourd'hui si profondément oublié. En eût-il moins semé, Messieurs, ce serait assez de son théâtre, assez de son *Pinto* seulement, pour lui faire une place dans l'histoire. Car *Pinto*, — qui fut représenté pour la première fois en 1800, — c'est mieux, ou c'est plus que le mélange du tragique et du comique, c'est la tragédie « dépouillée du faux appareil de grandeur qui la couvrait »; c'est « la force du ridicule appliquée aux vices, aux actions perverses des grands personnages de l'histoire »; ce sont « les grands enfin en déshabillé, — selon l'expression de Lemercier lui-même — et, pour ainsi dire, mis à nu sous le fouet de la satire ». Que trouverons-nous de plus, Mesdames et Messieurs, — je parle de l'intention — dans *Ruy Blas* ou dans *le Roi s'amuse*? dans *Christine* ou dans *Henri III*? dans *la Maréchale d'Ancre* ou dans *Marion Delorme*, si ce n'est un peu de sang? Dépouiller une Marie Tudor du « faux appareil de grandeur qui la couvrait », Hugo dans son drame ne s'est pas proposé, que je sache, autre chose ; il nous l'a dit lui-même assez clairement, mais « déshabiller les grands et les mettre à nu sous le fouet de la satire », Dumas, en ce *Kean* que vous allez voir jouer tout à l'heure, ne se l'est-il pas aussi donné pour but ? Et notez que Lemercier raisonne son affaire beaucoup mieux que l'auteur de *Kean*, presque aussi bien que celui de *Cromwell* :

La hauteur de mes vues dans l'invention du genre de la *Comédie historique*, nous dit-il, la puissance qu'il exercerait plus que tout autre sur les esprits, l'utilité qu'il aurait pour l'instruction morale du vulgaire, et le châtiment que, par sa réussite, le rire infligerait aux intrigants civils, ecclésiastiques et militaires, aux grands et petits factieux, ou parvenus ou assis au pouvoir, enfin à tous les fourbes qui se jouent des hommes et des empires, l'ont d'avance proscrit dans les obscurs comités des cabales qu'une noire malice engendra toujours et partout à ma suite, et dans les bureaux de la censure mutilatrice, lâche recéleuse des vols qu'on me fait, quand ses ciseaux n'achèvent pas d'énerver les plus mâles enfants de ma muse interdite.

Ne croiriez-vous pas entendre les Dumas et les Hugo ? Mais ce qui suit n'est pas moins instructif :

En résumé, l'analyse démontrera que la nouveauté de cette méthode dramatique, en accord avec les anciennes règles prescrites, consiste à mettre les Mémoires en action, et ne résulte que de l'application du ridicule à la vicieuse conduite des grandes affaires d'État.... J'entends par *mettre les Mémoires en action*, non dialoguer des parties d'histoire dans plusieurs suites de scènes décousues, et composées à l'imitation de celles du président Hénault ou des romans de Walter Scott, mais concentrer l'esprit des annales dans le plan d'un sujet que resserre un nœud soutenu par des combinaisons théâtrales. C'est là ce qui seulement constitue la vraie comédie, ainsi que le drame historique [1].

1. Stendhal disait, en 1825 : « Notre tragédie française ressemblera beaucoup à *Pinto*, le chef-d'œuvre de M. Lemercier ; et en un

Quant au sujet propre de *Pinto*, pour vous en montrer le rapport avec tant de comédies historiques qui l'ont suivi, — dans le genre de Dumas ou de Scribe, de *Mademoiselle de Belle-Isle* ou du *Verre d'eau*, — quelques mots y pourront suffire. Partant de cette idée « que les intrigues politiques font quelquefois descendre les plus hauts personnages aux dernières bassesses », ou, en d'autres termes, qu'il y a toujours place dans les intervalles d'une action tragique pour l'incident comique ou vulgaire, Lemercier s'est proposé de montrer dans *Pinto* les dessous ou l'envers de la conjuration qui mit jadis la famille de Bragance sur le trône de Portugal ; — et je vous assure que sa comédie n'est pas ennuyeuse. Par où vous voyez, Mesdames et Messieurs, que si je voulais définir brièvement le sujet de *Ruy Blas*, comme je vous disais, — et non plus seulement celui de *Mademoiselle de Belle-Isle*, — puisque je pourrais me servir presque des mêmes termes, ce n'est donc pas encore dans cette espèce de dérision du tragique, et comme qui dirait dans cette dégradation des grands personnages de l'histoire, qu'il faut placer l'originalité propre du romantisme. Ici encore les romantiques ne sont pas les premiers ; ils n'ont toujours fait que suivre le mouvement ; ils ne l'ont pas créé [1].

autre endroit : « Après avoir pris l'*art* dans Shakespeare, c'est à Grégoire de Tours, à Froissard, à Tite-Live, à la Bible, aux modernes Hellènes que nous devons demander des sujets de tragédies.... Mme du Hausset, Saint-Simon, Gourville, Dangeau, Bezenval..., nous donneront cent sujets de comédie. »

1. On consultera sur Népomucène Lemercier, une étude de Charles Labitte, et surtout le chapitre que lui a consacré M. Ernest Legouvé dans ses intéressants *Souvenirs*. Cet « oublié » fut assurément l'un des précurseurs actifs de ce romantisme qu'il attaqua d'ailleurs si vivement ; et, comme on peut voir une vague ébauche du drame d'Hugo dans *Pinto*, on peut reconnaître dans sa *Panhypocrisiade* un pressentiment confus de la *Légende des siècles*.

Vous parlerai-je enfin de l'honneur qu'on leur attribue quelquefois d'avoir, comme disait l'un d'eux « restauré la cathédrale gothique », et les premiers compris ou senti ce qu'il y avait de ressources pour la poésie dans la grandeur, dans la fécondité, dans la richesse de l'idée chrétienne?... Vous avez vu qu'en tout cas l'auteur d'*Alzire* et de *Zaïre* les aurait encore précédés! Et puis, s'il est vrai que cette idée ne soit pas étrangère à quelques-uns d'entre eux; si même l'application qu'ils en ont faite est une partie du talent d'un Chateaubriand en ses *Martyrs*, d'un Lamartine en ses *Méditations* ou dans son *Jocelyn*, de Sainte-Beuve même dans *Volupté*, qui dirons-nous qui fut moins « chrétien » que l'auteur de *Marie Tudor* ou de *Lucrèce Borgia*? Celui d'*Angèle* et d'*Antony*, peut-être, à moins encore que ce ne soit celui du *Théâtre de Clara Gazul*.... Mais, en réalité, Messieurs, le sentiment chrétien, comme aussi bien celui de la poésie des traditions nationales, ou comme encore l'idée de mêler le « grotesque » au tragique, tout cela, si ce sont bien des éléments du romantisme, des éléments constitutifs, je le reconnais, et des parties de sa définition; rien de tout cela n'est le romantisme lui-même, en ce qu'il a d'original; aucun d'eux ne saurait suffire à sa définition; et je consens encore une fois qu'ils y puissent tous entrer, qu'ils y soient même effectivement entrés, mais ç'a été sous l'action d'un ferment dont il reste à déterminer la nature, — et, ce ferment, le voici.

II

Les romantiques ont achevé de conquérir à l'écrivain la liberté de se mettre lui-même, de sa personne, dans son œuvre; ils ont de plus réintégré l'imagination dans les droits que la raison, depuis déjà deux cent cinquante ans, lui déniait ou se subordonnait; — et ainsi, dans une littérature devenue tout utilitaire, qui ne semblait plus préoccupée que de son rôle politique ou social, où l'on eût volontiers professé que quiconque se faisait entendre écrivait assez bien, où les mots mêmes, — ayant perdu non seulement leur valeur pittoresque et plastique, mais jusqu'à leur qualité sonore, — n'étaient plus que les signes conventionnels ou les notations algébriques des choses; dans une littérature qui n'était plus qu'une idéologie; et où tout ce que la forme peut recevoir ou traduire de beauté se réduisait au mérite unique de la facilité, de la clarté, de la correction grammaticale, — ainsi les romantiques ont rétabli les titres, la notion, et le sens de l'art.

Poètes et dramaturges, romanciers et critiques, historiens et peintres — Delacroix et Hugo, Lamartine, Sainte-Beuve, Musset, George Sand, Vigny, Balzac, Mérimée, Michelet et Dumas — voilà, Messieurs, les deux traits qu'ils ont tous en commun, dont sont marquées les *Orientales* aussi bien que la *Barque de Dante*, les *Confessions* et *Notre-Dame de Paris*, *Chatterton* et *Antony*, la *Confession d'un enfant du siècle* et la *Comédie de la mort*.... Leur imagination enfin débridée, rendue à elle-même pour la première fois depuis trois cents ans, lâchée comme au travers des champs infinis de l'histoire, s'y abandonne en liberté au plaisir de sentir, également capable de s'intéresser à l'Amérique des *Natchez*, à l'Afrique des *Orientales*, au *Romancero* du *Cid*, à la chronique d'Holinshed, à *Kean* et à *Catherine Howard*, à *Moïse* et à *Caligula*, que sais-je encore? à l'âpreté des mœurs corses, aux chants populaires de la Grèce ou de l'Illyrie.... Les yeux s'y rassasient de formes et de couleurs; les rêves contenus et si longtemps réprimés se donnent l'essor; et les visions se succèdent, les sensations s'accumulent, l'intensité s'en accroît, l'enivrement s'en déborde....

Mais, au milieu de tout cela, la conscience du *Moi* persiste et pas un d'eux ne devient lui-même ses personnages : ce sont ses personnages qui se changent en lui. George Sand c'est *Lélia*, et *Valentine* c'est George Sand. C'est Balzac lui-même, Honoré de Balzac en personne, qui jongle avec les millions du bonhomme Grandet, ou qui gouverne la France par l'intermédiaire de ses Rastignac et de ses de Marsay. Pareillement encore, *Chatterton*, c'est Vigny qui se plaint de la condition que les sociétés modernes font aux poètes; *Kean ou Désordre et Génie*, c'est Dumas, par la bouche du grand acteur anglais, disant leur fait aux princes, aux nobles, aux critiques de son temps; et ce n'est enfin, vous le savez assez, ni Triboulet, ni Hernani, ni Ruy Blas qui parlent par leur bouche, mais Hugo.

De la combinaison de ces deux traits en eux se compose la vivacité de leur haine, — le mot n'est pas fort, — contre l'art anti-esthétique et amorphe, pour ainsi dire, qui les a précédés. Par là également s'explique le prix qu'ils attachent à la forme; et par là, Messieurs, la nature des moyens qu'ils proposent ou qu'ils ont essayés pour unir ou fondre au théâtre les exigences de l'art et celles de la vérité. Sur ce point, Dumas lui-même, le moins instruit, le moins « littéraire » de tous, n'est pas très clair, dans ses *Mémoires*, dans les *Préfaces* de quelques-uns de ses drames, mais il se fait pourtant entendre :

Vers ce temps, les acteurs anglais arrivèrent à Paris.... Ils annoncèrent *Hamlet*. Je ne connaissais que celui de Ducis. J'allai voir celui de Shakespeare.
Supposez un aveugle-né auquel on rend la vue, qui découvre un monde tout entier dont il n'avait aacune idée; supposez

Adam s'éveillant après sa création, et trouvant sous ses pieds la terre émaillée, sur sa tête le ciel flamboyant, autour de lui des arbres à fruits d'or, dans le lointain un fleuve, un beau et large fleuve d'argent, à ses côtés la femme jeune, chaste et nue, et vous aurez une idée de l'Eden enchanté dont cette représentation m'ouvrit la porte....

Hugo, dans cette fameuse préface de *Cromwell*, — où tant et de si belles métaphores font moins de clarté que de confusion, — est déjà un peu plus explicite :

Le théâtre est un point d'optique. *Tout ce qui existe dans le monde, dans l'histoire, dans la vie*, doit s'y réfléchir, *mais sous la baguette magique de l'art.* L'art feuillette les siècles, feuillette la nature, interroge les chroniques, s'étudie à reproduire la réalité des faits, surtout celle des mœurs et des caractères, *restaure* ce que les annalistes ont tronqué, *harmonise* ce qu'ils ont dépouillé, *devine* leurs omissions et les *répare, comble leurs lacunes* par des imaginations qui aient la couleur du temps,... revêt le tout d'une forme poétique et naturelle à la fois, et lui donne cette vie de vérité et de saillie qui enfante l'illusion....

Voilà, Messieurs, pour le fond, pour la matière de l'inspiration; et voici pour la forme :

Que si nous avions le droit de dire quel pourrait être, à notre gré, le style du drame, nous voudrions un vers libre, franc, loyal, osant tout dire sans pruderie, tout exprimer sans recherches,... tour à tour positif et poétique, tout ensemble artiste et inspiré, profond et soudain, large et vrai; sachant briser à propos et déplacer la césure; plus ami de l'enjambement qui l'allonge que de l'inversion qui l'embrouille; fidèle à la rime, cette esclave-reine, cette suprême grâce de notre poésie, ce générateur de notre mètre; inépuisable dans la vérité de ses tours; insaisissable dans ses secrets d'élégance et de facture.... Il nous semble que ce vers-là serait bien *aussi beau que la prose* [1].

---

1. Il est évident qu'en faisant cette apologie du vers, c'est à Stendhal que Victor Hugo répond dans sa préface de *Cromwell*. Pour juger, au surplus, de la valeur de ce manifeste, il faudrait se souvenir que comme les *Discours* de Corneille, il répond à d'autres écrits; que le sens en est donc relatif à la littérature

Enfin, plus précis et plus froid, Vigny dit à son tour, dans la *Lettre-Préface* de sa traduction d'*Othello* :

> Une simple question est à résoudre. La voici : La scène française s'ouvrira-t-elle, ou non, à une tragédie moderne produisant : — dans sa conception, un tableau large de la vie ou bien le tableau resserré de la catastrophe d'une intrigue; dans sa composition, des caractères, non des rôles, des scènes paisibles, sans drame, mêlées à des scènes comiques et tragiques; — dans son exécution, un style familier comique, tragique, et parfois épique [1]?

Dans quelle mesure les romantiques ont-ils réalisé les exigences qu'ils s'imposaient ainsi à eux-mêmes? C'est ce qu'il serait un peu long d'examiner en détail; mais si ce sont ici les résultats surtout qui nous importent, on peut dire en deux mots, que lorsqu'ils ont à peu près réussi, ce sont des tragédies qu'ils nous ont données, et, quand ils ont échoué, ce sont alors, Messieurs, de simples mélodrames.

Sachons le voir et le reconnaître en effet : *Hernani*, *Marion Delorme* ou *Ruy Blas*, *Christine* ou *Henri III* ne diffèrent des tragédies de Corneille, — de sa *Rodogune* ou de son *Nicomède*, — d'une part que, pour n'être pas soumises à l'unité de temps et de lieu, mais de l'autre, pour s'être enrichies, chemin faisant, de tout ce que les exemples de Racine, de Voltaire, de Diderot ou de Beaumarchais avaient apporté de nouveau à la définition ou la notion du genre....

Est-ce que dans *le Mariage de Figaro*, comme aussi bien dans le *Pinto* de Lemercier, le décor ne changeait pas d'acte en acte? Est-ce que Voltaire dans *Zaïre*, ou Racine

---

du temps; et que la plupart des assertions n'en doivent enfin être jugées que par rapport à d'autres assertions, — qu'elles réfutent.

[1]. Voir également les observations de Vigny sur le vers et sur le style.

dans *Athalie* ne s'étaient pas proposé de peindre la Jérusalem des croisades ou celle des Rois, comme Hugo l'Espagne de Charles II, dans *Ruy Blas*, ou Dumas, dans *Henri III*, la cour de France? Ou bien les femmes et l'amour tiendraient-ils moins de place, dans *Andromaque* et dans *Phèdre*, que dans *Christine* ou dans *Hernani*? Mais surtout, dans leurs drames, comme Corneille dans ses tragédies, qu'est-ce que Dumas ou Hugo mettent le plus volontiers en scène, si ce ne sont pas les mêmes situations extraordinaires, les mêmes sentiments excessifs, le même abus de l'histoire, le même déploiement de force et de férocité? Intercalez seulement un acte de Scarron dans la *Rodogune* de Corneille, un acte du *Menteur* ou de l'*Illusion comique*; — et vous aurez *Ruy Blas*. Mais inversement, Messieurs, qu'est-ce que *la Tour de Nesle*, *Marie Tudor*, *Lucrèce Borgia*, sinon des mélodrames à la manière noire de Crébillon, ou de Guilbert de Pixérécourt, — qui les trouvait seulement « plus immoraux » que les siens? Mêmes procédés, puérils ou violents, méprises et reconnaissances! Même manière de parler aux sens, ou aux nerfs, ou au corps! Mêmes hurlements enfin et même gesticulation avec, si vous le voulez, un degré de violence ou de frénésie de plus....

Est-ce à dire d'ailleurs que sous ces analogies il n'y ait rien de nouveau? Non, sans doute, et nous l'allons voir. Seulement, ce que nous allons voir aussi, c'est, Messieurs, que ce qu'il y a de vraiment « nouveau » dans le drame romantique, étant contraire à la notion même de l'art et aux lois du théâtre, l'a plutôt achevé de désorganiser. Le romantisme a échoué au théâtre et il y a échoué pour les mêmes raisons qui l'ont fait réussir ailleurs.

Il est aisé de s'en rendre compte. En effet, Messieurs, si, comme j'essayais de vous le montrer tout à l'heure, ce qu'il y a de nouveau, ce qu'il y a de propre et de particulier dans le romantisme, c'est cette combinaison de la liberté ou de la souveraineté de l'imagination avec l'expansion de la personnalité du poète, le romantisme c'est le lyrisme; et la perpétuelle intervention de la personnalité de Dumas ou d'Hugo dans leurs drames ne peut que nuire au développement de celle de leurs personnages.

Nous avons déjà vu quelque chose de cela, tout récemment, quand nous avons parlé du théâtre de Voltaire, et si vous voulez bien vous le rappeler, j'en avais touché déjà deux mots en vous parlant de Corneille et de son *Cid*. A plus forte raison, dans son *Ruy Blas* ou dans son *Hernani*, si c'est Hugo qui parle « lui toujours, lui partout »; qui s'éprend non seulement de ses propres idées, mais de ses métaphores, qui s'y complaît, qui les redouble, qui les amplifie comme il ferait dans une ode; qui, sans égard à la situation, va toujours jusqu'au bout de ce que lui suggère la fécondité de son invention verbale; et dans *Antony* comme dans *Kean*, si Dumas abuse de notre complaisance pour nous exposer son esthétique entière, son opinion, à lui, sur la critique, sur la comédie de mœurs ou sur le drame de passion, si nous le sentons, lui comme Hugo, derrière ses personnages, s'il sort à chaque instant de la coulisse, où il devrait rester, pour « souffler » ses acteurs, comment ses acteurs auraient-ils, eux, cette individualité, cette existence indépendante, cette ressemblance avec l'histoire ou avec la vie que l'on nous promettait, et qui est l'une des fins du théâtre ?

Que ce soit donc Corneille qui disserte sur les avantages et les inconvénients de l' « état monarchique » et de l' « état populaire »; Voltaire, sur « le fanatisme » ou sur « la tolérance »; Hugo, sur l'honneur espagnol, ou Dumas, sur le journalisme français, — dont il n'a pas eu pourtant trop à se plaindre, — l'erreur est pareille, et pareille aussi la conséquence. Le lyrisme empiète sur les droits du dramatique. Il ne s'agit plus de la Christine ou de Valenzuela de l'histoire, mais de l'impression que Dumas ou Hugo ont eux-mêmes ressentie à l'occasion de Valenzuela ou de Christine, comme dans les histoires de Michelet, par exemple, nous savons assez qu'il ne faut pas chercher la vérité des faits ni la ressemblance des personnes, mais seulement les idées qu'il lui a plu de s'en faire. Si cependant, c'est le contraire même de la notion du drame, et, si c'est bien ainsi que les romantiques ont compris le théâtre, nous étonnerons-nous qu'ils y aient échoué?

Je n'insiste pas, après cela, sur la manière dont ils ont entendu la « vérité historique » ou la « couleur locale »... Quelque naturelles, — on le dit du moins — que l'emphase et la grandiloquence puissent être à la langue espagnole, je doute que jamais ministre ait terminé son discours par les vers fameux :

> Et l'aigle impériale qui jadis, sous ta loi,
> Couvrait le monde entier de tonnerre et de flamme,
> Cuit, pauvre oiseau plumé, dans leur marmite infâme.

Cette belle antithèse est d'Hugo, d'Hugo tout seul; c'est lui qui parle et non Ruy Blas. Dans un ordre d'idées voisin, mais un peu différent, dirai-je encore, Messieurs, qu'il est peu probable qu'aux environs de 1658, Corneille, rendant visite à Christine, lui ait proposé de lui lire son *Cinna*, qu'il avait fait jouer depuis dix-sept ou dix-huit ans alors? ou qu'un beau matin de cette même année, la reine, en dépouillant son courrier, y ait trouvé des « lettres » ou des « problèmes » de Leibniz, qui pouvait bien avoir onze ou douze ans en ce temps-là? Ce ne sont que vétilles. Car, au lieu d'être inexacts, tous ces détails seraient d'une entière authenticité, que ni *Ruy Blas* ni *Christine à Fontainebleau* n'en vaudraient beaucoup moins, ni beaucoup davantage. Ou plutôt, si nous disions que cette préoccupation des infiniment petits de l'histoire, légitime, nécessaire chez un historien, risque toujours de détourner l'auteur dramatique de son véritable objet, nous ne dirions rien que de vrai; — et nous aurions indiqué une autre cause encore de l'insuccès du romantisme au théâtre. Trop occupés de poursuivre la vérité « pittoresque », ils ont oublié la seule qui importe : c'est la vérité « psychologique »; de telle sorte que, comme on l'a dit, leur théâtre, qui ne contient pas plus de « vérité relative » que celui de Corneille ou de Racine, contient en revanche beaucoup moins de « vérité absolue ».

Quant à la substitution de ce qu'ils ont appelé « la peinture large de la vie à la catastrophe resserrée d'une intrigue » je voudrais, je l'avoue, pour en pouvoir juger, qu'ils s'y fussent plus bravement essayés. Mais ils ne l'ont pas fait, et ni dans *la Maréchale d'Ancre* ou dans *Chatterton*, ni dans *Marion Delorme* ou dans *Ruy Blas*, ni dans *Charles VII* ou dans *Caligula*, je ne vois rien qui ne ressemble bien plus à la « catastrophe resserrée d'une intrigue », qu'à la « peinture large de la vie ». Toutes ces actions sont simples, très éloignées de la complication de celles de Shakespeare, aussi faciles à suivre que l'action d'une tragédie classique, plus faciles à comprendre qu'*Héraclius* ou que *Rodogune*, et n'en diffèrent essentiellement qu'en un point, qui est qu'ordinairement le jeu des volontés y a moins de part que le caprice ou la fantaisie des auteurs.

C'est qu'aussi bien, Mesdames et Messieurs, cette « large peinture de la vie », — dans le sens que l'ont entendue les romantiques et qu'Hugo pour une seule fois l'a tentée dans son *Cromwell*, — le théâtre, les conditions matérielles du théâtre, l'optique de la scène, la durée même d'attention que nous pouvons prêter à un drame, ne la comportent pas ; et cette fonction est proprement la fonction du roman. On invoque toujours Shakespeare ! Mais on oublie qu'à peine peut-on jouer dans leur intégrité six ou huit drames de Shakespeare ; que son « théâtre », en tant que « théâtre », est l'enfance de l'art ; qu'il y a lieu de croire, comme on l'a dit, que, s'il vivait de nos jours, il eût fait des romans ou des histoires de la moitié de ses drames.... Ajouterai-je, en passant, qu'étant d'ailleurs le plus « impersonnel » des auteurs dramatiques, il est donc aussi celui que nos romantiques ont dû le moins comprendre... et ils l'ont bien prouvé [1] ? C'est d'ailleurs une erreur de croire qu'il y ait un décor qui puisse valoir une description de Balzac ; et voilà pourquoi les romanciers seraient des ingrats s'ils oubliaient ce qu'ils doivent au romantisme ; mais le théâtre lui doit moins, beaucoup moins ; et, vous le voyez, les raisons qui l'ont empêché de réussir au théâtre sont justement celles qui l'ont fait réussir ailleurs.

III

Car j'espère, Messieurs, que vous commencez à le voir, lorsque je dis que, ce qu'il y a de bon dans le

---

[1]. Voyez sur Shakespeare, et sur la façon dont les romantiques allemands ne l'ont pas non plus toujours compris, les observations de Hegel dans son *Esthétique*.

Mais, n'est-ce pas un Anglais, — Charles Lamb, si je ne me trompe, — qui a soutenu qu'à la représentation les plus rares qualités du génie de Shakespeare paraissaient comme anéanties par la grossièreté du mélodrame qui en est l'occasion plutôt que le support ?

théâtre romantique, c'est ce qui n'en est pas romantique, mais classique, ou, en d'autres termes, que, si les Dumas et les Hugo n'ont qu'à moitié réussi au théâtre, c'est précisément en tant que romantiques, à Dieu ne plaise que je méconnaisse la vraie grandeur du romantisme, et les acquisitions impérissables dont la génération de 1830 a enrichi notre littérature. En renouvelant, ou plutôt en créant chez nous le sens de l'histoire, c'est au romantisme que notre siècle doit d'avoir été le siècle de l'histoire. Pareillement, — quelque estime que je fasse de *Gil Blas* ou de *Manon Lescaut*, — nous pouvons le dire, dès à présent, sans craindre d'en être démentis, si notre siècle demeurera sans doute aussi, dans l'avenir, le siècle du roman, c'est au romantisme qu'il en faudra reporter l'honneur ou la gloire. Cette « large peinture de la vie » dont on nous parlait tout à l'heure, vous la trouverez dans *la Comédie humaine* de Balzac, le père du naturalisme, je le veux bien, mais aussi l'un des romantiques les plus romantiques, je veux dire les plus « visionnaires » assurément qu'il y ait eus. Et si le romantisme enfin, comme nous le disions, c'est le lyrisme, si les Lamartine et les Hugo, les Vigny, les Musset, — sans compter les moindres ni parler des vivants, — peuvent sans doute s'égaler aux plus grands noms de notre histoire littéraire, vous conviendrez que la part du romantisme est encore assez belle, et vous ne m'accuserez point de l'avoir diminuée. Après cela, ce n'est pas ma faute, ni la sienne peut-être, s'il y a rarement place dans l'histoire de la littérature ou de l'art pour tous les genres à la fois. Le plus « dramatique » de nos siècles littéraires, — c'est le xviie vous le savez bien, — en a été le moins « lyrique ». Si la première moitié du nôtre a payé sa grandeur « lyrique » du prix de sa gloire « dramatique », nous n'en serons donc pas surpris; et, au contraire, tout simplement, nous y verrons la confirmation d'une loi que nous connaissons bien pour l'avoir plus d'une fois constatée.

C'est pourquoi la cause n'a pas été longue à juger; et, bien avant *les Burgraves*, moins de dix ans après la préface de *Cromwell*, il était entendu que le théâtre devrait s'inspirer d'une autre esthétique que le romantique. Ce n'est pas à Gustave Planche ou à Sainte-Beuve que je demanderai d'en témoigner ici : ils seraient trop suspects [1]! Mais c'est à un « romantique », c'est à Musset, dans ses lettres de *Dupuis et Cotonnet*, datées de 1836 :

Ah! Français, comme on se moquerait de vous, si vous ne vous en moquiez vous-mêmes. Le grand Gœthe ne riait pas, lui, il y a quatre ou cinq ans, lorsqu'il maudissait notre littérature qui désespérait sa vieillesse, car le digne homme s'en croyait la cause. Mais ce n'est qu'à nous qu'il faut nous en prendre, oui, à nous seuls, car il n'y a que nous sur la terre d'assez badauds pour nous laisser faire. Les autres nations civilisées n'auraient qu'une clef et qu'une pomme cuite pour les niaiseries que nous tolérons...

Et là-dessus je vous renvoie au texte, pour l'entendre parler de *la Tour de Nesle*, et du costume, et de « la couleur locale », et de *Lucrèce Borgia*. Mais je tiens à vous mettre un autre passage de la même lettre sous les

---

[1]. On connaît assez les attaques de Planche, et elles ne nous paraissent aujourd'hui que trop justifiées. Pour Sainte-Beuve, on trouvera dans le *Victor Hugo après 1830*, de M. Edmond Biré Paris, 1891, Perrin, une curieuse lettre à son ami Victor Pavie, datée du 23 novembre 1838, et précisément écrite à l'occasion de *Ruy Blas* : « Quand arrivé, dit-il, à sa sixième catacombe, Hugo nous l'ouvre brusquement avec la fierté d'un artiste, d'un cyclope ou d'un gnôme, et qu'il nous ôte le couvercle de son souterrain... nous n'y voyons que des bizarreries et des obscurités caverneuses d'où sort un ricanement, c'est le sien, car il triomphe et s'applaudit, croyant avoir fait œuvre de géant, toujours le même, géant et nain, robuste et difforme, *Quasimodo*, et *Han*. »

yeux. C'est quand, après avoir établi tout ce que le romantisme n'était pas, l'un des interlocuteurs de Cotonnet le définit en ces termes :

> Le romantisme, mon cher monsieur, non, à coup sûr, ce n'est ni le mépris des unités, ni l'alliance du comique et du tragique, ni rien au monde que vous puissiez dire : vous saisiriez vainement l'aile du pavillon, la poussière qui le colore vous resterait dans les doigts. Le romantisme, c'est l'étoile qui pleure, c'est le vent qui vagit, c'est la nuit qui frissonne, l'oiseau qui vole et la fleur qui embaume; c'est le jet inespéré, l'extase alanguie, la citerne sous les palmiers et l'espoir vermeil et ses mille amours, l'ange et la perle, la robe blanche des saules....

Et il se moque, mais il dit vrai pourtant; et, en un mot comme en cent, le romantisme, c'est le lyrisme, vous l'apprenez ici de la bouche du plus raisonnable des romantiques, c'est l'imagination, c'est la personnalité; c'en est, de bonne heure aussi, devenu l'excès et l'abus.

N'est-ce pas, Messieurs, ce qui vous explique, dans l'histoire du théâtre contemporain, en 1843, au lendemain de la chute retentissante des *Burgraves*, le prodigieux succès de la *Lucrèce* de François Ponsard? Oh! ce n'était pas un chef-d'œuvre que cette *Lucrèce*, non plus qu'*Agnès de Méranie*, qui la suivit de près; et le romantisme ou le lyrisme avaient passé par là, — un romantisme timide, presque honteux de lui-même, et un lyrisme artificiel, mais le lyrisme pourtant :

LA NOURRICE
Ne laissez pas ainsi pendre en paix vos fuseaux,
Jeunes filles; chargez de laine vos roseaux.
Vous qui tressez les fils en croisant les aiguilles,
Faites courir vos doigts; hâtez-vous, jeunes filles.
Que la maille, ajoutée aux mailles, laisse voir
Le tissu dans vos mains s'allongeant chaque soir.
— Hâtez-vous. Finissons cet habit militaire.

LUCRÈCE
Le guerrier dort souvent sur une froide terre ;
Ses membres sont glacés, il lui faut la chaleur
Que d'un bon vêtement lui conserve l'ampleur.
Remplissez tour à tour et videz les corbeilles,
Et nous pourrons après diminuer nos veilles.
— *Cependant, dites-moi, — car j'ai l'esprit troublé —*
De ce qu'on fait au camp vous a-t-on pas parlé?

Il est évident, n'est-ce pas, que le quatrième acte, dont ce sont les premiers vers que je viens de vous lire, ne commence qu'avec les derniers mots de Lucrèce. Le reste est du décor, du costume, *les mœurs d'une maison*, comme eût dit Pixérécourt. Mais enfin, — grâce aux Romains peut-être, grâce au songe de Lucrèce, car il y a un songe, — il sembla, Messieurs, au public de 1843, qu'on revenait au bon sens avec François Ponsard. On reprenait pied. Les spectateurs retrouvaient dans *Lucrèce* quelque chose de leurs sentiments; ils s'y reconnaissaient; c'était surtout, en dépit du sujet, un retour à la décence et bientôt, par elle, à la vérité.

Car, à ce propos, quand on relit de sang-froid *Lucrèce*, *Agnès de Méranie*, *Charlotte Corday*, *le Lion amoureux*, il y aurait lieu de se demander si le « drame historique » n'est pas un genre aussi parfaitement mort aujourd'hui que la tragédie classique ou la grande épopée? Je le crains quelquefois. Nous avons contracté, depuis trente ans bientôt, un goût de vérité qui, sans doute, ne nous empêche pas d'être sensibles encore à la poésie, — laquelle aussi bien n'est qu'une forme supérieure de la vérité, — mais qui s'accommode mal de ce que les genres intermédiaires, tels que le drame ou le roman historique, ont de conventionnel, d'incomplet, et de faux. Supposé que le poëte veuille aujourd'hui nous peindre Cromwell ou Richelieu, quand il réussirait à ne pas les déformer, je doute, qu'il puisse, avec les moyens de son art, concentrer en une seule action ce que de tels personnages ont eu de complexe, mais surtout de successif; et tous ceux d'entre nous qui seront capables de s'intéresser à la vérité du portrait aimeront mieux le voir surgir, en quelque sorte, du fond de la réalité. Ce n'est qu'au Cirque ou à l'Ambigu qu'on a jamais osé mettre Napoléon sur la scène. Mais inversement, s'il ne s'agit que de situer une action dans un milieu différent du nôtre, — espagnol ou anglais, italien ou allemand, — et d'y développer des sentiments généraux, comme l'amour ou l'ambition, à quoi bon alors le déguisement? et, l'histoire n'étant ici que dans le costume ou dans le décor, l'œuvre ne tiendra-t-elle pas toujours plutôt du grand opéra que du drame? C'est encore de ces questions que je n'ose trancher. Mais, Messieurs, quand je considère le passé du drame historique, et, depuis qu'on y tâche, le peu qu'il a produit, si je ne veux rien affirmer, je ne puis m'empêcher de n'avoir qu'une confiance médiocre en son avenir.

Ce qui est en tout cas certain, c'est que la comédie historique, — dans le goût de *Mademoiselle de Belle-Isle* ou du *Verre d'eau*, — n'a servi que de transition entre le drame romantique de l'espèce de *Ruy Blas*, et la comédie de mœurs ou le drame passionnel, tels que nous les comprenons aujourd'hui. Elle a, comme le roman, habitué le public à comprendre ce que certains détails ont d'indispensable pour préciser le caractère, et que leur vulgarité même, étant comme qui dirait une des conditions de la ressemblance, en est donc une aussi de la fidélité de l'observation. Un verre d'eau jeté comme par mégarde, mais avec intention, par une femme irritée, sur la robe d'une autre femme, quel événement plus futile, et, selon l'ancienne critique, moins digne d'être le ressort d'une action en cinq actes? Mais, depuis qu'on nous a dit, et que nous avons feint de croire, qu'il avait une fois « changé la face du monde », à plus forte raison, consentirons-nous désormais qu'un incident de la même nature puisse diviser une famille contre elle-même [1]. Ç'a été, messieurs, une partie de l'œuvre de Scribe, et de Dumas lui aussi, quand, du romantique intransigeant qu'il avait commencé d'être, il n'est plus demeuré que le conteur populaire, l'auteur des *Mousquetaires* et de *Monte-Cristo*.

Le rapprochement que je fais ici de ces deux noms ne vous étonnera pas, je pense; et aussi bien, si je le fais, Messieurs, c'est avec intention. Je crois connaître quelques-uns des défauts de Scribe, mais je connais aussi quelques-unes de ses qualités; et les qualités de Dumas

---

1. Par exemple, il y a dans le train de la vie quotidienne une foule de détails dont la bassesse nous répugne ou dont l'insignifiance nous échappe, et ce sont précisément tous ceux dont on peut dire que la vie même est faite. Familiers que nous sommes avec la manière de manger ou de se vêtir qui est celle de notre temps, nous n'admettons pas aisément que le romancier nous décrive une toilette comme le pourrait faire une couturière, ou un repas avec la précision d'un maître d'hôtel. Ou du moins on ne l'admettait pas il y a cent ans. Mais depuis que nous avons reconnu l'intérêt « historique » de ce genre de descriptions, nous en avons reconnu la valeur, l'importance même, la nécessité dans le roman; et de là toute une part du naturalisme contemporain. Puisqu'il n'est pas inutile à la connaissance de Louis XI ou de Philippe II de savoir comment ils s'habillaient, l'emploi de leur temps, la nature de leurs plaisirs, et qu'en un certain sens, c'est cela même qui constitue leur « psychologie » il ne saurait donc être indifférent de noter les mêmes choses chez nos contemporains, et elles auront un jour le prix qu'elles n'ont pas aujourd'hui pour nous. Les romans de Balzac en peuvent servir de preuve; et Flaubert n'a pas craint d'en écrire un tout entier, l'*Éducation sentimentale*, dont on peut dire que l'objet unique n'a été que de fixer pour les hommes de 1867 la manière de sentir des hommes de 1848 : aussi voyez la place que le « costume » y tient.

ne sont guère d'une autre nature, mais ses défauts me paraissent être à peu près du même ordre. Inventeurs dramatiques inépuisables en ressources, je ne vois guère de différence entre eux que celle des *milieux* où ils ont l'un et l'autre vécu : Dumas plus libre, plus indépendant, plus dégagé de préjugés, et Scribe plus timide jusqu'en ses audaces, plus « bourgeois », plus soucieux de l'opinion moyenne; celui-là plus en dehors, celui-ci plus en dedans; le premier transformant, comme en souvenir d'*Henri III* et de *la Tour de Nesle*, ses idées mêmes de comédie en mélodrames; le second, toujours fidèle à l'esthétique du *Théâtre de Madame*, traitant ses idées de comédie par des moyens de vaudeville; et tous les deux enfin ayant toujours montré la même insuffisance de pensée, d'observation, — et de style. Vous connaissez, Mesdames et Messieurs, le vers justement célèbre des *Huguenots* :

Ses jours sont menacés! Ah! je dois l'y soustraire,

et vous savez les plaisanteries qu'on en a faites, que l'on en fait encore tous les jours.

Mais croyez-vous qu'il fût bien difficile de trouver de ces beautés naïves, je ne dis pas dans les vers, je dis dans la prose d'Alexandre Dumas?

ACHARD, s'affaiblissant.

En son nom, madame, en son nom... Je m'engage... je jure...

LA MARQUISE, se courbant sur lui, et suivant les progrès de la mort.

Tu t'engages, tu jures...; et sur ta parole, tu veux que je joue *les années qui me restent à vivre contre les minutes qui te restent à mourir*.

Ou encore :

PAUL

... Le capitaine Paul est le même que l'Anglais Jones; et l'Anglais Jones est le gentilhomme que vous avez devant les yeux.

EMMANUEL.
Et aujourd'hui, monsieur, que vous plaît-il d'être?

PAUL.
Moi-même, car aujourd'hui je n'ai aucun motif pour me cacher. Cependant, si vous avez quelque préférence pour une nation, je serai ce que vous voudrez... Français, Américain, Anglais ou Espagnol. *Dans laquelle de ces langues vous plaît-il que je continue la conversation?*

Notez, Messieurs, que je n'attribue aucune importance à ces ellipses un peu vives... Ce que je reprocherais plutôt à ce bout de dialogue, — si je vous parlais de *Paul Jones*, — ce serait d'être absolument inutile à l'action. Je reprocherais encore au drame, si vous étiez curieux de le lire, ce que Dumas y a comme entassé d'invraisemblances laborieuses pour n'en tirer qu'une seule situation. Mais enfin, il faut être juste, et ne pas laisser croire que les négligences de Scribe n'appartiendraient qu'à lui.

Ce qu'il importe encore plus de dire, c'est que Scribe et Dumas, héritiers en cela de la tradition de Beaumarchais, ont du moins maintenu, dans la confusion de la déroute romantique, les droits de ce métier dont nous disions l'autre jour qu'il était le commencement de l'art. Longtemps encore *la Tour de Nesle* sera le modèle des mélodrames, comme *Bataille de dames* ou *le Verre d'Eau* celui de la comédie-vaudeville.... Il restait, toutefois, après eux, d'abord à serrer la réalité de plus près, à l'observer plus consciencieusement, à la traduire au théâtre par des moyens moins artificiels, dans des œuvres moins improvisées, ou, comme nous disons, plus *vécues;* et ensuite, — sous le rapport de la disposition des parties comme sous le rapport de la qualité de la langue, — il restait à faire profiter le drame et la comédie des innovations du romantisme. Puisque, si le romantisme avait réintégré quelque chose au théâtre, c'était bien plus le sens de l'art que celui de la vérité, il fallait qu'en s'émancipant de ses formules, on en retînt du moins l'esprit. C'est ce qu'allait faire, Messieurs, notre comédie toute contemporaine, cette comédie dont je n'aurai malheureusement point à vous parler, et que l'on pourrait définir assez exactement le drame bourgeois du xviii® siècle, celui de Diderot et de Sedaine, rendu à la dignité d'œuvre d'art par les moyens du romantisme, ceux des Dumas et des Hugo... N'est-ce pas encore, Messieurs, un bien curieux exemple d'évolution : deux espèces, dont aucune des deux n'avait assez de force pour subsister par elle-même, qui s'unissent pour offrir plus de résistance aux circonstances contraires, pour profiter plus largement des occasions favorables, et de la rencontre ou de l'union desquelles sort une espèce nouvelle, dont je ne veux point préjuger le sort, mais que je ne crois pas encore tout à fait morte; qui ne compte pas, en tout cas, moins de quarante ans d'existence, si c'est, comme vous le savez, à *la Dame aux Camélias* que l'acte de naissance en remonte; et dont les chefs-d'œuvre, — qu'il nous est à peine permis de citer, — me semblent dès à présent assurés de durer autant que la scène française.

18 février 1892.

QUINZIÈME ET DERNIÈRE CONFÉRENCE

SCRIBE ET MUSSET

I. — Injustice de l'opinion à l'égard de Scribe. — Ses qualités réelles. — Sa fécondité d'inventeur dramatique. — Qu'il n'a été victime ni de son « style » ni de la faiblesse de sa pensée. — Sa grande erreur a été de ne voir dans son théâtre que le théâtre. — La théorie de l'art pour l'art. — Quels services il a rendus. — II. L'influence du roman de Balzac : — sur Émile Augier; — sur M. Alexandre Dumas, fils, — sur M. Victorien Sardou. — Le théâtre du second Empire. — III. Les comédies d'Alfred de Musset. — La poésie du décor et l'imitation de Shakespeare. — Le *Symbolisme* dans le théâtre de Musset. — Ses grotesques et l'origine de l'opérette contemporaine.

CONCLUSION DE CES CONFÉRENCES

I. Résumé de l'évolution du théâtre français. — II. Conclusions sur la méthode : 1° L'influence du *moment*; 2° le pouvoir de l'*individu*. — III. Les lois du théâtre : 1° Qu'il faut que le sujet soit d'un intérêt général ; 2° qu'il traduise une lutte de volontés ; 3° qu'il n'abandonne aucune de ses acquisitions successives.

I

Mesdames et messieurs,

Lorsque l'on parle aujourd'hui de Scribe, c'est ordinairement sur le ton d'un dédain que vous avez pu voir, jeudi dernier, que je ne partageais pas. Je ne saurais admettre, en effet, qu'un auteur dramatique ait régné, pendant plus de quarante ans, sur trois ou quatre scènes, sans qu'il y ait des raisons certaines, des raisons profondes, et des raisons légitimes de sa longue popularité. La mode n'a pas tant de pouvoir, ni l'engouement de persistance.... Ce que je comprends moins encore, c'est qu'on lui reproche, à lui seul, ce que l'on loue, ce que l'on admire, ce que l'on exalte chez tant d'autres ou, pour mieux dire, chez tous les autres.... Mais ce que je ne comprends plus du tout, c'est que l'on méconnaisse le rôle considérable d'Eugène Scribe dans l'histoire du théâtre français, ce que l'on lui doit depuis cinquante ans, ce qui se retrouve de ses leçons ou de ses exemples dans le répertoire des Labiche ou des Augier, — pour ne parler que des morts; — et qu'enfin l'on ne veuille pas voir que ses défauts, qui sont grands, ne sont cependant que le revers ou la contre-partie de très réelles et de très rares qualités.

Redisons-le donc, Messieurs, et ne nous lassons pas de le redire : que, dans toute l'histoire du théâtre français, depuis Corneille jusqu'à nos jours, il n'y a pas eu d'inventeur dramatique plus abondant, plus fertile en ressources, que l'auteur de *Bataille de dames* et d'*Oscar, ou le Mari qui trompe sa femme*, d'une *Chaîne* et du *Verre d'eau*, des *Huguenots* et du *Prophète*.... Je ne nomme ici que celles de ses pièces que vous connaissez tous, pour les avoir vu jouer, qui font figure encore au répertoire, et dont je ne sache que, depuis lui, personne ait surpassé, ni même égalé, ce que les amusantes, les ingénieuses, les spirituelles combinaisons ont offert d'intérêt, d'aliment, et de divertissement à la curiosité de deux ou trois générations. Non seulement pour imaginer des « situations » nouvelles, mais pour les faire valoir tout leur prix, mais pour créer cette espèce d'embarras qui est comme l'équation du problème dramatique à résoudre, mais pour y enfermer la solution par avance, et comme qui dirait pour l'y dissimuler avec une élégance ou une coquetterie d'algébriste, mais, pour la tirer enfin d'où personne ne l'attendait, et, quand la confusion est à son comble, pour y faire d'un mot la lumière, Scribe a été vraiment incomparable. Vous venez d'en avoir un exemple en miniature dans *la Demoiselle à marier*, l'un des vaudevilles de sa jeunesse, — il est de 1826 ; — et vous trouverez les chefs-d'œuvre de cet art très particulier dans *une Chaîne* ou dans *le Verre d'eau*.

« Prestidigitateur merveilleux, — disait à ce propos M. Alexandre Dumas fils, il y a tantôt vingt-cinq ans, — joueur de gobelets merveilleux, il vous montrait une situation comme une muscade, vous la faisait passer, tantôt rire, tantôt larme, tantôt terreur, tantôt chien, tantôt chat, sous deux, trois ou cinq actes, et vous la retrouviez dans le dénouement. C'était bien la même : il n'y avait rien à dire. La prose dont il accompagnait ses tours de passe-passe avait mission d'égarer, de dépister l'auditoire, et de gagner du temps jusqu'à l'effet promis, le moment où la muscade devient boulet de 48 et rentre tout de même dans le gobelet.... La séance finie, les bougies éteintes, les muscades remises dans le sac à malice, les gobelets rentrés les uns dans les autres, le chien et le chat couchés, l'intonation morte, le lazzi envolé, il ne restait dans l'âme du spectateur ni une idée, ni une réflexion, ni un enthousiasme, ni une espérance, ni un remords, ni l'agitation, ni le bien-être. On avait regardé, on avait écouté, on avait été intrigué, on avait ri, on avait pleuré, on avait passé la soirée, on s'était amusé, ce qui est beaucoup ; on n'avait rien appris ».

Quelque ironie ou quelque dédain qu'il y ait dans

cette appréciation du talent de Scribe, il me suffit, pour le moment, que l'essentiel y soit ; — et il y est. De l'aveu même de M. Dumas, ce don, cette aptitude originelle, qui est pour l'auteur dramatique ce que la sensibilité d'un œil plus impressionnable est pour le peintre, ou la susceptibilité d'une oreille plus délicate pour le musicien, cette qualité première qui ne s'acquiert pas, qui ne s'enseigne point, qu'on apporte en naissant, — et que l'expérience perfectionne quelquefois, mais qu'elle ne crée ni ne supplée jamais — nul, je crois, ne l'a possédée plus naturellement ni plus pleinement que Scribe.... Comment alors se fait-il donc, Messieurs, que de trois ou quatre cents pièces qu'il a écrites seul ou en collaboration, — comédies, drames ou mélodrames, vaudevilles, opéras, opéras-comiques, — il en survive à peine cinq ou six? Je réponds que c'est en raison de 'abus qu'il a fait de cette qualité même.

Car on se trompe si l'on croit que son style aurait suffi pour le discréditer.... Il écrit mal, j'en conviens; comme on parle quand on parle mal, d'un style « quelconque », s'il en fut jamais un, et tout brillant d'impropriété. Mais quoi! le style de Sedaine, dans son *Philosophe sans le savoir*, valait-il vraiment beaucoup mieux? ou encore, pour son temps, — lequel était à la vérité le temps de la perfection de la langue, — le style de Dancourt, le style de *la Maison de campagne, des Curieux de Compiègne, du Chevalier à la mode*? On se trompe encore si l'on croit que la faiblesse de sa pensée l'ait perdu, car, Mesdames et Messieurs, qui a pensé jamais plus faiblement, plus communément que Regnard; et, n'en avons-nous pas déjà fait la remarque, qui a cependant mieux écrit? *Le Joueur, les Folies amoureuses, le Légataire universel* sont des chefs-d'œuvre de l'art d'écrire en vers. Que si, d'ailleurs, l'histoire de la littérature est pleine de penseurs profonds qui ont assez mal écrit, comme aussi de « stylistes » qui n'ont pas pensé du tout, ces deux qualités ne se tiennent donc pas d'aussi près qu'on le dit quelquefois; — et la faiblesse de la pensée de Scribe n'est pas la cause de la faiblesse ou de l'impropriété de son style. Le Sage, encore, l'auteur de *Turcaret*, n'a pas pensé bien profondément ni bien haut, lui non plus! Mais, en revanche, il a bien observé; et ici, Messieurs, nous touchons à la grande erreur de Scribe. Elle est, vous allez le voir, tout à fait analogue, par une rencontre sans doute bizarre, à l'erreur de quelques-uns de ceux qui se sont crus le plus différents de l'auteur d'*une Chaîne*, et qui, du haut de leur confiance en eux-mêmes, l'ont le plus méprisé....

Oui, en vérité, ce bourgeois, ce garde national, ce bonnetier, ce philistin, savez-vous bien ce qu'il a fait? Il a fait de « l'art pour l'art » comme un Banville ou comme un Gautier, et ce qu'il faut qu'on lui reproche, c'est d'avoir traité le théâtre comme les « Parnassiens » ont fait la poésie. Tout au rebours de Beaumarchais et des Molière, — de Diderot et de Sedaine aussi, — Scribe a cru que le théâtre n'avait pas pour objet de reproduire ou d'imiter la vie et c'est ce qu'il a dit d'ailleurs lui-même, en propres termes, dans son *Discours de réception à l'Académie française*. Plus fermement encore, il a cru que le théâtre n'avait pas pour mission, je ne veux pas dire de moraliser ou d'instruire, mais de soutenir, de défendre, ou d'attaquer seulement des idées. N'est-ce pas, Messieurs, comme si l'on disait qu'il n'a vu dans le théâtre, que... le théâtre; et que, dans le domaine de son art, il ne s'est intéressé qu'aux moyens de cet art : à la nouveauté des situations, à l'ingéniosité des combinaisons, à la singularité des dénouements? Mais, dans le domaine de quelque art que ce soit, ne prendre d'intérêts qu'aux moyens de cet art, n'est-ce pas le couper des communications qu'il ne saurait cesser d'entretenir avec les autres arts et surtout avec la réalité? n'est-ce pas l'isoler en lui-même? le traiter comme un jeu? n'est-ce pas faire de l'art pour l'art? Ainsi les poètes, ou plutôt les versificateurs qui ne s'intéressent qu'à la rareté de leurs rimes, qui se font à eux-mêmes des difficultés pour les vaincre, qui jonglent avec les mots comme un équilibriste avec ses lames de couteaux! C'est Messieurs, ce qu'Eugène Scribe a fait et ce qu'il a voulu faire. Et c'est ainsi que, de son théâtre, — qui ne laissait pas d'offrir encore à ses débuts quelque rapport avec les mœurs de son temps, — l'idée d'abord, la signification intellectuelle et morale. puis la psychologie, la fidélité de l'observation, la peinture des caractères ensuite, et finalement la vie, se sont peu à peu retirées, — comme des *Odes funambulesques* ou comme d'*Émaux et Camées*, — pour n'en laisser subsister que des combinaisons quasi mathématiques, des engrenages très ingénieux, et des comédies de situation, où d'ailleurs il n'y avait plus après lui qu'à mettre des idées, si on le pouvait, et de vrais hommes et de vraies femmes. Tant il est vrai qu'à la longue les contraires finissent toujours par se concilier; ou si vous l'aimez mieux, par se rejoindre et par se confondre! Les vaudevilles de Scribe sont les *Stalactites* du théâtre de son temps, et il en a été lui, je le répète, le Banville ou le Gautier.

Nous pouvons, en effet, pousser le parallèle jusqu'au bout. Si les « Parnassiens », — comme je le crois, — ont rendu de réels services; s'ils ont enseigné dans un temps où tout le monde, sauf Hugo, l'avait oublié, le prix d'un vers bien fait; s'ils ont rendu le poète plus difficile, plus délicat sur le choix de ses mots, sur la richesse de ses rimes, sur la qualité de ses images; enfin s'ils ont posé des exigences dont personne depuis eux ne s'est tout à fait impunément écarté, de même Scribe a laissé au théâtre des exemples qui sont encore, qui seront toujours bons à suivre, que ni les Labiche, ni les Augier, comme je le disais, ne se sont mal trouvés d'avoir suivis, et dont on ne s'écartera qu'en disant ou qu'en faisant comprendre pourquoi l'on s'en écarte. Il a réduit en modèles l'art de faire une pièce, et la réforme que nous avons vu qu'avait inaugurée Beaumarchais, c'est bien lui qui l'a complétée. Là est sa gloire : dans une « connaissance du théâtre » qu'il ne faut pas que l'on méprise, et surtout quand on fait soi-même du théâtre. L'art y est, si tout le reste y manque ; et le reste a son prix, que je consens qui soit plus considérable ; mais l'art aussi a le sien, et le métier même, pour les raisons que j'ai tâché de vous dire en vous parlant naguère de Beaumarchais....

II

Tout ceci se passait, Mesdames et Messieurs, aux environs de 1850, ou plus exactement encore entre 1840 et 1850. — *La Calomnie*, *le Verre d'eau* sont de 1840, *Adrienne Lecouvreur* est de 1849 ; *Bataille de dames* est de 1851. — Or, en ce temps-là même, un autre homme arrivait à la réputation, dont vous retrouverez de nos jours même, l'influence ou l'action partout présente au théâtre et dans le roman. C'est Balzac que je veux dire, en qui et par qui s'est opérée la transformation du *romantisme* en *naturalisme*. Il avait commencé par *les Chouans* : il a fini par *la Cousine Bette*. Et si toute une part de son œuvre, — pour l'invraisemblance des données premières, pour l'exagération des caractères, pour la puissance d'hallucination dont elle témoigne, pour le désordre des idées et l'espèce de fièvre du style, — est assurément d'un romantique; toute une autre en est d'un naturaliste, vous le savez, pour le goût du détail exact et précis, pour l'abondance et la fidélité des descriptions, pour la subtilité de la psychologie, pour la peinture ou, comme on dit, pour la reconstitution des *milieux*. A cette nature d'influence il était difficile que le théâtre échappât, et, Messieurs si ce n'était ici la limite où je dois m'arrêter, j'aimerais à vous montrer, dans le théâtre tout contemporain, l'art ou le métier de Scribe vivifiés, pour ainsi parler, par le naturalisme de Balzac.

Nous le retrouverions dans *le Gendre de Monsieur Poirier* dans *les Lionnes pauvres*, dans *Maître Guérin*. A quoi, si nous ajoutions ce goût de la satire sociale, assez marqué, je pense, dans *le Fils de Giboyer*, dans *la Contagion*, dans *Lions et Renards*, nous aurions brièvement caractérisé le théâtre d'Émile Augier.... Sur les traces de Balzac et d'Augier, nous pourrions voir alors l'auteur du *Demi-monde*, d'*un Père prodigue*, de *la Question d'argent*, — plus indépendant de Scribe que son rival, — essayer des routes nouvelles, subordonner les situations aux exigences de la peinture des caractères, et revendiquer dans ses *Préfaces* retentissantes, ce droit de penser et d'agir sans lequel il y a bien du « spectacle » — et même, nous l'avons dit, du « théâtre » — mais non pas de haute ni peut-être de vraie comédie. Vous rappelez-vous ces paroles : « Le théâtre n'est pas le but, ce n'est que le moyen.... Par la tragédie, par la comédie, par le drame, par la bouffonnerie dans la forme qui nous conviendra le mieux, inaugurons donc le théâtre *utile*, au risque d'entendre crier les apôtres de *l'art pour l'art*, trois mots absolument vides de sens. Toute littérature qui n'a pas en vue la perfectibilité, la moralisation, l'idéal, l'utile, en un mot, est une littérature rachitique et malsaine, née morte. La reproduction pure et simple des faits et des hommes est un travail de greffier et de photographe; et je défie qu'on me cite un écrivain consacré par le temps, qui n'ait pas eu pour dessein la plus-value humaine. » Il y aurait lieu d'examiner si, depuis qu'il s'adressait cette exhortation à lui-même, l'auteur de la la *Femme de Claude*, de *l'Étrangère*, la *Princesse de Bagdad* n'a pas peut-être un peu trop abondé dans son sens…. Et enfin, Mesdames et Messieurs, dans le théâtre de l'auteur des *Ganaches*, des *Vieux garçons*, de *Nos intimes* ne retrouverions-nous pas toute la dextérité de Scribe, mais appliquée à la peinture fidèle des ridicules contemporains? et toujours au fond, ce même goût de la réalité qui, sans doute, restera le caratère le plus éminent de ce que nous pouvons bien, dès à présent, appeler la littérature du second Empire?

Mais encore une fois, ce serait sortir des bornes où nous sommes convenus de nous enfermer; et si je me suis permis d'en toucher quelques mots, c'est qu'il me fallait amener l'évolution du théâtre contemporain jusqu'au moment où dans cet art naturaliste et positiviste, un souffle de poésie se fait enfin sentir et rentre, pour ainsi parler, avec la comédie d'Alfred de Musset. Vous en connaissez l'histoire, Mesdames et Messieurs. Écrites presque toutes de 1833 à 1835, les comédies et proverbes de Musset, — si vous en exceptez la première *la Nuit vénitienne*, — n'étaient pas destinées à la scène, et pour les y produire aux environs de 1848 seulement, il fallut qu'une comédienne les eût rapportées de Saint-Pétersbourg. Mais le vrai succès, la popularité littéraire si je puis ainsi dire, n'en date que de douze ou quinze ans plus tard, et ce n'est guère avant 1865 que les plus applaudies d'entre elles se sont décidément inscrites au répertoire, comme l'on dit, pour ne plus le quitter, je l'espère.

III

Nous avons bien peu de temps aujourd'hui pour parler du théâtre de Musset; — et cependant j'en voudrais noter ici deux ou traits caractéristiques. J'y tiens d'autant plus qu'il m'a semblé qu'on ne les avait pas très bien saisis hier soir, et qu'en vérité, ce matin même, le principal reproche que l'on fasse à *Fantasio*, par une rencontre assez singulière, c'est de ne pas ressembler à *la Demoiselle à marier*. Oui, ceux qui font profession de trouver Scribe bien démodé, se plaignent que l'auteur de *Fantasio* ne soit pas Eugène Scribe! et, dans ce qu'ils appellent son ignorance du théâtre, vous diriez que ce qu'ils regrettent le plus, c'est qu'il soit Alfred de Musset.

Permettez-moi donc, Mesdames et Messieurs, d'attirer votre attention sur cette poésie du décor si pénétrante et si subtile... cette Bavière idéale où *Fantasio* va vous transporter tout à l'heure, l'Italie de *Bettine*, la Sicile de *Carmosine*, la Hongrie de *Barberine*, toutes ces contrées shakespeariennes, si je puis ainsi dire, où des personnages de féerie promènent leurs aventures, dans des jardins éternellement fleuris, sous un ciel éternellement bleu. Car c'est là, Mesdames et Messieurs, c'est là, — dans *On ne badine pas avec l'amour*, dans *les Caprices de Mariane* et dans *Fantasio* même, non dans *Ruy Blas* ou dans *Kean*, — c'est là que vous trouverez le meilleur du romantisme, cette liberté rendue au rêve, ce vagabondage poétique et charmant de l'imagination, cette élégance apprêtée, mais pourtant naturelle, qui rappelle à la fois, qui mêle ensemble sans effort l'esprit de notre xviiie siècle et les souvenirs de la Renaissance italienne; Marivaux et Shakespeare, *les Fausses Confidences* et *Beaucoup de bruit pour rien*, les sonnets de Pétrarque et les toiles de Watteau. Et là aussi, c'est bien là que vous trouverez l'une au moins des origines du *symbolisme* contemporain, s'il consiste, comme je le crois, à vouloir voir plus loin que les choses, et, par delà leur écorce, atteindre jusqu'à la réalité profonde et mystérieuse dont elles ne sont que les signes éphémères et changeants.

Vous le savez, en effet, dans ces décors si riants, il se répand aussi du sang, et surtout il s'y verse des pleurs. La tragédie s'y mêle avec la comédie, la tragédie de l'amour, la comédie des convenances ou des préjugés. Les larmes y sont voisines du rire; et du milieu même des hoquets de l'ivresse ou de la folie, c'est là, vraiment là, — non encore dans *Kean* ou dans *le Roi s'amuse*, — qu'il sort des ricanements qui ressemblent à des sanglots. Écoutez donc bien, Messieurs, cette prose unique dont le mauvais goût même, en sa sincérité, — comme celui de Shakespeare encore, dans sa *Tempête* ou dans son *Roméo*, — a quelque chose de toujours touchant et de si poétique. Entendez bien la leçon de ce *Fantasio* : que le pire malheur qu'il y ait au monde, le plus grand crime qui se commette contre l'humanité, c'est de sacrifier une âme dont on avait la garde aux nécessités de la politique, à l'égoïsme des intérêts, à la superstition des convenances. Que le prince de Mantoue se fâche donc! Qu'il déclare la guerre à son Bavarois de beau-père! Mais qu'il n'épouse pas la princesse Elsbeth! Que la jeunesse, et la grâce, et la poésie ne soient pas une fois de plus immolées à la prose! Et qu'il sèche ou qu'il meure sur sa tige, ce beau lys allemand, si blanc, et si pur, plutôt que d'être cueilli par la main de ce nigaud, de ce fat, et de cet imbécile d'Italien! Qu'ont-ils donc vu là, Mesdames et Messieurs, ceux qui n'ont pas compris *Fantasio*? Mais que dirons-nous de ceux qui reprochaient ce matin à Fantasio lui-même de se conduire d'une manière indigne d'un « galant homme » en se faisant payer ses dettes par la petite princesse?...

Et, enfin, Mesdames et Messieurs, j'aimerais encore à vous parler de ces grotesques et de ces fantoches dont vous allez dans un instant voir, sous les espèces du prince de Mantoue, un si remarquable exemplaire, — des Blasius et des Bridaine, du baron d'*On ne badine pas avec l'amour*, de tant d'autres encore, — qui ne sont pas dans le théâtre de Musset de simples caricatures, mais vraiment, eux aussi, des « symboles ». N'y sont-ils pas, en effet, l'expression de cette humanité qui ne fait guère, comme disent nos jeunes gens, que « le geste de vivre », qui n'en a que l'apparence, qui ne vit pas en réalité, qui s'agite seulement, — marionnettes ou pantins, dont les conventions, les préjugés, le sot amour-propre tiennent et meuvent les fils? Si bien par là qu'il y a dans la comédie de Musset une satire sociale qui va loin, — plus loin qu'on ne le croit peut-être — et qu'ainsi son théâtre qui, par quelques-uns de ses côtés, ceux que je vous indiquais tout à l'heure, est aux origines du symbolisme contemporain, est en même temps, par ses grotesques, à l'origine de l'opérette moderne, — et sinon de *la Belle Hélène*, tout au moins de *la Grande-Duchesse*.

Maintenant, est-ce bien du « théâtre »? Je n'en sais rien, Messieurs, ou du moins je n'oserais l'affirmer. Ni l'idée, je l'avoue, ni le sujet même ne sont ici toujours assez clairs; les préparations sont insuffisantes; et Musset, en sa qualité de romantique, intervient trop de sa personne dans l'action de la plupart de ses comédies. Vous en serez frappés tout à l'heure en voyant jouer *Fantasio*. Le principal personnage n'intéressera vraiment que ceux d'entre vous qui s'intéressent à Musset lui-même, qui l'aiment ou qui l'ont aimé, qui se rappellent qu'il a beaucoup souffert..... Mais, sans y insister, ce que j'avais seulement à vous montrer, c'est, comment, en faisant pénétrer, — huit ou dix ans après sa mort, — un souffle de poésie dans cet art positiviste dont nous parlions tout à l'heure, ce que le drame romantique n'avait pas pu, Musset, lui, l'a réalisé comme sans y songer. Et de même qu'une gaminerie de Fantasio, dans un instant, sauvera la princesse Elsbeth de l'horreur d'épouser le prince de Mantoue, ainsi la comédie de Musset a libéré le théâtre contemporain de l'influence excessive de Balzac, et rétabli sur la scène la poésie, la fantaisie, la bouffonnerie même dans leurs droits.

J'aurais terminé, Mesdames et Messieurs; mais je manquerais sans doute à l'une de mes promesses, comme aussi bien à l'une des nécessités de mon sujet, si je n'essayais pas de conclure, ou, plus modestement, de résumer en quelques mots les résultats auxquels il me semble que nous aboutissons.

Pour ce qui est de la méthode que j'ai tâché d'appliquer, c'est à vous qu'il appartiendra de juger dans quelle mesure j'ai pu réussir; mais ce que je voudrais que vous eussiez bien vu, c'est la nature de la tentative et que l'objet ou l'esprit en serait d'imiter la vie même en ce qu'elle a de divers, de mobile, de changeant. Tout évolue, rien ne demeure; les espèces littéraires se transforment, tantôt en mieux, et tantôt en pis; mais rien non plus ne meurt ni, par conséquent, ne se crée. Conformément à ce principe, je ne me flatte point assurément de vous avoir raconté l'histoire de notre théâtre français; mais il me semble que nous en avons comme qui dirait assez fidèlement dessiné la courbe, et marqué les principaux points d'inflexion ou de rebroussement.

Avec le grand Corneille, nous avons vu la tragédie, se dégageant pour la première fois des contrefaçons ou des ébauches d'elle-même qui l'avaient précédée, — tragi-comédie ou comédie héroïque, — atteindre et réaliser, en 1636, dans *le Cid*, la définition ou la notion de son genre. Mais presque aussitôt, entraîné par son goût du romanesque ou de l'extraordinaire, et poussé comme irrésistiblement à l'extrémité de sa manière, Corneille, dans sa *Rodogune* et dans son *Héraclius*, — celles de ses pièces qu'il estimait le plus, — tend déjà vers le drame, pour ne pas dire vers le mélodrame; et il faut que, des hauteurs où elle risquait de perdre pied, la tragédie redescende en hâte pour se proportionner à la réalité. C'est Racine qui l'y ramène, avec son *Andromaque*, avec son *Britannicus*, avec son *Bajazet*, dans le même temps que, sous l'influence de Molière, l'ancienne comédie, — la comédie bouffonne ou romanesque, celle de Scarron et de Thomas Corneille, — prenant conscience à son tour de son objet, achève d'acclimater au théâtre, si je puis ainsi dire, le souci de la vérité, la préoccupation de la ressemblance humaine, et ce que j'ai plus d'une fois appelé le naturalisme classique. Cependant, en raison même de l'idée qu'ils s'en font, la comédie de Molière lui-même, et surtout la tragédie de Racine, ont quelque chose encore de trop universel, ou de trop général, de trop immobile, en quelque manière, ou de trop impassible, quelque chose qui tient de l'idéale beauté de la sculpture plutôt que de la chaleur, de l'animation ou de la vie de la peinture. C'est ce degré de vie que les Dancourt et les Le Sage d'abord, sous l'influence du roman de leur temps, — avec leurs Turcaret ou leurs Mme Patin,—essayent d'y introduire ; et, après eux, dans leur *Zaïre* ou dans leurs *Fausses Confidences*, les Voltaire et les Marivaux. Ils y ajoutent l'émotion, cette émotion purement humaine dont j'ai tâché de vous faire voir la liaison, d'une part, avec le développement de la *sensibilité* naissante, et, de l'autre part, avec la diminution du sentiment ou du sens de l'art. Si les gains ont compensé les pertes, c'est une question que nous n'avions pas à traiter ; mais ce que nous avons vu, c'est que la tragédie en est morte ; et peu s'en est fallu que la comédie de caractères ne partageât son destin. Au moins sa ruine n'a-t-elle pas dépendu des Diderot ou des Sedaine ; et, dès le milieu du xviii° siècle — en dépit du *Philosophe sans le savoir* et de l'*Essai sur la poésie dramatique*, — si le drame bourgeois n'a pas donné ses chefs-d'œuvre, probablement c'est que le temps n'en était pas encore venu. Je veux dire qu'avant de fonder un art nouveau sur les débris de l'ancien, il fallait qu'on eût achevé de détruire cet art même, et Beaumarchais, sans doute, y a contribué pour sa part. Mais, comme il faisait profiter en même temps son *Barbier de Séville* ou son *Mariage de Figaro*, de tous les moyens que lui avaient légués les Marivaux, et les Le Sage, et les Regnard, et Molière lui-même, c'est la Révolution seulement qui a emporté l'art ancien dans la tourmente où elle emportait la société pour laquelle il avait été fait. L'art classique a sombré dans le désastre de l'ancien régime. Vous avez vu les romantiques lui porter les derniers coups, en orientant du côté de la peinture du *particulier*, et de la fidèle représentation des lieux ou des temps, l'effort qu'au contraire l'art classique avait fait pour se réaliser sous l'aspect de l'éternité....

C'est là, Messieurs, qu'à vrai dire, nous nous sommes

arrêtés ; et si, par hasard, vous aviez eu la courtoisie de ne pas vous en apercevoir, je ne me dissimulerai pas ce que le peu que j'ai pu vous dire du théâtre français depuis 1830 a de sommaire ou de superficiel.... Mais ne m'accorderez-vous pas, en revanche, qu'ainsi présentée, dans la succession rigoureusement chronologique des œuvres qui l'ont illustrée depuis deux cent cinquante ans, l'histoire du théâtre français s'est comme animée sous nos yeux d'une vie nouvelle, et réelle, et semblable à la nôtre en son cours ?

Pour la nature des influences les plus générales qui ont comme présidé à cette suite insensible de transformations, il en est deux que je me suis surtout efforcé de mettre en lumière : ce sont l'influence du *moment* et celle de l'*individu*.

L'influence du *moment*, — dans le sens à la fois étymologique et philosophique du mot, — c'est, Messieurs, le poids dont pèsent en tout temps sur l'œuvre littéraire les œuvres du même genre qui l'ont elle-même précédée dans l'histoire. C'est ainsi qu'avant toute autre influence peut-être, la forme de la tragédie de Racine était prédéterminée par la forme de la tragédie de Corneille ; et qu'avant d'être la tragédie de Racine, il était comme arrêté qu'elle serait autre chose que la tragédie de Corneille. Pareillement, Messieurs, au lieu de saisir l'occasion de *Kean* pour vous parler l'autre jour du romantisme en général, si j'avais voulu vous définir étroitement le drame de Dumas et d'Hugo, je l'aurais fait par opposition aux règles consacrées de la tragédie classique. J'aurais pris le *Cours analytique de littérature* de Lemercier, les vingt-trois règles, pas une de plus ni de moins, qui définissent d'après lui la tragédie classique ; et, — à l'exception de deux ou trois peut-être, dont encore il aurait fallu modifier la formule, — je vous aurais montré le drame romantique se fondant sur la violation, la négation, ou le contre-pied de ces règles mêmes. Les classiques avaient voulu que l'action s'enfermât dans les vingt-quatre heures et dans le même lieu.... Et nous, ont dit les romantiques, nous l'étendrons à vingt lieux différents sur une même scène, à des années entières dans l'espace d'une seule représentation. — Les classiques avaient respecté le prestige de l'histoire, traité Cléopâtre en reine, Othon même ou Néron en empereurs, et Zaïre en princesse.... Et nous, ont dit les romantiques, c'est le bandit que nous glorifierons, c'est Hernani, c'est Ruy Blas, d'autant que nous bafouerons ou que nous insulterons les Marie Tudor et les François Ier. Les classiques s'étaient efforcés d'incarner dans leurs personnages le plu. qu'ils pouvaient de vérité générale et universelle, dans leurs Chimène et dans leurs Pauline, dans leurs Andromaque et dans leurs Roxane.... Et nous, ont dit les romantiques, ce n'est pas seulement des situations extraordinaires, c'est aussi des monstres de psychologie, des Triboulet et des Quasimodo, des Antony, des Buridan ou des Marguerite que nous leur donnerons. Enfin les classiques s'étaient fait une loi de laisser la parole à leurs personnages, de s'abstraire d'eux, pour ainsi parler, et les ayant créés, de les laisser vivre conformément à la nature qu'ils leur avaient donnée.... Et nous, ont dit les romantiques, c'est nous qui parlerons par la bouche des nôtres, et on sortira de la représentation de nos *Marion Delorme* ou de nos *Tour de Nesle* incertain de savoir si nos personnages ont seulement existé, mais on saura ce que nous pensons des « grandes dames » du temps de Philippe le Bel ou de la politique du cardinal de Richelieu.... Je m'arrête, Mesdames et Messieurs, si vous voyez par cet exemple, auquel vous devinez combien on en pourrait joindre d'autres, quelle est l'influence du *moment* dans l'évolution des genres.... Et effectivement, je n'en sache qu'une seule qui la puisse contrebalancer : c'est l'influence de *l'individu*.

Celle-ci, je n'ai pas besoin de vous la définir. Mais vous me pardonnerez, si je tiens à vous faire observer que, bien loin de la nier, au contraire nous lui rendons la place qu'on ne lui a pas toujours faite dans l'histoire de la littérature. De même donc, Messieurs, que dans un verre d'une eau pure et limpide, si vous versez quelques gouttes seulement d'une essence concentrée, vous avez changé la nature du breuvage, et d'insipide qu'il était vous l'avez rendu quelquefois délicieux, ou vous en avez fait un poison, ainsi, vous l'avez vu, l'apparition d'un Corneille, ou d'un Molière, ou d'un Racine, d'un Marivaux ou d'un Beaumarchais dans l'histoire d'un genre, modifie la loi de son évolution, en modifiant la nature du millieu où cette évolution s'opère. Nous, cependant, Messieurs, nous trouvons un double avantage ici. Le premier, que je vous ai déjà signalé, c'est que la méthode en devient plus conforme à l'histoire naturelle, dont elle s'inspire, et où, vous le savez, le commencement de la variation ne date que de l'apparition de la variété individuelle. Aucune espèce ne se change en une autre que l'un de ses représentants n'ait commencé de différer des autres; et, de la loi du genre, ou de sa définition consacrée, c'est ainsi l'individu qui dégage la possibilité des transformations ultérieures. Et un second avantage résulte du premier : je veux parler de ce que la méthode y contracte elle-même de souplesse et d'élasticité....

C'est cette méthode aussi qui nous permet, Messieurs, dans la longue histoire d'un genre, — car il est évident qu'il nous faut opérer sur des périodes de quelque étendue, — c'est elle qui nous permet de distinguer les règles ou les conventions arbitraires d'avec les lois plus intimes, plus profondes, et plus nécessaires qui ne sont que l'expression de la nature même de ce genre. Il n'y a rien de plus « historique », ou, si vous le voulez, de plus « empirique ». Les lois intimes d'un genre, ce sont celles que nous trouvons toujours immanquablement réalisées dans les œuvres supérieures, et, réciproquement, ce sont celles dont l'inobservation se constate avec évidence dans toutes les œuvres du même genre qui sont comme affectées d'une sorte d'infériorité.

Nous plaçant à ce point de vue, si nous essayons de dire quelles sont les lois essentielles du théâtre, nous en trouverons jusqu'à deux, dont la première est qu'il faut qu'une action, pour être vraiment du théâtre, tourne autour, si je puis ainsi dire, de quelque question d'intérêt général, d'un cas de conscience, comme *le Cid*, comme *Phédre*, comme *Zaïre*, ou d'une question sociale, comme *l'École des femmes*, comme *Tartufe*, comme *le Mariage de Figaro*. Dans le théâtre contemporain, *les Lionnes pauvres* et *le Gendre de Monsieur Poirier*, *le Fils naturel* ou *le Demi-monde* seraient encore de bons exemples que l'on pourrait donner. Inversement, Messieurs, toutes les fois que, dans une comédie, la question sociale est mal ou n'est pas posée, comme dans *une Chaîne*, ou dans *Kean*, ou dans *Turcaret*, et, dans la tragédie, toutes les fois que le cas de conscience est trop extraordinaire, comme dans *Rhadamisthe*, ou comme dans *Rodogune*, l'œuvre perd aussitôt de sa valeur. Tel est le cas de *Maître Guérin*, par exemple, ou encore de *la Princesse de Bagdad*.... J'y ai trop insisté, Messieurs, au cours de ces quinze conférences, pour qu'il soit nécessaire d'y revenir encore.

Une autre loi n'est pas moins essentielle : c'est celle

qui veut qu'une action de théâtre soit conduite par des volontés, sinon toujours libres, mais toujours au moins conscientes d'elles-mêmes ; — et nous en avons vu, Mesdames et Messieurs, plus d'un exemple aussi. J'ai retardé seulement jusqu'ici de vous en signaler les raisons, — qui sont au nombre de deux principales.

C'est d'abord que cette loi n'est rien de plus que l'expression, — ou la projection théorique, si je puis ainsi dire, — de ce que la définition même du théâtre a d'essentiel, de propre, et, comme on dit encore, d'absolument spécifique. Demandons-nous, en effet, quel peut être l'objet ou le pourquoi du théâtre. « La réalisation de la beauté ? » Ce n'est pas, que je sache, l'objet propre de la comédie, et, en admettant que ce soit une partie de la tragédie, ce n'en est pas la plus essentielle, si c'est aussi bien l'objet de la poésie lyrique, par exemple, et de l'ode, en particulier, que le sien. — « Divertir les honnêtes gens ? » Il y en a vingt autres moyens, vous le savez ; et si c'est l'une des fins de la comédie, c'est aussi bien celle du conte, par exemple, ou de la nouvelle. — « Peindre les hommes d'après nature ? » Un Bourdaloue dans ses *Sermons*, un La Bruyère dans ses *Caractères*, un Le Sage en son *Gil Blas*, s'ils l'ont fait sans doute autrement, ne l'ont-ils pas fait aussi bien que Molière ? — « Corriger les mœurs en châtiant les ridicules ? » Aussi bien que du théâtre, c'est l'affaire de la satire, et c'est celle aussi des moralistes. — « Représenter les passions ? » Mais le roman y pourrait suffire, et même c'est là l'un de ses principaux objets. Tout cela, Mesdames et Messieurs, selon les temps, les lieux, et l'occasion, peut donc bien entrer dans la définition du drame ; et, effectivement, tour à tour ou ensemble, nous le savons, vous l'avez vu, tout cela y est entré ; mais ce qui n'appartient bien qu'au théâtre, mais ce qui fait à travers les littératures, depuis les Grecs jusqu'à nous, l'unité permanente et continue de l'espèce dramatique, c'est le spectacle d'une volonté qui se déploie; — et voilà d'abord pourquoi l'action, et l'action ainsi définie, sera toujours la loi du théâtre.

Il y en a une autre raison, plus haute, et qui est, elle, comme la raison de cette raison. C'est que, s'il est question d'exprimer, de rendre ou de peindre le *Non-moi*, — passez-moi ce mot pédantesque, — de nous intéresser au spectacle du monde environnant, à la nature, aux autres hommes, au passé, le *Genre épique*, dont relèvent également l'histoire ou le roman, — Homère, Hérodote, et Balzac ou M. Zola, — n'a pas été jadis inventé pour autre chose, ou pour mieux dire encore, n'est pas né d'une autre exigence et d'une autre nécessité. Je n'ai pas besoin, je pense, d'insister pour vous faire voir que le genre de plaisir que nous trouvons à la lecture de *Germinal* est identiquement le même que trouvaient autrefois les Grecs à entendre, sur leurs places publiques, l'aède ou le rapsode chanter les aventures d'Ulysse à la recherche de sa patrie.... Mais, au contraire, est-il question pour le *Moi* d'affirmer son individualité, de se distinguer, de se séparer lui-même de tout ce qui l'entoure, et, comme disent encore les philosophes, de « se poser en s'opposant »? C'est, comme vous le voyez assez, comme nous l'avons vu l'autre jour encore, en parlant du romantisme, c'est le propre du *Genre lyrique*, dont je ne sache pas une forme, — depuis l'ode jusqu'à l'épigramme, — qui ne soit caractérisée par cette prédominance du *Moi* sur les éléments qu'il met en œuvre. L'individualité d'Hugo ne s'affirme pas plus dans *les Contemplations* ou dans *les Châtiments* que, par exemple, dans les *Psaumes*, celle des Hébreux, — comme race. Que reste-t-il donc, Messieurs, au *Genre dramatique* et quelle sera sa fonction, sinon de traduire l'opposition du dedans et du dehors, de l'extérieur et de l'intérieur, du *subjectif* et de *l'objectif*, du *Moi* et du *Non-moi*? La lutte en sera l'élément. Et si la lutte est d'une volonté contre la nature ou contre le destin, contre elle-même ou contre une autre volonté, le spectacle sera généralement tragique. Il sera généralement comique, si la lutte est d'une volonté contre quelque bas instinct, ou contre quelque sot préjugé, contre les conventions de la mode, ou contre les convenances que l'on appelle *sociales*. Mais, comique ou tragique, le spectacle ne sera vraiment dramatique, il ne sera vraiment du « théâtre », que sous la condition de cette lutte, si je puis ainsi dire, puisque cette condition, comme vous le voyez, étant contemporaine de l'origine de l'art, fait donc ainsi partie de sa définition.

A ces deux lois, j'en ajouterais volontiers une troisième, qu'à la vérité je considère comme beaucoup moins nécessaire, mais qu'enfin il faut signaler. C'est, Messieurs, qu'autant que possible il ne faut rien perdre d'acquis, mais au contraire, — et si l'auteur lui-même d'*Oscar, ou le Mari qui trompe sa femme*, a fait faire en son temps quelques progrès à son art, — il ne faut pas y renoncer sans en avoir de très fortes raisons. Je me contenterai d'ailleurs à ce propos de vous rappeler, Mesdames et Messieurs, l'exemple si souvent cité des dénouements de Molière, qui pourraient sans doute être meilleurs, — ou « mieux cuits », comme disait Musset, — sans que *l'Avare* ou *l'École des femmes* y perdissent de leur intérêt, je crois, ni de leur valeur. Il n'est pas admissible, en effet, qu'à l'exception du seul Molière, tout ce que nous avons eu depuis lui d'auteurs dramatiques se soit trompé sur les nécessités de l'art, sur les conditions du théâtre, et sur les exigences du goût.

Mais il est temps de finir, et je le fais par une dernière observation. La dernière de ces lois, vous le voyez sans doute, a pour elle d'assurer ce respect de la tradition sans lequel on peut dire, — et l'histoire le prouve assez, — qu'en aucun genre ni en aucun art il ne saurait y avoir d'innovation féconde. Pour s'affermir et pour durer, il faut toujours que le nouvel état retienne quelque chose de l'ancien ; et, ce que l'on n'a jamais vu, c'est une révolution qui n'utilisât point les débris de ce qu'elle avait renversé. — La seconde de ces lois suffit, si je ne me trompe, à la fois pour maintenir et, le cas échéant, pour rétablir ou réintégrer le métier dans ses droits. Il y a un métier ou un art du théâtre, parce qu'il y a des conditions qui ont comme présidé à la détermination du théâtre en tant que genre, et sous l'action desquelles il s'est différencié du roman, par exemple, ou du récit lyrique. — Et la première enfin de ces lois, en maintenant les communications nécessaires du théâtre avec les autres genres, — mais surtout avec la vie, — l'empêche de s'isoler en lui-même, et lui rappelle que l'art est fait pour l'homme, et non l'homme pour l'art, ni surtout l'art pour l'art....

Il ne me reste plus, Mesdames et Messieurs, qu'à vous remercier de la bienveillance, de l'attention, et de l'indulgence avec lesquelles vous m'avez suivi depuis la première jusqu'à la dernière de ces conférences ; et si c'est un devoir, à peine ai-je besoin de vous dire avec quelle reconnaissance je le remplis, — sans croire d'ailleurs que je m'en acquitte.

Mais, auparavant, si ces conférences vous ont intéressés, voulez-vous me permettre d'en remercier M. le directeur de l'Odéon ? Car sa « complicité » les a seule rendues possibles. Et, en vérité, maintenant que je touche au terme de notre tâche commune, plus j'y songe, et plus il me semble qu'il lui a fallu presque plus d'audace qu'à moi-même pour en hasarder l'entreprise. Vous me trouveriez trop ingrat, à coup sûr, si j'omettais de lui en témoigner publiquement ma reconnaissance....

Je le serais également si j'oubliais, si je pouvais oublier de remercier les excellents acteurs de l'Odéon. Car, peut-être, ne vous doutez-vous pas de ce qu'il leur a fallu d'assiduité, de dévouement à leur art, de souplesse, de talent, et de complaisance aussi, pour pouvoir, quatre mois durant, représenter, comme ils ont fait devant vous, six, sept ou huit actes nouveaux tous les huit jours. Mais moi qui le sais, pour les avoir vus à l'œuvre, j'emporterais d'ici comme un remords si je ne vous disais pas que de pareils résultats ne s'obtiennent ni sans beaucoup de peine, ni surtout sans un esprit de solidarité qui fait le plus grand honneur à la troupe de l'Odéon; — et, est-ce que vous me trouveriez indiscret, Mesdames et Messieurs, si je vous demandais la permission d'être auprès d'elle l'interprète de vos remerciements?

Pour vous enfin, si je vous suis reconnaissant de bien des choses, — comme je le disais et comme j'ai plaisir à le redire, — il en est une dont je vous le suis plus, et plus particulièrement que de toutes les autres : c'est de n'avoir pas été dupes... des mots.

Lorsqu'il y a quelques années le directeur de l'Odéon eut l'idée d'instituer ces conférences du jeudi, quelques-uns d'entre vous se souviennent peut-être qu'on essaya de l'en plaisanter, mais on ne le découragea point, ni lui, ni tant de conférenciers, que je louerais davantage... si je n'en avais été l'un. Cette année même encore, aussitôt qu'il eut annoncé notre projet commun, on insinua de divers côtés que nous transportions la

Sorbonne sur la scène de l'Odéon, ce qui sans doute
était flatteur... mais je ne crois pas que ce fût pour nous
flatter qu'on le disait, ni non plus pour vous enseigner,
Mesdames et Messieurs, le chemin de l'Odéon. Ne
parla-t-on pas aussi de leçons? et de sermons?

Mais, sermons ou leçons, discours ou conférences,
vous avez bien compris que le mot n'importait guère,
et vous n'avez regardé qu'à la chose; — et la chose, la
voici. Dans le temps où nous vivons et où, comme vous
le savez par votre propre expérience, il n'y a pas d'occu-
pation un peu sérieuse qui ne réclame, qui n'exige et
qui n'absorbe, si je puis dire, tout un homme; tandis
que vous vaquez, vous, Messieurs, à vos affaires, vous,
Mesdames, à vos obligations de mère de famille ou de
maîtresse de maison, et vous enfin, jeunes gens, à la
préparation laborieuse de votre avenir, nous sommes
quelques-uns qui faisions notre travail d'étudier ces
œuvres qui font votre plaisir, et qui sont pour nous
tous le trésor commun de la race, — je dirais volontiers, Mesdames et Messieurs, si je ne craignais de vous
paraître un peu déclamatoire, les chefs-d'œuvre qui
témoignent d'âge en âge, aux générations qui viennent,
de l'antiquité, de la grandeur, et de la continuité de la
patrie. Les étudierons-nous jamais trop, et, dans les
chaires de la Sorbonne ou sur la scène de l'Odéon,
serons-nous jamais trop nombreux pour les étudier?

Quelle que fût donc mon insuffisance, si j'ai cru que
je pourrais, à mon tour, vous en dire des choses qui
vous intéresseraient, je vous remercie de m'avoir
prouvé que je ne m'étais pas absolument trompé; je
vous rends une part de l'intérêt que vous y avez pris et
qu'assurément je n'y aurais pu mettre sans le secours
de votre bienveillance et votre sympathie; je m'excuse
des lacunes que j'aperçois bien dans ces conférences,

maintenant qu'elles sont terminées, des erreurs aussi qui doivent m'être échappées, — dont j'ai plus de peur, malheureusement, que je n'en ai conscience, car alors je les corrigerais; — et je finis en disant que si, dans quelques jours, comme c'est votre droit, vous avez perdu le souvenir de ces « leçons », c'est mon devoir, à moi, de vous assurer que je n'oublierai pas l'accueil que vous leur avez fait.

25 février 1892.

TABLE DES MATIÈRES

PREMIÈRE CONFÉRENCE
LE CID

Objet et programme de ces *Conférences*. — I. *Le Cid*. — De quelques questions que soulève la tragédie de Corneille et que la vraie nouveauté n'en consiste ni dans le choix du sujet, ni dans la disposition de l'intrigue, ni dans la nature du style. — La *Sophonisbe* de Mairet et la *Mariamne* de Tristan. — II. Mais le drame, que les contemporains faisaient sortir du concours des éléments extérieurs, Corneille l'a mis le premier dans l'âme de ses personnages. — C'est aussi lui qui le premier a fait de ses personnages les artisans de leur propre fortune au lieu d'en faire les jouets ou les victimes. — Digression à ce sujet : *Gil Blas* et *Figaro*. — Enfin c'est Corneille qui a formulé le premier dans *le Cid* la vraie notion de la tragédie. — III. De quelques défauts du *Cid*, dont le principal consiste en ce que le genre tragique n'y apparaît pas encore assez dégagé de l'épique et du lyrique...... 1

DEUXIÈME CONFÉRENCE
LE MENTEUR

I. — *Le Menteur* a-t-il, dans l'histoire de la comédie, la même importance que *le Cid* dans l'histoire de la tragédie ? — Nécessité de remonter, pour traiter la question, aux premières comédies de Corneille lui-même : *Mélite, la Veuve, la Galerie du Palais*. — Qualités et défauts de ces premières pièces. — II. Que le premier mérite du *Menteur* est d'être une comédie gaie. — Est-il quelque chose aussi de plus caractérisé : comédie de caractère? ou comédie de mœurs? ou comédie d'intrigue? — Que le second mérite du *Menteur* est d'être une comédie littéraire. — Le style du *Menteur*, et, à ce propos, de la qualité du style de Corneille. — III. Que peut-on dire que Corneille ait appris ou montré à Molière? — Comment il manque deux choses au *Menteur* pour être une date essentielle dans l'histoire du théâtre français.................... 29

TROISIÈME CONFÉRENCE

RODOGUNE

I. — Importance de *Rodogune* dans l'histoire de la tragédie française et dans l'œuvre de Corneille. — C'est dans *Rodogune* que la critique étrangère a le plus vivement attaqué le système dramatique français. — Les défauts de Corneille ne paraissent nulle part plus étroitement mêlés à ses qualités. — Enfin, comme étant la plus *mélodramatique* des tragédies de Corneille, *Rodogune* en est l'une des plus contemporaines et des plus *romantiques*. — II. Grandes qualités de *Rodogune*. — L'intérêt de l'intrigue et l'habileté de la disposition dramatique. — L'union des intérêts particuliers et de la peinture d'histoire. — L'emploi de l'histoire dans la tragédie de Corneille. — L'histoire lui sert à *authentiquer* les situations les plus extraordinaires. — Elle est par excellence le théâtre des passions. — Elle est enfin le domaine de l'exercice de la volonté. — III. Comment l'abus de l'histoire corrompt déjà dans *Rodogune* la notion de la tragédie. — Une citation de Beaumarchais. — Comment l'intérêt général diminue à mesure que Corneille s'inspire plus exclusivement de l'histoire. — Comment et en même temps l'invraisemblance augmente. — S'il est vrai que le triomphe du devoir sur la passion soit l'âme du théâtre de Corneille. — Du style de *Rodogune*. — Que déjà par sa *Rodogune* Corneille s'engage dans une direction fâcheuse........................ 55

QUATRIÈME CONFÉRENCE

L'ÉCOLE DES FEMMES

Quelques mots sur le vrai sens de la doctrine de l'évolution. — I. Depuis *le Menteur* jusqu'à *l'École des femmes*.

— La comédie d'intrigue et Thomas Corneille. — La comédie burlesque et Scarron : *Jodelet duelliste* et *Dom Japhet d'Arménie*. — La comédie galante et Quinault. — II. Les commencements de Molière. — Les années d'apprentissage. — Son dégoût pour les scarronnades. — Son dédain de la tragédie. — Molière et Louis XIV. — A quel point de vue l'on ne se placera pas pour parler de *l'École des femmes*. — III. De *l'École des femmes* comme « comédie nationale » ou purement française. — De *l'École des femmes* comme « comédie bourgeoise ». — De *l'École des femmes* comme « comédie de caractères ». — De *l'École des femmes* comme « comédie naturaliste », et, à ce propos, courte digression sur la littérature antérieure. — De *l'École des femmes* comme « comédie à thèse ». — Importance de la révolution opérée au théâtre par *l'École des femmes*.. 81

CINQUIÈME CONFÉRENCE

ANDROMAQUE

I. — Complexité du génie de Racine. Le théâtre et la cour en 1667, et, à ce propos, de l'*Attila* de Corneille. — Comment Racine conçoit l'emploi de l'histoire dans la tragédie. — Sa docilité à se plier aux règles et aux exigences de la politesse de son temps. — II. La révolution dramatique. — Peinture de la passion. — Simplicité de l'intrigue. — Vraisemblance des sujets. — Comment Racine a entendu l'invention; et, à ce propos, de la nature de l'invention dans les arts. — III. Le sujet d'Andromaque et comment Racine l'humanise. — Apparition de la psychologie. — Beauté logique et psychologique de l'intrigue d'*Andromaque*. — Poésie d'*Andromaque*. — La couleur grecque. — La peinture des mœurs du xviie siècle dans *Andromaque*. — La « modernité » d'*Andromaque*. — En quoi consiste le progrès accompli par Racine............... 105

SIXIÈME CONFÉRENCE.

TARTUFE

I. — Importance de *Tartufe* dans l'œuvre de Molière. — Ce qu'on en pourrait dire. — *Le Misanthrope* et *Don Juan*. — Objet de cette conférence. — L'exposition de *Tartufe*. — Son caractère naturaliste. — Molière et Balzac. — L'intrigue de *Tartufe*. — Les dénouements de Molière.

— II. Hardiesse de *Tartufe*. — Un mot de Piron. — Les
originaux de *Tartufe*. — L'intention de Molière. — III. *Tartufe* et la définition de la comédie de caractères. — Subordination de l'intrigue à la peinture des caractères. —
Que les personnages y doivent être à la fois individuels
et généraux. — Qu'ils doivent y être de « leur condition ».
— Liaison nécessaire de la comédie de caractères avec
la satire sociale. — Qu'il en résulte qu'une telle comédie
tend au drame comme vers sa limite. — Que restait-il à
faire après *Tartufe*?... 129

SEPTIÈME CONFÉRENCE
PHÈDRE

I. — Du style et de la poésie de *Phèdre*. — Leur valeur
plastique. — Vivacité du coloris. — La constitution de
l'atmosphère mythologique. — II. De la psychologie de
Phèdre, et, à cette occasion, définition de la « psychologie » au théâtre et dans le roman. — III. La cabale de
Phèdre. — Que les contemporains de Racine en général
ont méconnu sa valeur, et pourquoi. — De la réalité de
la tragédie de Racine, et comment Racine lui-même l'a
mesurée. — L'affaire des poisons. — Émotion profonde
et durable que Racine en a ressentie. — Sa retraite
définitive. — Faut-il la regretter? — IV. Critique de
Phèdre. — En quoi le sujet en est trop grec. — Influence
de Quinault sur Racine. — V. Diminution de l'intérêt de
l'intrigue. — Insignifiance des personnages du drame,
Hippolyte, Aricie, Thésée; et qu'ils n'existent tous qu'en
fonction de *Phèdre*. — Réapparition du « romanesque »
et du « lyrisme » dans la tragédie. — Que l'on assiste
dans *Phèdre* à la transformation de la tragédie en grand
opéra. — La vraie lignée de Racine 153

HUITIÈME CONFÉRENCE
AUTOUR DE « TURCARET »

I. — De quel poids la comédie de Molière a pesé sur ses
successeurs. — Regnard, Le Sage, Destouches. — Mais
la comédie n'en continue pas moins son évolution. —
Dancourt et la formation de la comédie de mœurs. —
Influence du livre des *Caractères* sur la comédie. — Les
origines du roman moderne. — II. La transformation de
la comédie en roman dans le *Turcaret* de Le Sage. —

Absence d'intérêt dramatique. — Point de « caractères » mais des « conditions ». — Légèreté du ton. — La force comique dans *Turcaret* et la vérité satirique de la peinture des mœurs. — III. Pourquoi Le Sage n'a pas recommencé *Turcaret*. — Raisons personnelles. — Raisons générales. — La satire des conditions est-elle du ressort du théâtre? — Concurrence du roman et de la comédie au xviii° siècle. — Comment la comédie essaie de se défendre. — Dufresny, Destouches, Marivaux............ 181

NEUVIÈME CONFÉRENCE

RHADAMISTHE ET ZÉNOBIE

I. — Des destinées de la tragédie entre Racine et Crébillon. — Le *Manlius Capitolinus* de La Fosse. — Quelques mots de Saint-Réal. — La tragédie se laisse envahir à son tour par le roman. — Comment travaillait Crébillon. — Les sources de *Rhadamisthe*. — L'imitation systématique. — II. Conséquences de la rentrée du romanesque dans la tragédie. — L'affaissement des volontés. — Le rôle de la « méprise » et de la « reconnaissance ». — Digression à ce sujet et pourquoi la reconnaissance et la méprise sont les moyens essentiels du mélodrame et du vaudeville. — Une autre conséquence du romanesque est encore la diminution de l'intérêt général du sujet. — III. Que vaut aujourd'hui *Rhadamisthe*? — Une citation de Fréron. — L'origine du mélodrame. — Effet parallèle de *Rhadamisthe* et de *Turcaret*. — La fin de la tragédie.......... 205

DIXIÈME CONFÉRENCE

LA COMÉDIE DE MARIVAUX

I. — Originalité du personnage et de l'œuvre de Marivaux, et que le trait essentiel en consiste à être de leur temps. — La querelle des anciens et des modernes. — Renaissance de la préciosité. — Sa raison d'être au xviii° siècle. — La sensibilité : Marivaux, Prévost, Voltaire. — Que toutes ces causes ont détourné Marivaux d'imiter Molière, et l'ont rendu disciple de Racine. — II. Observation sur les titres de ses principales pièces. — Parenté générale de la tragédie de Racine et de la comédie de Marivaux. — Importance des rôles de femmes dans son œuvre. — La comédie de l'amour. — Finesse de l'observation psychologique. — La nature de l'intrigue dans les pièces de

Marivaux. — S'il a su lui-même qu'il imitait Racine ? — III. Que ses défauts sont de son temps, comme ses qualités. — La sécheresse. — Le manque de délicatesse et de goût. — Le sentiment de l'inégalité des conditions. — Le libertinage. — Conclusion sur la comédie de Marivaux, et son caractère unique dans l'histoire du théâtre français.. 231

ONZIÈME CONFÉRENCE

ZAIRE

I. — Caractère composite et artificiel de *Zaïre*. — De la valeur de Voltaire comme auteur dramatique. — Pourquoi n'a-t-il pas mieux réussi au théâtre ? — L'abus du romanesque. — L'improvisation. — L'incapacité de s'aliéner de soi-même. — II. Mérites de *Zaïre*. — Que Voltaire s'est lui-même laissé prendre à son sujet. — Comment il en a dégagé ce qu'il contenait de vérité générale. — Ce qu'il y a fait passer du théâtre anglais. — III. Les originaux de *Zaïre*. — Adrienne Lecouvreur et Maurice de Saxe. — Mademoiselle Aïssé et le chevalier d'Aydie. — Voltaire lui-même et madame du Châtelet. — IV. Les mœurs du temps dans *Zaïre*. — La couleur locale et l'histoire nationale. — Le christianisme, et, à ce propos, d'une page de Chateaubriand sur *Zaïre*. — V. La nouveauté du « pathétique » de Voltaire. — L'idée du prix de la vie humaine. — Comment *Zaïre* rentre par là dans la philosophie générale de Voltaire. — Intérêt encore actuel et présent de *Zaïre*.. 255

DOUZIÈME CONFÉRENCE

L'ÉVOLUTION DU DRAME BOURGEOIS

I. — Quelles circonstances ont favorisé la naissance du drame bourgeois. — La diminution du sentiment de l'art. — L'accroissement de la sensibilité. — La décadence de l'aristocratie. — De la fusion du tragique et du comique dans le drame bourgeois. — II. Les comédies de Nivelle de la Chaussée. — *Mélanide*. — III. Les drames de Diderot. — Une page de Garat. — L'esthétique dramatique de Diderot. — Subordination des caractères et peinture des conditions. — Le *Père de Famille*. — IV. Sedaine et *le Philosophe sans le savoir*. — V. Les drames de Beaumarchais. — Comment ils s'inspirent de l'ancien romanesque. — Déviation du drame bourgeois. — VI. Mercier. — Son *Essai sur l'art dramatique*. — Ses drames. — La *Brouette du vinaigrier*. — VII. Quelles causes ont empêché le développement du drame bourgeois. — L'abus de la morale. — Et, à ce propos, la morale de Diderot ou de Beaumarchais est-elle de la « morale » ? — L'abus de la sensibilité. — Définition par Diderot des dangers de la sensibilité. — L'absence d'art et le dédain du métier. — Que le drame bourgeois du xviii° siècle n'en est pas moins l'origne de la comédie de notre temps............ 283

TREIZIÈME CONFÉRENCE

LE MARIAGE DE FIGARO

I. — Comment le *Mariage de Figaro* résume les qualités de presque toute la littérature dramatique antérieure. — Le fond « gaulois » du sujet. — Le caractère « italien » de l'intrigue. — L'intention de « satire sociale ». — La couleur « espagnole ». — L'imitation de Le Sage et de Marivaux. — En quoi consiste donc l'originalité de Beaumarchais? — II. Comment le *Mariage de Figaro* reproduit les mœurs de son temps. — Et comment Beaumarchais s'y est mis tout entier lui-même. — Qu'il y a quelque chose de lui dans le personnage de Chérubin; — dans le personnage d'Almaviva; — dans le personnage surtout de Figaro. — Du monologue de Figaro et de son importance dans la pièce. — Que selon la recommandation de l'esthétique naturaliste, ce sont la sœur et la femme de Beaumarchais qui ont « posé » pour la comtesse et pour Suzanne. — III. De la portée du *Mariage de Figaro*. — Et qu'il faut se garder de l'exagérer. — Le style du *Mariage de Figaro*. — La moralité de l'œuvre. — Quelques mots sur la facture de la pièce. — Et, à cette occasion, de l'importance du métier dans l'art...................... 315

QUATORZIÈME CONFÉRENCE

LE THÉATRE ROMANTIQUE

I. — Du Romantisme en général. — Définitions qu'on en a données. — La liberté dans l'art. — L'imitation des littératures étrangères. — La couleur locale, et, à ce propos, de quelques précurseurs du romantisme. — Guilbert de Pixérécourt. — L'influence du mélodrame. — Népomucène Lemercier. — *Pinto*. — L'histoire nationale et la superstition du gothique. — II. Que les traits essentiels du romantisme sont la souveraineté de l'imagination et l'exaltation du Moi. — Peinture et Poésie. — Principes dramatiques : — de Dumas, — d'Hugo, — de Vigny. — III. Le romantisme au théâtre. — Ses analogies avec le classicisme. — Que la grande différence y consiste dans l'intervention personnelle du poète. — La vérité historique dans le théâtre de Dumas et d'Hugo. — Que les romantiques n'ont rien compris à Shakespeare. — IV. Que le romantisme a échoué au théâtre pour les mêmes raisons qui l'ont fait réussir dans l'histoire, — dans le roman, — dans le drame. — Décadence rapide du théâtre romantique. — La *Lucrèce* de Ponsard. — V. Du drame historique en général. — Le rôle de la comédie historique. — Des rapports d'Alexandre Dumas et de Scribe. — Quels services le romantisme a-t-il rendus au théâtre?... 339

QUINZIÈME ET DERNIÈRE CONFÉRENCE

SCRIBE ET MUSSET

I. — Injustice de l'opinion à l'égard de Scribe. — Ses qualités réelles. — Sa fécondité d'inventeur dramatique. — Qu'il n'a été victime ni de son « style » ni de la faiblesse de sa pensée. — Sa grande erreur a été de ne voir dans son théâtre que le théâtre. — La théorie de l'art pour l'art. — Quels services il a rendus. — II. L'influence du roman de Balzac : — sur Émile Augier; — sur M. Alexandre Dumas, fils, — sur M. Victorien Sardou. — Le théâtre du second Empire. — III. Les comédies d'Alfred de Musset. — La poésie du décor et l'imitation de Shakespeare. — Le *Symbolisme* dans le théâtre de Musset. — Ses grotesques et l'origine de l'opérette contemporaine.. 371

CONCLUSION DE CES CONFÉRENCES

I. — Résumé de l'évolution du théâtre français. — II. Conclusions sur la méthode : 1° l'influence du *moment*; 2° le pouvoir de l'*individu*. — III. Les lois du théâtre : 1° qu'il faut que le sujet soit d'un intérêt général; 2° qu'il traduise une lutte de volontés; 3° que le théâtre n'abandonne aucune de ses acquisitions successives................... 383

Coulommiers. — Imp. PAUL BRODARD. — 5-95.

LIBRAIRIE HACHETTE ET Cⁱᵉ

BOULEVARD SAINT-GERMAIN, 79, A PARIS

LES
GRANDS ÉCRIVAINS FRANÇAIS.

ÉTUDES SUR LA VIE
LES ŒUVRES ET L'INFLUENCE DES PRINCIPAUX AUTEURS
DE NOTRE LITTÉRATURE

*Chaque volume, format in-16, est consacré à un écrivain différent
et se vend séparément.*

Prix du volume broché, avec un portrait en photogravure, **2 fr.**

VOLUMES DE LA COLLECTION DÉJA PARUS
DANS L'ORDRE DE LA PUBLICATION

(Octobre 1895.)

VICTOR COUSIN, par M. *Jules Simon*, de l'Académie française, secrétaire perpétuel de l'Académie des sciences morales et politiques.

MADAME DE SÉVIGNÉ, par M. *Gaston Boissier*, secrétaire perpétuel de l'Académie française.

MONTESQUIEU, par M. *Albert Sorel*, de l'Académie française.

GEORGE SAND, par M. *E. Caro*, de l'Académie française.

TURGOT, par M. *Léon Say*, député, de l'Académie française.

THIERS, par M. *P. de Rémusat*, sénateur, de l'Institut.

D'ALEMBERT, par M. *Joseph Bertrand*, de l'Académie française, secrétaire perpétuel de l'Académie des sciences.

VAUVENARGUES, par M. *Maurice Paléologue*.

MADAME DE STAEL, par M. *Albert Sorel*, de l'Académie française.

THÉOPHILE GAUTIER, par M. *Maxime Du Camp*, de l'Académie française.

BERNARDIN DE SAINT-PIERRE, par M. *Arvède Barine*.

MADAME DE LAFAYETTE, par M. le comte *d'Haussonville*, de l'Académie française.

MIRABEAU, par M. *Edmond Rousse*, de l'Académie française

RUTEBEUF, par M. *Clédat*, professeur de Faculté.

STENDHAL, par M. *Édouard Rod*.

ALFRED DE VIGNY, par M. *Maurice Paléologue*.

BOILEAU, par M. *G. Lanson*.

CHATEAUBRIAND, par M. *de Lescure*.

FÉNELON, par M. *Paul Janet*, de l'Institut.

SAINT-SIMON, par M. *Gaston Boissier*, secrétaire perpétuel de l'Académie française.

RABELAIS, par M. *René Millet*.

J.-J. ROUSSEAU, par M. *Arthur Chuquet*, professeur au Collège de France.

LESAGE, par M. *Eugène Lintilhac*.

DESCARTES, par M. *Alfred Fouillée*, de l'Institut.

VICTOR HUGO, par M. *Léopold Mabilleau*, professeur de Faculté.

ALFRED DE MUSSET, par M. *Arvède Barine*.

JOSEPH DE MAISTRE, par M. *George Cogordan*.

FROISSART, par Mme *Mary Darmesteter*.

DIDEROT, par M. *Joseph Reinach*, député.

GUIZOT, par M. *A. Bardoux*, de l'Institut.

MONTAIGNE, par M. *Paul Stapfer*, professeur de Faculté.

LA ROCHEFOUCAULD, par M. *J. Bourdeau*.

LACORDAIRE, par M. le comte *d'Haussonville*, de l'Académie française.

ROYER-COLLARD, par M. *E. Spuller*.

LA FONTAINE, par M. *G. Lafenestre*, membre de l'Institut.

Coulommiers. — Imp. Paul BRODARD. — 10-95.

Librairie HACHETTE et Cie, boulevard Saint-Germain, 79, à Paris.

BIBLIOTHÈQUE VARIÉE, IN-16, 3 FR. 50 LE VOLUME
Études sur les littératures française et étrangères

ALBERT (Paul) : *La poésie*, études sur les chefs-d'œuvre des poètes de tous les temps et de tous les pays; 9e édit. 1 vol.
— *La prose*, études sur les chefs-d'œuvre des prosateurs de tous les temps et de tous les pays; 8e édition. 1 vol.
— *La littérature française, des origines à la fin du XVIe siècle*; 8e édition. 1 vol.
— *La littérature française au XVIIe siècle*; 9e édition. 1 vol.
— *La littérature française au XVIIIe siècle*; 8e édition. 1 vol.
— *La littérature française au XIXe siècle*; les origines du romantisme; 6e édit. 2 vol.
— *Variétés morales et littéraires*. 1 vol.
— *Poètes et poésies*; 2e édition. 1 vol.
BERTRAND (J.), de l'Académie française : *Éloges académiques*. 1 vol.
BOSSERT (A.), inspecteur général de l'instruction publique : *La littérature allemande au moyen âge et les origines de l'épopée germanique*; 3e édition. 1 vol.
— *Goethe et Schiller*; 4e édition. 1 vol.
Goethe, ses précurseurs et ses contemporains; 3e édition. 1 vol.
BRUNETIÈRE : *Études critiques sur l'histoire de la littérature française*. 5 vol.
— *L'évolution des genres dans l'histoire de la littérature*. 1 vol.
— *L'évolution de la poésie lyrique en France au XIXe siècle*. 2 vol.
CARO : *La fin du XVIIIe siècle : études et portraits*; 2e édition. 2 vol.
— *Mélanges et portraits*. 2 vol.
— *Poètes et romanciers*. 1 vol.
— *Variétés littéraires*. 1 vol.
DELTOUR, inspecteur général de l'instruction publique : *Les ennemis de Racine au XVIIe siècle*; 5e édition. 1 vol.
Ouvrage couronné par l'Académie française.
DESPOIS (E.) : *Le théâtre français sous Louis XIV*; 3e édition. 1 vol.
FILON (Aug.) : *Mérimée et ses amis*. 1 vol.
GRÉARD (Oct.) : *Edmond Scherer*. 1 vol.
— *Prévost-Paradol*. 1 vol.
LA BRIÈRE (L. de) : *Madame de Sévigné en Bretagne*; 2e édition. 1 vol.
Ouvrage couronné par l'Académie française.
LARROUMET (G.), de l'Institut : *Marivaux, sa vie et ses œuvres*; nouvelle édition. 1 vol.
Ouvrage couronné par l'Académie française.
— *La comédie de Molière*; 4e édition. 1 vol.
— *Études d'histoire et de critique dramatiques*. 1 vol.
— *Études de littérature et d'art*. 1 vol.
— *Nouvelles études de littérature et d'art*.
— *Études de littérature et d'art*, 3e série. 1 vol.
LE BRETON : *Le roman au XVIIe siècle*. 1 vol.
LENIENT, professeur à la Faculté des lettres de Paris : *La satire en France au moyen âge*; 4e édition. 1 vol.
Ouvrage couronné par l'Académie française.

LENIENT (suite) : *La satire en France au XVIe siècle*; 3e édition. 2 vol.
— *La comédie en France au XVIIIe siècle*. 2 vol.
— *La poésie patriotique en France au moyen âge et dans les temps modernes*. 2 v.
LICHTENBERGER : *Étude sur les poésies lyriques de Goethe*; 2e édition. 1 vol.
Ouvrage couronné par l'Académie française.
MÉZIÈRES (A.), de l'Académie française : *Goethe*. 2 vol.
— *Pétrarque*. 1 vol.
— *Shakespeare, ses œuvres et ses critiques*; 5e édit. 1 vol.
— *Prédécesseurs et contemporains de Shakespeare*; 3e édition. 1 vol.
— *Contemporains et successeurs de Shakespeare*; 3e édition. 1 vol.
Ouvrages couronnés par l'Académie française.
— *En France : XVIIIe et XIXe siècles*; 2e édition. 1 vol.
— *Hors de France : Italie, Espagne, Angleterre, Grèce moderne*; 2e éd. 1 vol.
— *Vie de Mirabeau*. 1 vol.
MONTÉGUT (E.) : *Poètes et artistes de l'Italie*. 1 vol.
— *Types littéraires et fantaisies esthétiques*. 1 vol.
— *Essais sur la littérature anglaise*. 1 vol.
— *Nos morts contemporains*. 2 vol.
— *Les écrivains modernes de l'Angleterre*. 3 vol.
— *Livres et âmes des pays d'Orient*. 1 vol.
— *Choses du Nord et du Midi*. 1 vol.
— *Mélanges critiques*. 1 vol.
— *Dramaturges et romanciers*. 1 vol.
— *Heures de lecture d'un critique*. 1 vol.
— *Esquisses littéraires*. 1 vol.
PARIS (G.) : *La poésie du moyen âge* (1re et 2e séries). 2 vol.
PELLISSIER : *Le mouvement littéraire au XIXe siècle*; 3e édit. 1 vol.
PRÉVOST-PARADOL : *Études sur les moralistes français*; 7e édition. 1 vol.
SAINTE-BEUVE : *Port-Royal*; 5e édition, revue et augmentée. 7 vol.
STAPFER (P.) : *Molière et Shakespeare*; 3e édition. 1 vol.
Ouvrage couronné par l'Académie française.
— *Des réputations littéraires*. 1 vol.
TAINE (H.) : *Histoire de la littérature anglaise*; 9e édition. 5 vol.
— *La Fontaine et ses fables*; 13e édit. 1 vol.
— *Essais de critique et d'histoire*; 7e édit.
— *Nouveaux Essais de critique et d'histoire*; 5e édit. 1 vol.
— *Derniers essais de critique et d'histoire*.
TEXTE (J.) : *J.-J. Rousseau et les origines du cosmopolitisme littéraire*. 1 vol.
WALLON, de l'Institut : *Éloges académiques*. 2 vol.

Coulommiers. — Imp. PAUL BRODARD. — 75-10-95.

**15, rue Jean-Baptiste Colbert
ZI Caen Nord - BP 6042
14062 CAEN CEDEX
Tél. 31.46.15.00**

RCS Caen B 352491922

Film exécuté en 1993

www.ingramcontent.com/pod-product-compliance
Lightning Source LLC
Chambersburg PA
CBHW051837230426
43671CB00008B/993